Susurros

Dean R. Koontz

Susurros

Traducción de
Rosa S. de Naveira

Círculo de Lectores

Título de la edición original: Whispers
Traducción del inglés: Rosa S. de Naveira
Diseño sobrecubierta: Enrique Iborra

Editorial Printer Latinoamericana Ltda.
Calle 57 No. 6-35 P. 12

Licencia editorial de Editorial Printer Latinoamericana Ltda.
para Círculo de Lectores S.A. por cortesía de
Plaza & Janés, S.A.

Impreso y encuadernado por:
Ediciones Lerner Ltda.
Calle 8B No. 68A-41
Bogotá, 1990

ISBN: 958-28-0158-1

Impreso en Colombia

Este libro
está dedicado a Rio y Battista Locatelli,
dos personas formidables
que merecen lo mejor.

PRIMERA PARTE

Los vivos y los muertos

Las fuerzas que afectan nuestras vidas, las influencias que nos forman y moldean, son muchas veces como susurros en una estancia lejana, obsesivamente indistintos y percibidos con dificultad.

CHARLES DICKENS

SEGUNDA PARTE

Los vivos y los muertos

CAPÍTULO PRIMERO

Los Ángeles tembló el martes por la mañana. Las ventanas se sacudieron en sus marcos. Las campanillas de los patios tintinearon alegres aunque no había viento. En algunas casas, los platos se cayeron de los vasares.

Al comenzar la hora punta de la mañana, la «KFWB», la radio de noticias, se sirvió del terremoto como historia preferente. El temblor había registrado 4,8 de la escala de Richter. Al final de la hora punta, la «KFWB» relegó el tema al tercer puesto, detrás de un informe sobre bombas terroristas en Roma y un relato acerca de un quíntuple accidente de coches en la autopista de Santa Mónica. Después de todo, ningún edificio se había derrumbado. A mediodía, sólo un puñado de angelinos (en su mayoría los que se habían trasladado a la parte oeste en el transcurso del año) encontraron el acontecimiento digno de un minuto de conversación a la hora del almuerzo.

El hombre de la furgoneta «Dodge» gris claro ni siquiera se dio cuenta de que la tierra se había estremecido. Se hallaba en el límite noroeste de la ciudad, yendo en dirección sur por la autopista de San Diego, cuando empezó el temblor. Como es muy difícil notar nada excepto los seísmos más fuertes en un vehículo en movimiento, no percibió las sacudidas hasta que paró para desayunar en un restaurante y oyó a otros clientes comentarlo.

Supo en seguida que el terremoto era una señal para él. Había sido provocado para asegurarle, o bien que su misión en Los Ángeles sería un éxito, o para advertirle que fracasaría. Pero, ¿qué mensaje era el que debía advertir en esa señal?

Mientras comía pensó en la cuestión. Era un hombre fuerte, más de metro ochenta, cien kilos, todo músculo, y tardó más de hora y media en terminar la comida. Empezó con dos huevos, *bacon*, tortitas, pan tostado y un vaso de leche. Masticaba despacio, de forma metódica, con los ojos fijos en la comida como si se sintiera arrobado por ella. Cuando terminó su primera ración, pidió un segundo montón de tortitas y otro vaso de leche. Después, se comió una tortilla de queso con tres lonchas de *bacon* canadiense, más pan tostado y un zumo de naranja.

Cuando encargó su tercer desayuno, se había convertido en el tópico de la conversación en la cocina. Su camarera era una risueña pelirroja llamada Helen, pero todas las demás camareras encontraron un pretexto para pasar junto a su mesa y echarle una buena mirada. Se dio perfecta cuenta del interés, pero no le importaba.

Cuando por fin pidió la cuenta a Helen, ésta le dijo:

—Debe usted de ser leñador o algo parecido.

Él la miró imperturbable, y sonrió. Aunque era la primera vez que entraba en aquel local y había visto a Helen sólo noventa minutos antes, sabía muy bien lo que iba a decirle. Había oído lo mismo centenares de veces.

La muchacha rió tímidamente, pero con los ojos fijos en él:

—Quiero decir que ha comido por tres.

—Puede que sí.

Ella siguió junto a la mesa, con la cabeza apoyada en el borde, un poco inclinada hacia delante, dejándole saber, con poca sutileza, que podría estar disponible:

—A pesar de tanta comida... —prosiguió—, no se le ve ni un gramo de grasa.

Y él, sin dejar de sonreír, se preguntó qué tal estaría en la cama. Se imaginó poseyéndola, entrando en ella... y luego imaginó sus manos rodeándole el cuello y apretando, apretando, hasta que la cara, poco a poco, se fuera amoratando y los ojos saltaran de sus órbitas.

Ella le contemplaba con mirada especulativa, como preguntándose si satisfaría todos sus apetitos con la misma intensa devoción que había dedicado a la comida.

—Debe de hacer mucho ejercicio.

—Levanto pesos —dijo él.

—Como Arnold Schwarzenegger.

—Eso.

La muchacha tenía un cuello delicado, gracioso. Sabía que podría rompérselo como si fuera una rama seca, y la sola idea le hizo sentirse fogoso y feliz.

—Vaya par de brazos que tiene —murmuró.

Llevaba una camisa de manga corta, y se atrevió a tocarle el antebrazo con un dedo.

—Supongo que con tanto hierro levantado, por mucho que coma todo se le convierte en músculo.

—Eso es lo que pretendo. Pero también me ayuda el metabolismo.

—¿Qué?

—Que quemo muchas calorías con mi energía nerviosa.

—Ah. ¿Es nervioso?

—Me disparo como un gato siamés.

—No puedo creerlo. Apuesto a que nada en el mundo logra ponerle nervioso.

Era una mujer bonita, de unos treinta años, diez menos que él, y se dijo que, si quería, podría tenerla. Sólo necesitaba hacerle un poco la corte, muy poco, lo bastante para que ella se convenciera de que él la había deslumbrado, haciendo de Rett a Escarlata, y la había llevado a la cama contra su voluntad. Naturalmente, si hacía el amor con ella tendría que matarla después. Tendría que clavarle el cuchillo entre sus bellos senos o rebanarle el cuello, y, la verdad, no quería hacerlo. No valía ni la molestia, ni el riesgo. No era su tipo, no mataba a pelirrojas.

Le dejó una buena propina, pagó su cuenta en la caja junto a la puerta y salió. Después del aire acondicionado del restaurante, el calorcillo de septiembre era como si le aplastaran una almohada en la cara. Mientras iba hacia la furgoneta «Dodge», sabía que Helen le estaba mirando, pero no volvió la cabeza.

Condujo hasta un centro comercial y allí aparcó al extremo de un gran solar, a la sombra de una palmera y lo más lejos que pudo de las tiendas. Pasó por encima de los asientos delanteros hacia la parte trasera de la furgoneta, bajó una persiana de bambú que separaba la sección del conductor de la de carga y se tendió sobre una gruesa y vieja colchoneta, que le quedaba demasiado corta. Había conducido toda la noche sin descansar, desde Santa Helena, la región del vino. Ahora, con un copioso desayuno en la barriga, sentía sueño.

Cuatro horas después despertó de un mal sueño. Estaba sudado, temblaba, sentía frío y calor a la vez, agarrado a la colchoneta con una mano y con la otra dando puñetazos al aire. Trataba de chillar; pero la voz se le había clavado en lo más hondo de su garganta; sólo consiguió un sonido seco y ronco.

Al principio, no sabía dónde se encontraba. La caja de la furgoneta se salvaba de la oscuridad sólo por tres líneas de luz pálida que procedían de las estrechas aberturas de la persiana de bambú. El aire era caliente y rancio. Se incorporó, tanteó la pared metálica con una mano, se esforzó por vislumbrar lo poco que había que ver, y poco a poco se fue orientando. Cuando por fin se dio cuenta de que estaba en la furgoneta, se relajó y volvió a tenderse sobre al colchón.

Intentó recordar sobre qué versaba la pesadilla; pero no pudo. Solía ocurrirle. Casi todas las noches de su vida había sufrido horribles sueños, de los que despertaba aterrorizado, con la boca seca y el corazón desbocado; pero nunca podía acordarse de lo que le había asustado.

Aunque ahora sabía dónde se encontraba, la oscuridad le inquietaba. Seguía oyendo un movimiento continuo en la penumbra, unos suaves deslizamientos que le erizaban el cabello de la nuca aunque sabía que lo estaba imaginando. Levantó la cortina de bambú y estuvo parpadeando un momento hasta que sus ojos se adaptaran a la luz.

Recogió un paquete de trapos, con tacto de gamuza, que tenía en el suelo junto al jergón. El paquete estaba atado con un cordón marrón oscuro. Lo desató y desenvolvió los cuatro trapos, cada uno de ellos enrollado sobre el siguiente. En el interior se encontraban dos enormes cuchillos. Muy afilados. Había pasado mucho tiempo afilando las graciosas y puntiagudas hojas. Cuando tomó uno en sus manos, lo sintió extraño y maravilloso, como si fuera el de un brujo repleto de energía mágica que ahora le era transmitida.

El sol había dejado atrás la sombra de la palmera bajo la que había aparcado el «Dodge». Ahora la luz entraba a raudales por el parabrisas, y por encima de su hombro caía sobre el acero parecido al hielo; el filo aguzado brillaba fríamente.

Al contemplar la hoja, sus labios finos esbozaron una sonrisa. No obstante la pesadilla, el sueño le había sentado muy bien. Se sentía fresco y confiado. Estaba convencido de que el terremoto de la mañana era una señal de que todo le saldría bien en Los Ángeles. Encontraría a la mujer. Le echaría las manos encima. Hoy. O el miércoles a más tardar. Al pensar en su cuerpo suave y tibio y en la impecable textura de su piel, la sonrisa se hizo risa.

Martes por la tarde. Hilary Thomas fue de compras a Beverly Hills. Cuando llegó a casa, al atardecer, aparcó el «Mercedes» color café en el camino circular, cerca de la puerta principal. Ahora que los diseñadores de moda habían decidido por fin permitir que las mujeres volvieran a parecer femeninas, Hilary había comprado toda la ropa que no había sido capaz de encontrar durante la fiebre de vestirse como un sargento, que había contaminado a toda la industria de la moda en los últimos cinco años por lo menos. Necesitó tres viajes para descargar el maletero del coche.

Al recoger los últimos paquetes, tuvo la súbita impresión de que la observaban. Se volvió y miró hacia la calle. El sol del atardecer pasaba entre las casas y a través de las hojas de las palmeras, salpicándolo todo de oro. Dos niños jugaban sobre el césped, a media manzana de distancia, y un cocker de largas orejas avanzaba feliz por la acera. Aparte de eso, el vecindario estaba silencioso y mostraba una tranquilidad casi inexplicable. Dos coches y una furgoneta «Dodge», gris, estaban aparcados al otro lado de la calle, pero por lo que pudo observar, no había nadie dentro.

«A veces, una se porta como una idiota», se dijo. ¿Quién podía observarla?

Pero después de guardar el último paquete salió para meter el coche en el garaje, y de nuevo tuvo la firme impresión de que estaba siendo observada.

Mucho más tarde, a eso de la medianoche, mientras Hilary estaba leyendo sentada en la cama, creyó oír ruido abajo. Dejó el libro y escuchó. Ruidos metálicos. En la cocina. Cerca de la puerta de servicio. Justo debajo de su habitación.

Saltó de la cama y se puso la bata. Era de seda, de un profundo color azul, y la había comprado aquella misma tarde.

Una automática del 32, cargada, estaba en el primer cajón de la mesita de noche. Vaciló, volvió a escuchar los ruidos por un instante, y decidió llevar la pistola consigo.

Se sintió algo tonta. Lo que había oído eran probablemente los sonidos normales que produce una casa, asentándose, de cuando en cuando. Sin embargo llevaba seis meses viviendo en ella y no había oído hasta entonces nada parecido.

Se detuvo en lo alto de la escalera, miró hacia abajo, a la oscuridad, y preguntó.

—¿Quién está ahí?

Nada.

Con la pistola en la mano derecha y delante de ella, bajó y cruzó la sala de estar, respirando de prisa y mal, incapaz de impedir que el pulso dejara de temblarle. A medida que avanzaba, iba encendiendo las luces. Al acercarse a la parte de atrás de la casa, todavía percibía los extraños ruidos; pero cuando entró en la cocina y encendió la luz, sólo encontró silencio.

La cocina estaba como tenía que estar. Suelo de pino oscuro. Armarios de pino oscuro con pomos de cerámica blanca. Poyos de alicatado blanco, limpios y despejados. Del alto techo blanco colgaban cazos y utensilios de cobre bruñido. Ni había ningún intruso, ni indicios de que lo hubiera habido antes de que ella llegara.

Se quedó en el umbral y esperó a que se reanudara el ruido.

Nada. Sólo el apagado zumbido de la nevera.

Finalmente, dio una vuelta a la mesa utilitaria central y probó la puerta de servicio. Estaba cerrada con llave.

Encendió las luces del patio y enrolló la persiana que cubría la ventana situada sobre el fregadero. Fuera, a la derecha, la piscina brillaba deliciosamente. La gran rosaleda se extendía a la izquierda, y una docena de flores resplandecían como chorros de luz entre el oscuro follaje. Todo allí fuera estaba inmóvil y en silencio.

«Lo que oí debió de ser la casa asentándose —pensó—. Cielos. Me estoy volviendo como una vieja solterona asustadiza.»

Se preparó un bocadillo y se lo llevó arriba, junto con un botellín de cerveza helada. Dejó todas las luces encendidas en la planta baja, para desanimar a cualquier merodeador... si realmente había alguien acechando en la propiedad.

Más tarde, se avergonzó por dejar la casa tan iluminada.

Sabía muy bien lo que le ocurría. Sus sobresaltos eran un síntoma de la enfermedad Yo-no-merezco-toda-esta-felicidad que la aquejaba, un desarreglo mental con el que estaba íntimamente relacionada. Había salido de la nada, y ahora lo tenía todo. En su subconsciente, temía que Dios se fijara en ella y decidiera que no merecía lo que se le había dado. Entonces caería el martillo. Todo cuanto había acumulado sería destrozado y barrido... La casa, el coche, las cuentas bancarias... Su nueva vida parecía una fantasía, un maravilloso cuento de hadas, demasiado bueno para ser verdad. Sí, demasiado bueno para que durara.

No. Maldita sea. Tenía que dejar de rebajarse y pretender que sus logros no eran más que el resultado de la buena suerte. La suerte nada tenía que ver con eso. Nacida en una casa sin horizontes, criada no con leche y amor, sino con incertidumbre y miedo, aborrecida por su padre y tolerada por su madre, mantenida en un hogar donde la autocompasión y la amargura habían eliminado toda posibilidad optimista, había crecido sin un sentido de su propia valía. Durante años, se debatió contra un complejo de inferioridad. Pero todo eso quedaba ya atrás. Le habían aplicado una terapia. Ahora se comprendía. No se atrevía a dejar que las viejas dudas volvieran a hacerle mella. No le arrebatarían ni la casa, ni el coche, ni el dinero: se lo merecía. Trabajaba duro y tenía talento. Nadie le había dado trabajo por ser pariente o amiga; cuando llegó a Los Ángeles no conocía ninguna persona. Nadie había puesto dinero en su falda sólo porque era bonita. Atraídas por la riqueza de la industria del espectáculo y por la promesa de fama, verdaderas manadas de bellas mujeres llegaban todos los días a Los Ángeles y solían ser tratadas peor que el ganado. Había alcanzado la cima por una sola razón: era una buena escritora, una soberbia artesana, una artista imaginativa y enérgica que sabía cómo crear las películas que mucha gente pagaría por ver. Ganaba hasta el último céntimo que se le pagaba, y los dioses no tenían motivos para ser vengativos.

—Así que tranquila —dijo en voz alta.

Nadie había intentado entrar por la puerta de la cocina. Era cosa de su imaginación.

Terminó el bocadillo y la cerveza, luego bajó y apagó todas las luces.

Durmió profundamente.

El día siguiente fue uno de los mejores de su vida. También fue uno de los peores.

El miércoles empezó bien. El cielo estaba sin nubes. El aire era claro y perfumado. La luz de la mañana tenía aquel aspecto peculiar que sólo se podía contemplar en California del sur en ciertos días. Era una luz cristalina, dura pero tibia, como los rayos solares de una pintura cubista, y uno tenía la impresión de que en cualquier momento el aire se abriría como una cortina de teatro que dejaría al descubierto un mundo más allá de aquel en que vivimos.

Hilary Thomas pasó la mañana en su jardín. La media hectárea vallada tras la casa de dos pisos de estilo neoespañol, contenía dos docenas de especies de rosales. Macizos, enredaderas y setos. Estaba la rosa Frau Karl Druschki, la Pierre Oger, la rosa musgosa, la Souvenir de la Malmaison, y una amplia variedad de híbridas modernas. El jardín se hallaba cuajado de rosas blancas y rojas, de color naranja, amarillas, rosa y púrpura, e incluso rosas verdes. Algunas flores tenían el tamaño de platos y otras eran tan pequeñas que podían pasar por el interior de una alianza. El aterciopelado césped aparecía salpicado de pétalos de diversos colores. Casi todas las mañanas, Hilary trabajaba dos o tres horas con las plantas. Por nerviosa o agitada que estuviera al entrar en el jardín, se encontraba completamente relajada y en paz cuando salía de él.

Podía permitirse un jardinero. Todavía recibía pagos trimestrales por los derechos de su primera película de éxito *Arizona Shifty Pete*, que se había estrenado hacía más de dos años y que tuvo una popularidad enorme. La nueva película *Cold Heart* que se proyectaba desde hacía menos de dos meses, todavía era mejor que *Pete*. Su casa de doce habitaciones en Westwood, en los límites de Bel Air y Beverly Hills, le había costado mucho dinero, pero la había pagado al contado seis meses atrás. En los círculos comerciales del *show business* la llamaban «producto ardiente». Y así se sentía. Ardiente. Caliente. Con llamadas de planes y posibilidades. Experimentaba una sensación gloriosa. Era una afortunada escritora cinematográfica, una propiedad ardiente en efecto, y podría contratar un batallón de jardineros si se le antojara.

Se ocupaba ella sola de los árboles y las flores porque el jardín era su lugar especial, casi sagrado. Constituía el símbolo de su liberación.

Había crecido en una casa de apartamentos mediocres en una de las peores barriadas de Chicago. Incluso ahora, aquí en medio de su fragante rosaleda, podía cerrar los ojos y ver cada detalle de aquella vivienda lejana. En el portal, los buzones habían sido reventados por los ladrones que buscaban cheques de beneficencia. Los rellanos eran estrechos y mal iluminados. Las habitaciones pequeñas y lúgubres, los muebles viejos y medio rotos. En la pequeña cocina, los fogones de gas parecían siempre que estuvieran a punto de explotar; Hilary había vivido años de pánico a causa de las llamaradas azules e irregulares de la cocina. La nevera se había vuelto amarilla con los años; resoplaba y se estremecía, y el calor de su motor atraía lo que su padre llamaba «la fauna local». Ahora, en medio de su jardín, Hilary recordó aquella fauna con la que había compartido su infancia, y se estremeció. Aunque ella y su madre habían mantenido muy limpias las cuatro habitaciones y a pesar de que gastaban gran cantidad de insecticida, jamás pudieron eliminar las cucarachas, porque los malditos animales llegaban a través de los endebles tabiques de los otros apartamentos donde la gente no era tan limpia.

Su más vivo recuerdo de la infancia era la vista de la única ventana de su repleto dormitorio. Había pasado allí muchas horas, escondida, mientras sus padres peleaban. El dormitorio había sido el refugio cuando aquellos terribles ataques de maldiciones y gritos, y de los temidos silencios cuando sus padres no se hablaban. La vista desde la ventana no inspiraba demasiado: no se veía mas que la pared manchada de hollín del lado más apartado del estrecho camino que conducía a los edificios. La ventana no podía abrirse. A veces había podido ver una estrecha tira de cielo; pero sólo cuando apretaba la cara contra el cristal y miraba hacia arriba por aquella estrecha chimenea.

Desesperada por huir de aquel mundo miserable en el que vivía, la joven Hilary aprendió a servirse de su imaginación para ver a través del muro de ladrillos. Dejaba suelta su fantasía y de pronto se encontraba contemplando verdes colinas... o el gran océano Pacífico... o enormes montañas. La mayoría de las veces, lo que imaginaba era un jardín, un lugar encantado, sereno, con arbustos bien recortados y arcos en los que se enroscaban rosales trepadores. En esta ensoñación había preciosos muebles de jardín, de hierro, pintados de blanco. Alegres sombrillas, a rayas de colores, proyectaban amplias zonas de sombra bajo el sol. Mujeres con largos y vaporosos vestidos y hombres en traje de verano tomaban bebidas heladas y hablaban de modo cordial.

«Y ahora —pensó— estoy viviendo en ese sueño. El lugar inventado es real, y me pertenece.»

El cuidado y mantenimiento de las rosas y otras plantas, palmeras, helechos y mil cosas más, no era un trabajo duro, sino una pura felicidad. Cada minuto que pasaba con sus flores le hacía ver lo lejos que había llegado.

A mediodía, guardó sus instrumentos de trabajo y se duchó. Se quedó un buen rato bajo el agua como si ésta se llevara algo más que el sudor y la suciedad, como si lavara también los feos recuerdos. En aquel deprimente piso de Chicago, en el minúsculo cuarto de baño, donde todos los grifos goteaban y los desagües se atascaban por lo menos una vez al mes, nunca había habido suficiente agua caliente.

Se preparó un almuerzo ligero en un porche cerrado que daba a la rosaleda. Mientras mordisqueaba queso y trozos de manzana, leyó las publicaciones de negocios de la industria del espectáculo, el *Hollywood Reporter* y el *Daily Variety*, que le habían llegado en el correo de la mañana. Su nombre aparecía en la columna de Hank Grant en el *Reporter*, en una lista de gente de cine y televisión que aquel día celebraban su cumpleaños. Para ser una mujer de veintinueve años, era necesario reconocer que había llegado pero que muy lejos.

Hoy los grandes ejecutivos de «Warner Brothers» discutían *La hora del lobo*, su último guión. A última hora del día decidirían si comprarlo o no. Estaba tensa, impaciente por la llamada telefónica, y a la vez temerosa por si las noticias eran decepcionantes. Este proyecto tenía para ella más importancia que nada de lo hecho hasta entonces.

Había escrito el guión sin la seguridad de un contrato firmado, por estricta especulación, y estaba decidida a vender tan sólo si se la autorizaba a dirigir y se le reconocía una participación en el montaje final. «Warner» había sugerido ya una oferta récord por el guión si ella reconsideraba sus condiciones de venta. Sabía que exigía mucho; sin embargo, dado su éxito como escritora de guiones, sus pretensiones no eran del todo irrazonables. «Warner» accedería, aunque de mala gana, a dejar que dirigiera la película, apostaría cualquier cosa. Pero lo espinoso era la participación en los cortes finales. Ese honor, el poder decidir lo que apareciera en la pantalla, la autoridad definitiva sobre cada fotograma y cada toma y cada matiz de la película, no se concedía más que a directores que se habían afirmado en un número de películas de gran rendimiento económico; raras veces se otorgaba a un primerizo, y menos a un primerizo mujer. Su insistencia por tener el control creativo, total, podía desbaratar el trato.

Con la esperanza de distraer su mente de la decisión de la «Warner Brothers», Hilary dedicó la tarde del miércoles a trabajar en su despacho, que daba a la piscina. Su mesa era grande, maciza, hecha por encargo, de roble, con una docena de cajones y un par de docenas de escondrijos. Sobre ella, varias piezas de cristal de «Lalique» reflejaban la luz suave en un par de lámparas de cobre. Se debatió en el segundo borrador de un artículo que estaba escribiendo para *Film Comment*, pero sus pensamientos derivaban siempre a *La hora del lobo*.

El teléfono sonó a las cuatro, la sorpresa la sacudió, aunque toda la tarde había estado esperando aquella llamada. Era Wally Topelis.

—Soy tu agente, niña. Tenemos que hablar.

—¿No es lo que estamos haciendo ahora?

—Quiero decir cara a cara.

—Oh —dijo preocupada—. Entonces es que las noticias son malas.

—¿Te he dicho que lo sean?

—Si fueran buenas, me las darías por teléfono. Cara a cara significa que deseas endulzarme el trago.

—Eres una pesimista clásica.

—Cara a cara quiere decir que vas a coger mi mano entre las tuyas mientras me convences de que no me suicide.

—Lo mejor de ti es que esta veta melodramática nunca aparece en tus escritos.

—Si la «Warner» ha dicho que no, comunícamelo ya.

—Aún no lo han decidido, cordera.

—Puedo resistirlo.

—¿Quieres escucharme de una vez? No han decidido nada. Estoy tramando algo que quisiera discutir contigo. Es todo. No hay nada más siniestro que esto. ¿Podemos encontrarnos dentro de media hora?

—¿Dónde?

—Estoy en el «Hotel Beverly Hills».

—¿En el salón Polo?

—Naturalmente.

Cuando Hilary abandonó Sunset Boulevard, la idea del «Hotel Beverly Hills» le pareció irreal, como un resplandeciente espejismo. El irregular edificio asomaba entre las majestuosas palmeras y el verde lujuriante de los arbustos, una visión de ensueño. Como siempre, el estuco rosa no resultó tan llamativo como recordaba. Los muros parecían translúcidos, casi daban la sensación de que brillaban con suave luz interior. A su manera, el hotel era bastante elegante... Muy decadente, pero sin duda elegante a pesar de todo. Ante la entrada principal, mozos de uniforme aparcaban y entregaban coches: dos «Rolls Royce», tres «Mercedes», un «Stuts» y un «Maseratti» rojo.

«Muy lejos del sector pobre de Chicago», pensó feliz.

Cuando entró en el salón Polo vio a media docena de actores y actrices de cine, rostros famosos, así como dos poderosos ejecutivos de unos estudios, pero ninguno de ellos estaba sentado a la mesa número tres, la cual se consideraba el punto más deseable del salón porque estaba frente a la entrada y era el mejor sitio para ver y ser visto. Wally Topelis ocupaba la mesa tres porque era uno de los más poderosos agentes de Hollywood y porque tenía al *maître* encantado lo mismo que encantaba a todos cuantos le conocían. Era un hombre bajo y delgado, de unos cincuenta años, muy bien vestido. Pelo blanco abundante y lustroso. El cuidado bigote era también blanco. Tenía un aspecto muy distinguido, era el tipo de hombre que podía esperarse que estuviera sentado a la mesa número tres. Estaba hablando por un teléfono que acababan de conectar para él. Cuando vio acercarse a Hilary cortó la conversación, dejó el aparato y se puso en pie.

—Hilary, estás preciosa... como siempre.

—Y tú eres el centro de atención... como siempre.

Sonrió. Su voz era baja, tierna, como si conspirara. Comentó:

—Imagino que todos nos están mirando.

—¿Sí?

—Con disimulo.

—Oh, por supuesto.

—Porque no querrán que sepamos que nos están mirando —dijo como refocilándose.

Al sentarse, Hilary observó:

—Y nosotros no nos atrevemos a mirar por si nos están mirando.

—¡Oh, cielos, no! —exclamó con la alegría reflejada en sus ojos azules.

—No queremos que piensen que nos importa.

—¡No lo quiera Dios!

—Resultaría *gauche*.

—*Très gauche* —Y se echó a reír.

Hilary suspiró:

—Nunca he comprendido por qué una mesa es mucho más importante que otra.

—Bueno, yo puedo estar sentado y burlarme de ello, pero lo comprendo —explicó Wally—. A pesar de todo lo que Marx y Lenin creían, el animal humano medra en el sistema de clases... siempre y cuando este sistema se base ante todo en el dinero y el logro, no en el pedigrí. Establecemos y cuidamos el sistema de clases en todas partes, incluso en los restaurantes.

—Tengo la impresión de que acabo de verme metida en una de esas famosas disquisiciones Topelis.

Llegó un camarero con un reluciente cubo plateado sobre un trípode. Lo colocó junto a su mesa, sonrió y se fue. Al parecer, Wally se había tomado la libertad de pedir para ambos antes de que ella llegara. Pero no aprovechó esta oportunidad para anunciarle lo que iban a beber.

—Nada de disquisición. Es una simple observación. La gente necesita de los sistemas de clase.

—De acuerdo. ¿Por qué?

—En primer lugar, porque la gente debe tener aspiraciones, deseos más allá de la necesidad básica de comida y cobijo, necesidades obsesivas que la llevarán a realizar cosas. Si hay un barrio mejor, un hombre aceptará dos empleos para ganar dinero a fin de conseguir una casa en él. Si un coche es mejor que otro, o un hombre... o una mujer para el caso, ya que por supuesto no tiene que ver con el sexo, trabajará más para poder permitírselo. Y si hay una mesa mejor en el salón Polo todo el que venga deseará ser lo bastante rico o lo bastante famoso, o lo bastante infame, para ocuparla. Este deseo casi maníaco en pos del *status* genera riqueza, contribuye al producto nacional bruto, y crea empleo.

Después de todo, si Henry Ford no hubiera querido ser alguien, jamás habría creado la compañía que ahora emplea decenas de millares de personas. El sistema de clases es uno de los motores que hacen girar las ruedas del comercio; mantiene nuestro nivel de vida muy alto. Proporciona metas a la gente... y proporciona al *maître* el sentido satisfactorio del poder e importancia que de otro modo harían intolerable el empleo que parece deseable.

Hilary meneó la cabeza:

—No obstante, el hecho de estar sentada ante la mejor mesa no quiere decir que se sea una persona mejor que el tipo que consigue la siguiente. No es de por sí un logro.

—Es un símbolo de logro, de posición —afirmó Wally.

—Aún no sé encontrarle sentido.

—Es un juego complicado.

—Que tú, desde luego, sabes jugar.

—¿Verdad que sí? —contestó Wally, encantado.

—Yo jamás aprenderé las reglas.

—Pero deberías, cordera. Es una tontería; sin embargo ayuda al negocio. A nadie le gusta trabajar con un perdedor. Pero todo el que participa en el juego quiere tratar con el tipo de persona que puede conseguir la mejor mesa del salón Polo.

Wally Topelis era el único hombre que Hilary conocía que pudiera llamar «cordera» a una mujer sin parecer condescendiente o idiota. Aunque era un hombre bajito, de la estatura que suelen tener los jockeis profesionales, le recordaba a Cary Grant en películas como *Atrapa un ladrón*. Tenía el estilo de Grant: modales excelentes, sin pasarse; una gracia de ballet en cada movimiento, incluso en el menor gesto; un encanto tranquilo; una sutil expresión divertida, como si considerase que la vida es una broma.

Llegó su camarero. Wally le llamó Eugene y le preguntó por sus hijos. Eugene parecía sentir afecto por Wally, y Hilary se dio cuenta de que conseguir la mejor mesa del salón Polo podía también tener algo que ver con el hecho de tratar al personal como amigos más que como sirvientes.

Eugene traía champaña, y después de unos minutos de charla intrascendente, alargó la botella para que Wally la inspeccionara.

Hilary vio la etiqueta:

—¿«Dom Perignon»?

—Te mereces lo mejor, cordera.

Eugene retiró la hojilla metálica del cuello y empezó a desenroscar el alambre que envolvía el corcho. Hilary miró a Wally con el ceño fruncido:

—Las noticias que me vas a dar deben de ser malísimas.

—¿Qué te hace preverlo?

—Una botella de champaña de cien dólares... —Hilary lo miró pensativa—. Es de suponer que se trata de endulzar mi decepción, de cauterizar mis heridas.

El corcho saltó. Eugene hizo bien su trabajo; muy poco del líquido espumoso burbujeó fuera de la botella.

—Qué pesimista eres —murmuró Wally.

—Realista.

—La mayoría de la gente habría dicho: «¡Ah, champaña! ¿Qué estamos celebrando?» Pero no Hilary Thomas.

Eugene sirvió una pequeña cantidad del «Dom Perignon». Wally lo probó y asintió, satisfecho.

—¿*Celebramos* algo? —preguntó Hilary.

Realmente no había pensado en la posibilidad, y al darse cuenta sintió cierta debilidad al considerarlo.

—Pues sí, en efecto.

Eugene llenó despacio las copas y, también despacio metió la botella dentro del hielo picado del cubo plateado. Estaba claro que su intención era quedarse lo bastante para oír lo que estaban celebrando.

Era igual de evidente que Wally quería que el camarero oyera la noticia y la propagara. Riendo como Cary Grant, se inclinó hacia Hilary y le dijo:

—Tenemos el trato con «Warner Brothers».

Hilary lo miró, parpadeó, abrió la boca como si fuera a hablar. No supo qué decir. Por fin exclamó:

—No.

—Sí.

—No puede ser.

—Sí puede.

—Nada es tan fácil.

—Te digo que lo tenemos.

—No me dejarán dirigir.

—Oh sí.

—No me dejarán hacer los cortes finales.

—Sí, te dejarán.

—¡Dios mío!

Estaba estupefacta. No sentía nada.

Eugene ofreció su felicitación y desapareció.

Wally se echó a reír y meneó la cabeza:

–Sabes, podías haberlo hecho mejor en beneficio de Eugene. Muy pronto la gente se dará cuenta de que celebramos algo. Le preguntarán a Eugene y él se lo contará. Deja que el mundo piense que siempre supiste exactamente lo que querías. Nunca muestres duda o temor cuando nades entre tiburones.

–¿No lo dirás en broma? ¿De verdad hemos conseguido lo que queríamos?

Alzando su copa, Wally dijo:

–Brindo por ti. Para mi más bella cliente, con la esperanza de que aprenda que hay nubes negras forradas de plata y que muchas manzanas no tienen gusanos dentro.

Chocaron sus copas.

–El estudio debe de haber añadido un montón de condiciones duras al trato –observó Hilary–. Un tope en el presupuesto. Escala de salarios. Ninguna participación en los beneficios brutos. Cosas así.

–Deja ya de buscar clavos oxidados en tu sopa.

–No te pongas gracioso.

–Estoy bebiendo champaña.

–Ya sabes lo que quiero decir...

Y se quedó contemplando las burbujas que reventaban en su copa. Sintió también como si centenares de burbujas subieran por su interior, cadenas de pequeñas burbujas de alegría; pero parte de ella actuaba también como un corcho para contener su emoción efervescente, para mantenerla a salvo, bajo presión, segura. Tenía miedo a sentirse demasiado feliz. Temía tentar al destino.

–No puedo entenderlo –dijo Wally–. Por tu aspecto parece que el trato se hubiera ido al diablo. Pero me has oído bien. ¿No es verdad?

–Perdóname –sonrió–. Es que... cuando era pequeña aprendí a esperar lo peor, todos los días. Así, nunca me sentí decepcionada. Es la mejor actitud que se puede adoptar cuando se vive con una pareja de alcohólicos amargados y violentos.

La miró con bondad y le dijo en tono tierno:

–Tus padres ya no existen. Murieron. Los dos. No pueden tocarte, Hilary. Nunca más volverán a hacerte daño.

–He pasado la mayor parte de los últimos doce años tratando de convencerme de eso.

–¿Has pensado alguna vez en el psicoanálisis?

–Pasé por ello dos años.

—¿Te ayudó?

—No mucho.

—Tal vez un médico distinto...

—Sería lo mismo. Hay un fallo en la teoría freudiana. Los psiquiatras creen que tan pronto lo recuerdas todo y comprendes los traumas infantiles que hicieron de ti una neurótica adulta, puedes cambiar. Piensan que lo difícil es encontrar la clave y que, una vez la tienes, puedes abrir la puerta en un minuto. Pero no es tan fácil.

—Debes querer cambiar.

—Tampoco es tan fácil.

Él hizo que la copa de champaña girara entre sus manos cuidadas; ofreció:

—Bien, si de cuando en cuando necesitas alguien con quien hablar, estoy siempre a tu disposición.

—Ya te he cargado demasiado con mis problemas durante estos años.

—Tonterías. Me has contado muy poco. Sólo lo básico.

—Pero pesado.

—Lejos de ello, te lo aseguro. La historia de una familia que se deshace, alcoholismo, locura, asesinato y suicidio, una criatura inocente atrapada en medio... Como escritora de guiones, deberías saber que este tipo de material no aburre nunca.

Hilary esbozó una sonrisa:

—Es que siento que debo resolverlo yo sola.

—Pero suele ayudar si se habla de ello...

—Excepto que yo ya he hablado con un analista y he hablado contigo y sólo me ha ayudado un poquito.

—Pero lo ha hecho.

—He sacado todo lo que he podido. Lo que me conviene ahora es hablarlo conmigo misma. Tengo que enfrentarme sola con el pasado, sin contar con tu ayuda o la del médico, que es algo que nunca he sabido hacer... —Su largo cabello negro le había caído sobre un ojo, lo apartó de la cara y lo sujetó tras la oreja—. Tarde o temprano, pondré en claro mi cabeza... Es sólo cuestión de tiempo.

«¿Lo creo de verdad?», se preguntó.

Wally se quedó mirándola un instante. Por fin dijo:

—Bien, supongo que tú lo sabes mejor. Pero entretanto, bebe por lo menos. —Y alzó su copa de champaña—. Ten cuidado y ríete mucho para que todos estos importantes que nos observan te envidien y quieran trabajar contigo.

Lo que Hilary deseaba era recostarse, beber muchísimas copas de

«Dom Perignon» helado y dejar que la felicidad la embargara, pero era incapaz de relajarse del todo. Tenía siempre con gran viveza la oscuridad espectral al filo de las cosas, aquella pesadilla agazapada en espera de saltar sobre ella y devorarla. Earl y Emma, sus padres, la habían encerrado en una cajita de miedo, habían dejado caer la pesada tapa y cerrado con llave; y, desde entonces, había contemplado el mundo desde los oscuros confines de la caja. Earl y Emma la habían infectado con una invariable, persistente y siempre presente paranoia que teñía todo lo bueno, todo lo que estaba bien y era alegre y brillante.

En aquel instante, el odio a su padre y a su madre era más fuerte, frío e inmenso que nunca. Los años de trabajo y los muchos kilómetros que la separaban de aquellos infernales días de Chicago, dejaron de repente de actuar como aislantes del dolor.

—¿Qué te pasa? —preguntó Wally.

—Nada. Estoy bien.

—¡Pero tan pálida!

Con un esfuerzo, arremetió contra los recuerdos, les obligó a volver al pasado al que pertenecían. Apoyó una mano en la mejilla de Wally y le dio un beso:

—Perdóname. Sé que a veces soy como un grano en el trasero. Ni siquiera te he dado las gracias. Soy muy feliz con el contrato, Wally, lo soy de verdad. ¡Es maravilloso! Eres el mejor agente de este negocio.

—Tienes razón. Lo soy. Pero esta vez no tuve que esforzarme mucho. El guión les gustaba tanto que estaban dispuestos a concedernos casi todo con tal de conseguirlo. No fue suerte. Ni se debió sólo a tener un agente listo. Quiero que lo comprendas. Entiéndelo, niña, te mereces el éxito. Tu trabajo es lo mejor que se ha escrito para el cine en estos días. Puedes seguir viviendo a la sombra de tus padres, esperar lo peor, como haces siempre, pero de ahora en adelante no habrá otra cosa para ti sino lo mejor. Mi consejo es: acostúmbrate.

Hilary deseaba creerle: deseaba de forma desesperada ceder ante su optimismo, pero los negros hierbajos de la duda seguían brotando de la semilla de Chicago. Veía los monstruos familiares acechando desde los bordes borrosos del paraíso que él le había descrito. Creía en la ley de Murphy: *Si algo puede estropearse, se estropeará seguro.*

Sin embargo, encontraba la insistencia de Wally tan atractiva, su tono tan convincente, que rebuscó en el caldero hirviente de sus confusas emociones y encontró una sonrisa radiante para él.

—Esto me gusta —dijo encantado—. Así está mejor. Tienes una sonrisa preciosa.

—Intentaré utilizarla con más frecuencia.

—Pues yo intentaré hacer el tipo de tratos que te obligarán a usarla muy a menudo.

Bebieron champaña y discutieron *La hora del lobo*, hicieron planes y rieron más de lo que ella recordaba haber reído en años. Poco a poco, su estado de ánimo se hizo más alegre. Un actor de cine, muy macho, ojos de hielo, labios apretados, recia musculatura, unos andares cimbreantes cuando rodaba, y cuya última película había recaudado cincuenta millones de dólares; cordial, sonriente y algo tímido en la vida real, fue el primero en pararse a saludar y preguntar qué celebraban. El bien trajeado e impecable ejecutivo de los estudios, con ojos de lagarto, intentó, primero de manera sutil y luego con todo descaro, averiguar el argumento de *La hora del lobo*, deseando que se prestara a una rápida y barata reseña en la publicación sobre películas de la semana. Al cabo de un rato, medio salón se les acercaba para felicitar a Hilary y a Wally, alejándose luego a fin de comentar con otros su éxito. Todos se preguntaban si les caería algún porcentaje. Como era lógico el *Lobo* necesitaría un productor, estrellas, alguien que escribiera la partitura... Por lo tanto, en la mejor mesa del salón había grandes palmadas en la espalda, besos en la mejilla y manitas.

Hilary sabía que la mayoría de los ocupantes del salón, todos ellos brillantísimos, no eran tan mercenarios como a veces aparentaban. Muchos de ellos habían empezado desde abajo, pobres, hambrientos, como ella misma. Aunque habían logrado ya sus fortunas, y las tenían bien invertidas, no podían evitar agitarse; llevaban tanto tiempo haciéndolo, que ya no sabían vivir de otro modo.

La imagen pública de la vida de Hollywood tenía muy poco que ver con los hechos. Secretarias, tenderos, empleados, taxistas, mecánicos, amas de casa, camareras, gente de todo el país, en sus ocupaciones diarias de diverso tipo, llegaban a sus casas cansados del trabajo, se sentaban ante el televisor y soñaban con la vida de las estrellas. En la inmensa mente colectiva que se aburría y murmuraba de Hawai a Maine, y de Florida a Alaska, Hollywood era una mezcla chispeante de locas fiestas, mujeres fáciles, dinero cómodo, demasiado whisky, mucha cocaína, días de soleada pereza, bebidas junto a la piscina, vacaciones en Acapulco y Palm Springs, sexo en el asiento trasero de un «Rolls» forrado de piel. Una fantasía. Una ilusión. Suponía que una sociedad ya harta de dirigentes corruptos e incompetentes, una sociedad apoyada en pilares podridos por la inflación y el exceso de impuestos, una sociedad existente a la sombra helada de la súbita aniquilación nuclear, necesitaba ilusiones para poder sobrevivir. De verdad, la gente de la industria del cine y de la televisión trabajaban más que cualquier otra, aun cuando el producto de su esfuerzo no era siempre, quizá ni siquiera con frecuencia, digno del esfuerzo. La estrella de una serie televisiva de éxito trabajaba del alba al atardecer, catorce o dieciséis horas diarias. Naturalmente, la recompensa era enorme. Pero en realidad, ni las fiestas eran tan locas, ni las mujeres más fáciles que las de Filadelfia o Hackensack o Tampa, los días soleados no tenían mucho de perezosos, y el sexo era exactamente lo mismo que para las secretarias de Boston o los tenderos de Pittsburgh.

Wally tenía que salir a las seis y cuarto a fin de llegar a una cita a las siete, y un par de conocidos del salón Polo invitaron a Hilary a que cenara con ellos. Pero declinó la invitación alegando un compromiso previo.

Fuera del hotel, la noche de otoño seguía siendo clara. Unas nubes altas cruzaban el cielo en technicolor. La luz solar era como la cabellera de una rubia platino, y el aire sorprendentemente limpio para mediados de semana en Los Ángeles. Dos parejas jóvenes reían y charlaban ruidosamente al bajar de un «Cadillac» azul, y más lejos, en Sunset Boulevard, los neumáticos chirriaban, rugían los motores y los conductores hacían sonar el claxon mientras los últimos de la hora punta trataban de llegar a casa vivos.

Cuando Hilary y Wally esperaban que les trajeran sus coches, él dijo:

—¿De verdad vas a cenar con alguien?

—Sí, estaremos yo y yo.

—Oye, puedes venir conmigo.

—El invitado no invitado.

—Te acabo de invitar.

—No quiero estropear tu plan.

—Bobadas. Serías un añadido delicioso.

—De todos modos, no voy vestida para cenar.

—Estás muy bien.

—Quiero quedarme sola.

—Eres peor que la Garbo. Ven a cenar conmigo. Por favor. Es una cena informal en «The Palm» con un cliente y su mujer. Un joven y prometedor escritor televisivo. Simpáticos.

—Estaré bien, Wally. De verdad.

—Una bella mujer como tú, en una noche como ésta, con tanto que celebrar... debería sentarse a la luz de las velas, con música suave, buen vino, y alguien muy especial para compartirlo.

—¡Wally, eres un romántico!

Y le sonrió.

—Lo digo en serio —insistió.

Hilary apoyó una mano en su brazo:

—Eres muy bueno preocupándote tanto de mí, Wally. Pero estoy perfectamente. Me siento feliz sola. Soy buena compañía para mí. Habrá tiempo de sobra para una relación sincera con un hombre, y fines de semana esquiando en Aspen, y noches de tertulia en «The Palm», después de que *La hora del lobo* esté terminada y en las salas.

Wally Topelis frunció el ceño:

—Si no aprendes a relajarte, no sobrevivirás mucho en un trabajo de gran presión como éste. En un par de años, estarás tan reblandecida como una muñeca de trapo, gastada, hecha jirones. Créeme, niña, cuando se ha quemado toda la energía física, descubres de pronto que la energía mental, el jugo creador, se ha evaporado también.

—Este proyecto es para mí como un manantial. Después de él mi vida no será la misma.

—De acuerdo, pero...

—He trabajado duro, muy duro, con una sola dedicación hacia esa oportunidad. Lo confieso: mi trabajo me ha obsesionado. Pero una vez tenga la reputación de buena escritora y buena directora, me sentiré segura. Por fin podré desprenderme de mis demonios..., de mis padres, Chicago, de todos los malos recuerdos. Podré relajarme y llevar una vida más normal. Pero no puedo descansar aún. Si ahora cedo, fracasaré. O al menos lo creo así, que viene a ser lo mismo.

—Está bien —suspiró—. Pero lo pasaríamos muy bien en «The Palms».

Llegó uno de los muchachos con un coche, el de ella. Hilary abrazó a Wally.

—Mañana, probablemente, te llamaré para asegurarme de que el trato con los «Warner Brothers» no ha sido un sueño.

—Los contratos tardan siempre unas semanas. Pero no anticipo problemas serios. Tendremos el borrador la semana próxima y entonces puedes concertar una reunión en el estudio.

Le mandó un beso, fue hacia el coche, dio una propina al muchacho y se alejó.

Se dirigió hacia las colinas, dejando atrás las casas de un millón de dólares, céspedes más verdes que el dinero, girando a izquierda, a derecha, al azar, sin rumbo fijo, conduciendo sólo para relajarse, en una de las pocas escapadas que se permitía. Gran parte de las calles estaban envueltas en sombras azuladas proyectadas por toldos de ramas entrelazadas; la noche entraba por el pavimento mientras que la luz del día seguía por encima de las ramas enredadas, robles, cedros, cipreses, pinos y otros árboles. Encendió los faros y exploró algunas de las serpenteantes carreteras de los cañones hasta que, de forma paulatina, su frustración empezó a desaparecer.

Más tarde, cuando la noche hubo caído tanto por encima de las ramas como por debajo, paró en un restaurante mexicano en la Ciénaga Boulevard. Paredes de yeso crudo. Fotografías de bandidos mexicanos. El rico olor a salsa caliente, tacos sazonados y tortillas de harina de maíz. Camareras vestidas con blusas escotadas y faldas rojas con muchos pliegues. Muzak de detrás de la frontera. Hilary comió enchiladas de queso, arroz y alubias refritas. La comida sabía tan bien como si la hubiera comido a la luz de las velas, con música de violines y con alguien especial sentado a su lado.

«Tendré que contárselo a Wally», pensó mientras tragaba la última enchilada que hizo bajar con «Dos Equis», una cerveza oscura mexicana.

Mientras lo pensaba, casi le pareció oír su respuesta:

—Cordera mía, eso no es más que descarada racionalización psicológica. Es cierto que la soledad no cambia el sabor de la comida, la calidad de la luz de las velas, el sonido de la música..., pero esto no significa que la soledad sea deseable, o buena, o sana.

No podría resistirse a lanzarse a una de sus paternales charlas sobre la vida. Escuchándole no haría más fácil que la convenciera de que lo que decía era sensato.

«Mejor no mencionarlo —se dijo—. Nunca te apuntarás un tanto con Wally Topelis.»

De nuevo en su coche, se abrochó el cinturón de seguridad, puso en marcha el potente motor, conectó la radio y permaneció un rato sentada contemplando el fluir del tráfico en La Ciénaga. Hoy era su cumpleaños. Cumplía veintinueve. Y pese al hecho de que había aparecido en la columna de Hank Grant en el *Hollywood Reporter*, parecía ser la única del mundo a quien importara. Era una solitaria. Siempre lo había sido. ¿Acaso no había dicho a Wally que era perfectamente feliz con su propia compañía?

Los coches pasaban en incesante riada, llenos de gente que iban a sitios, haciendo cosas... generalmente por parejas.

No quería irse a casa aún, pero tampoco tenía ninguna otra parte donde ir.

La casa estaba oscura.

El césped parecía más azul que verde a la luz de mercurio del farol de la calle.

Hilary aparcó el coche en el garaje y caminó hasta la puerta principal. Sus tacones hacían un ruido extraño y fuerte (toc, toc, toc) sobre el caminillo de piedra.

La noche era tibia. El calor del sol ya desaparecido seguía subiendo del suelo, y el refrescante aire marino que bañaba la ciudad en todas las estaciones no traía aún el habitual frío otoñal que se notaba en el aire; más tarde, hacia medianoche, habría que ponerse abrigo.

Los grillos cantaban aún en los setos.

Entró en la casa, buscó el interruptor y encendió la luz de la entrada. Cerró la puerta con llave. Encendió también las luces del cuarto de estar, y se hallaba a unos pasos del recibidor cuando notó movimiento tras ella y se volvió.

Un hombre salió del armario de la entrada, tirando al suelo un abrigo al abrirse paso y proyectando la puerta contra la pared con un fuerte *bang*. Tendría unos cuarenta años, era alto, vestía pantalones oscuros y un ceñido pullóver amarillo... y llevaba guantes de piel. Sus músculos eran el tipo fuerte que pueden adquirirse levantando pesas; incluso sus muñecas se veían fuertes y musculosas entre los guantes y el puño del jersey. Se detuvo a diez pasos de ella, le dirigió una amplia sonrisa, inclinó la cabeza y se pasó la lengua por sus labios delgados.

No supo cómo responder a esa súbita aparición. No se trataba de un intruso corriente, ni de un desconocido total, un punk o un gamberro desharrapado con la mirada turbia de droga. Aunque no era del lugar, lo conocía y era el último hombre que podía esperar encontrarse en semejante situación. Ver salir al tierno Wally Topelis de aquel armario era lo único que podía haberla impresionado más. Estaba menos asustada que confusa. Le había conocido tres semanas atrás haciendo una investigación para un guión sobre la región del vino, en California del norte, un proyecto que tenía que apartar de la memoria el marketing de *La hora del lobo* por parte de Wally, y que ya había terminado. Era un hombre conocido e importante en Napa Valley. Pero eso no explicaba qué demonios hacía en su casa, escondido en un ropero.

—Mr. Frye —saludó incómoda.

—Hola, Hilary.

Tenía una voz profunda, algo rasposa que parecía tranquilizadora y paternal cuando había hecho aquella excursión particular por sus viñedos, cerca de Santa Helena, pero que ahora se le antojaba dura, cruel, amenazadora.

Nerviosa, se aclaró la garganta y preguntó:

—¿Qué está haciendo aquí?

—Vine a verla.

—¿Por qué?

—Porque tenía que volver a verla.

—¿Para qué?

Él seguía sonriendo. Tenía la expresión tensa, depredatoria. Su sonrisa era la del lobo antes de cerrar las mandíbulas sobre un pobre conejo acorralado.

—¿Cómo ha entrado? —preguntó.

—Bonita.

—¿Qué?

—Muy bonita.

—Basta.

—Llevo mucho tiempo buscando una como usted.

—Me da miedo.

—Es preciosa de verdad.

Dio un paso hacia ella.

Entonces comprendió, sin la menor duda, lo que se proponía. Pero era una locura. Era impensable. ¿Cómo un hombre rico, con su posición social, recorría cientos de kilómetros para arriesgar su fortuna, su buena situación y su libertad, por un breve momento de sexo forzado?

Dio otro paso.

Ella retrocedió. Violarla. No tenía sentido. A menos que... Si intentaba matarla después, no se arriesgaba demasiado. Llevaba guantes. Y nadie creería que un vinatero importante y muy respetado en Santa Helena, viniera conduciendo hasta Los Ángeles para violar y asesinar. Incluso si alguien lo creyera, no se les ocurriría pensar precisamente en él. La investigación del homicidio jamás iría en su dirección.

Seguía avanzando. Despacio. Implacablemente. Con pasos pesados. Disfrutando con el suspense. Riendo más que nunca al ver la comprensión entrando en sus ojos.

Retrocedió pasada la gran chimenea, pensando, por un instante, agarrar uno de los pesados hierros del hogar; pero sabía que no iba a ser lo bastante rápida para defenderse. Se trataba de un hombre fuerte, atlético, en condiciones físicas excelentes; le caería encima antes de que pudiera agarrar el atizador y golpearle en la cabeza.

Iba flexionando sus manazas. Los nudillos tensaban la piel del ceñido guante.

Siguió retrocediendo, pasado un grupo de muebles, dos sillas, una mesita auxiliar, un largo sofá. Entonces empezó a moverse hacia la derecha, con la esperanza de poner el sofá entre ella y Frye.

—Qué bonito cabello —le dijo.

Parte de ella se preguntaba si se estaba volviendo loca. Aquel hombre no podía ser el Bruno Frye que había conocido en Santa Helena. No había notado ni siquiera el más vago atisbo de la locura que ahora contraía su rostro ancho y sudoroso. Sus ojos eran como trozos de hielo de un azul gris, y la pasión glacial que brillaba en ellos era demasiado monstruosa para haberla podido disimular cuando lo vio por última vez.

Entonces descubrió el cuchillo, y su visión fue como una llamarada de calor que transformó sus dudas en rabia y las disipó. Se proponía matarla. Llevaba el cuchillo sujeto al cinturón, sobre la cadera derecha. Estaba metido en una funda abierta y podía sacarlo simplemente soltando un botón de la estrecha correa que lo sostenía. En un segundo, la hoja quedaría libre y apretada en su mano; en dos, estaría profundamente hundida en su vientre, sajando carne tibia y órganos gelatinosos, liberando su preciosa reserva de sangre.

—La he deseado desde que la vi por primera vez —dijo Frye—. No tenía otra idea que llegar hasta usted.

El tiempo parecía haberse detenido para ella.

—Va a ser una pieza maravillosa. Buena de verdad.

Bruscamente, el mundo se había vuelto una película a cámara lenta. Cada segundo era como un minuto. Le veía acercarse a ella como si fuera una bestia en una pesadilla, como si la atmósfera se hubiera vuelto tan espesa como el jarabe.

Tan pronto como Hilary descubrió el cuchillo se quedó helada. Dejó de apartarse de él, aunque él seguía acercándose. Eso es lo que hace un cuchillo. Te ahoga, congela tu corazón, produce un temblor incontrolable en las entrañas. Sorprendentemente, pocas personas tienen el valor de utilizar un cuchillo contra otro ser viviente. Más que cualquier otra arma, te hace notar la delicadeza de la carne, la terrible fragilidad de la vida humana; en los destrozos que produce, el atacante puede descubrir con toda claridad la naturaleza de su propia mortalidad. Una pistola, una copa de veneno, una bomba, un instrumento contundente, la cuerda de un estrangulador..., todos pueden utilizarse con relativa limpieza, la mayoría a distancia. Pero el hombre del cuchillo debe estar preparado para mancharse, y debe acercarse mucho, tanto que puede percibir el calor que escapa de las heridas a medida que las va haciendo. Se requiere un valor especial, o pura locura, para ir cortando a otra persona y no sentir repulsión por la sangre caliente que cae a chorros sobre la mano.

Frye ya estaba encima de ella. Apoyó una manaza sobre su pecho, apretando y frotando brutalmente a través de la sedosa tela del traje. El rudo contacto la sacó del trance en que se había sumido. Apartó aquella garra de un manotazo, se retorció para zafarse de ella y corrió hasta situarse detrás del sofá.

La risa del hombre era sincera y, lo que era más desconcertante, agradable; pero sus implacables ojos brillaban con macabra diversión. Era un juego diabólico, un loco humor infernal. Quería que ella se debatiera, porque disfrutaba con la caza.

—¡Márchese! ¡Salga de aquí! —le gritó.

—No quiero salir —contestó Frye sonriendo al tiempo que movía la cabeza—. Lo que quiero es *entrar*. Oh, sí. Eso es lo que quiero. Quiero entrar en usted, pequeña dama. Quiero arrancarle el traje de un tirón, la quiero desnuda, y meterme hasta allá dentro. Arriba de todo, lo más arriba, donde está caliente y húmedo y oscuro y suave.

Por un momento, el pánico que le reblandecía las piernas y volvía líquido su interior, se transformó en emociones más fuertes: odio, rabia, furia. La suya no era la ira razonada de una mujer hacia un hombre arrogante que le usurpaba su dignidad y sus derechos; no una ira intelectual basada en las injusticias sociales y biológicas de la situación; era más fundamental que todo eso. Se había introducido en su espacio privado sin ser invitado a ello, se había abierto camino hasta su cueva moderna, y se sentía poseída por una rabia primitiva que enturbiaba su visión y le desbocaba el corazón. Le enseñó los dientes, emitió un hondo sonido gutural, se vio reducida a una reacción inconsciente casi animal al enfrentarse con él y tener que buscar una salida a la ratonera.

Una mesa larga, estrecha, con la parte alta de cristal, se apoyaba en el respaldo del sofá. Sobre ella había dos piezas de porcelana de un palmo o más de altura. Agarró una de las estatuas y la lanzó contra Frye.

Él la esquivó con una rapidez primitiva, que poseía por instinto. La porcelana chocó con la chimenea de piedra y estalló como una bomba. Docenas de pedazos y centenares de esquirlas cayeron sobre el hogar y la alfombra que había delante.

—¡Pruebe otra vez! —la retó burlón.

Alzó la otra porcelana, vaciló; le observó con ojos entrecerrados, sopesó la estatua en la mano y simuló el lanzamiento.

Le engañó el gesto, se agachó hacia un lado para evitar el proyectil. Con un grito de triunfo ella se la lanzó de verdad.

Estaba demasiado sorprendido para agacharse de nuevo y la porcelana le dio de lleno a un lado de la cabeza. Fue un golpe rasante, menos duro de lo que había supuesto; pero dio unos pasos atrás, tambaleándose. No cayó. Ni sufrió herida grave. Ni siquiera sangraba. Pero le dolía, y el dolor le transformó. Su humor ya no era perversamente juguetón. La sonrisa torcida desapareció. Su boca se cerró en una línea dura, amenazadora, con los labios apretados con fuerza. Su rostro estaba rojo. La furia aumentaba como si dieran cuerda a un reloj; bajo la tensión, aparecieron sus músculos en el cuello macizo, tensos, impresionantes. Se agachó un poco, dispuesto a saltar.

Hilary contaba con que la seguiría detrás del sofá y se dispuso a rodearlo, manteniéndose lejos de él, procurando que el sofá permaneciera entre los dos en espera de alcanzar algo que mereciera la pena lanzarle. Pero cuando al fin se movió, no fue tras ella como había supuesto. Por el contrario, se le abalanzó sin miramientos, como un toro furioso. Se dobló al llegar ante el sofá, lo agarró con ambas manos, lo alzó y, de un solo movimiento, lo proyectó hacia atrás como si no pesara más que unos kilos. La mujer se apartó de un salto al ver el pesado mueble estrellándose donde ella había estado. Y mientras el diván caía, Frye saltó por encima. Trató de agarrarla y lo habría logrado de no haber tropezado y caído de rodillas.

Su rabia dio paso al pánico y echó a correr. Fue hacia la entrada, a la puerta principal; pero comprendió que no tendría tiempo de descorrer los cerrojos y salir de la casa antes de que la alcanzara. Lo tenía demasiado cerca, a no más de dos o tres pasos. Saltó hacia la derecha y enfiló la escalera, subiendo los peldaños de dos en dos.

Jadeaba, pero por encima de su jadeo le oía acercarse. Sus pisadas eran atronadoras.

Iba maldiciéndola.

La pistola. En la mesita de noche. Si podía llegar al dormitorio un poco antes que él, dar un portazo y cerrar con llave, le detendría unos segundos; por lo menos, lo bastante para poder coger la pistola.

En lo alto de la escalera, al llegar al rellano del segundo piso, cuando estaba segura de que había puesto cierta distancia entre los dos, él pudo agarrarla por el hombro y tiró de ella hacia atrás. Hilary chilló, pero no trató de desasirse como era evidente que él esperaba. Por el contrario, tan pronto como la agarró, ella se volvió hacia el hombre. Se precipitó contra él antes de que pudiera contenerla con su brazo, se apretó tanto a su cuerpo que notó su erección, y entonces le dio un fuerte rodillazo en la ingle. El reaccionó como si un rayo le hubiera caído encima. El color rojo de ira desapareció de su rostro y su piel adquirió un tono marfileño, todo ello en una fracción de segundo. La soltó, dio un paso atrás, resbaló sobre el borde de un peldaño, gritó y cayó hacia atrás agitando los brazos, pero pudo hacerse a un lado, agarró la barandilla y fue lo bastante afortunado para conseguir detener la caída.

Por lo visto, no tenía demasiada experiencia con mujeres que se defendían de verdad. Le había engañado dos veces. Él creía que jugaba con una conejita tierna, inofensiva, presa tímida que sería fácilmente sometida y usada y destruida después con un solo movimiento de muñeca. Pero se revolvió, y le mostró colmillos y uñas. La exaltó su sorprendente expresión.

Había tenido la esperanza de que rodaría hasta el pie de la escalera y se rompería el cuello al caer. Incluso ahora, pensó que el golpe en los genitales lo dejaría fuera de combate por unos minutos, lo suficiente para que ella se pusiera a salvo. Pero se decepcionó cuando, después de una brevísima pausa, antes incluso de que ella pudiera volverse y echar a correr, se desprendió de la barandilla y, con una mueca de dolor, volvió a abalanzarse hacia ella.

—Perra —dijo entre dientes, apenas capaz de respirar.

—¡No! —protestó—. ¡No! No se acerque.

Se sentía como uno de esos personajes de las películas de terror que «Hammer Films» solía hacer tan bien. Luchaba contra un vampiro o un zombi, asombrada y descorazonada por las sobrenaturales reservas de fuerza y resistencia de la bestia.

—¡Perra!

Echó a correr por el rellano, envuelto en sombras, hasta su dormitorio. Dio un portazo, tanteó a oscuras en busca del botón que bloqueaba la cerradura. Encontró al fin el interruptor de la luz y pudo bloquear la puerta.

Se oía un extraño y espantoso ruido en la habitación. Era un fuerte sonido ronco lleno de terror. Miró alocada en derredor para descubrir su origen antes de darse cuenta de que estaba oyendo sus propios desgarrados e incontrolados sollozos.

Estaba al borde del pánico. Sabía que era muy peligroso y que debía dominarse si quería vivir.

Inesperadamente, Frye sacudió la puerta tras ella, y a continuación la empujó con fuerza. La barrera no cedió. Aunque no aguantaría mucho, no lo bastante para que tuviera tiempo de llamar a la Policía y esperar ayuda.

Su corazón latía con furia. Temblaba como si se encontrara desnuda en un vasto campo helado; pero estaba decidida a no dejarse vencer por el miedo. Cruzó apresurada la gran estancia, rodeó la cama hacia la otra mesilla de noche. Al pasar, un gran espejo de pared le devolvió la imagen de una absoluta desconocida, de ojos desorbitados, agotada, con un rostro tan pálido como la pintada cara de un mimo.

Frye pateó la puerta. La sacudió violentamente en su marco, pero no logró derribarla.

La automática del 32 estaba en el cajón de la mesa, encima de unos pijamas doblados. El cargador lleno se encontraba al lado. Levantó la pistola y, con manos tan temblorosas que casi no le obedecían, consiguió meter el cargador. Se colocó frente a la puerta.

Frye volvió a patear la cerradura; el metal era endeble. Pertenecía al tipo de cerradura interior colocada en principio para que los niños o los invitados curiosos se abstuvieran de entrar. Era inútil contra un intruso como Bruno Frye. A la tercera patada, las bisagras se desprendieron del marco y la puerta se abrió.

Jadeando, sudando, le pareció más que nunca un toro embravecido al verle aparecer desde el oscuro rellano y cruzar el umbral. Venía con los anchos hombros alzados y las manos cerradas y caídas a los lados. Su voluntad era bajar la cabeza, cargar, aplastar y destruir todo lo que estuviera en su camino. El ansia de sangre brillaba en sus ojos con tanta claridad como su imagen se reflejaba en el gran espejo mural junto a Hilary. Quería abrirse camino a través de él y patear a su dueña.

Hilary le apuntó con la pistola, sujetándola firmemente con las dos manos.

Él siguió avanzando.

—Dispararé. ¡Lo haré! ¡Juro por Dios que lo haré! —gritó.

Frye se detuvo, parpadeó y descubrió la pistola.

—¡Fuera! —le gritó.

Ni se movió.

—¡Lárguese de una vez!

Increíblemente, dio un paso más hacia ella. Ya no era el violador calculador, divertido y pagado de sí mismo, con quien se había enfrentado abajo. Algo le había ocurrido; en lo más profundo de su ser, unos dispositivos se habían encajado, formando nuevos diseños en su mente, nuevos deseos, apetitos y necesidades que eran más repugnantes y pervertidos que los revelados hasta entonces. Ya no tenía nada de racional. Su comportamiento correspondía al de un demente. Sus ojos brillaban, no helados como antes, sino acuosos y calientes, febriles. El sudor le caía por el rostro. Sus labios se retorcían, dejaban los dientes al descubierto; luego, avanzaban en un mohín infantil, formaban un extraño rictus, y después una pequeña sonrisa sombría, seguida de una mueca feroz que concluía en una expresión para la que no había nombre. Ya no le empujaba el deseo o el ansia de dominarla. El motor secreto que le impelía ahora era más negro en su intención que el de unos minutos antes, y Hilary experimentó la loca impresión de que hallaría la energía suficiente para protegerse de cualquier mal, para permitirle avanzar, indemne, entre una lluvia de balas.

Sacó el enorme cuchillo de su funda en la cadera derecha y lo empuñó ante él.

—¡Márchese! —gritó desesperada.

—Perra.

—Lo digo en serio.

Volvió a avanzar hacia ella.

—Por el amor de Dios, no sea loco. Ese cuchillo no vale contra una pistola.

Estaba a unos doce o catorce pasos de ella, al otro lado de la cama.

—¡Le volaré su maldita cabeza!

Frye agitó el cuchillo ante ella, trazando pequeños y rápidos círculos en el aire con la punta, como si fuera un talismán y apartara los espíritus malignos que se interponían entre él y Hilary.

Y dio un paso más.

Hilary apuntó al centro de su estómago, para que, por mucho que el retroceso desviara sus manos y por más que la pistola girara a derecha o izquierda, la bala entrara en un punto vital. Apretó el gatillo.

Nada.

«¡Por favor, Dios mío!»

Avanzó dos pasos más.

Contempló asombrada la pistola. Se había olvidado de quitar el seguro.

Ahora se encontraba a unos ocho pasos, del otro lado de la cama. Tal vez seis.

Maldiciéndose, movió las dos palancas del lado de la pistola y un par de puntos rojos aparecieron sobre el metal negro. Apuntó y apretó el gatillo por segunda vez.

Nada.

«¡Jesús! ¿Qué pasa? ¡No puede estar encasquillada!»

Frye se hallaba tan ajeno a la realidad, tan poseído por su locura, que no se dio cuenta de que ella tenía problemas con el arma. Cuando al fin vio lo que ocurría, actuó de prisa, mientras la ventaja era suya. Llegó a la cama, saltó sobre ella, y la cruzó andando por encima del colchón como si atravesara sobre un pontón, balanceándose encima de la superficie inestable.

Había olvidado meter una bala en la recámara. Lo hizo y retrocedió dos pasos hasta que tropezó con la pared. Disparó sin apuntar; luego le volvió a disparar cuando lo vio encima de ella como un demonio saltando del infierno.

El ruido del disparo llenó la habitación. Rebotó en las paredes e hizo vibrar los cristales de las ventanas.

Vio que el cuchillo se hacía añicos, observó cómo los fragmentos saltaban en arco de la mano derecha de Frye. El acero afilado voló brillando por un momento a la luz que escapaba de la lámpara junto a la cama.

Frye rugió al escapársele el cuchillo. Cayó de espaldas y rodó al otro extremo de la cama. Pero estuvo de pie en seguida, sujetándose la mano derecha con la izquierda.

Hilary no creyó que le hubiera dado. No se veía sangre. La bala debió de tropezar con el cuchillo rompiéndolo y arrancándoselo de la mano. El golpe sin duda sacudió sus dedos más que un latigazo.

Frye gimió de dolor y gritó de rabia. Era un sonido salvaje, como el ladrido de un chacal; pero, desde luego, no era el grito de un animal con el rabo entre las piernas. Seguía decidido a ir por ella.

Volvió a disparar, y él cayó de nuevo. Esta vez se quedó en el suelo.

Con un gemido de alivio, Hilary se apoyó agotada contra la pared, pero no apartó los ojos del lugar en que él había caído y donde yacía ahora, invisible, más allá de la cama.

Ningún sonido.

Ningún movimiento.

Le incomodaba no poder verle. Con la cabeza ladeada, escuchando atentamente, se movió cautelosa hasta el pie de la cama, para llegar al centro de la alcoba; luego, hacia la izquierda hasta que lo descubrió.

Se hallaba caído boca abajo sobre la alfombra color chocolate. Tenía el brazo derecho doblado debajo de él. El izquierdo estaba tendido hacia delante, con la mano un poco curvada y los dedos inmóviles señalando la cabeza. Tenía el rostro vuelto hacia el otro lado y no podía verlo. Como la alfombra era tan oscura, peluda y bien tejida, tuvo cierta dificultad para descubrir desde lejos si había sangre derramada. Desde luego no se apreciaba un enorme charco pegajoso, como suponía que iba a encontrar. Si el disparo le había dado en el pecho, la sangre estaría oculta debajo del cuerpo. La bala podía incluso haberle dado de lleno en la frente, provocando la muerte instantánea y el paro del corazón, en cuyo caso no habría más que unas gotas de sangre.

Lo contempló durante un minuto, dos minutos. No detectaba ningún movimiento, ni siquiera la sutil subida y bajada de su respiración.

¿Muerto?

Despacio, tímidamente, se le acercó:

—¿Mr. Frye?

No se proponía acercarse demasiado. No iba a exponerse al peligro, pero deseaba verlo mejor. Mantuvo la pistola apuntándole, dispuesta a meterle otra ráfaga si se movía.

—¿Mr. Frye?

No hubo respuesta.

Era curioso que siguiera llamándole «Mr. Frye». Después de lo ocurrido aquella noche, después de lo que había tratado de hacerle, todavía se mostraba correcta, ceremoniosa. Quizá porque estaba muerto. Ante la muerte, el peor de los hombres es tratado con respeto incluso por aquellos que sabían que había sido un embustero y un canalla toda su vida. Puesto que cada uno de nosotros debe morir, despreciar a un muerto es, en cierto modo, como despreciarnos a nosotros mismos. Además, si se habla mal del muerto, uno siente como si nos burláramos de ese gran misterio final... y quizás invitáramos a los dioses a castigarnos por nuestro descaro.

Hilary esperó, vigilante, el curso lento de otro minuto.

—¿Sabe una cosa, Mr. Frye? No voy a correr riesgos con usted. Creo que voy a meterle otra bala en el cuerpo ahora mismo. Sí. Voy a dispararle en la nuca..

Naturalmente, se sentía incapaz de hacerlo. No era violenta por naturaleza. Había disparado la pistola contra unos blancos, una vez, poco después de haberla comprado, pero nunca dio muerte a nada mayor que las cucarachas del apartamento de Chicago. Había encontrado la voluntad de disparar contra Bruno Frye sólo porque había sido un peligro inmediato y porque ella en aquel momento rebosaba adrenalina. La histeria y un primitivo instinto de conservación le habían otorgado una breve capacidad de violencia. Pero ahora que Frye estaba en el suelo, silencioso e inmóvil, no más peligroso que un montón de trapos, le resultaba imposible decidirse a apretar el gatillo. No podía quedarse allí contemplando cómo volaban los sesos de un cadáver. La sola idea le revolvía el estómago. Pero la amenaza de que ella le disparara a quemarropa a la cabeza debería disuadirle.

—De lleno en la cabeza, canalla —le dijo y disparó al techo.

No se inmutó.

Hilary suspiró y bajó el arma.

Muerto. Estaba muerto.

Había matado a un hombre.

Temerosa del problema que se le venía encima con la Policía y los periodistas, pasó por detrás del brazo extendido y se dirigió a la puerta.

De pronto, el muerto ya no estaba muerto.

De pronto, estaba muy vivo y se movía.

Se le anticipó. Supo exactamente cómo trataba de engañarla. Había visto a través de la astucia, y sus nervios eran de acero. ¡Ni siquiera se había movido!

Ahora se sirvió del brazo que tenía debajo para empujarse hacia arriba y levantarlo, golpeando a Hilary como una serpiente y con la mano izquierda la agarró por el tobillo y la hizo caer, gritando y debatiéndose, mientras se convertían en un amasijo de brazos y piernas, y rodaban de nuevo. Él le apresó el cuello con los dientes, gruñendo como un perro, y ella sintió un terror loco por si mordía y le desgarraba la yugular y le chupaba toda la sangre; pero logró meter la mano entre los dos y, con la palma, apoyó debajo de la barbilla y pudo apartar la cabeza de su cuello mientras rodaban por última vez hasta que tropezaron con la pared con un golpe tremendo y se pararon jadeantes, mareados. Él, como una gran bestia, se le echó encima, brutalmente, con todo su peso, aplastándola, mirándola de cerca con sus ojos fríos y repugnantes, profundamente vacíos, con el aliento apestando a cebollas y cerveza rancia; logró meterle la mano debajo del traje y desgarrarle los panties, tratando de pasar los dedos por las bragas y agarrarle el sexo, no con prisa de enamorado sino de púgil, y la sola idea del destrozo que podía causarle en su parte más delicada la hizo ahogarse de horror. Sabía que era incluso posible matar así a una mujer, llegar dentro y rasgar, agarrar, tirar. Enloquecida, trató de arañar los ojos color cobalto y cegarle, pero él apartó bruscamente la cabeza y la dejó fuera de su alcance. De pronto, ambos se helaron, porque simultáneamente se dieron cuenta de que ella no había soltado la pistola cuando él la derribó. Estaba prensada entre los dos, con el cañón fuertemente incrustado en la ingle de él... y aunque ella tenía el dedo encima del gatillo en lugar de en el mismo gatillo, podía cambiar y hacer presión en el lugar adecuado tan pronto tuviera noción de dónde estaba.

Su pesada mano seguía aún sobre el pubis de Hilary. Como un objeto obsceno. Una mano de cuero, repugnante, demoníaca. Notaba su calor incluso a través del guante que llevaba puesto. Pero ya no tiraba de sus bragas. Temblaba. Su enorme mano estaba temblando.

¡El canalla está asustado!

Sus ojos parecían sujetos a los de ella por un hilo invisible, un hilo resistente que no se rompería con facilidad. Ninguno podía mirar a otra parte.

—Si haces un falso movimiento —le dijo a media voz— te volaré los huevos.

Él parpadeó.

—¿Entendido? —insistió incapaz de alzar la voz.

Respiraba con dificultad a causa del cansancio y, sobre todo, del miedo.

Él se pasó la lengua por los labios.

Parpadeó despacio.

Como un condenado lagarto.

—¿Entendido? —repitió, con más rabia esta vez.

—Sí.

—¿Sin tonterías?

—Sí.

—No me engañarás otra vez.

—Lo que usted diga.

Su voz era profunda y rasposa, como antes, y firme. No había nada en ella, en sus ojos, o en el rostro, que recordaran al matón musculoso. Pero su mano enguantada seguía estremeciéndose nerviosa en la delicada confluencia de sus muslos.

—Bien —le dijo—. Lo que debes hacer ahora es moverte despacio. Muy, muy despacio. Cuando te avise vamos a rodar lentamente hasta que tú quedes debajo y yo encima.

Sin que la divirtiera lo más mínimo, se dio cuenta de que lo que acababa de decirle tenía un parecido grotesco a una sugerencia de amante impaciente en pleno acto sexual.

—Cuando yo lo diga, y ni un segundo antes de que lo diga, rodarás a tu derecha.

—Bien.

—Y yo rodaré contigo.

—Claro.

—Y no quitaré la pistola de donde está.

Los ojos de él seguían duros y fríos, pero la demencia y la ira habían desaparecido de ellos. La idea de que le volaran los genitales le había devuelto de golpe a la normalidad... por lo menos de momento.

Apretó el cañón de la pistola con fuerza contra sus testículos y él hizo una mueca de dolor.

—Ahora gira despacio —ordenó.

Hizo exactamente lo que ella le había ordenado, girando a un lado con sumo cuidado; luego boca arriba, sin apartar nunca los ojos de los de la mujer. Retiró la mano de debajo del vestido al variar de posición, pero no intentó arrancarle la pistola.

Hilary se agarró al hombre con la mano izquierda manteniendo la pistola en la derecha, y rodó con él, sin apartar el arma de su ingle. Por fin, estuvo encima, con un brazo atrapado entre los dos, con la 32 automática en la misma posición estratégica.

Su mano derecha empezaba a entumecerse debido a la extraña posición, pero también porque apretaba la pistola con todas sus fuerzas por temor a no sujetarla con suficiente seguridad. La asía con tal fuerza que sus dedos y los músculos hasta la parte alta del brazo le dolían por el esfuerzo. Le preocupaba que él llegara a darse cuenta de la creciente debilidad de su mano... o que se le cayera al quedársele los dedos dormidos.

—Bien. Voy a deslizarme a un lado, pero mantendré la pistola donde está. No te muevas. Ni siquiera parpadees.

Él se quedó mirándola.

—¿Entendido?

—Sí.

Sin apartar la 32 de la ingle, se desprendió de su agresor como si se levantara de una cama de nitroglicerina. Sus músculos abdominales estaban dolorosamente tirantes. Su boca, seca y amarga. Sus ruidosas respiraciones parecían llenar la alcoba como ráfagas de viento; pero su oído estaba tan aguzado que podía oír el suave tictac de su reloj «Cartier». Resbaló a un lado, se puso de rodillas, vaciló y al fin logró alzarse y quedar en pie. Se apartó de su alcance antes de que pudiera derribarla de nuevo.

—¡No!

—¿Cómo?

—Échate.

—No voy a perseguirla.

—Échate.

—Tranquilícese.

—¡Maldita sea, échate!

No pensaba obedecerla. Se quedó sentado, preguntó:

—¿Y ahora qué?

Ella sin dejar de apuntarle repitió:

—Te he dicho que te eches. Boca arriba. ¡Hazlo! ¡Ahora!

Él torció la boca en una de aquellas sonrisas odiosas que tan bien le salían:

—Le he preguntado: ¿y ahora qué?

Trataba de recuperar el control de la situación y a ella no le gustó nada. ¿Tenía alguna importancia que estuviera echado o sentado? Incluso sentado, no podía ponerse de pie y llegar hasta donde se encontraba ella, más de prisa de lo que se tardaba en dispararle dos balas.

—Está bien —dijo a regañadientes—. Siéntese si insiste. Pero un solo movimiento hacia mí y vacío la pistola. Le repartiré las entrañas por toda la alcoba. Juro por Cristo que lo haré.

Él asintió con una sonrisa.

—Ahora, me voy hasta la cama —le anunció temblando—. Me sentaré y llamaré a la Policía.

Se movió de lado y hacia atrás, como un cangrejo, paso a paso, hasta que llegó a la cama. El teléfono estaba en la mesilla de noche. Tan pronto se sentó y levantó el auricular, Frye la desobedeció. Se puso en pie.

—¡Eh!

Soltó el aparato y cogió la pistola con ambas manos esforzándose en mantenerla firme.

Él tendió las manos, conciliador, con las palmas hacia ella.

—Espere. Sólo un segundo. No voy a tocarla.

—Siéntese.

—No pienso acercarme a usted.

—Siéntese ahora mismo.

—Voy a marcharme —dijo Frye.

—Ni lo sueñe.

—Voy a irme de esta habitación y de esta casa.

—¡No!

—No va a disparar si me marcho.

—Inténtelo y lo lamentará.

—No lo hará —aseguró confiado—. No es de las que disparan a menos que no tenga otra alternativa. No podría matarme a sangre fría. No podría dispararme por la espalda. Ni en un millón de años Usted no. No tiene este tipo de valor. Es débil. Condenadamente debil. —Le dirigió su horrenda sonrisa, aquella sonrisa de calavera, y dio un paso hacia la puerta—. Puede llamar a la Policía cuando me haya ido. —Otro paso—. sería diferente si yo fuera un desconocido. Entonces tendría la oportunidad de desaparecer. Pero, después de todo, puede decirles quién soy. —Otro paso—. Vea, usted ha ganado y yo he perdido. Lo único que hago es tener un poco de tiempo. Muy poquito tiempo.

Hilary sabía que tenía razón. Podía matarle si la atacaba, pero era incapaz de dispararle mientras se retiraba.

Percibiendo su silenciosa aceptación de la verdad de lo que le había dicho, Frye le volvió la espalda. Su exceso de confianza la enfurecía, pero no pudo apretar el gatillo. Él había ido avanzando hacia la puerta. Salió decidido de la habitación, sin molestarse en mirar hacia atrás. Desapareció por el hueco del que había derribado el batiente y sus pasos resonaron en el rellano.

Cuando Hilary le oyó bajar la escalera se dio cuenta de que, a lo mejor, no abandonaba la casa. Podía, sin ser observado, deslizarse en alguna de las habitaciones de abajo y esconderse en cualquier ropero, esperar con paciencia a que la Policía llegara y se fuera, salir de su escondrijo y atacarla por sorpresa. Corrió hacia la escalera y llegó a tiempo de verle torcer a la derecha, hacia la entrada. Al cabo de unos segundos, le oyó descorrer los pasadores, después, salió y cerró de un fuerte portazo, ¡bam!

Estaba a mitad de la escalera cuando se le ocurrió que podía haber simulado su marcha. Podía haber dado el portazo sin marcharse. Podía estar esperándola en la entrada.

Hilary sostenía la pistola, a un lado, con la boca del cañón mirando al suelo, pero la alzó anticipándose, asustada. Fue bajando la escalera y, al llegar al último peldaño, se detuvo un buen rato, escuchando. Por fin, tranquilizada, se adelantó y miró hacia la entrada. Estaba vacía. La puerta del ropero seguía abierta. Frye tampoco estaba allí. Se había ido de verdad.

Cerró el armario.

Fue a la puerta de entrada y echó dos vueltas de llave.

Un poco vacilante, cruzó el cuarto de estar y pasó a su estudio. La estancia olía a cera de muebles perfumada al limón; las dos mujeres de la limpieza habían estado el día anterior. Hilary encendió la luz y se acercó a la gran mesa. Dejó la pistola sobre el mismo centro de la carpeta.

En una mesa junto a la ventana había un jarrón lleno de rosas rojas y blancas. Añadían una fragancia que contrastaba con el aroma a limón.

Se sentó ante su escritorio y acercó el teléfono. Buscó el número de la Policía.

De pronto, las lágrimas enturbiaron su visión. Se esforzó por contenerlas. Ella era Hilary Thomas, y Hilary Thomas no lloraba. Nunca. Hilary Thomas era fuerte. Hilary Thomas era capaz de encajar toda la basura que el mundo quería lanzarle y aguantarlo sin desmoronarse. Hilary Thomas sabía manejarse bien. Pero, aunque apretaba los ojos, no podía contener las lágrimas. Por sus mejillas iban resbalando los lagrimones que le entraban, salados, por las comisuras de los labios, luego se deslizaban hasta su barbilla. Al principio lloró en silencio, sin emitir el más leve gemido. Pero, pasados unos minutos, empezó a estremecerse y a sollozar de forma desesperada. Se le formaban nudos en el fondo de la garganta que terminaban en pequeños gritos de angustia. Se desmoronó. Emitió un largo quejido cavernoso y se apretó los brazos. Lloraba, gemía y perdía el aliento. Sacó un Kleenex de un dispensador que tenía en una esquina de la mesa y se sonó. Recobró la compostura... Después, se estremeció de nuevo y volvió a sollozar.

No lloraba porque la hubiera lastimado. No le había causado ningún dolor insoportable o duradero... por lo menos físicamente. Lloraba porque, en cierta manera difícil de definir, la había violado. Ardía por el ultraje y la vergüenza. Aunque no había sido realmente forzada, aunque ni siquiera había podido arrancarle las ropas, acababa de destrozar la burbuja cristalina de su intimidad, una barrera que había construido con sumo cuidado y a la que concedía un gran valor. Había aplastado su cómodo mundo, llegando a palparla con sus sucias manos.

Aquella noche, en la mejor mesa del salón Polo, Wally Topelis, había empezado a convencerla de que podía bajar la guardia, por lo menos un centímetro. Por primera vez en sus veintinueve años, consideró en serio la posibilidad de vivir menos a la defensiva de lo que tenía por costumbre. Con todas las buenas noticias y la insistencia de Wally, se mostró dispuesta a enfrentarse con la idea de una vida con menos miedo, y se sintió atraída por ella. Una vida con más amigos. Más relajada. Más divertida. Esta nueva vida era un sueño brillante, difícil de lograr; pero merecedora del esfuerzo por conseguirlo. Bruno Frye había agarrado ese frágil sueño por el cuello y lo había estrangulado. Le hizo recordar que el mundo era un lugar peligroso, una bodega oscura con criaturas de pesadilla, agazapadas en los rincones. Y precisamente cuando empezaba a intentar salir del pozo, antes de tener la oportunidad de disfrutar del mundo a cielo abierto, le había dado una patada en la cara y precipitado, dando tumbos, al punto del que había salido, otra vez a las dudas, el miedo y la suspicacia, al fondo de la horrible seguridad de la soledad.

Lloraba porque se sentía violada. Porque estaba humillada. Y porque él había tomado su esperanza y la había pisoteado como un matón de escuela aplasta el juguete favorito de un niño más débil.

CAPÍTULO 2

Esquemas.

A Anthony Clemenza le fascinaban.

A la caída de la tarde, antes de que Hilary Thomas hubiera llegado a casa, mientras todavía conducía por las colinas y cañones para relajarse, Anthony Clemenza y su compañero, el teniente Frank Howard, interrogaban a un barman en Santa Mónica. Más allá de los grandes ventanales del muro oeste del salón, el sol moribundo no cesaba de crear esquemas púrpura, naranja y plateados sobre la oscura superficie del mar.

El lugar era un bar de solitarios, llamado «Paraíso», centro de reunión para los solitarios crónicos y cornudos extremos de ambos sexos, en una época en que los puntos tradicionales de encuentro..., cenas parroquiales, bailes de barrio, excursiones comunitarias, clubes sociales..., habían sido arrasados por auténticas apisonadoras sociológicas dejando la tierra que había sido suya cubierta de altos bloques de cemento y cristal, pizzerías y aparcamientos de cinco plantas. El bar de los solitarios era donde el muchacho especial se reunía con la muchacha especial, donde el semental establecía contacto con la ninfomaníaca, donde la pequeña secretaria tímida de Chatsworth se encontraba con el apocado e inepto programador de ordenadores de Burbank y donde, a veces, el violador conocía a la que iba a ser violada.

A los ojos de Anthony Clemenza, la gente del «Paraíso» creaba esquemas que identificaban el lugar. Las mujeres más hermosas y los hombres más guapos se sentaban, tiesos, en taburetes y en minúsculas mesitas de cóctel, las piernas cruzadas con perfección geométrica, codos con la justa inclinación, posando para mostrar las limpias líneas de sus rostros y de sus fuertes miembros; establecían también esquemas elegantes y angulosos al mirarse y cortejarse. Los que eran menos fascinantes físicamente que la *créme de la créme*, pero, no obstante, atractivos y deseables, tenían tendencia a sentarse o esperar de pie en postura algo menos que ideal, procurando adoptar, en actitud y en imagen, aquello que les faltaba en la forma. Su postura era una declaración: estoy aquí cómodo, relajado, indiferente ante estos hombres y mujeres erguidos y confiados, y yo soy yo. Este grupo desmañado, graciosamente desplomado, utilizaba las líneas redondeadas y agradables de un cuerpo en descanso para ocultar ligeras imperfecciones de huesos y músculos. El tercer grupo, el mayor, estaba compuesto por las personas corrientes, ni guapas ni feas, que formaban esquemas dentados y ansiosos, reunidos en rincones y saltando de mesa en mesa para intercambiar sonrisas y chismes nerviosos, preocupados porque nadie los quería.

El esquema general del «Paraíso» era la tristeza, se dijo Tony Clemenza. Bandas oscuras de necesidades no colmadas. Un campo cuadriculado de soledad. Desesperación tranquila en una espiga de colores.

Pero Frank Howard y él no habían ido allí para estudiar los esquemas de la puesta del sol y los clientes, sino para buscar la pista de Bobby *Ángel* Valdez.

En el pasado abril, Bobby Valdez, había salido de la cárcel después de siete años y unos meses sobre una sentencia de quince años por violación y homicidio. Al parecer, eso de soltarlo había sido un tremendo error.

Ocho años atrás, Bobby Valdez había violado entre tres y dieciséis mujeres de Los Ángeles. La Policía podía probar tres; sobre las demás se sospechaba. Una noche, Bobby se acercó a una mujer en un aparcamiento, la obligó a meterse en su coche a punta de pistola, la llevó hasta un camino de tierra poco concurrido entre la carretera y Hollywood Hills, le arrancó la ropa, la violó repetidas veces, luego la arrojó fuera del coche de un empujón, y se marchó. Había aparcado al borde del camino, el cual era estrecho y daba a un feo precipicio. La mujer despedida del coche, desnuda, perdió el equilibrio y se despeñó. Cayó sobre una valla podrida. Postes astillados, con alambre oxidado. Alambre de espino. El alambre la desgarró, y una astilla de diez centímetros de anchura, de la valla de pino reseco, le entró por el vientre y le salió por la espalda, dejándola empalada. Increíblemente, mientras Bobby abusaba de ella en el coche, había puesto la mano en un albarán de compra de una tarjeta de crédito «Union 76», había comprendido lo que era y lo conservó durante su caída hacia la valla, durante su camino a la muerte. Además, la Policía descubrió que la muerta llevaba siempre un mismo tipo de bragas, regalo de un amigo. Todas llevaban bordadas estas palabras en la sedosa ingle: PROPIEDAD DE HARRY.

Un par de esas bragas, desgarrado y sucio, se encontró entre una colección de ropa interior en el piso de Bobby. Esto y la tarjeta que la difunta conservaba en la mano, condujeron al arresto del sospechoso.

Por desgracia para los californianos, las circunstancias se confabularon para que Bobby tuviera suerte. Los agentes que le detuvieron cometieron un error de procedimiento cuando se lo llevaron, el tipo de error que mueve a ciertos jueces a una apasionada retórica sobre garantías constitucionales. El fiscal, un hombre llamado Kooperhausen, tenía a la sazón problemas defendiéndose de cargos de corrupción en su oficina. Consciente de que la forma en que se había llevado a cabo la detención del acusado podía fastidiar el caso y preocupado por salvar su puesto aceptó la sugerencia del defensor de que Bobby se declarara culpable de tres violaciones y un homicidio a cambio de pasar por alto las otras y más graves acusaciones. La mayoría de los detectives de homicidios pensaban, como Tony Clemenza, que Kooperhausen debía haber intentado conseguir condenas por asesinato en segundo grado, secuestro, asalto, violación y sodomía. La evidencia era abrumadora en favor de la ley. El jurado estaba en contra de Bobby... pero el destino se sacó un as de la manga.

Hoy, Bobby era un hombre libre.

«Aunque tal vez por poco tiempo», pensó Tony.

En mayo, un mes después de su salida de la cárcel, Bobby *Ángel* Valdez, no se presentó al oficial que controlaba su libertad condicional. Salió de su piso sin declarar el cambio de dirección, obligatorio, a las autoridades. Se esfumó.

En junio, volvió a sus violaciones. Así de sencillo. Con la misma facilidad con que ciertos hombres vuelven a fumar después de no haberlo hecho durante unos años. Con renovado interés por un viejo pasatiempo. En junio, molestó a dos mujeres. Dos en julio. Tres en agosto. Dos más en los primeros días de septiembre. Después de ochenta y ocho meses entre rejas, Bobby ansiaba carne de mujer, una necesidad insaciable.

La Policía estaba convencida de que aquellos nueve crímenes, y quizás otros de los que no se había informado, eran obra de un hombre, e igual de convencida de que el hombre no era otro que Bobby Valdez. En primer lugar, porque cada una de las víctimas había sido abordada del mismo modo. Un hombre se acercaba cuando ellas bajaban, solas, del coche, y les decía: «Me gusta la diversión Venga a una fiesta conmigo y no le pasará nada. Si me rechaza, la mataré ahora mismo. Juegue conmigo y no se preocupe. De verdad, soy un tío divertido.» Todas las veces decía más o menos lo mismo, y las víctimas lo recordaban porque lo del «tío divertido» sonaba muy extraño, sobre todo dicho con aquella voz dulce, fina, casi femenina. El modo de abordarlas era el empleado por Bobby más de ocho años atrás, durante el principio de su carrera de violador.

Por si fuera poco, las nueve víctimas daban la misma sorprendente descripción del hombre que las abordó. Delgado. Metro sesenta. Cincuenta y pocos kilos. Tez oscura. Hoyuelo en la barbilla. Ojos y cabello castaños. Voz afeminada. Algunos de los amigos de Bobby le llamaban *Ángel* por su dulce voz y porque tenía cara de niño. Bobby contaba treinta años y aparentaba dieciséis. Las nueve víctimas habían visto el rostro del asaltante y todas dijeron que parecía un niño pero que se comportaba como un hombre duro, cruel, inteligente y enfermo.

El barman jefe del «Paraíso» dejó la barra a sus dos subordinados y examinó las tres brillantes fotografías de Bobby Valdez que Frank Howard había puesto sobre la barra. Se llamaba Otto. Era un hombre guapo, tostado por el sol y barbudo. Llevaba pantalones blancos y una camiseta azul con los tres últimos botones desabrochados. Su pecho, desnudo, estaba cubierto de vello rubio. Del cuello le colgaba una cadena de oro con un diente de tiburón. Miró a Frank, arrugó la frente y comentó:

—No sabía que la Policía de Los Ángeles tuviera jurisdicción en Santa Mónica.

—Estamos aquí autorizados por el Departamento de Policía de la zona —explicó Tony.

—¿Eh?

—La Policía de Santa Mónica coopera con nosotros en esta investigación —aclaró Frank impaciente—. Bueno. ¿Ha visto alguna vez a este tipo?

—Ya lo creo. Ha estado aquí un par de veces.

—¿Cuándo? —preguntó Frank.

—Oh..., hará un mes. Quizá más.

—¿Recientemente no?

El conjunto, después de un descanso de veinte minutos, se arrancó con una canción de Billy Joel. Otto tuvo que levantar la voz por encima de la música:

—Hace por lo menos un mes que no le he visto. La razón de que le recuerde es que no parecía tener edad para que se le sirviera. Le pedí su carnet de identidad y se puso como un loco. Hizo una escena.

—¿Qué tipo de escena? —preguntó Frank.

—Exigió ver al gerente.

—¿Y nada más? —quiso saber Tony.

—Me llamó varias cosas —respondió Otto airado—. A mí nadie me llama cosas así.

Tony se acercó una mano al oído para eliminar parte de la música y percibir la voz del barman. Le gustaban muchas de las canciones de Billy Joel pero no cuando las tocaba un conjunto que creía que el entusiasmo y el ruido compensaban la falta de musicalidad.

—De modo que le insultó —dijo Frank—. ¿Y qué más?

—Pidió perdón.

—¿Sin más? ¿Exige ver al gerente, le insulta y al instante pide perdón?

—Sí.

—¿Por qué?

—Porque se lo dije.

Frank se inclinó algo más sobre la barra, al hacerse la música ensordecedora.

—¿Le pidió perdón sólo porque se lo dijo?

—Bueno..., primero quería pelear.

—¿Peleó con él? —gritó Tony.

—¡Ca! Ni siquiera a los más fuertes o más violentos hijos de puta del lugar, cuando se ponen pesados, he tenido que tocarles para que se calmaran.

—Su encanto personal debe de ser enorme —gritó Frank.

El conjunto terminó el coro y el ruido bajó un decibelio, pero seguía haciendo que sangraran los oídos. El vocalista realizó una mala imitación de Billy Joel en una melodía tocada no más suave que una tempestad de truenos.

Una despampanante rubia de ojos verdes estaba sentada junto a Tony. Había estado escuchando la conversación.

De pronto dijo:

—Venga, Otto, muéstrale tu truco.

Otto se encogió de hombros y sacó de debajo del mostrador una jarra de cerveza vacía. La levantó para que pudieran contemplarla bien, como si nunca hubieran visto una jarra de cristal. Entonces mordió un trozo del borde. Clavó de nuevo los dientes y se llevó un buen pedazo, dio la vuelta y escupió los trozos a un cubo de basura, detrás de él.

El conjunto estalló después del último coro de la canción y regaló al público un merecido silencio.

En la súbita quietud entre la última nota y el escaso aplauso, Tony oyó el crujido de vidrio al dar Otto otro mordisco.

—¡Jesús! —exclamó Frank.

La rubia se echó a reír.

Otto mordió y escupió un bocado, y siguió mordiendo hasta que dejó sólo la base de la jarra, demasiado gruesa para mandíbulas y dientes humanos. Tiró lo que quedaba en el cubo y sonrió:

—Me como el vaso delante del tío que arma camorra. Luego, adopto una expresión de serpiente y le digo que se calme. Le aseguro que si no lo hace le arranco la nariz de un mordisco.

Frank se quedó mirándolo, estupefacto:

—¿Lo ha hecho alguna vez?

—¿Qué? ¿Arrancar la nariz de un bocado? No. Con la amenaza basta para que se serenen.

—¿Hay muchos casos así? —insistió Frank.

—No. Éste es un lugar tranquilo. Tenemos problemas una vez por semana, quizá. No más.

—¿Y cómo hace ese truco? —preguntó Tony.

—¿Morder el cristal? Tiene un pequeño secreto. Pero no es difícil de aprender.

El conjunto se metió de lleno en la canción de Bob Seeger, *Still the Same*, como si fuera una banda de delincuentes juveniles irrumpiendo en una cuidada casa con la intención de destrozarla.

—¿Se ha cortado alguna vez? —gritó Tony.

—En alguna ocasión. No con frecuencia. Y nunca me corto la lengua. La señal de que alguien puede hacer esto bien, es la posición de la lengua —explicó Otto—. No me la he cortado nunca.

—Pero se ha herido.

—Sí. Los labios alguna vez. Pero poco.

—Y eso hace que el truco resulte más efectivo —observó la rubia—. Debería verle cuando se corta. Otto se planta delante del tipo que ha organizado el cacao, y hace como si no supiera que se ha cortado. Deja que corra la sangre. —Sus ojos verdes brillaban alegres con una pequeña chispa de pasión animal que hizo que Tony se revolviera inquieto en su taburete—. Se queda parado, con sangre en los dientes y bajándole por la barba, y entonces advierte al tipo que deje de molestar. No se puede imaginar lo pronto que se calman.

—Lo creo —asintió Tony, que se sentía un poco mareado.

Frank Howard meneó la cabeza diciendo:

—Vaya...

—Sí —terminó Tony incapaz de encontrar palabras.

—Bien... —dijo Frank—, volvamos a Bobby Valdez.

Y señaló las fotos que había sobre el mostrador.

—Pues, como le he dicho, hace más de un mes que no lo he visto.

—Aquella noche, después de enfadarse con usted y de calmarle con su truco del cristal, ¿se quedó a tomar algo?

—Le serví dos copas.

—Así que vio su documento de identidad.

—Sí.

—¿Que era...? ¿Carnet de conducir?

—Sí. Y tenía treinta años, válgame Dios. Parecía un estudiante de último curso de bachillerato; a lo más, primero de facultad. ¡Sin embargo, tenía treinta años!

—¿Recuerda el nombre de su permiso de conducir? —preguntó Frank.

Otto jugó con su diente de tiburón:

—¿Nombre? Pero si ya saben su nombre.

—Lo que me pregunto es si no le enseñaría, quizás, un carnet falso.

—Tenía su fotografía.

—Eso no quiere decir que no fuera falso.

—Pero no se puede cambiar la fotografía en un carnet de California. Se autodestruye la tarjeta si se manipula en ella, ¿no?

—Estoy diciendo que el documento en su totalidad podía ser falso.

—Credenciales falsificadas —murmuró Otto intrigado—. Documentos falsificados... —Era obvio que había visto un par de antiguas películas de espionaje en televisión—. ¿De qué se trata? ¿Es algo de espionaje?

—Creo que las cosas están al revés por aquí —masculló Frank impaciente.

—¿Qué?

—Que me parece que somos nosotros los que hacemos las preguntas —dijo Frank—. Usted sólo las contesta. ¿Entendido?

El barman era de los que reaccionan de forma rápida y muy negativa ante un policía violento.

Su cara morena se oscureció.

Los ojos se endurecieron.

Dándose cuenta de que estaban a punto de perder a Otto, el cual aún podía decirles muchas cosas, Tony apoyó la mano en el hombro de Frank, y apretó ligeramente:

—No querrás que empiece a masticar vidrio, ¿verdad?

—Me gustaría volver a verlo —suspiró la rubia.

—¿Prefieres hacerlo a tu manera? —preguntó Frank.

—Sí.

—Adelante, pues.

Tony sonrió a Otto:

—Mire, usted siente curiosidad y nosotros también. No haremos daño a nadie satisfaciendo su curiosidad, siempre y cuando satisfaga la nuestra.

Otto volvió a sonreír:

—Así lo veo yo también.

—De acuerdo —dijo Tony.

—De acuerdo. ¿Qué demonios ha hecho ese Bobby Valdez para que le busquen tanto?

—Saltarse la libertad condicional.

—Asalto —añadió Frank.

—Y violación —terminó Tony.

—¿No dijeron que estaban en la brigada de homicidios? —comentó Otto.

El conjunto terminó *Still the Same* con un *pung-bam-boom* muy parecido al descarrilamiento de un rápido tren de carga. Luego, siguieron unos minutos de paz mientras el vocalista hacía chistes sin gracia con la gente que, envuelta en humo de tabaco, se sentaba junto a ellos. En opinión de Tony, el humo procedía de los cigarrillos y de los tímpanos quemados. Los músicos hicieron como si afinaran sus instrumentos.

—Cuando Bobby Valdez se encuentra con una mujer que se niega a cooperar —explicó Tony—, le pega un poco con la pistola para animarla a darle satisfacción. Hace cinco días, atacó a la víctima número diez. Ella se resistió y la golpeó en la cabeza con tal fuerza y tantas veces que murió en el hospital doce horas después. Y esto fue lo que hizo participar a la brigada criminal.

—Lo que no comprendo —observó la rubia— es por qué alguien quiere tomarse a la fuerza lo que tantas mujeres están dispuestas a regalar.

Hizo un guiño a Tony, pero éste no se lo devolvió.

—Antes de que la mujer muriera —dijo Frank—, nos dio una descripción que encaja con Bobby como un guante hecho a medida. Así que, si sabe algo sobre el huidizo bastardo, nos gustaría oírlo.

Otto no sólo había pasado la vida viendo películas de espionaje. También tenía su ración de policíacas:

—Así que ahora lo quieren por asesinato en primer grado.

—Asesinato. Precisamente.

—¿Cómo se les ha ocurrido venir a preguntarme a mí?

—Abordó a siete de esas diez mujeres en aparcamientos de bares como el suyo...

—Ninguna de ellas en el nuestro —se defendió Otto—. Lo tenemos muy bien iluminado.

—Cierto —admitió Tony—. Pero hemos recorrido todos los bares de solitarios de la ciudad, hablando con los encargados y algunos clientes y enseñándoles estas fotos, para ver si lográbamos algo sobre Bobby Valdez. Un par de personas en un lugar de Century City nos dijeron que creían haberlo visto aquí, pero que no estaban seguras.

—Y aquí estuvo, en efecto —afirmó Otto.

Ahora que se había tranquilizado. Frank volvió a hacerse cargo del interrogatorio.

—Así que armó jaleo, usted tuvo que hacer el truco del cristal y le enseñó su documento de identidad.

—Sí.

—¿Y cuál era el nombre que había en él?

—No estoy seguro.

—¿Robert Valdez?

—No lo creo.

—Trate de recordar.

—Era un nombre chicano.

—Valdez es un nombre chicano.

—Era más chicano todavía.

—¿Qué quiere decir?

—Pues..., más largo..., con un par de zetas.

—¿Zetas?

—Y alguna cu. Ya sabe lo que quiero decir. Algo parecido a *Velázquez*.

—¿Era Velázquez?

—No; pero se parecía.

—¿Empezaba por uve?

—No podría decírselo. Hablo de cómo me sonaba.

—¿Y el primer nombre?

—Creo recordarlo.

—¿Cuál era?

—Juan.

—¿J-U-A-N?

—Sí. Muy chicano.

—¿Se fijó en la dirección del documento?

—No me interesaba.

—¿Dijo dónde vivía?

—No se puede considerar que fuéramos amigos.

—¿Comentó algo sobre sí mismo?

—Sólo bebió tranquilamente y se marchó.

—¿Y no ha vuelto más?

—Eso.

—¿Está seguro?

—En todo caso no ha vuelto durante mi turno.

—Tiene buena memoria.

—Sólo para los camorristas y las bellezas.

—Nos gustaría enseñar estas fotos a algunos de sus clientes —dijo Frank.

—Si quieren, adelante.

La rubia sentada junto a Tony Clemenza pidió:

—¿Puedo verlas? Tal vez yo me encontrara aquí cuando estuvo. Hasta es posible que hablara con él.

Tony recogió las fotografías y giró sobre su taburete.

Ella se volvió al mismo tiempo y él se encontró con sus bonitas rodillas apretadas contra las suyas. Cuando tomó las fotografías, dejó que sus dedos permanecieran unos segundos en los de él. Creía firmemente en el valor de la comunicación visual. Parecía como si la mirada quisiera atravesarle el cerebro y salir por detrás.

—Soy Judy. ¿Cómo se llama?

—Tony Clemenza.

—Sabía que era italiano. Lo adiviné por sus ojos oscuros y tristes.

—Me descubren siempre.

—Y por esa mata de pelo. Tan rizado.

—¿Y por las manchas de salsa de espaguetis en mi camisa?

Le miró la camisa.

—La verdad es que no hay ninguna mancha.

—Era una broma. Lo dije en broma —confesó, arrugando la frente.

—Ah.

—¿Reconoce a Bobby Valdez?

Por fin, se decidió a mirar las fotos.

—No. No debí de estar aquí la noche en que él vino. Pero no está mal, ¿no cree? Gracioso.

—Cara de niño.

—Sería como acostarme con mi hermano pequeño. Horrible —sonrió.

Tony recogió las fotografías.

—Lleva usted un traje muy bonito —dijo la mujer.

—Gracias.

—Tiene un buen corte.

—Gracias.

No era sólo una liberada ejerciendo su derecho a actuar de agresora sexual. A Tony le encantaban las mujeres liberadas. Pero ésta era algo más. Algo malsana. Del tipo de látigo y cadena. O peor. Le hacía sentirse como un bocado sabroso, un atractivo canapé, la última tartita de caviar en una bandeja de plata.

—La verdad es que no se ven muchos trajes así en un sitio como éste —siguió insistiendo.

—Puede que no.

—Camisetas, tejanos, chaquetas de cuero, como en las películas de vaqueros, es lo que suele verse por aquí.

Tony se aclaró la garganta.

—Bueno... —dijo incómodo—. Le agradezco que nos haya ayudado cuanto ha podido.

—Es que me gustan los hombres que visten bien.

Sus ojos volvieron a cruzarse y él descubrió una chispa de voracidad y de ansia animal. Tuvo la impresión de que si la dejaba que le llevara a su apartamento, la puerta se cerraría tras él como una mandíbula. La tendría encima al instante, empujando y tirando y retorciéndole como si ella fuera una oleada de jugo gástrico, deshaciéndole, chupándole las sustancias vitales, utilizándole hasta fragmentarlo, disolverlo y hacer que dejara de existir, excepto como parte de ella.

—Tengo que volver al trabajo —murmuró bajando del taburete—. Nos veremos.

—Eso espero.

Durante un cuarto de hora, Tony y Frank estuvieron enseñando las fotografías de Bobby Valdez a los clientes del «Paraíso». Mientras iban de mesa en mesa, el conjunto tocó piezas de los Rolling Stones, de Elton John y de los Bee Gees, en tal volumen que hizo vibrar los dientes de Tony. Fue una pérdida de tiempo. Nadie, en el «Paraíso», recordaba al asesino con cara de niño.

Al salir, Tony se detuvo junto a la larga barra de roble donde Otto preparaba combinados de fresa. Por encima de la música, le gritó:

—Dígame una cosa más.

—Lo que quiera —gritó Otto.

—¿No viene gente aquí para encontrarse o conocerse?

—¿Quiere decir para ligar? No hacen otra cosa.

—¿Entonces por qué diablos tantos bares de solitarios tienen conjuntos como éste?

—¿Qué le pasa al conjunto?

—Muchas cosas. Pero, sobre todo, hace demasiado ruido.

—¿Y qué?

—¿Cómo puede nadie sostener una conversación interesante?

—¿Conversación interesante? Pero hombre, aquí no vienen para conversaciones interesantes. Vienen para conocerse, estudiarse y ver con quién quieren irse a la cama.

—¿Sin conversar?

—Mírelos. Écheles una ojeada. ¿De qué pueden hablar? Si no tocara la música, seguido y muy fuerte, se pondrían nerviosos.

—¡Con tantos momentos de silencio enloquecedor que llenar!

—Tiene razón. Irían a otra parte.

—Donde la música sonara con más fuerza y necesitaran solamente el lenguaje corporal.

—Así son los tiempos.

Y Otto se encogió de hombros.

—Tal vez yo hubiera debido vivir en otros tiempos —musitó Tony.

Fuera, la noche era tibia, pero sabía que refrescaría. Del mar subía una ligera bruma, que todavía no era auténtica niebla; pero una especie de hálito grasiento quedaba suspendido en el aire y formaba halos alrededor de las luces.

Frank esperaba al volante del sedán policial sin distintivos. Tony se sentó a su lado y se abrochó el cinturón de seguridad.

Tenían una pista más que comprobar antes de dar por terminado el día. Poco antes, una pareja en el bar de solitarios de Century City les dijo que también habían visto a Bobby Valdez en un local llamado «The Big Quake», en Sunset Boulevard, por encima de Hollywood.

El tráfico era moderadamente compacto en dirección al centro de la ciudad. A veces Frank se impacientaba y pasaba de carril a carril, entrando y saliendo con pequeños bocinazos y frenazos, en su esfuerzo por adelantar unos cuantos coches, pero esta noche no. Esta noche se limitaba a seguir la corriente.

Tony se preguntó si Frank Howard había estado discutiendo sobre filosofía con Otto.

Al cabo de un rato, Frank comentó:

—Pudiste quedarte con ella.

—¿Con quién?

—Con la rubia. Esa Judy.

—Estaba de servicio, Frank.

—Podías haber organizado algo para más tarde. Te deseaba.

—No es mi tipo.

—Estaba estupenda.

—Era una fiera.

—¿Era qué?

—Me hubiera comido vivo.

Frank reflexionó unos instantes y concluyó:

—Y un cuerno. De haber podido me la hubiera tirado yo.

—Pues ya sabes dónde encontrarla.

—Puede que vaya más tarde, cuando terminemos.

—Hazlo —dijo Tony—. Iré a visitarte a la clínica donde te internen cuando haya acabado contigo.

—¿Pero qué te pasa? Eso puede sortearse con facilidad.

—Quizá sea por lo que no la he querido.

—Puedes enviármela cuando te parezca.

Tony Clemenza estaba cansado. Se pasó la mano por el rostro como si el agotamiento fuera una máscara que pudiera quitarse y tirar.

—Estaba muy usada, muy sobada.

—¿Desde cuándo te has vuelto puritano?

—No lo soy..., o..., sí..., sí, puede que lo sea. Pero sólo un poco. Sólo una veta fina de puritanismo por alguna parte. Bien sabe Dios que no he tenido más que unas pocas de lo llamado «relaciones serias». Estoy lejos de ser un puro. Pero no me sé ver actuando en un lugar como el «Paraíso», buscando, llamando «zorras» a todas las mujeres, en pos de carne fresca. En primer lugar no sabría contener la risa hablando como se habla entre número y número del conjunto. ¿Puedes verme haciendo el numerito? «Hola, soy Tony. ¿Cómo te llamas? ¿De qué signo eres? ¿Te interesa la numerología? ¿En qué estás entrenada? ¿Crees en la increíble totalidad de la energía cósmica? ¿Piensas en el destino como rama de una consciencia cósmica que lo abarca todo? ¿Supones que estamos destinados a conocernos mejor? ¿Te parece que podemos desprendernos de todo el mal Karma que hemos generado individualmente, creando un buen gestalt de energía juntos? ¿Quieres joder?»

—Excepto lo de joder —comento Frank—, no he entendido ni una palabra de lo que has dicho.

—Ni yo. A esto me refiero. En un lugar como el «Paraíso», todo es conversación plástica, un modo brillante y confuso de expresarse organizado para meter a todo el mundo en la cama con la menor fricción posible. En el «Paraíso», no preguntas nada realmente importante a la mujer. No le preguntas sobre sus sentimientos, sus emociones, su talento, su miedo, su esperanza, sus deseos, sus necesidades, sus sueños. Lo que ocurre es que acabas acostándote con una desconocida. Peor aún, te encuentras haciendo el amor con una zorra, con una imagen recortada de una revista para hombres, con una foto en lugar de una mujer, un pedazo de carne en lugar de una persona, lo que significa que no estás haciendo el amor. El acto se transforma sólo en la satisfacción de una necesidad corporal, que no se diferencia de rascarte cuando te pica o de una buena defecación. Si un hombre reduce el sexo a esto, entonces lo mejor que puede hacer es quedarse en casa y utilizar la mano.

Frank frenó ante un semáforo y dijo:

—Tu mano no puede proporcionarte una buena gozada.

—Jesús, Frank, qué bruto eres a veces.

—Me limito a ser práctico.

—Lo que intento decirte es que, por lo menos para mí, el baile no merece el esfuerzo si no conoces a tu pareja. Yo no soy de los que van a una discoteca para disfrutar con su propia coreografía. Tengo que conocer cómo son los pasos de la dama, cómo quiere moverse y por qué, lo que siente y piensa. El sexo es muchísimo mejor si ella significa algo para ti, si tiene personalidad, si es toda una persona, no simplemente un cuerpo tibio y suave, con las redondeces adecuadas en el lugar correspondiente, pero nunca un ser único, un carácter con sus entrantes y salientes y marcas de experiencia.

—No puedo creer lo que estoy oyendo —murmuró Frank alejándose del semáforo—. No me vengas con el viejo cuento de que el sexo es mezquino y barato, si no va mezclado con el amor.

—No te estoy hablando del amor eterno —protestó Tony—. No me refiero a los inquebrantables juramentos de fidelidad hasta la muerte. Puedes amar a alguien por poco tiempo, de pequeñas maneras. Puedes seguir amando después de que la parte física de la relación ha terminado. Yo soy amigo de antiguas amantes porque no nos habíamos mirado como nuevas muescas en la pistola; tuvimos siempre algo en común incluso después de dejar de compartir la cama. Mira, antes de un revolcón, antes de quedarme desnudo y vulnerable con una mujer, quiero saber si puedo confiar en ella: quiero sentir que es especial de algún modo, que la quiero, que es persona digna de ser conocida, digna de descubrirme ante ella, digna de formar parte de ella por cierto tiempo.

—Basura —masculló Frank despectivo.

—Es como lo siento yo.

—Deja que te aconseje.

—Adelante.

—Será el mejor consejo que jamás hayas recibido.

—Soy todo oídos.

—Si de verdad crees que existe algo llamado amor, si crees honradamente que una cosa llamada amor es tan fuerte y real como el odio o el miedo, entonces te expones a muchos disgustos. Es una mentira. Una gran mentira. El amor lo inventaron los escritores para vender sus libros.

—No lo dirás en serio.

—Como lo oyes. —Frank apartó por un momento la vista del camino y miró a Tony compasivo—. ¿Cuántos años tienes? ¿Treinta y tres?

—Casi treinta y cinco —confesó Tony mientras Frank miraba hacia atrás para poder sortear un camión cargado de chatarra.

—Pues yo tengo diez años más que tú. Así que atiende la prudencia de la edad. Tarde o temprano creerás que estás realmente enamorado de algún bomboncito, y mientras te inclinas para besar su lindo pie, ella te arrancará el alma de una patada. Y claro, te partirá el corazón si dejas que se entere de que lo tienes. ¿Afecto? Pues claro. Muy bien. Y lujuria. Lujuria es la palabra, amigo. Lujuria es el todo. No amor. Lo que debes hacer es olvidarte de todas esas memeces del amor. Disfruta. Saca todo lo que puedas mientras eres joven. Jódelas y sal corriendo. Así no podrán hacerte daño. Si continúas soñando despierto con el amor, no harás sino terminar como un imbécil y portarte como tal una vez y otra, hasta que al fin te crucifiquen.

—Eso es muy cínico para mí.

Frank se encogió de hombros. Seis meses antes había tenido que pasar por un divorcio penoso. Todavía estaba amargado por la experiencia.

—Y tampoco eres realmente cínico —observó Tony—. No me parece que creas lo que me has dicho.

Frank guardó silencio.

—Eres una persona sensible —prosiguió Tony.

Su compañero volvió a encogerse de hombros.

Por unos minutos, Tony trató de resucitar la conversación, pero Frank había dicho cuanto pensaba decir sobre el tema. Se sumió en su habitual silencio de esfinge. Resultaba sorprendente que hubiera dicho todo lo que acababa de decir, porque era muy poco hablador.

Cuando Tony pensó en ello, llegó a la conclusión de que era la conversación más larga que habían tenido nunca.

Tony estaba de compañero de Frank Howard desde hacía más de

tres meses y aún no se hallaba seguro de si la asociación iba a funcionar. Eran tan diferentes en tantas cosas... Tony hablaba mucho. Frank hacía poco más que gruñir como respuesta. Tony tenía una amplia variedad de intereses además del trabajo: películas, libros, comida, teatro, música, arte, esquí, correr. Por lo que creía adivinar, a Frank nada le importaba gran cosa excepto su trabajo. Tony creía que un detective disponía de muchas herramientas para sacar información de un testigo, incluyendo amabilidad, bondad, ingenio, simpatía, atención, encanto, persistencia, inteligencia... y por supuesto intimidación y el escaso empleo de la fuerza. Frank creía poder desenvolverse bien sólo con persistencia, inteligencia, intimidación y algo más de fuerza de la que el Departamento consideraba aceptable; las demás posibilidades de la lista de Tony no le servían para nada. Como consecuencia, dos veces por semana, por lo menos, Tony tenía que frenarle sutil pero firmemente.

Frank era presa de terribles rabietas cuando demasiadas cosas salían mal en un día. Por el contrario, Tony estaba casi siempre tranquilo. Frank medía uno sesenta, era cuadrado y fuerte como un bloque de cemento. Tony medía uno ochenta, era delgado, fuerte, de aspecto amable. Frank era rubio, de ojos azules. Tony era moreno. Frank era un pesimista concentrado. Tony un optimista. A veces parecían ser tipos tan opuestos que la asociación jamás podría tener éxito.

No obstante, en ciertos aspectos eran idénticos. En primer lugar, ni uno ni otro eran policías de ocho horas de jornada. Con frecuencia solían trabajar dos horas extra, a veces tres, sin cobrar, y ni uno ni otro protestaban. Cuando se acercaba el final de un caso, cuando pruebas y pistas aparecían cada vez más de prisa, trabajaban incluso en sus días libres si lo consideraban necesario. Nadie les exigía más dedicación. Nadie se lo ordenaba. La elección era suya.

Tony estaba siempre dispuesto a dar mucho de sí al Departamento porque era ambicioso. No pensaba seguir de teniente detective toda la vida. Quería llegar por lo menos a capitán, más alto quizás, hasta arriba de todo, directamente al despacho del jefe, donde la paga y los beneficios del retiro eran infinitamente mejores que lo que obtendría si se quedaba donde estaba. Se había criado en una gran familia italiana donde la economía había sido una religión tan importante como la católica. Su padre, Carlo, era un inmigrante que trabajaba de sastre. El viejo laboró duro y mucho para tener a sus hijos bajo techado, vestidos y alimentados, pero con frecuencia había llegado peligrosamente al borde de la miseria y la bancarrota. Hubo muchas enfermedades en la familia Clemenza y las facturas imprevistas de hospital y farmacia habían comido un tremendo porcentaje de lo que el padre ganaba. Mientras Tony era niño, antes de ser lo bastante mayor para darse cuenta del dinero y de los presupuestos familiares, antes de entender nada del temor debilitante de la pobreza en el que se debatía su padre, atendió a cientos, o tal vez millares, de sermones cortos, pero de vocabulario fuerte, sobre responsabilidad fiscal. Carlo le instruía, casi diariamente, sobre la importancia de trabajar con tesón, acerca de la astucia económica, la ambición y la seguridad de empleo. Su padre hubiera debido trabajar para la CIA en el departamento de lavado de cerebros. Tony había sido tan bien instruido, llegó a estar tan imbuido de los principios y temores de su padre, que incluso a los treinta y cinco años, con una excelente cuenta bancaria y un puesto seguro, sentía inquietud si se alejaba del trabajo más de dos o tres días. Cuando se tomaba unas vacaciones largas, solía considerarlas más como un tormento que como un placer. Todas las semanas hacía muchas horas extra porque era el hijo de Carlo Clemenza, y el hijo de Carlo Clemenza no podía obrar de otro modo.

Frank Howard tenía otros motivos para dar más de sí al Departamento. No parecía ser más ambicioso que cualquier otro, ni preocuparle demasiado el dinero. Por lo que Tony suponía, Frank hacía horas extra porque sólo vivía realmente cuando trabajaba. Ser un teniente de homicidios era el único papel que sabía representar, lo único que le daba un sentido de determinación y valía.

Tony apartó la vista de las luces rojas traseras de los coches que les precedían y estudió el rostro de su compañero. Frank no se dio cuenta del escrutinio de Tony. Su atención estaba puesta en conducir; miraba fijamente el rápido movimiento del tráfico en Wilshire Boulevard. El resplandor verdoso del tablero iluminaba sus acusadas facciones. No era guapo, en el sentido clásico, pero a su modo era muy apuesto. Frente despejada. Profundos ojos azules. Nariz grande y firme. La boca bien formada aunque habitualmente torcida en un gesto sombrío que le afectaba la mandíbula. Aquel rostro poseía indiscutible atractivo y fuerza... y más de un indicio de testarudez inflexible. No era difícil imaginar a Frank yéndose a casa, sentándose y cada noche sin falta, sumirse en un trance que le duraba hasta el día siguiente a las ocho.

Además de su disposición a trabajar más horas de la cuenta, Tony y Frank tenían alguna otra cosa en común. Aunque muchos detectives de paisano habían desechado el viejo código indumentario y usaban ahora desde tejanos a ropas informales, Tony y Frank todavía creían en los trajes tradicionales y las corbatas. Se consideraban profesionales, haciendo un trabajo que requería habilidades especiales y educación, un trabajo tan vital y exigente como el de cualquier abogado, maestro o graduado social, más exigente en realidad, y los tejanos no contribuían a dar una imagen profesional. Ninguno de los dos fumaba. Ninguno de los dos bebía en horas de servicio. Y ninguno de los dos trataba de endosar su papeleo al otro.

«Así que todavía puede funcionar —pensó Tony—. Quizá con el tiempo y con paciencia podré convencerle de que emplee más encanto y menos fuerza con los testigos. Puede que logre interesarle por el cine y la comida, ya que no por los libros, el arte y el teatro. La razón de que me cueste tanto adaptarme a él, es que espero demasiado. Pero, por Dios, si, como mínimo, hablara un poco más en lugar de estar sentado ahí como un bulto...»

Durante el resto de su carrera como detective de homicidios, Tony exigiría mucho de cualquiera que trabajara con él porque, durante cinco años, hasta el último de mayo, había tenido un compañero casi perfecto, Michael Savatino. Ambos procedían de familias italianas; compartían ciertos recuerdos étnicos, penas y placeres; y, lo que era más importante que todo esto, empleaban métodos similares en su trabajo policial y disfrutaban con muchas aficiones que compartían al margen del servicio. Michael era un lector ávido, un aficionado al cine y un cocinero excelente. Sus días estaban esmaltados de conversaciones interesantes.

En febrero último, Michael y su esposa, Paula, habían ido un fin de semana a Las Vegas. Vieron dos espectáculos, cenaron dos veces en el «Hole in the Wall» de Battista, el mejor restaurante de la ciudad. Rellenaron una docena de tarjetas Keno y no ganaron nada. Jugaron dos dólares al *black-jack* y perdieron sesenta. Y una hora antes de su marcha prevista, Paula metió un dólar de plata en una máquina tragaperras que prometía fortunas, tiró del pomo y ganó algo más de doscientos veinte mil dólares.

El trabajo policial no había sido nunca la carrera preferida de Michael; pero, lo mismo que Tony, buscaba la seguridad. Asistió a la academia de Policía y ascendió relativamente de prisa de patrullero de uniforme a detective, porque el servicio público ofrecía por lo menos una moderada seguridad económica. Sin embargo, en marzo, Michael avisó al Departamento con dos meses de antelación, y en mayo cesó. Durante toda su vida de adulto había querido ser propietario de un restaurante. Cinco semanas atrás inauguró «Savatino's», un pequeño pero auténtico *ristorante* italiano en el Boulevard de Santa Mónica, no lejos del complejo Century City.

Un sueño hecho realidad.

«¿Qué posibilidad tengo de que mi sueño se haga realidad, también?» Era algo que Tony se iba preguntando mientras se fijaba en la ciudad nocturna por la que circulaban. «¿Qué probabilidad tengo de ir a Las Vegas, ganar doscientos mil dólares, dejar la Policía y tratar de transformarme en artista?»

No tenía que hacerse la pregunta en voz alta. No necesitaba oír la opinión de Frank. Conocía la respuesta. Qué posibilidad tenía. Desgraciadamente, poca. La misma que de enterarse de pronto que era el hijo desaparecido de un poderoso príncipe árabe.

Como Michael Savatino había soñado siempre en tener un restaurante, Tony Clemenza soñaba también en ganarse la vida como artista. Tenía talento. Realizaba hermosas piezas, en medios diversos: pluma, acuarela, óleo. No se limitaba a ser hábil; tenía además una imaginación creativa y personal. Quizá si hubiera nacido en una familia de la clase media, habría logrado un éxito tremendo. En cambio, había tenido que educarse gracias a cientos de libros de arte y a lo largo de miles de horas de dolorosas prácticas de dibujo y experimentos con materiales. Y sufría de la perniciosa falta de confianza en sí mismo tan corriente en los que se autoeducan en cualquier especialidad. Aunque había participado en cuatro muestras de arte y por dos veces había ganado el máximo galardón, nunca pensó seriamente en abandonar su profesión y dedicarse a pintar. No era más que una agradable fantasía; un sueño brillante. Ningún hijo de Carlo Clemenza abandonaría un seguro sueldo semanal por la terrible incertidumbre de un trabajo independiente, a menos que antes le hubiera caído una lluvia de dinero en Las Vegas.

Estaba celoso de la buena suerte de Michael Savatino. Por supuesto seguían siendo íntimos amigos y se alegraba de la fortuna de Michael. Estaba encantado. Pero también celoso. Después de todo era humano, y en el fondo de su mente la misma pregunta se encendía y se apagaba como un anuncio de neón: ¿Por qué no podía haber sido yo?

Un frenazo brutal sacó a Tony de sus fantasías. Frank dio un bocinazo al «Corvette» que se le había atravesado en pleno tráfico:

—¡Mierda!

—Calma, Frank.

—A veces quisiera volver a vestir uniforme y repartir multas.

—Es lo último que deseas.

—Lo dejaría sentado.

—Excepto que estaría a lo mejor fuera de sí con drogas, o quizá loco de verdad. Cuando trabajas demasiado tiempo en tráfico tiendes a olvidarte de que el mundo está lleno de locos. Caes en el hábito, en la rutina, y te vuelves descuidado. A lo mejor lo paras, te acercas a su portezuela con el bloc en la mano y él te recibe con una pistola. Y, a lo mejor, va y te vuela la cabeza. No. Estoy agradecido por haber perdido de vista el tráfico para siempre. Por lo menos cuando estás en homicidios sabes con qué clase de gente vas a encontrarte. Nunca te olvidas de que habrá alguien con pistola o navaja o trozo de cañería de plomo esperando por alguna parte. Trabajando en homicidios, tienes menos probabilidades de encontrarte con sorpresas.

Frank se negó a dejarse arrastrar a otra discusión. Mantuvo los ojos en la calle, protestó entre dientes, sin palabras, y se refugió en el silencio.

Tony suspiró. Contempló el espectáculo con ojos de artista en busca de detalles inesperados y de belleza no descubierta hasta entonces.

Esquemas.

Cada escena..., cada panorama marino, cada paisaje, cada calle, cada edificio, cada habitación de un edificio, cada persona, cada cosa..., todo tenía su propio esquema. Si eres capaz de percibir los esquemas en una escena, podías mirar más allá, a la estructura de refuerzo que los sostenía. Si eras capaz de ver y de comprender el método con el que se había logrado una armonía superficial, comprenderías tal vez el más profundo significado y mecanismo de cualquier sujeto y sacar de todo ello una buena pintura. Si cogías tus pinceles y te acercabas al lienzo sin realizar primero un análisis, quizás obtuvieras un cuadro bonito; pero no producirías una obra de arte.

Esquemas.

Mientras Frank Howard conducía por Wilshire, en dirección este, camino del bar de solitarios de Hollywood, llamado «The Big Quake», Tony buscaba esquemas en la ciudad y en la noche. En un principio, viniendo de Santa Mónica, veía las líneas agudas, bajas, de las casas frente al mar y las siluetas borrosas de las altas y vaporosas palmeras..., esquemas de serenidad y civismo y más que un poco de dinero. Al entrar en Westwood, el esquema dominante era rectilíneo: agrupaciones de oficinas, manchas rectangulares de luz que escapaba de algunas ventanas en las fachadas, por lo general oscuras, de los edificios. Estas formas rectangulares y ordenadas constituían los esquemas del pensamiento moderno y poder corporativo, esquemas de una riqueza mayor aún que la de las casas, frente al mar, de Santa Mónica. De Westwood pasaron a Beverly Hills, una bolsa aislada dentro del gran tejido de la metrópoli, un lugar que la Policía de Los Ángeles podía cruzar pero sobre el que no tenían autoridad. En Beverly Hills, los esquemas eran fluidos y exuberantes en una graciosa continuidad de grandes casas, parques, verdor, tiendas exclusivas y automóviles carísimos que no podían encontrarse en ninguna otra parte del mundo. De Wilshire Boulevard a Santa Mónica Boulevard, a Doheny, el esquema era el de riqueza creciente.

En Doheny giraron en dirección norte, escalaron las escarpadas colinas y se metieron en Sunset Boulevard en dirección al corazón de Hollywood. Durante un par de manzanas, la famosa avenida dejaba entrever algo de la promesa de su nombre y leyenda. A la derecha estaba «Scandia», uno de los más elegantes restaurantes de la ciudad y uno de los seis mejores del país. Centelleantes discotecas. Un club nocturno especializado en magia. Otro lugar dirigido por su propietario, un hipnotizador teatral. Clubes de cómicos, clubes de *rock and roll*. Enormes letreros resplandecientes anunciando películas en boga y estrellas de moda. Luces, luces y más luces. Inicialmente, el Boulevard apoyaba los estudios universitarios y los informes gubernamentales que aseguraban que Los Ángeles y sus suburbios formaban el área metropolitana más rica de la nación, tal vez la más rica del mundo. Pero al poco rato, mientras Frank seguía conduciendo en dirección este, el color y el calor se esfumaron. Incluso Los Ángeles sufría de senectud. El esquema se volvía marginal e inconfundiblemente canceroso. En la carne sana de la ciudad surgían excrecencias malignas; bares baratos, un club de *striptease*, una estación de servicio con las puertas bajas, centro de masajista, una librería para adultos, edificios que pedían a gritos una renovación. Y más de lo mismo. Manzana tras manzana. La enfermedad no era terminal en este vecindario, como en otros cercanos, pero cada día se tragaba unos bocados más de tejido sano. Frank y Tony no tuvieron que bajar al escabroso corazón del tumor; ya que, por fortuna, «The Big Quake» estaba en los límites de la zona peligrosa. El bar apareció de pronto envuelto en un resplandor de luces rojas y azules, al lado derecho de la avenida.

Por dentro, el lugar se parecía al «Paraíso», excepto que el decorado abundaba más en luces de colores, cromados y espejos que el del bar de Santa Mónica. Los clientes eran algo más elegantes, más agresivamente *au courant* y, en general, con mejor aspecto que la gente del «Paraíso». Pero a Tony los esquemas le parecían los mismos que los de

Santa Mónica. Esquemas de necesidad, ansia y soledad. Esquemas desesperados, hambrientos.

El barman no pudo ayudarles y el único cliente que sabía algo era una morena alta, de ojos violeta. Estaba segura de que encontraría a Bobby en «Janus», una discoteca de Westwood. Le había visto allí hacía dos noches.

Fuera, en el aparcamiento, bañado por ráfagas alternas de luz roja y azul, Frank dijo:

—Una cosa lleva a otra.

—Como siempre.

—Sí.

—¿Quieres probar «Janus» ahora o lo dejamos para mañana?

—Ahora —dijo Tony.

—Bien.

Dieron la vuelta y salieron hacia Sunset, al Oeste, lejos del área que mostraba señales de cáncer urbano, al resplandor del *Strip*; a continuación, retornaron al verdor y a la riqueza, pasado el «Hotel Beverly Hills», dejando atrás mansiones e infinitas hileras de palmeras gigantescas.

Como solía hacer cuando sospechaba que Tony podía iniciar otra conversación, Frank conectó con la radio policial y escuchó a Comunicaciones llamando a los «blanco y negro» de la división, que eran los encargados de dar protección a Westwood, en cuya dirección iban. Poca cosa ocurría por aquella frecuencia. Una disputa familiar. Un guardabarros abollado en el cruce de Westwood Boulevard y Wilshire. Un sospechoso en un coche aparcado en una plácida calle residencial por Hilgarde, había atraído la atención y era preciso investigar.

En la mayoría de las dieciséis divisiones de Policía de la ciudad, la noche era bastante menos segura y tranquila que en el privilegiado Westwood. En las divisiones setenta y siete, Newton y Southwest, que servían a la comunidad negra al sur de la autopista de Santa Mónica, ninguno de los patrulleros de guardia estaría aburrido; en sus demarcaciones, la noche daba brincos. Al este de la ciudad, en los barrios mexicanos, las pandillas seguirían dando mala fama a la gran mayoría de ciudadanos chicanos respetuosos de la ley. Para cuando la patrulla nocturna terminara su servicio a las tres de la madrugada, tres horas después de que empezaran los de la mañana, habrían ocurrido varios feos incidentes de violencia de bandas en el Este, unos cuantos punks apuñalando a otros punks, tal vez tiros y uno o dos muertos cuando los maníacos machistas trataban de demostrar su virilidad en las pesadas, estúpidas y eternas ceremonias de sangre que siguen celebrando con pasión latina, durante generaciones. Al Noroeste, los niños ricos del valle bebían demasiado whisky, fumaban demasiada hierba y aspiraban demasiada cocaína... y, como consecuencia, estrellaban sus coches, furgonetas y motos unos contra otros, a tremendas velocidades y con fastidiosa regularidad.

Mientras Frank pasaba por delante de las propiedades de Bel Air y tomaba la cuesta hacia el campus de la UCLA, la escena de Westwood se animó de pronto. Comunicaciones pasó una llamada de una mujer en apuros. Los datos eran confusos. Aparentemente se trataba de intento de violación y asalto con arma mortífera. No estaba claro si el asaltante seguía en la casa. Había habido disparos; pero Comunicaciones no había podido aclarar, en la llamada, si la pistola pertenecía a la mujer o al asaltante. Tampoco habían averiguado si alguien estaba herido.

—Habrá que ir a ciegas —dijo Tony.

—La dirección está a un par de manzanas de aquí —explicó Frank.

—Podríamos llegar en un minuto.

—Probablemente mucho antes que el coche-patrulla.

—¿Vamos?

—Sí.

—Pues llamaré y se lo diré.

Tony levantó el micrófono mientras Frank daba un giro brusco a la izquierda en la primera intersección. Una manzana más adelante, volvieron a girar a la izquierda, y Frank aceleró cuanto pudo al entrar en la estrecha calle flanqueada de árboles.

El corazón de Tony se aceleró al mismo tiempo que el motor del coche. Sentía una extraña excitación, un nudo helado de terror en las entrañas.

Se acordó de Parker Hitchison, un compañero muy peculiar, aburrido y sin gracia, que había tenido que soportar una temporada durante su segundo año de patrullero, mucho antes de ganar su placa de detective. Cada vez que contestaban una llamada, cada maldita vez, lo mismo si se trataba de una emergencia de Código Tres o sólo de un pobre gato asustado atrapado en un árbol, Parker Hitchison decía con voz lúgubre: «Ahora vamos a morir.» Era espantoso y de lo más descorazonador. Una y otra vez en cada turno, noche tras noche, con sincero e inquebrantable pesimismo, declaraba: «Ahora vamos a morir...» Hasta que Tony casi enloqueció.

La voz fúnebre de Hitchison y aquellas cuatro palabras sombrías, le perseguían aún en momentos como éste.

«¿Vamos a morir ahora?»

Frank dobló una esquina más, chocando casi con un «BMW» negro aparcado demasiado cerca del cruce. Los neumáticos chirriaron, el coche patinó un poco y Frank observó:

—Debe de estar por aquí.

Tony miró hacia las casas sin luz, vagamente iluminadas por los faroles de la calle y dijo señalando un edificio.

—Creo que es ésta.

Era una gran casa neoespañola que se alzaba apartada de la calle por un terreno espacioso. Tejado de tejas coloradas. Estuco color crema. Ventanas de cristales emplomados. Dos grandes farolas de hierro forjado a ambos lados de la puerta principal.

Frank aparcó en la calzada circular.

Bajaron del sedán sin distintivos.

Tony se metió la mano debajo de la chaqueta y sacó de la pistolera la pistola de reglamento.

Después de que Hilary hubo terminado de llorar ante la mesa de su estudio, decidió, medio atontada todavía, subir y adecentarse antes de llamar a la Policía y denunciar el asalto. Su cabello estaba en completo desorden, el traje desgarrado y los panties hechos jirones le colgaban en ridículos flecos sobre las piernas. No sabía que los periodistas aparecerían tan pronto como oyeran la noticia por la radio de la Policía; pero estaba segura de que llegarían más tarde o más temprano. En cierto modo, era una figura famosa después de haber escrito dos guiones de éxito y haber recibido una nominación de la Academia, dos años atrás, por su guión *Arizona Shifty Pete*. Era celosa defensora de su intimidad y prefería evitar a la Prensa si era posible; pero sabía que no tendría más alternativa que hacer una declaración y responder a unas cuantas preguntas sobre lo que había ocurrido aquella noche. Era el tipo de publicidad negativa. Se trataba de algo embarazoso. Ser la víctima en un caso así resultaba siempre humillante. Aunque sería objeto de simpatía y preocupación, la haría aparecer como una idiota, un peón esperando ser zarandeado. Se había defendido bien contra Frye; pero eso no les importaría a los buscadores de sensaciones. A la luz antipática y cegadora de los focos de televisión y en las fotos grises de los periódicos, parecería débil. El despiadado público americano se preguntaría por qué había dejado entrar a Frye en su casa. Empezarían a especular sobre si había sido violada y si su lucha contra él no era más que un cuento. Algunos estarían seguros de que ella le había invitado y pedido que la violara. La mayor parte de la simpatía que recibiría estaría teñida de curiosidad morbosa. Lo único que podía controlar era su apariencia cuando llegaran los periodistas. Sencillamente, no podía dejarse fotografiar en el estado lamentable y desmelenado en que la había dejado Bruno Frye.

Mientras se lavaba la cara, se peinaba y se ponía una bata de seda apretada en la cintura, no se dio cuenta de que todo lo que estaba haciendo perjudicaría su credibilidad ante la Policía. No comprendió que, al adecentarse, se estaba colocando como blanco de las sospechas de un agente, por lo menos, y de su desprecio, así como de la acusación de embustera.

Aunque creía ser dueña de sí, Hilary volvió a desmoronarse cuando terminó de cambiarse. Las piernas se le volvieron de gelatina y se vio obligada a apoyarse unos minutos en la puerta del armario.

Imágenes de pesadilla se amontonaban en su mente, llamaradas vívidas de recuerdos no deseados. Al principio vio a Frye acercándose a ella con el cuchillo, riendo como una calavera, pero al momento se transformó, adoptó otro aspecto, otra identidad, y fue su padre, Earl Thomas, y entonces fue Earl el que avanzaba hacia ella, borracho y rabioso, maldiciendo y golpeándola con las dos manos. Agitó la cabeza, respiró hondo y con gran esfuerzo apartó la visión.

Pero no podía dejar de temblar.

Imaginó que oía extraños ruidos en otra habitación de la casa. Una parte de ella sabía que era pura imaginación; pero la otra estaba segura de que era Frye que volvía por ella.

Cuando corrió al teléfono y llamó a la Policía, no estaba en condiciones de dar el informe tranquilo y razonado que había planeado. Los acontecimientos que acababan de suceder la habían afectado mucho más de lo que había creído en un principio, y recuperarse de la impresión le costaría días, tal vez semanas.

Después de colgar el teléfono se sintió mejor por el mero hecho de saber que el auxilio estaba en camino. Al bajar la escalera iba diciéndose en voz alta:

—«Calma. Conserva la calma. Eres Hilary Thomas. Eres fuerte. Fuerte como el hierro. No estás asustada. Nunca. Todo se arreglará.»

Era la misma cantilena que se había repetido de niña, tantas noches,

71

en aquel apartamento de Chicago. Cuando llegó al piso principal, había empezado a dominarse.

Estaba de pie en la entrada, mirando a la estrecha ventana emplomada junto a la puerta, cuando se detuvo un coche en la calzada. Dos hombres bajaron de él. Aunque no habían llegado precedidos del atronar de la sirena y destellos de luz roja, sabía que eran de la Policía y les abrió la puerta.

El primero que llegó a la entrada era fuerte, rubio, de ojos azules y con la voz dura y decidida de un policía. Llevaba una pistola en la mano.

—Policía. ¿Quién es usted?

—Thomas. Hilary Thomas. Soy quien les ha llamado.

—¿Es su casa?

—Sí. Había un hombre...

Un segundo detective, moreno y más alto que el primero, salió de la noche y la interrumpió antes de que pudiera terminar la frase.

—¿Está aún en la casa?

—¿Qué?

—El hombre que la atacó, ¿sigue aquí?

—Oh, no. Marchó. Se ha ido.

—¿Por dónde se fue? —preguntó el rubio.

—Por otra puerta.

—¿Tenía coche?

—No lo sé.

—¿Iba armado?

—No. Quiero decir, sí.

—¿En qué quedamos?

—Tenía un cuchillo. Pero ya no.

—¿Hacia dónde corrió cuando salió de la casa?

—No lo sé. Yo estaba arriba. Yo...

—¿Cuánto tiempo hace que se fue? —preguntó el moreno.

—Puede que un cuarto de hora o veinte minutos...

Cambiaron una mirada entre ellos que Hilary no fue capaz de interpretar; pero supo, al instante, que no la beneficiaba.

—¿Qué le hizo tardar tanto en llamarnos? —preguntó el rubio.

Lo notaba un tanto hostil. Sentía que estaba perdiendo una importante ventaja, que era incapaz de identificar. Respondió:

—Al principio me hallaba... confusa. Histérica. Necesitaba unos minutos para recobrarme.

—¿Veinte minutos?

—Tal vez fueron menos.

Ambos detectives guardaron sus revólveres.

—Necesitamos una descripción —dijo el moreno.

—Puedo darles más que eso —les ofreció, apartándose para dejarles entrar—. Puedo darles su nombre.

—¿Un nombre?

—Su nombre. Lo conozco. El hombre que me atacó... sé quién es.

Los dos detectives volvieron a mirarse.

Pensó: «¿Qué he hecho mal?»

Hilary Thomas era una de las mujeres más hermosas que Tony había visto. Parecía tener alguna gota de sangre india. Su cabello era largo y abundante, más oscuro que el suyo, negro brillante. Sus ojos eran también oscuros y el blanco del color de crema pasterizada. Su tez impecable, de un moreno lechoso, probablemente debido a un medido y cuidadoso tiempo bajo el sol de California. Si su rostro era un poco alargado, quedaba compensado por el tamaño de sus ojos, enormes, por la forma perfecta de su nariz patricia, y por la casi obscena plenitud de sus labios. Poseía un rostro erótico, pero a la vez un rostro inteligente y bondadoso, el rostro de una mujer capaz de gran ternura y compasión. También había dolor en él, sobre todo en sus bellos ojos, el tipo de dolor nacido de la experiencia, del conocimiento; y Tony esperaba que no fuera sólo por lo que había sufrido aquella noche; parecía que se remontaba a mucho tiempo atrás.

Estaba sentada en un extremo del sofá de pana, en el estudio repleto de libros, y Tony se acomodaba en el otro extremo. Estaban solos.

Frank se encontraba en la cocina, hablando por teléfono con un funcionario del cuartel general.

Arriba, dos patrulleros de uniforme, Whitlock y Farmer, arrancaban balas de la pared.

No había venido nadie de huellas porque, según la denunciante, el intruso llevaba guantes.

—¿Qué está haciendo ahora? —preguntó Hilary Thomas.

—¿Quién?

—El teniente Howard.

—Está llamando a jefatura para pedir a alguien que se ponga en contacto con la oficina del sheriff de Napa County, donde vive Frye.

—¿Para qué?

—Bueno, en primer lugar, quizás el sheriff pueda descubrir cómo vino Frye a Los Ángeles.

—¿Y por qué importa cómo llegó? Lo que cuenta es que está aquí y que hay que encontrarlo y detenerlo.

—Si se desplazó en un vuelo —explicó Tony— no importa demasiado. Pero si Frye vino conduciendo hasta Los Ángeles el sheriff de Napa County puede averiguar qué tipo de coche utilizó. Con una descripción del vehículo y el número de matrícula, tenemos más posibilidades de cazarlo antes de que se aleje demasiado.

Después de pensarlo un momento, siguió preguntando:

—¿Y por qué tuvo que ir a la cocina el teniente Howard? ¿Por qué no utilizó este teléfono?

—Me figuro que querría disponer de unos minutos de paz y tranquilidad —explicó Tony con cierta turbación.

—Supuse que no quería que yo oyera lo que tenía que decir.

—Oh, no. Sólo...

—Mire, tengo una sensación muy extraña —le interrumpió—. Me siento como si yo fuera la sospechosa y no la víctima.

—Está usted muy tensa. Es comprensible.

—No se trata de eso. Es algo relacionado con la forma en que actúan respecto a mí. Bueno..., no tanto usted como su compañero.

—Frank parece muy seco, a veces —explicó Tony—. Pero es un buen detective.

—Cree que miento.

A Tony le sorprendió su perspicacia. Se movió, incómodo, en el sofá. Luego murmuró:

—Estoy seguro de que no piensa tal cosa.

—Vaya si lo piensa —insistió ella—. Y no entiendo por qué—. Lo miró con fijeza—. Sea sincero. Venga. ¿De qué se trata? ¿En qué me he equivocado?

—Es usted una señora muy perceptiva.

—Soy escritora. Parte de mi oficio consiste en observar las cosas más de lo que suele hacer la gente. También soy persistente. Así que es mejor que conteste a mis preguntas y así se quitará de encima a una pesada.

—Una de las cosas que preocupan al teniente Howard es el hecho de que conozca al hombre que la atacó.

—¿Por qué razón?

—Porque es raro —confesó turbado.

—Explíquemelo.

74

—Verá... —carraspeó—. El espíritu convencional de la Policía dice que si el que denuncia una violación o un intento de violación conoce al otro, hay muchas probabilidades de que la víctima contribuyera al crimen atrayendo al acusado en un momento o en otro.

—Bobadas.

Se puso de pie, se acercó a la mesa y se quedó allí, de espaldas a él por unos minutos; estaba esforzándose por mantener la compostura. Lo que le había dicho la enfureció. Cuando por fin se volvió tenía la cara enrojecida. Protestó:

—Es horroroso. Insultante. Cada vez que se viola a una mujer, si lo hace alguien que ella conozca, llegan a la conclusión de que se lo ha buscado.

—No. No siempre.

—Pero casi siempre, es lo que ustedes piensan —exclamó.

—No.

—Dejemos estos juegos semánticos. —Lo miró indignada—. Lo creen de *mí*. Creen que lo incité.

—No. Me he limitado a explicarle lo que la Policía convencional supone en un caso como éste. No le he dicho que yo dé mucha fe al espíritu convencional de la Policía. No es así. Pero el teniente Howard sí está de acuerdo. Me preguntó acerca de él. Quería saber lo que pensaba y se lo he dicho.

—¿Entonces... usted me cree?

—¿Hay alguna razón para que no lo haga?

—Ocurrió exactamente como les he contado.

—Está bien.

—¿Por qué? —le preguntó mirándole.

—¿Por qué, qué?

—¿Por qué me cree usted si él no lo hace?

—Sólo se me ocurren dos razones por las que una mujer acusa, en falso, a un hombre de violación. Y ni una ni otra tienen sentido en su caso.

Hilary se apoyó en la mesa, con los brazos cruzados sobre el pecho, la cabeza inclinada, y le contempló interesada.

—¿Qué razones? —inquirió.

—Primera, él tiene dinero y ella no. Quiere comprometerle con la esperanza de sacarle una buena tajada a condición de retirar los cargos.

—Pero yo tengo dinero.

—Al parecer, tiene mucho.

Y contempló admirado la habitación bellamente decorada.

—¿Cuál es la otra razón?

—Un hombre y una mujer tienen una relación, pero él la deja por otra. Se siente herida, rechazada, burlada. Quiere hacérselo pagar. Desea castigarlo, así que lo acusa de violación.

—¿Cómo puede estar seguro de que esto no reza conmigo?

—He visto sus dos películas, así que creo saber un poco cómo funciona su mente. No me es posible creer que sea tan tonta, mezquina o vengativa para enviar a un hombre a la cárcel sólo porque hirió sus sentimientos.

Ella le estudió fijamente.

Él se sintió pesado y juzgado.

Convencida de que él no era un enemigo, volvió al sofá y se sentó con un revuelo de seda azul oscuro. La bata la moldeaba y él hizo un esfuerzo para no demostrar lo mucho que le impresionaban sus bellas líneas femeninas.

—Perdón, estuve agresiva.

—No lo estuvo —le aseguró—. También a mí me indigna el espíritu convencional de la Policía.

—Sospecho que si esto va a los tribunales, el abogado de Frye hará creer al jurado que yo incité a ese hijo de perra.

—Puede estar segura.

—¿Y le creerán?

—Suelen hacerlo.

—Pero él no venía sólo a violarme. Vino a matarme.

—Necesitará pruebas de ello.

—El cuchillo hecho pedazos, arriba...

—No puede relacionarlo con él. No tendrá sus huellas. Y se trata de un vulgar cuchillo de cocina. No hay modo de localizar el punto donde se adquirió y vincularlo a Bruno Frye.

—Parecía tan loco. Está... desequilibrado. Un jurado se daría cuenta. Bueno, lo verá cuando le detengan. Ni siquiera llegará a haber juicio. Seguro que le encerrarán en un manicomio.

—Si es un loco, sabe cómo hacerse pasar por cuerdo —explicó Tony—. Después de todo, hasta esta noche se le ha considerado como un ciudadano importante y responsable. Cuando visitó sus bodegas cerca de Santa Helena, no se dio cuenta de que iba acompañada por un demente. ¿No es cierto?

—En efecto.

—Pues el jurado tampoco lo verá.

Hilary cerró los ojos y se apretó el puente de la nariz:

—Entonces, lo más probable es que salga limpio.

—Quizá.

—¡Jesús!

—Quería oír la verdad desnuda.

—Eso quería, sí. —Abrió sus bellos ojos e incluso logró sonreír—. Gracias por habérmelo dicho.

Tony le devolvió la sonrisa. Quería estrecharla en sus brazos, apretarla con fuerza, consolarla, besarla, amarla. Pero lo único que podía hacer era quedarse sentado al extremo del sofá como un buen agente de la ley, sonreír sin gracia y decirle:

—A veces el sistema es asqueroso.

—¿Cuáles son las otras razones?

—¿Cómo dice?

—Dijo que una de las razones de que el teniente Howard no me creyera era el hecho de que yo conociera al asaltante. ¿Cuáles son las demás? ¿Qué otra cosa le hace imaginar que miento?

Tony se disponía a contestar cuando Frank Howard entró. Con rudeza dijo:

—Bien. Tenemos al sheriff estudiando el asunto en Napa County, tratando de saber cuándo y cómo dejó Frye la ciudad. También hemos lanzado un aviso, Miss Thomas, basado en su descripción. Ahora bien, he ido al coche y he cogido mi bloc y el parte de este crimen. —Alzó la tablilla y la hoja fijada a ella, luego se sacó una pluma del bolsillo de la chaqueta—. Quiero que nos repita paso a paso, al teniente Clemenza y a mí, su experiencia una vez más, a fin de poder escribirlo con toda exactitud, utilizando sus propias palabras. Después la dejaremos en paz.

Los llevó hasta la entrada y empezó su historia con una detallada narración de la súbita aparición de Bruno Frye saliendo del ropero. Tony y Frank la siguieron hasta el sofá volcado en el cuarto de estar; luego, a su alcoba, sin dejar de interrogarla en todo ese tiempo. Durante los treinta minutos que necesitaron para llenar la hoja, mientras iba reproduciendo los acontecimientos de la noche, de tanto en tanto se le quebraba la voz, y Tony volvía a sentir la necesidad de abrazarla y calmarla.

Una vez terminado el informe del crimen, llegaron unos periodistas. Bajó a recibirlos.

Al mismo tiempo, Frank tuvo una llamada de jefatura y la atendió en el teléfono de la alcoba.

Tony bajó a esperar a Frank y ver cómo Hilary Thomas se desenvolvía con los periodistas.

Los manejó de modo experto. Alegando cansancio y necesidad de intimidad, no les permitió entrar en la casa. Salió al porche y la rodearon. También había llegado un equipo de televisión, junto con una pequeña cámara y un actor-periodista, uno de esos hombres que habían conseguido el puesto por sus limpias facciones, ojos penetrantes y profunda voz paternal. La inteligencia y la habilidad periodísticas tenían poco que ver con su actuación en las noticias de televisión; en realidad, un exceso de ambas cosas podía ser una seria desventaja para obtener un gran éxito. El reportero televisivo preocupado por su carrera tenía que pensar de acuerdo a como estaba estructurado su programa... en segmentos de tres, cuatro y cinco minutos, sin dedicar nunca más tiempo que el establecido en cada tema, y sin explorar nada en profundidad. Un periodista y su fotógrafo, no tan bonitos como el hombre de la televisión y algo más arrugados, estaban también presentes. Hilary Thomas sorteó sus preguntas con soltura, contestando sólo las que quería contestar, evitando con delicadeza las que eran demasiado pesonales o impertinentes.

Lo que Tony encontró más interesante de su representación fue el modo en que mantuvo a los periodistas fuera de la casa y de sus más íntimos pensamientos, sin ofenderles. No era una hazaña fácil. Había muchos periodistas excelentes que podían desenterrar la verdad y escribir historias sin violar los derechos y la dignidad del sujeto; pero existían muchos del otro tipo, los jabalíes y los despreciables. Con el nacimiento de lo que el *Washington Post* calificaba de «periodismo defensivo»..., la repugnante tergiversación de una historia para sostener las personales ideas políticas y sociales del periodista y del editor. Algunos miembros de la Prensa habían alcanzado un poder de irresponsabilidad sin precedentes. Si uno se irritaba por los métodos y maneras de un periodista o por su tergiversación flagrante, si uno se atrevía a ofenderle, podía decidirse a utilizar su pluma para hacerle parecer un imbécil, un embustero o un criminal; y lo haría pagadísimo de sí porque se consideraba el paladín de la claridad en una batalla contra el mal. Hilary conocía el peligro, porque se comportó con maestría. Contestó a la mayor parte de las preguntas. No dijo que conociera a su asaltante. No mencionó el nombre de Bruno Frye. No quería que los medios informativos especularan sobre su previo conocimiento del hombre que la había atacado.

Su dominio de la situación hizo que Tony la valorase aún más. Ya sabía que tenía talento, que era inteligente, ahora descubrió que también era lista. De todas las mujeres que había conocido, era la que más le intrigaba.

Ya casi había terminado con los periodistas, desprendiéndose de ellos con habilidad, cuando Frank Howard bajó la escalera y pasó el umbral hacia donde Tony disfrutaba de la brisa nocturna. Frank observó a Hilary Thomas con expresión feroz mientras ella contestaba a un periodista.

—Tengo que hablar con ella.

—¿Qué querían los de jefatura?

—De eso es de lo que tengo que hablar con ella —masculló Frank. Estaba decidido a no abrir la boca. No iba a revelar su información hasta que le diera la real gana. Ése era otro de sus hábitos irritantes.

—Casi ha terminado —dijo Tony.

—Pavoneándose.

—En absoluto.

—Ya lo creo. Está disfrutando cada segundo de ello.

—Los maneja muy bien, pero no parece que disfrute.

—La gente del cine —dijo Frank despectivo—. Necesitan atención y publicidad, como tú y yo necesitamos comida.

Los reporteros estaban a pocos pasos de distancia y aunque hablaban ruidosamente con Hilary, Tony temió que pudieran oír a Frank.

—Baja la voz —le advirtió.

—No me importa que sepan lo que pienso —estalló Frank—. Incluso puedo hacer una declaración sobre los perros de la publicidad que inventan historias para alimentar a los periódicos.

—¿Estás diciendo que se lo ha inventado todo? Es ridículo.

—Ya lo verás.

Tony se sintió inquieto de pronto. Hilary Thomas despertaba en él al valiente caballero; quería protegerla. No le apetecía ver cómo la lastimaban; pero Frank, al parecer, tenía algo desagradable que discutir con ella.

—He de hablarle ahora mismo —insistió Frank—. Que me ahorquen si me espero un minuto más mientras ella se deshace con la Prensa.

Tony apoyó la mano en el hombro de su compañero.

—Espérame aquí. Iré a buscarla.

Frank estaba enfadado por lo que jefatura le había dicho y Tony sabía que los periodistas reconocerían la irritación y a su vez les irritaría. Si sospechaban que había algún progreso en la investigación, en especial si parecía una pizca sabroso, un tanto escandaloso, no se moverían de allí en toda la noche, y darían la lata a todo el mundo. Y si Frank había descubierto algo poco favorecedor respecto de Hilary Thomas, la Prensa lo pondría en grandes titulares y lo proclamaría a los cuatro vientos con aquella alegría malsana que reservaban para la basura selecta. Más tarde, si la información de Frank resultaba inexacta, era más que probable que la gente de la televisión no hiciera la menor corrección, ni los periódicos se retractarían; y en el caso de que hubiera motivo para ello, lo harían en cuatro líneas en la página veinte de la sección segunda. Tony quería que ella tuviera oportunidad de refutar lo que Frank tuviera que decirle, que se le permitiera justificarse antes de que la noticia se transformara en carnada para los medios informativos.

Se acercó a los periodistas y les dijo:

—Señoras y señores, les ruego que me perdonen, pero creo que la señorita ya les ha dicho más a ustedes que a nosotros. Ya la han exprimido. Ahora bien, mi compañero y yo desearíamos estar en casa desde hace horas y nos hallamos terriblemente cansados. Hemos trabajado mucho maltratando a sospechosos inocentes, recogiendo sobornos y demás, y si nos dejaran terminar con Miss Thomas les quedaríamos muy agradecidos.

Rieron todos con la broma y empezaron a hacerle preguntas también a él. Contestó algunas, sin decirles más de lo que Hilary había dicho. Después se llevó a la joven a casa y cerró la puerta.

Frank estaba en la entrada. Su ira no había cedido. Parecía como si le saliera humo por las orejas.

—Miss Thomas, tengo que hacerle unas cuántas preguntas más.

—Bien.

—Muchas. Nos llevará tiempo.

—Bien... ¿Quiere que pasemos a mi estudio?

Frank Howard abrió la marcha.

Hilary miró a Tony y preguntó:

—¿Qué pasa?

—No lo sé. Ojalá lo supiera.

Frank había llegado al centro de la estancia. Se detuvo y miró hacia atrás:

—¿Miss Thomas?

Tony y ella le siguieron.

Sentada en el sofá tapizado de pana, Hilary cruzó las piernas y se arregló la bata de seda. Estaba nerviosa, preguntándose por qué el teniente Howard parecía aborrecerla con tanta intensidad. Sus modales eran fríos. Le embargaba una ira helada que hacía que sus ojos parecieran dos puntos de acero. Recordó los extraños ojos de Bruno Frye y no pudo contener un estremecimiento. El teniente Howard la contemplaba furioso. Se sintió como una acusada ante un tribunal de la Inquisición. No le habría causado sorpresa que Howard la señalara con el dedo y la acusara de brujería.

El simpático Tony Clemenza estaba sentado en un sillón. La cálida luz ambarina de la lámpara de pie caía sobre él y proyectaba suaves sombras sobre su boca, su nariz y sus ojos profundos, prestándole una expresión más tranquila y amable que la que ordinariamente poseía. Deseó que fuera él quien la interrogara; sin embargo, por el momento resultaba evidente que su papel era el de observador.

El teniente Howard se le plantó delante, mirándola con no disimulado desprecio. Se dio cuenta de que él intentaba hacerla avergonzarse o sentirse derrotada, representando la versión policial del juego infantil de sostener la mirada. Pero ella le devolvió la mirada sin parpadear hasta que él se apartó y empezó a pasear.

—Miss Thomas —le dijo—, hay muchas cosas en su historia que me preocupan.

—Ya lo sé. Le molesta que conozca al asaltante. Piensa que pude haberle inducido. ¿No es éste el espíritu convencional de la Policía?

Se quedó sorprendido pero se recobró en seguida.

—Sí, para empezar. Y también está el hecho de que no sabemos cómo pudo entrar en la casa. El oficial Whitlock y el oficial Farmer la han revisado de punta a punta dos o tres veces y no encuentran indicios de entrada forzada. Ninguna ventana rota. Ninguna cerradura aplastada o saltada.

—Así que piensa que le dejé entrar.

—Debo considerarlo de ese modo.

—Bien; pues considere esto. Cuando hace unas semanas estuve en Napa County, investigando para un guión, perdí las llaves en su bodega. Las llaves de la casa, del coche.

—¿Y vino conduciendo desde allí?

—No. En avión. Pero todas mis llaves estaban en el mismo llavero. Incluso las llaves del coche alquilado que recogí en Santa Rosa; estaban en una cadena endeble y como temí perderlas las pasé a mi llavero. No volví a encontrarlas. Los que me alquilaron el coche tuvieron que mandarme otro juego. Y a mi llegada a Los Ángeles me vi obligada a llamar a un cerrajero para poder entrar en mi casa, y para que me hiciera llaves nuevas.

—¿No hizo cambiar las cerraduras?

—Me pareció un gasto innecesario. Las llaves que perdí no tenían ninguna identificación. Quienquiera que las encontrara no sabría de dónde eran.

—¿Y no se le ocurrió que pudieran ser robadas? —preguntó Howard.

—No.

—Pero ahora piensa que Bruno Frye cogió las llaves con la intención de venir a violarla y matarla.

—Sí.

—¿Qué tiene contra usted?

—No lo sé.

—¿Posee algún motivo para odiarla?

—Apenas le conozco.

—Ha tenido que recorrer un largo camino para venir.

—En efecto.

—Cientos de kilómetros.

—Mire, está loco. Y la gente loca hace locuras.

El teniente Howard dejó de pasear, se detuvo junto a ella y la miró como la miraría un dios enfurecido.

—¿No le parece raro que un loco pueda ocultar su locura tan bien en su casa, que posea un control férreo para disimularlo hasta encontrarse en una ciudad desconocida?

—Claro que me parece raro. Es misterioso. Pero es verdad.

—¿Tuvo Bruno Frye oportunidad de robar las llaves?

—Sí. Uno de los encargados de la bodega me llevó a visitarla. Hubimos de subir andamios, pasar entre toneles de fermentación, entre barricas de reserva, por muchos sitios difíciles. No creí oportuno llevarme el bolso. Me hubiera entorpecido. Así que lo dejé en la casa principal.

—La casa de Frye.

—Sí.

Reventaba de energía, estaba supercargado. Empezó a pasear de nuevo, del sofá a las ventanas, de las ventanas a las librerías, luego otra vez al sofá, con sus anchas espaldas alzadas, la cabeza echada hacia delante.

El teniente Clemenza le sonrió, pero ella no se tranquilizó en absoluto.

—¿Se acordará alguien de la bodega de que perdió las llaves? —preguntó el teniente Howard.

—Me figuro que sí. Seguro. Pasé por lo menos media hora buscándolas. Pregunté a todo el mundo con la esperanza de que alguien las hubiera encontrado.

—Y nadie las había visto.

—En efecto.

—¿Dónde creía que pudo haberlas dejado?

—Las tenía en el bolso.

—¿Fue ése el último lugar donde recuerda haberlas puesto?

—Sí. Conduje desde la agencia que me alquiló el coche hasta la bodega y estaba segura de haber guardado las llaves en el bolso cuando aparqué.

—No obstante, al no encontrarlas, ¿no se le ocurrió que pudieran habérselas robado?

—No. ¿Por qué iba alguien a robarme las llaves y no el dinero? Llevaba unos doscientos dólares en el billetero.

—Otra cosa que me molesta. Después de echar a Frye de la casa a punta de pistola, ¿por qué tardó tanto en llamarnos?

—No tardé mucho.

—Veinte minutos.

—Como máximo.

—Cuando una acaba de ser atacada y casi asesinada por un maníaco con un cuchillo, veinte minutos es demasiado tiempo. La mayoría de la gente se pone inmediatamente en contacto con la Policía. Nos quieren en la escena del hecho en unos segundos y se ponen furiosos si tardamos unos minutos en llegar.

Hilary miró primero a Clemenza, luego a Howard; después a sus manos que tenía apretadas, con los nudillos blancos. Se enderezó y tensó los hombros.

—Yo... supongo que... me desmoroné. —Era una confesión difícil, que la avergonzaba. Siempre había presumido de su fortaleza—. Vine a esta mesa, me senté y empecé a marcar el número de la Policía y... entonces... me... eché a llorar. Empecé a llorar... y no podía parar.

—¿Y lloró veinte minutos?

—No. Claro que no. No soy una llorona, quiero decir que no me desmorono fácilmente.

—¿Cuánto tiempo tardó en controlarse?

—No lo sé.

—¿Quince minutos? —preguntó el teniente Howard.

—No tanto.

—¿Diez?

—Quizá cinco.

—Cuando recuperó el control, ¿por qué no nos llamó? Estaba sentada junto al teléfono.

—Subí a lavarme la cara y cambiarme de ropa. Ya se lo he dicho.

—Ya sé. Me acuerdo. Embelleciéndose para la Prensa.

—No —protestó empezando a enfadarse con él—. No me «embellecía». Sólo pensé que debía...

—Ésta es la cuarta cosa que me hace dudar de su historia —la interrumpió Howard—. Me deja asombrado. Quiero decir que después de haber sido casi violada y asesinada, después de desmoronarse y llorar, mientras temía aún que Frye pudiera volver y terminar lo que había empezado, perdió, sin embargo, el tiempo en arreglarse para ponerse presentable. ¡Asombroso!

—Perdón —dijo el teniente Clemenza echándose hacia delante en el sillón—. Frank, intuyo que sabes algo y que quieres llegar a ello. No pretendo estropear tu ritmo, ni nada. Pero no me parece que podamos hacer suposiciones sobre la sinceridad e integridad de Miss Thomas, basándote en lo que tardó en llamar y presentar la denuncia. Ambos sabemos que la gente, a veces, sufre una especie de *shock* después de una experiencia así. No siempre hacen lo racional. El comportamiento de Miss Thomas no es raro.

Hilary estuvo a punto de dar las gracias al teniente Clemenza por lo que había dicho, pero percibió una corriente de antagonismo entre los dos detectives y no quiso atizar el fuego.

—¿Me estás diciendo que siga adelante? —preguntó Howard a Clemenza.

—Lo que estoy diciendo es que se está haciendo tarde y que todos nos hallamos cansados.

—¿Admites que su historia está llena de baches?

—No creo haberlo dicho así.

—¿Pues cómo lo dirías?

—Digamos que hay ciertas partes que aún no parecen tener sentido.

Howard lo miró enfadado, luego asintió:

—Está bien. Bueno. Solamente trataba de establecer que hay por lo menos cuatro grandes problemas en su historia. Si estás de acuerdo, seguiré con lo demás. —Se volvió a Hilary—. Miss Thomas, me gustaría oír una vez más la descripción de su asaltante.

—¿Para qué? Ya tiene su nombre.

—Hágame el favor.

No podía comprender por qué seguía con aquel interrogatorio.

Sabía que intentaba hacerla caer en una trampa, pero no tenía la menor idea de qué tipo de trampa o qué le pasaría si caía en ella.

—Está bien. Una vez más. Bruno Frye es alto, un metro ochenta y algo.

—Por favor, sin nombres.

—¿Qué?

—Que describa al asaltante sin utilizar nombres.

—Pero yo conozco su nombre —objetó despacio y en tono paciente.

—Hágame el favor —insistió sin la menor simpatía.

Hilary suspiró, se recostó en el sofá, simulando aburrimiento. No quería que él supiera que la estaba irritando. ¿Qué diablos buscaba?

—El hombre que me atacó —empezó— medía uno ochenta aproximadamente, y tal vez pesaba más de cien kilos. Muy musculoso.

—¿Raza?

—Era blanco.

—¿Tez?

—Clara.

—¿Cicatrices o pecas?

—No.

—¿Tatuajes?

—¿Está de broma?

—¿Tatuajes?

—No.

—¿Alguna otra marca de identificación?

—No.

—¿Estaba lisiado o tenía alguna clase de deformación?

—Era un fuerte y sano hijo de perra —respondió furiosa.

—¿Color del cabello?

—Rubio oscuro.

—¿Largo o corto?

—Intermedio.

—¿Ojos?

—Sí.

—¿Cómo?

—Que sí, que tenía ojos.

—Miss Thomas...

—Bien, bien.

—Esto es serio.

—Tenía ojos azules. Un peculiar color azul gris.

—¿Edad?

85

—Unos cuarenta.

—¿Algo característico?

—¿De qué tipo?

—Mencionó usted algo sobre su voz.

—Sí. Tenía la voz profunda. Sorda. Una voz rasposa. Cavernosa, bronca, como si arañara.

—Muy bien —asintió el teniente Howard, balanceándose ligeramente sobre los talones, evidentemente satisfecho de sí—. Tenemos una buena descripción del asaltante, un hombre sin nombre. Ahora, quiero que me describa a Bruno Frye.

Hilary se volvió a Clemenza y pidió exasperada:

—¿Es eso realmente necesario?

—Frank, ¿no se podría acelerar esto? —rogó Clemenza.

—Mira, hay un punto que trato de poner en claro. Estoy llegando a él lo mejor que sé. Además, es ella la que lo entorpece.

Se volvió a mirarla y Hilary tuvo la horrible sensación de que se la estaba juzgando en otro siglo y que Howard era una especie de inquisidor religioso. Si Clemenza le dejara, Howard la agarraría y la sacudiría hasta que le contestara lo que él quería oír, fuera o no la verdad.

—Miss Thomas, si contesta a todas mis preguntas, habremos terminado en unos minutos. Bien. ¿Quiere ahora describirme a Bruno Frye?

Asqueada le respondió:

—Metro ochenta y algo, ciento y pico de kilos, musculoso, rubio, ojos azul gris, de unos cuarenta años, sin cicatrices ni deformidades, ni tatuajes, de voz profunda y áspera.

Frank Howard sonreía. Pero no era una sonrisa amistosa.

—Su descripción del asaltante y la de Bruno Frye son exactamente iguales. Ni una sola discrepancia. Ni una. Y, naturalmente, nos ha dicho que es la misma persona.

Su forma de interrogar parecía ridícula, pero debía de tener algún propósito. No era estúpido. Hilary sentía que ya había caído en la trampa, aunque no sabía qué era.

—¿Quiere cambiar de idea? —preguntó Howard—. ¿Quiere decir que tal vez hay la pequeña posibilidad de que se tratara de alguien que se pareciera a Frye?

—No soy una idiota. Era él.

—¿Y no existía a lo mejor una insignificante diferencia entre su asaltante y Bruno Frye? ¿Alguna cosilla? —insistió.

—No.

—¿Ni siquiera la forma de la nariz o la línea de la mandíbula?

—Ni siquiera eso.

—¿Está segura de que Frye y su asaltante compartían exactamente la misma línea de nacimiento del pelo, los mismos pómulos, la misma barbilla?

—Sí.

—¿Está segura, sin la menor sombra de duda, de que era Bruno Frye el que estuvo aquí esta noche?

—Sí.

—¿Lo juraría ante un tribunal?

—¡Sí, sí y sí! —exclamó harta de su insistencia.

—Muy bien, pues. Bien, bien. Me temo que si declarara a este efecto, sería usted la que terminaría en la cárcel. El perjurio es un delito.

—¿Qué? ¿Qué quiere decir?

La miró otra vez con una mueca, que era aún menos amistosa que su sonrisa.

—Miss Thomas, lo que quiero decir es... que es una embustera.

Hilary estaba tan estupefacta por lo directo de la acusación, por la osadía, tan desconcertada por el desprecio que había en su voz, que en aquel momento no se le ocurrió ninguna respuesta. Ni siquiera sabía a qué se refería.

—Una embustera, Miss Thomas. Lisa y llanamente.

El teniente Clemenza se puso en pie y dijo:

—Frank, ¿estás llevando esto bien?

—Oh, sí, lo estamos llevando a la perfección. Mientras estaba allí fuera hablando a los reporteros y posando tan lindamente para los fotógrafos, yo recibí una llamada de jefatura. Acababan de tener noticias del sheriff de Napa County.

—¿Ya?

—Oh, sí. Su nombre es Peter Laurenski. Sheriff Laurenski, que hizo unas averiguaciones para nosotros arriba en los viñedos de Frye, tal como le pedimos. ¿Y sabes lo que encontró? Encontró que el señor Bruno Frye no había venido a Los Ángeles. Bruno Frye no salió de casa. Bruno Frye está ahora mismo en Napa County, en este preciso minuto, en su propia casa, tan inofensivo como una mosca.

—¡Imposible! —replicó Hilary levantándose del sofá.

Howard meneó la cabeza:

—Venga ya, Miss Thomas. Frye dijo al sheriff Laurenski que se proponía venir hoy a Los Ángeles para una semana. Unas vacaciones cortas. Pero no consiguió terminar el trabajo a tiempo, así que canceló el viaje y permaneció en casa para terminar el trabajo.

–¡El sheriff se equivoca! No pudo haber hablado con Bruno Frye.

–¿Llama embustero al sheriff?

–Debió... debió de hablar con alguien más que cubría a Frye –insistió Hilary sabiendo lo desesperadamente absurdo de todo aquello.

–No. El sheriff habló con el propio Frye.

–¿Lo vio? ¿Vio a Frye? –preguntó–. ¿O habló con alguien por teléfono, alguien que aseguró ser Frye?

–No sé si fue una conversación cara a cara o por teléfono. Pero, recuerde, Miss Thomas, que nos habló de la voz única de Frye. Extremadamente profunda, áspera. Una voz gutural y rasposa. ¿Está diciendo que alguien podía fácilmente imitarla por teléfono?

–Si el sheriff Laurenski no conoce muy bien a Frye, podía engañarle una imitación. Él...

–Es una región pequeña. Alguien como Bruno Frye, un hombre importante como él, es conocido por todos. Y el sheriff le ha conocido muy bien por espacio de veinte años –terminó Howard triunfante.

El teniente Clemenza parecía apenado. Aunque le importaba poco lo que el teniente Howard pensara de ella, para Hilary era importante que Clemenza creyera la historia que había contado. La chispita de duda en sus ojos le dolió como la rudeza de Howard.

Les volvió la espalda, se acercó a la ventana emplomada que daba a la rosaleda, trató de contener su enfado, no pudo y se volvió de nuevo a ellos. Habló a Howard, enfurecida, enfatizando cada palabra, golpeando la mesa con el puño:

–¡¡Bruno... Frye... estuvo... aquí!!

El jarrón lleno de rosas se volcó, cayó a la mesa, rebotó sobre la gruesa alfombra, y el agua y las flores se desparramaron. Lo ignoró.

–¿Y el sofá volcado? ¿Y las porcelanas que le tiré? ¿Y las balas que le disparé? ¿Y el cuchillo hecho pedazos que dejó? ¿Y el traje desgarrado, y las medias?

–Podría ser una inteligente puesta en escena. Pudo hacerlo todo usted sola, organizarlo para dar verosimilitud a su historia –dijo Howard.

–¡Es absurdo!

Clemenza intervino:

–Miss Thomas, puede que realmente se tratara de otra persona, de alguien que se parecía mucho a Bruno Frye.

Incluso si hubiera querido retractarse de aquel modo, no podía hacerlo. Obligándola tantas veces a repetir la descripción del hombre que la atacó, arrancándole varias aseveraciones de que el asaltante no había sido otro que Bruno Frye, el teniente Howard le había hecho difícil, por no decir imposible, retractarse como le ofrecía Clemenza. De todos modos, no quería volverse atrás, reconsiderar nada. Sabía que tenía razón.

—Era Frye. Frye y nadie más que Frye. No inventé nada. Ni disparé a las paredes. Ni volqué el sofá y rasgué mi propia ropa. ¡Por el amor de Dios! ¿Para que iba a hacer tal locura? ¿Qué razones podía tener para una charada de esta clase?

—Tengo algunas ideas —dijo Howard—. Supongo que conocía a Bruno Frye desde hace tiempo y...

—Le he dicho que le conocí hace tres semanas.

—También nos ha dicho otras cosas que han resultado no ser ciertas. Así que conoció a Frye hace tiempo, o por lo menos bastante, y los dos tenían un lío...

—¡No!

—... y por alguna razón él la dejó. Puede que se cansara de usted. Puede que conociera a otra mujer. Algo. Así que sospecho que no fue a su bodega para investigar o documentarse para uno de sus guiones, como me ha dicho. Pienso que fue allá para reunirse con él. Tenía la intención de arreglar las cosas, besarle y hacer las paces...

—No.

—... pero él no quiso saber nada. Volvió a deshacerse de usted. Mientras estaba allí, descubrió que iba a venir a Los Ángeles para un corto asueto. Así que decidió pagarle con la misma moneda. Imaginó que no tendría nada preparado para su primera noche en la ciudad, probablemente una cena a solas y luego a la cama. Tenía la casi seguridad de que no habría nadie que respondiera por él más tarde, si la Policía deseaba saber lo que había hecho aquella noche. Así que le montó una acusación de violación.

—¡Maldito sea, es usted repugnante!

—Le salió el tiro por la culata. Frye cambió sus planes. Ni siquiera vino a Los Ángeles. De modo que ahora está metida en una mentira.

—¡Estuvo aquí! —Quería agarrar al detective por el cuello y apretar hasta que comprendiera—. Mire, tengo uno o dos amigos que me conocen lo suficiente para saber si tengo o no un lío. Le daré sus nombres. Vaya a verlos. Le dirán que no he tenido nada que ver con Bruno Frye. Demonio. Puede que incluso le digan que no he tenido nada con nadie desde hace mucho. He estado demasiado ocupada para tener una vida privada. Trabajo muchas horas. No me queda tiempo para romances. Y desde luego le aseguro que no he tenido tiempo de permitirme un amante que vive en el otro extremo del Estado. Hable con mis amigos. Verá lo que le dicen.

—Los amigos son testigos notoriamente parciales. Además, puede haberse tratado de una relación que guardó para sí, el pequeño lío secreto. Reconózcalo, Miss Thomas, le ha salido mal. Los hechos son los siguientes. Afirma que Frye se encontraba hoy en esta casa. Pero el sheriff dice que estaba allí, en la suya propia, hace poco más de media hora. Ahora bien, Santa Helena está a más de seiscientos kilómetros por aire, más de setecientos cincuenta en coche. Sencillamente, no pudo haber vuelto a casa tan de prisa. Y no pudo haber estado en dos sitios a la vez ya que, por si no lo sabe, sería una grave violación de las leyes físicas.

El teniente Clemenza intervino:

—Frank, tal vez debieras dejar que yo termine con esto.

—¿Terminar qué? Está cerrado, terminado, kaput. —Y Howard la señaló con un dedo acusador—. Tiene usted una suerte condenada, Miss Thomas. Si Frye hubiera venido a Los Ángeles y esto se hubiese llevado a los tribunales, usted habría cometido perjurio. Podía terminar en la cárcel. También tiene la suerte de que no hay forma de castigar a una persona como usted por hacernos perder el tiempo así.

—No me parece que hayamos perdido el tiempo —dijo Clemenza con dulzura.

—Al infierno con que no —protestó Howard—. Y le diré una cosa: si Bruno Frye quiere demandarla por libelo, le juro por Dios que yo declararé en su favor.

Y dando media vuelta se apartó de ella, en dirección a la puerta. El teniente Clemenza no hizo el menor esfuerzo por seguirle y era obvio que tenía algo más que decir, pero ella demostró su desagrado al ver salir al otro sin obtener respuesta a importantes preguntas.

—Espere un momento —dijo.

Howard se detuvo y se volvió a mirarla:

—¿Qué?

—¿Y ahora qué? ¿Qué va a hacer con mi denuncia? —preguntó Hilary.

—¿Lo dice en serio?

—Sí.

—Me voy a ir al coche, cancelaré la denuncia contra Bruno Frye y daré el día por terminado. Me voy a mi casa a beberme un par de botellas de cerveza fría.

—No irán a dejarme sola. ¿Y si vuelve?

—¡Oh, Cristo! ¿Quiere dejar de hacer comedia?

Hilary se le acercó:

—Piense lo que piense, diga lo que quiera el sheriff de Napa County, no hago comedia. ¿Quiere por lo menos dejar a uno de sus hombres de uniforme una hora más, o así, hasta que pueda conseguir un cerrajero que me cambie las cerraduras?

Howard meneó la cabeza con gesto negativo:

—No. Que me aspen si pierdo más tiempo de la Policía y más dinero de los contribuyentes para proporcionarle una protección que no necesita. Resígnese. Todo ha terminado. Ha perdido. Reconózcalo, Miss Thomas.

Y salió de la habitación.

Hilary fue hacia el sillón y se dejó caer en él. Estaba agotada, confusa, asustada.

Clemenza le dijo:

—Me aseguraré de que los agentes Whitlock y Farmer se queden con usted hasta que se hayan cambiado las cerraduras.

—Gracias.

Tony se encogió de hombros. Estaba incómodo.

—Siento no poder hacer más.

—No me he inventado nada —le aseguró.

—La creo.

—Frye ha estado realmente aquí esta noche.

—No dudo de que alguien estuviera aquí; pero...

—No alguien. Frye.

—Si reconsiderara su identificación, podríamos seguir trabajando en el caso y...

—Era Frye —repitió, ya no irritada, sino cansada—. Era él y nadie más que él.

Durante un buen rato, Clemenza la observó interesado, y sus ojos oscuros mostraron simpatía. Era guapo, pero no era su aspecto lo que resultaba más agradable a la vista, sino un encanto indescriptible, una cordialidad cálida y dulce en sus rasgos italianos, una preocupación especial, una comprensión tan visible en su rostro, que ella percibió que de verdad le preocupaba lo que fuera a ocurrirle.

—Ha sufrido una dura experiencia —le dijo—. La ha transtornado. Es muy comprensible. A veces, cuando se sufre un *shock* como éste, las percepciones se distorsionan. Puede que cuando haya tenido oportunidad de tranquilizarse, recuerde cosas un poco... diferentes. Volveré mañana. Para entonces quizá tenga algo nuevo que decirme.

—No —contestó Hilary sin vacilar—. Pero gracias por... por ser amable.

Le pareció que la dejaba a disgusto. Pero se marchó y ella se quedó sola en su estudio.

Durante unos minutos, no pudo encontrar la energía para levantarse del sillón. Era como si hubiera caído en arenas movedizas y gastado hasta el último poso de energía en un desesperado y fútil intento de escape.

Finalmente, se levantó, fue a la mesa y descolgó el teléfono. Pensó en llamar a las bodegas de Napa County; pero se dio cuenta de que no sacaría nada con ello. Sólo conocía el número de la oficina. No tenía el de la casa de Frye. Incluso si lo conseguía a través del servicio de información, y resultaba muy poco probable, el hecho de marcarlo no le produciría la menor satisfacción. Si intentaba llamar a su casa, sólo podían ocurrir una o dos cosas. Una, podía no contestar, con lo que ni confirmaría su historia, ni negaría lo que había dicho el sheriff Laurenski. Dos, Frye contestaría, sorprendiéndola. ¿Y luego qué? Tendría que reconsiderar de nuevo los acontecimientos de la noche, enfrentarse con el hecho de que el hombre con el que había luchado era alguien parecido a Bruno Frye. O quizá no se parecía nada a Bruno Frye. Tal vez su percepción estuviera tan deformada que había notado un parecido cuando no existía ninguno. ¿Cómo podía saber si estaba perdiendo contacto con la realidad? ¿De qué modo empezaba la locura? ¿Se acercaba arrastrándose o se te echaba encima sin previo aviso? Tenía que considerar la posibilidad de que estaba perdiendo la cabeza, porque después de todo, había indicios de locura en su familia. Duante más de diez años, uno de sus terrores había sido que moriría como murió su padre: con los ojos fuera de sí, loco, incoherente, agitando una pistola y tratando de apartar a los monstruos que no estaban allí. ¿Tal padre, tal hija?

—Le he visto —dijo en voz alta—. Bruno Frye. En mi casa. Aquí. Esta noche. No ha sido una alucinación, ni lo he imaginado. Le he visto, maldita sea.

Buscó en las páginas amarillas y llamó a una cerrajería de servicio permanente.

Después de huir de la casa de Hilary Thomas, Bruno Frye condujo su furgoneta «Dodge», gris, fuera de Westwood. Fue en dirección oeste, y luego sur, hasta Marina del Rey, un pequeño puerto al extremo de la ciudad, un lugar de apartamentos caros y ajardinados, de edificios más caros aún, tiendas y restaurantes corrientes; pero superdecorados, la mayoría con amplias vistas del mar y de miles de embarcaciones de placer amarradas a lo largo de canales artificiales.

La niebla se extendía por la costa como si un gran fuego frío ardiera sobre el océano. Era espesa en algunos puntos y clara en otros; pero aumentaba sin cesar.

Metió la furgoneta en un rincón vacío de un terreno de aparcamiento cercano a los muelles y, por unos minutos, permaneció sentado allí, analizando su fracaso. La Policía le buscaría, pero por poco tiempo, solamente hasta que descubrieran que había estado en su casa, en Napa County, durante toda la noche. E incluso mientras le buscaban por el área de Los Ángeles, tampoco corría peligro porque ignoraban qué tipo de vehículo conducía. Estaba seguro de que Hilary Thomas no había visto la furgoneta cuando se marchó porque estaba aparcada a tres manzanas de la casa.

Hilary Thomas.

Su nombre no era aquél, naturalmente.

Katherine. Ésa era realmente. Katherine.

—Perra apestosa —exclamó en voz alta.

Le daba miedo. En los últimos cinco años la había matado más de veinte veces; sin embargo, se negaba a seguir muerta. Continuaba volviendo a la vida, con un nombre nuevo, una nueva identidad, un nuevo entorno hábilmente construido; pero nunca dejaba de reconocer a Katherine, oculta en cada nueva persona. La había encontrado y dado muerte una y otra vez, pero no quería seguir muerta. Sabía cómo volver de la tumba y este conocimiento le aterrorizaba más de lo que se atrevía a dejar que ella supiera. Le tenía miedo, pero no podía dejar que se notara, porque si llegaba a darse cuenta, le dominaría y destruiría.

«Pero puedo matarla —se dijo Bruno Frye—. Ya lo he hecho. Le he dado muerte varias veces y he enterrado muchos cuerpos suyos en fosas secretas. Y volveré a matarla. Y quizás esta vez no pueda volver.»

Tan pronto como fuera seguro para él retornar a la casa de Westwood, intentaría volver a matarla. Y esta vez se proponía llevar a cabo ciertos rituales que confiaba terminarían con su sobrenatural poder de regeneración. Había estado leyendo libros sobre los muertos vivientes..., vampiros y otras criaturas. No era ninguna de esas cosas con exactitud, sino terriblemente única. Creía que alguno de los métodos de exterminación que resultaban efectivos en los vampiros, podrían servir para ella. Sacarle el corazón mientras aún latía. Atravesarlo con una estaca de madera. Cortarle la cabeza. Llenarle la boca de ajos. Funcionaría. Oh, Dios, tenía que funcionar.

Dejó la furgoneta y se dirigió a un teléfono público cercano. El aire húmedo tenía un vago olor a sal, algas y petróleo. El agua golpeaba contra las estacas y los cascos de los pequeños yates, un ruido un tanto lúgubre. Más allá de las paredes de plexiglás de la cabina, hilera tras hilera de mástiles salían de los botes amarrados como un bosque deshojado surgiendo de la niebla nocturna. Más o menos a la misma hora en que Hilary llamaba a la Policía, Frye llamaba a su propia casa de Napa County e informaba de su fracasado ataque a la mujer.

El hombre en el otro extremo de la línea escuchó sin interrumpirle. Luego dijo:

—Yo me ocuparé de la Policía.

Hablaron unos minutos más y después Frye colgó. Al salir de la cabina, miró suspicaz a su alrededor, a la oscuridad y a la niebla. No era posible que Katherine le hubiera seguido, sin embargo, temía que estuviera allí, en las sombras, esperando vigilante. Era un hombre fuerte. No debería tener miedo de una mujer. Pero lo tenía.

Tenía miedo de la que no quería morir, de la que ahora se hacía llamar Hilary Thomas.

Volvió a la furgoneta y se sentó tras el volante por un instante hasta que se dio cuenta de que estaba hambriento. Su estómago protestaba. No había comido desde el almuerzo. Se hallaba lo bastante familiarizado con Marina del Rey para saber que no había un restaurante adecuado en el vecindario. Condujo hasta la carretera de Pacific Coast a Culver Boulevard, luego al Oeste y de nuevo al Sur hacia Vista del Mar. Tenía que ir despacio porque la niebla era espesa en aquella región; le devolvía la luz de los faros y reducía la visibilidad a pocos metros. Se sentía como si condujera bajo el agua en un mar espeso y fosforescente. Casi veinte minutos después de su llamada a Napa County (y casi a la misma hora en que el sheriff Laurenski echaba un vistazo por cuenta de la Policía de Los Ángeles), Frye encontró un lugar interesante en el extremo norte de El Segundo. El anuncio de neón rojo y amarillo atravesaba la niebla: «GARRIDO'S». Era un local mexicano, pero no uno de esos norteamericanos cromados y de cristal, donde servían imitación de comida mexicana. Parecía mexicano de verdad. Paró en la carretera y aparcó entre dos vehículos equipados con ascensores hidráulicos tan populares entre los conductores chicanos. Mientras iba hacia la entrada, pasó un coche con un cartel en el parachoques que proclamaba CHICANO POWER. Otro advertía a todos que APOYARAN AL «SINDICATO DE GRANJEROS». Frye paladeaba ya el sabor de las enchiladas.

Por dentro, «Garrido's» parecía más un bar que un restaurante, pero el aire estaba empapado de los olores de la buena cocina mexicana. A la izquierda, una barra de madera maltratada y quemada corría a lo largo de la gran estancia rectangular. Alrededor de una docena de hombres morenos y dos preciosas señoritas estaban sentados en los taburetes o se apoyaban en la barra, la mayoría hablando en rápido español. El centro del local estaba ocupado por una sola hilera de doce mesas paralelas al bar, cada una de ellas cubierta con mantelería roja. Todas se encontraban ocupadas por hombres y mujeres que bebían y reían mientras tomaban su comida. A la derecha, contra la pared, había una especie de cabinas forradas de cuero rojo, con altos respaldos: Frye se sentó en una de ellas.

La camarera que acudió a su mesa era baja, casi tan ancha como alta, de cara redonda y sorprendentemente bonita. Alzando la voz por encima de la tierna y plañidera voz de Freddie Fender, que procedía del tocadiscos, preguntó a Frye qué deseaba, y tomó nota: una doble ración de chiles verdes y dos botellas de «Dos Equis» frías.

Todavía llevaba puestos los guantes. Se los quitó y flexionó los dedos.

Excepto por una rubia con un jersey escotado, que estaba con un bigotudo matón chicano, Frye era el único en «Garrido's» que no tenía sangre mexicana en las venas. Sabía que algunos de ellos le miraban, pero le tenía sin cuidado.

La camarera le trajo la cerveza al momento, Frye no se molestó en utilizar el vaso. Se llevó la botella a los labios, cerró los ojos, inclinó la cabeza hacia atrás y tragó. En menos de un minuto la hubo terminado. La segunda cerveza la bebió más despacio; pero cuando le sirvieron la cena también la había terminado. Pidió dos botellas más de «Dos Equis».

Bruno Frye comió con voracidad y absoluta concentración, sin apartar la vista del plato, porque no podía o no quería hacerlo, ajeno a todos los que le rodeaban, con la cabeza gacha para recibir la comida a la manera febril de un glotón falto de gracia. Emitiendo sonidos animales de satisfacción, se metía el chile verde en la boca, tragaba bocados chorreantes de grasa, de prisa, masticando rápido y con fuerza, con las mejillas hinchadas. A un lado, le habían dejado un plato de tortitas y las utilizó para mojar en la deliciosa salsa. Lo hacía bajar todo con grandes sorbos de cerveza helada.

Estaba terminando, cuando la camarera se acercó para preguntarle si la comida estaba bien, y no tardó en darse cuenta de que la pregunta era innecesaria. La contempló con mirada un poco desenfocada. Con una voz gruesa que parecía llegar de muy lejos, le pidió dos tajadas de ternera, un par de enchiladas de queso, arroz, alubias refritas y dos botellas más de cerveza. Ella abrió ojos como platos, pero era demasiado educada para hacer comentarios sobre su apetito.

Comió lo que le quedaba del chile verde antes de que volvieran con el nuevo encargo; pero no salió de su trance cuando el plato estuvo vacío. Cada mesa tenía un cestillo de rebanadas de pan y se lo acercó; las mojó en el bol de salsa caliente que venía con ellas, se las metió enteras en la boca y las masticó con enorme placer y mucho ruido. Cuando la camarera llegó con el resto de la comida y la cerveza, masculló un gracias y al instante empezó a meterse enchiladas de queso en la boca; luego acabó con la carne y el acompañamiento. Una vena se veía latir en su cuello de toro. Tenía las venas de la frente hinchadas. Una capa de sudor bañaba su rostro y las gotas empezaron a caerle desde el nacimiento del cabello. Por fin tragó el último bocado de alubias refritas, las hizo pasar con cerveza y apartó los platos vacíos. Permaneció un momento sentado con una mano sobre el muslo y otra agarrando la botella, mirando ante sí aunque a nada en particular. Poco a poco, el sudor de su cara se fue secando y volvió a darse cuenta de la música; era otro disco de Freddie Fender.

Sorbió el resto de cerveza y miró a los demás clientes, interesándose en ella por primera vez. Le llamó la atención un grupo sentado a una mesa cerca de una puerta. Dos parejas. Las muchachas bonitas. Los hombres, morenos y guapos. Todos ellos de poco más de veinte años. Los muchachos presumían ante sus chicas, hablando un poquito alto, riéndose demasiado, haciendo de gallitos, esforzándose por impresionar a sus pollitas.

Frye decidió divertirse a su costa. Reflexionó, imaginó el acto que montaría y rió feliz ante la idea del revuelo que causaría.

Pidió su cuenta a la camarera, le dio más que suficiente y le dijo:

—Guárdese el cambio.

—Es usted muy generoso —respondió ella sonriente, yendo hacia la caja.

Se calzó los guantes.

Su sexta botella de cerveza estaba medio llena y se la llevó al levantarse de la mesa. Se encaminó hacia la salida y consiguió meter un pie entre las patas de una silla al pasar ante las parejas que le habían interesado. Dio un ligero traspié, recobró el equilibrio con facilidad y se inclinó hacia los cuatro asombrados comensales, dejando que vieran la botella y tratando de parecer un borracho.

En voz baja, porque no quería que los demás del local se enteraran del enfrentamiento que estaba fomentando; pues sabía que podía manejar a dos de ellos, pero no estaba dispuesto a pelear con un ejército. Dirigió una mirada turbia al que tenía el aspecto más fuerte de los dos, le sonrió, y entre dientes en un tono ofensivo que nada tenía que ver con la sonrisa, le espetó:

—Aparta tu maldita silla del paso, estúpido cabrón.

El desconocido que le había devuelto la sonrisa esperando una excusa de borracho, cuando oyó el insulto entrecerró los ojos y su rostro perdió toda expresión. Antes de que pudiera ponerse de pie, Frye se volvió al otro y dijo:

—¿Por qué no te buscas una zorra como la rubia que está allí? ¿Para qué quieres a esas dos putas grasientas?

Y salió disparado hacia la puerta, a fin de que la pelea no se iniciara en el establecimiento. Riendo para sus adentros, pasó la puerta y se metió en la niebla apresurándose a dar la vuelta al edificio para ir al aparcamiento en la parte norte, y allí esperar.

Faltaban unos pasos para que llegase a su furgoneta cuando uno de los hombres que había dejado atrás le dijo con fuerte acento español:

—¡Eh! Espere un segundo.

Frye se volvió, simulando aún la borrachera, haciendo eses y tambaleándose como si le costara encontrar el suelo bajo sus pies:

—¿Qué hay? —preguntó en tono estúpido.

Se pararon, uno junto al otro, como dos apariciones en la niebla. El más fuerte de los dos gritó:

—¿Qué diablos crees que estás haciendo, hombre?

—¿Buscáis camorra, cabrones? —preguntó Frye con voz espesa.

—¡Cerdo! —le gritó en español el más fuerte.

—Cerdo mugriento —agregó el delgado.

—Por Cristo —exclamó Frye—, dejad de hablar en esa jerga maldita. Si tenéis algo que decir, hablad en cristiano.

—Miguel le ha llamado cerdo —explicó el delgado—. Y yo, cerdo mugriento.

Frye rió y les hizo un gesto obsceno.

Miguel, el fuerte, se lanzó y Frye le esperó inmóvil, como si no le

97

viera llegar. El chico atacó con la cabeza baja, los puños en alto, los brazos cerca del cuerpo. Lanzó dos directos poderosos a los músculos de hierro del estómago de Frye. Las manos de granito del moreno hicieron un ruido fuerte al golpear; pero Frye encajó los golpes sin pestañear. Con toda intención había conservado la botella de cerveza y la estrelló contra un lado de la cabeza de Miguel. El vidrio estalló y los pedazos cayeron sobre el suelo del aparcamiento con ruido disonante. Sobre ambos hombres se derramó la cerveza y su espuma. Miguel cayó de rodillas con un terrible gemido como si le hubieran derribado de un hachazo.

—Pablo —gimió suplicante en dirección a su amigo.

Agarrando la cabeza del herido con ambas manos, Frye le sostuvo lo bastante para darle un rodillazo debajo de la barbilla. Los dientes de Miguel se entrechocaron con un feo chasquido. Al soltarle Frye, el hombre cayó de lado, inconsciente, respirando con dificultad por su nariz sangrante.

Mientras Miguel se desplomaba sobre el pavimento húmedo de niebla, Pablo se lanzó contra Frye. Llevaba una navaja. Era un arma larga y fina, probablemente de resorte, tal vez afilada por ambos lados de la hoja, un tipo de navaja muy peligroso. El hombre delgado no era un atacante como lo había sido Miguel. Se desplazaba rápida y graciosamente, girando alrededor de Frye por la derecha buscando una abertura, preparándola gracias a su ágil velocidad, para abalanzarse con el movimiento veloz de la serpiente. La navaja brillaba, de derecha a izquierda y si Frye no hubiera dado un salto atrás, le habría abierto el vientre derramándole las tripas. Tarareando para sí, le iba acorralando sin pausa, fustigándole de derecha a izquierda, de derecha a izquierda. Mientras retrocedía, Frye estudiaba la forma que tenía Pablo de mover la navaja y cuando se encontró con la espalda contra la furgoneta, vio cómo debía manejarle. Pablo hacía largas pasadas con el arma en lugar de los arcos viciosos y cortos empleados por los habituados a luchar con cuchillos, por lo tanto en mitad del movimiento hacia fuera de cada asalto, después de que la hoja había pasado ante Frye pero antes de que volviera, había uno o dos segundos en que el arma estaba lejos de él, unos segundos en que no representaba ningún peligro, unos segundos en que Pablo era vulnerable. Al acercarse el hombre para el remate, confiado en que su presa no tenía por dónde huir, Frye, al tanto de uno de los movimientos, saltó en el momento preciso. Al alejarse la hoja de él, Frye agarró la muñeca de Pablo, apretando, retorciéndola, doblándola contra la articulación. El joven lanzó un grito de dolor. La navaja escapó de sus ágiles dedos. Frye se colocó detrás de él, le hizo una llave y lo estrelló de cara contra la trasera del «Dodge». Retorció un poco más el brazo de Pablo, hizo llegar la mano a mitad de sus omoplatos hasta que pareció que algo fuera a romperse. Con su mano libre, Frye agarró el fondillo del pantalón del pobre chico, lo levantó del suelo pese a sus kilos y lo golpeó contra la furgoneta por segunda, tercera, cuarta, quinta, sexta vez, hasta que dejó de gritar. Cuando lo soltó, cayó como un saco de trapos.

Miguel se apoyaba en manos y rodillas. Escupía sangre y trocitos blancos y brillantes de dientes sobre el suelo oscuro.

Frye fue hacia él.

—¿Qué, tratando de levantarse, amigo?

Riendo dulcemente, Frye le pisó los dedos. Con el tacón le aplastó la mano y retrocedió.

Miguel gimió y cayó de lado.

Frye le pateó el muslo.

Miguel no perdió el conocimiento, pero cerró los ojos, con la esperanza de que Frye se marchara.

Sin embargo, para Frye era como si le recorriera una corriente eléctrica de un millón o un billón de voltios, saltando de punta a punta, ardiente, crujiente y chispeante en su interior, no una sensación dolorosa, sino una experiencia salvaje, excitante, como si el Dios Todopoderoso acabara de tocarle llenándole de la más hermosa, brillante y gloriosa luz.

Miguel abrió sus hinchados ojos oscuros.

—¿Qué? ¿Se te han acabado las ganas de pelear?

—Por favor —dijo el mexicano entre dientes rotos y labios partidos.

Regocijado, Frye apoyó el pie en la garganta de Miguel y le obligó a caer de espaldas.

—Por favor.

Frye levantó el pie.

—Por favor.

Borracho con la sensación de su poder, flotando, volando, elevándose, Frye pateó a Miguel en las costillas.

Miguel se ahogó en su propio alarido.

Riendo como un loco, Frye le pateó repetidamente hasta que un par de costillas cedieron con un crujido audible.

Miguel empezó a hacer algo que había retenido virilmente en los últimos minutos. Se echó a llorar.

Frye regresó a la furgoneta.

Pablo estaba en el suelo al lado de las ruedas traseras, boca arriba, sin sentido.

Diciendo, Sí... Sí... Sí... Sí... Sí... Sí... una y otra vez, Frye daba vueltas alrededor de Pablo, pateándole en las pantorrillas, en las rodillas, en los muslos, las caderas y las costillas.

Un coche pareció que fuera a entrar procedente de la calle; pero el conductor se dio cuenta de lo que estaba ocurriendo y no quiso verse mezclado. Hizo marcha atrás y huyó con un chirrido de neumáticos.

Frye arrastró a Pablo junto a Miguel, los dejó uno al lado del otro, fuera del paso de la furgoneta. No quería pasar por encima de nadie. Tampoco quería matar a ninguno de los dos, porque demasiada gente en el bar le había visto perfectamente. Las autoridades no tendrían demasiado interés en perseguir al ganador de una riña callejera, especialmente si los perdedores habían intentado atacar a un hombre solo. Pero la Policía sí buscaría a un asesino, así que Frye tenía que asegurarse de que tanto Miguel como Pablo estuvieran a salvo.

Silbando alegremente, condujo hacia Marina del Rey y paró en la primera estación de servicio abierta, a mano derecha del camino. Mientras el empleado le llenaba el depósito, comprobaba el aceite y limpiaba el parabrisas, Frye fue al lavabo. Sacó una maquinilla del bolsillo y pasó diez minutos arreglándose.

Cuando viajaba dormía en la furgoneta, pero no era tan cómodo como una caravana; carecía de agua corriente. En compensación era más manejable, menos llamativa y más anónima. Para disfrutar de todas las ventajas y los muchos lujos de un bien equipado hogar motorizado, tendría que parar en un camping todas las noches y conectar desagües, agua corriente y cables eléctricos, dejando su nombre y dirección fuera donde fuera. Resultaba demasiado arriesgado. En una vivienda móvil dejaría un rastro que incluso un perro sin olfato podría seguir, y lo mismo ocurriría si pasaba la noche en un motel donde, si la Policía le buscaba más tarde, los recepcionistas recordarían al hombre alto y musculoso de penetrantes ojos azules.

En el lavabo de la estación de servicio se quitó los guantes y la camiseta amarilla, se lavó el torso y los sobacos con jabón líquido, se secó con toallas de papel, se roció con desodorante y volvió a vestirse. Le preocupaba siempre la limpieza; le gustaba estar limpio y correcto en todo momento.

Cuando se notaba sucio, no solamente se sentía incómodo sino también deprimido... y algo temeroso. Era como si el estar sucio despertara en él vagos recuerdos de intolerables experiencias al filo de su consciencia, donde podía sentirlas pero no verlas, percibirlas pero no comprenderlas. Aquellas pocas noches en que se dejaba caer en la cama sin pensar en lavarse, su eterna pesadilla era peor de lo habitual y lo arrojaba fuera del sueño presa de un terror que le hacía gritar. Y aunque en estas ocasiones había despertado, como siempre, sin un recuerdo claro del sueño, le parecía que había tenido que abrirse paso con las uñas fuera de un sitio terriblemente sucio, un profundo pozo oscuro, cerrado y apestoso.

Antes que arriesgarse a intensificar la pesadilla que llegaría sin duda alguna, se lavó en el lavabo de la estación, se afeitó rápidamente con la maquinilla eléctrica, se frotó la cara con loción para después del afeitado, se cepilló los dientes y utilizó el retrete. Entrada la mañana, iría a otra estación de servicio, repetiría la rutina y esa vez también se cambiaría de ropa.

Pagó al empleado y regresó a Marina del Rey a través de una niebla cada vez más espesa. Aparcó la furgoneta en el mismo lugar cerca del muelle donde había estado y desde donde había hecho la llamada telefónica a Napa County. Bajó del «Dodge», fue a la cabina telefónica y volvió a marcar el mismo número.

—¿Diga?
—Soy yo —dijo Frye.
—Todo tranquilo.
—¿Llamó la Policía?

Hablaron unos minutos y después Frye regresó al «Dodge».

Se echó sobre el colchón en la parte de atrás de la furgoneta y encendió la linterna que guardaba allí. No podía tolerar los lugares totalmente oscuros. No podía dormir a menos que hubiera alguna rendija iluminada, debajo de una puerta, o una luz ardiendo en un rincón. En plena oscuridad, empezaba a imaginar cosas extrañas que se arrastraban por encima de él, resbalaban sobre su cara, circulaban por debajo de sus ropas. Sin luz, le asaltaban los amenazadores susurros sin palabras que a veces oía, un minuto o dos, después de despertar de su pesadilla, los susurros que le helaban la sangre, que le descomponían el vientre y le hacían latir desbocado el corazón.

Si consiguiera identificar la fuente de esos susurros, o descifrar lo que trataban de decirle, sabría la naturaleza de la pesadilla. Sabría lo que provocaba aquel sueño repetido, el terror glacial, y podría por fin liberarse de él.

El problema era que siempre que despertaba y oía aquellos susurros que cerraban el sueño, no estaba en estado mental para escuchar con atención y analizarlos; era siempre presa del pánico, sin desear otra cosa que el cese de los susurros y quedarse en paz.

Trató de dormir a la luz indirecta de la linterna, pero no pudo. Se revolvió. Su imaginación se desbocó. Estaba completamente despierto.

Comprendió que lo que le impedía dormir era el asunto inacabado con aquella mujer. Había ido preparado a matar y se le había frustrado. Estaba inquieto. Se sentía vacío, incompleto.

Había tratado de satisfacer su hambre por la mujer, llenándose el estómago. Como esto no funcionó, intentó olvidar provocando una pelea con aquellos dos chicanos. La comida y un gran desgaste físico eran las dos cosas que siempre había utilizado para apagar sus impulsos sexuales, y para apartar sus pensamientos de la secreta ansia de sangre que a veces le quemaba las entrañas. Ansiaba sexo, un tipo de sexo brutal, demoledor, que ninguna mujer le proporcionaría por propia voluntad, así que se atracaba él solo. Ansiaba matar, así que se pasaba cuatro o cinco horas levantando pesas progresivas hasta que sus músculos se hacían puré y la violencia se deshacía en vapor. Los psiquiatras le llaman *sublimación*. Últimamente, resultaba cada vez menos efectivo para disipar sus malsanas ansias.

No podía quitarse de la cabeza a la mujer.

Su suavidad.

La curva de caderas y pechos.

Hilary Thomas.

No. Aquello era sólo un disfraz.

Katherine.

Ésa era la verdad.

Katherine. Katherine la maldita. En un nuevo cuerpo.

Podía cerrar los ojos e imaginarla desnuda sobre la cama, aplastada por él, con los muslos abiertos, moviéndose, retorciéndose, estremeciéndose como un conejo ante el cañón de un fusil. Podía imaginar su mano moviéndose sobre sus pesados senos y vientre tirante, sobre sus muslos y sobre el montículo de su sexo... y la otra mano levantando el cuchillo, bajándolo, clavando en ella su hoja plateada, dentro de ella, en lo más blando, y su carne cediendo, y la sangre surgiendo como una húmeda y brillante promesa. Podía ver el terror descarnado y el dolor insufrible reflejado en sus ojos al reventar su pecho y arrancar su corazón vivo, intentando sacarlo mientras aún latiera. Casi le parecía sentir la sangre caliente y resbaladiza y percibir su olor a cobre. A medida que la visión llenaba su mente y se apoderaba de todos sus sentidos, sintió que se le tensaban los testículos; su pene palpitó y se endureció. Como otro cuchillo, quería también hundirlo en ella, hasta lo más arriba de su magnífico cuerpo, primero su grueso y palpitante pene y luego la hoja del cuchillo, vaciando en ella su temor y su debilidad con una sola arma, y arrancándole con la otra su fuerza y su vitalidad.

Abrió los ojos.

Estaba empapado en sudor.

Katherine. La maldita.

Durante treinta y cinco años, había vivido bajo su dominio, llevando una existencia miserable, en constante terror. Cinco años atrás había muerto de una enfermedad de corazón y, por primera vez en su vida, supo lo que era la libertad. Pero ella seguía volviendo de entre los muertos, pretendiendo ser otras mujeres, buscando el medio de volver a controlarle.

Quería utilizarla y matarla para demostrarle que no le asustaba. Que ya no tenía el menor poder sobre él. Que ahora era más fuerte que ella.

Alcanzó el envoltorio de trapos que tenía junto al colchón, lo abrió y sacó el cuchillo de repuesto.

Sería incapaz de volver a dormir hasta que la hubiera matado.

Esta noche.

No esperaría que volviera tan pronto.

Miró su reloj. Medianoche.

La gente estaría ahora regresando a casa del teatro, de cenar, de alguna fiesta. Más tarde, las calles se hallarían desiertas, las casas sin luz y en silencio, y habría menos posibilidad de que le vieran e informaran a la Policía.

Decidió que saldría hacia Westwood a las dos.

CAPÍTULO 3

Llegó el cerrajero, cambió las cerraduras de las puertas principal y trasera, y se marchó a cumplir otro encargo en Hancock Park.

Los agentes Farmes y Whitlock también se fueron.

Hilary se quedó sola.

No pensaba que pudiera dormir, pero sabía con seguridad que no podría pasar la noche en su propia cama. Cuando llegó a su alcoba, sus ojos se llenaron de imágenes de terror; Frye derribando la puerta, acosándola, riendo diabólicamente, avanzando inexorable hacia la cama y, de pronto, saltando sobre ella, andando por encima del colchón con el cuchillo en alto... Y, como ya le había pasado, en una curiosa visión deslizante, el recuerdo de Frye se volvió el recuerdo de su padre, así que, por un instante, tuvo la loca noción de que había sido Earl Thomas, surgido de entre los muertos, el que había tratado de matarla. Pero no fueron tan sólo las vibraciones residuales de la maldad lo que hacían la estancia desechable. Se veía incapaz de dormir allí hasta que la puerta destrozada fuera cambiada por otra nueva, un trabajo que no podía hacerse hasta que al día siguiente pudiera encontrar un carpintero. La endeble hoja que había estado allí no resistió mucho el ataque de Frye, y había decidido remplazarla por otra más sólida de madera recia y con cerradura de cobre. Pero si Frye volvía y conseguía entrar en la casa esta noche, podría ir directamente a su alcoba mientras durmiera..., si dormía.

Y pronto o tarde volvería. Estaba tan segura de ello como jamás lo había estado de algo.

Podía ir a un hotel, pero no le hacía gracia. Sería como esconderse de él. Huir. Y, en el fondo, estaba orgullosa de su valor. Jamás había huido de nadie ni de nada; se defendía con toda su fuerza y su ingenio. No huyó de sus poco cariñosos y violentos padres. Ni siquiera había buscado un escape psicológico al triste recuerdo de los acontecimientos finales, monstruosos y sangrientos, de aquel pequeño apartamento de Chicago; no había aceptado la paz que pudiera encontrarse en la locura o en la conveniente amnesia, que eran los dos medios que la mayoría de la gente hubiera adoptado de haber pasado por la misma prueba. Jamás se había achantado ante la infinita serie de retos con los que se encontró mientras luchaba por abrirse paso y hacer carrera en Hollywood, primero como actriz y luego como escritora. La habían derribado muchas veces, pero siempre volvió a levantarse. Una y otra vez. Perseveró, peleó y ganó. También ganaría esta extraña batalla con Bruno Frye, aunque tendría que luchar sola.

¡Maldita Policía!

Decidió dormir en una de las habitaciones de invitados, donde hubiera una puerta que pudiera cerrar y atrancar. Puso sábanas y una manta en la cama doble, y toallas en el cuarto de baño.

Abajo, revolvió los cajones de la cocina, sacó diversos cuchillos y los probó uno a uno para comprobar fuerza y agudeza. El enorme cuchillo de carnicero le pareció más mortífero que los demás, pero resultaba inservible en su pequeña mano. Le valdría de poco en una lucha de cerca, porque necesitaría espacio para moverlo. Era una excelente arma de ataque; pero no tan buena para defenderse. Prefirió un cuchillo ordinario, de utilidad, con una hoja de diez centímetros, lo bastante pequeño para caber en el bolsillo de su bata, lo bastante grande para hacer considerable daño si tenía que usarlo.

La idea de hundir un cuchillo en otro ser humano le revolvió el estómago; pero sabía que podía hacerlo si su vida peligraba. En distintas ocasiones, durante su infancia, había escondido cuchillos en su dormitorio, debajo del colchón. Había sido su seguro contra los inesperados ataques de violencia insensata por parte de su padre. Lo había utilizado solamente una vez aquel último día, cuando Earl apareció alucinado, en una combinación de *delirium tremens* y pura demencia. Había visto gusanos gigantescos saliendo de las paredes y enormes cangrejos tratando de entrar por las ventanas. En plena furia esquizofrénica, había transformado el pequeño apartamento en un matadero y solamente ella se había salvado porque tenía un cuchillo.

Naturalmente, el cuchillo era inferior a una pistola. No podía emplearlo contra Frye hasta que le tuviera encima, y entonces podía ser demasiado tarde. Pero el cuchillo era lo único que tenía. Los policías de uniforme se habían llevado su pistola 32 tras haber concluido el cerrajero.

¡Al infierno con todos ellos!

Después de que los detectives Clemenza y Howard se hubieron ido, Hilary y el oficial Farmer sostuvieron una enloquecedora conversación sobre permisos de armas. Se ponía furiosa cuando pensaba en ella:

—Miss Thomas, respecto a la pistola...

—¿Qué?

—Necesita un permiso para tener el arma en casa.

—Ya lo sé. Lo tengo.

—¿Puedo ver el número de registro?

—Está en el cajón de la mesita de noche. Lo tengo junto con el arma.

—¿Puede subir el agente Whitlock a buscarlo?

—Adelante.

Y un minuto o dos más tarde:

—Miss Thomas, deduzco que vivió en San Francisco.

—Sí, unos ocho meses. Trabajé un poco en el teatro cuando trataba de despuntar como actriz.

—Este permiso lleva una dirección en San Francisco.

—Alquilé un apartamento en North Beach porque era más barato, y en aquellos días no tenía mucho dinero. Una mujer sola en aquel vecindario necesita una pistola.

—Miss Thomas, ¿no está usted enterada de que necesita un nuevo registro al pasar de un condado a otro?

—No.

—¿De veras no lo sabía?

—Oiga, yo sólo escribo guiones. No sé nada de pistolas.

—Si tiene un arma de fuego en casa, está obligada a conocer las leyes sobre su registro y uso.

—Bien, bien, la registraré de nuevo en cuanto pueda.

—Bueno, verá, tendrá que venir a registrarla, si quiere que se la devuelvan.

—¿Devolverla?

—Tengo que llevármela.

—¿Está bromeando?

—Es la ley, Miss Thomas.

—¿Y van a dejarme sola y desarmada?

—No creo que deba preocuparse...

—¿Quién se lo ha mandado?

—Yo cumplo con mi deber.

—Se lo ha ordenado Howard, ¿verdad?

—El teniente Howard me sugirió que comprobara el registro. Pero él no...

–¡Oh, Dios!

–Lo único que debe hacer es venir, pagar lo establecido, hacer un nuevo registro... y le devolveremos la pistola.

–¿Y si Frye vuelve esta noche?

–No es probable, Miss Thomas.

–¿Pero y si viene?

–Llámenos. Tenemos muchos coches patrullando en la zona. Llegaremos...

–... a tiempo de llamar a un cura y una ambulancia.

–No tiene nada que temer excepto...

–¿Al miedo? Dígame, agente Farmer, ¿hay que seguir un cursillo para aprender a utilizar este cliché cuando uno se hace policía?

–Yo sólo cumplo con mi deber, Miss Thomas.

–¡Ah..., qué más da!

Farmer se había llevado la pistola y Hilary había aprendido una valiosa lección. El Departamento de Policía era un brazo del Gobierno y no se podía confiar en el Gobierno para nada. Si el Gobierno no podía equilibrar su propio presupuesto y evitar la inflación de su moneda, si no podía encontrar el medio de enfrentarse con la corrupción en sus propias oficinas, si incluso estaba empezando a perder la voluntad y los medios de mantener un ejército y proporcionar seguridad nacional, ¿por qué iba a esperar que detuviera a un maníaco y le impidiera hacerla pedazos?

Hacía tiempo que había aprendido que no es fácil encontrar a alguien en quien depositar fe y confianza. Ni en los padres. Ni en los parientes, porque todos preferían no verse involucrados. Ni en los asistentes sociales, inmersos en su papeleo, a los que había acudido para que la ayudaran cuando era niña. Ni a la Policía. En realidad, ahora veía claro que la única persona en que uno podía confiar era en sí mismo.

«Muy bien –pensó furiosa–. Está bien. Yo misma me ocuparé de Bruno Frye.

»¿Cómo?

»De un modo o de otro.»

Salió de la cocina con el cuchillo en la mano, fue al bar que estaba empotrado en una hornacina entre el cuarto de estar y su estudio y se sirvió una generosa ración de «Remy Martin» en una copa. Se llevó el cuchillo y el coñac arriba, a la habitación de invitados, apagando, retadora, todas las luces al pasar.

Cerró la puerta, dio vuelta a la llave y buscó algo para atrancarla.

Una gran cómoda estaba adosada a la pared, a la izquierda de la puerta, un pesado mueble de pino más alto que ella. Pesaba demasiado para poder moverlo; pero lo consiguió quitándole todos los cajones y dejándolos en el suelo. Después, empujó el pesado armazón por encima de la alfombra, lo apoyó de lleno en la puerta y luego le colocó de nuevo los cajones. Al contrario de muchos de estos muebles, carecía de patas altas, éste descansaba directamente sobre el suelo y su centro de gravedad era relativamente bajo, haciéndolo formidable como obstáculo para cualquiera que tratara de penetrar violentamente en el dormitorio.

Dejó el cuchillo y el coñac en el suelo del cuarto de baño. Llenó la bañera de agua todo lo caliente que pudo sorportar, se desnudó y se metió en ella despacio, con muecas y jadeando, hasta que poco a poco se sumergió. Desde el momento en que se encontró debajo de Frye, sobre el suelo de su alcoba, desde que había sentido su mano tanteando su ingle y destrozándole los panties, se había sentido mancillada, contaminada. Ahora, metida en el agua, envuelta en gruesa espuma perfumada de lilas, se frotó vigorosamente con un guante de crin, descansando de tanto en tanto para tomar un sorbo de «Remy Martin». Por fin, cuando se sintió completamente limpia, apartó la pastilla de jabón y se metió hasta el cuello en el agua fragante. El vapor la envolvió por fuera y el coñac la invadió por dentro y aquella agradable combinación de calor, interior y exterior, hizo que el sudor perlara su frente. Cerró los ojos y se concentró en el contenido de la copa de cristal.

El cuerpo humano duraría poco sin el debido mantenimiento. El cuerpo, al fin y al cabo, es una máquina, una máquina maravillosa hecha de muchos tipos de tejidos, fluidos químicos y minerales, una mezcla sofisticada con un corazón motor e infinidad de pequeños motores, un sistema de engrasado y otro de refrigeración, dirigidos por el cerebro computador, con trenes impulsores hechos de músculos, todo ello construido sobre un inteligente armazón de calcio. Para funcionar, necesita muchas cosas, entre las cuales la comida, la relajación y el sueño no son las de menor importancia. Hilary había creído que no podría dormir después de todo lo ocurrido, que pasaría la noche como un gato con las orejas en alto, acechando el peligro. Pero aquella noche se había excedido de muchas maneras y aunque su mente consciente se resistía a «cerrar por reparaciones», su subconsciente sabía que era necesario e inevitable. Cuando llegó al fondo de la copa de coñac, tenía tanto sueño que casi no podía mantener los ojos abiertos.

Salió de la bañera, destapó el desagüe y se secó con una toalla suave, mientras el agua salía gorgoteando. Recogió el cuchillo y salió del cuarto de baño, dejando la luz encendida y entornando la puerta. Apagó todas las luces de la alcoba. Moviéndose con languidez entre el suave resplandor y las sombras aterciopeladas, dejó el cuchillo en la mesilla de noche y se deslizó, desnuda, en la cama.

Se sintió distendida como si el calor le hubiera aflojado las articulaciones. Estaba un poco turbia también. El coñac.

Se tendió de cara a la puerta. La barricada era tranquilizadora. Parecía muy sólida. Impenetrable. Bruno Frye, se dijo, no la atravesaría. Ni siquiera con un ariete. Un pequeño ejército tendría dificultad para franquearla. Ni un tanque lo conseguiría. ¿Y qué haría un gigantesco dinosaurio?, se preguntó adormilada. Uno de aquellos tiranosaurios rex como en las películas de dibujos animados. El monstruo *Godzilla*. ¿Podría *Godzilla* derribar la puerta o atravesarla...?

A las dos de la madrugada del jueves, Hilary se quedó dormida.

A las dos y veinticinco de la madrugada del jueves, Bruno Frye pasó despacio por delante de la casa de Thomas. La niebla, ahora, había llegado a Westwood, pero no era tan espesa como cerca del océano. Podía ver la mansión lo bastante bien para observar que no había la menor luz en ninguna de las ventanas frontales.

Condujo hasta dos manzanas más allá, giró la furgoneta y volvió a pasar por delante de la casa, todavía más despacio esta vez, estudiando minuciosamente los coches aparcados a lo largo de la calle. No creía que la Policía le hubiera dejado una guardia, pero no debía correr riesgos. Los coches estaban vacíos; nadie vigilaba.

Situó el «Dodge» entre una pareja de «Volvos» a dos manzanas de distancia y regresó andando a la casa a través de la niebla oscura y de los pálidos círculos de luz de las farolas envueltas en bruma. Al cruzar el césped, sus zapatos producían crujidos sobre la hierba empapada de rocío, un sonido que le hizo darse cuenta de lo silenciosa que estaba la noche.

A un lado de la casa se agazapó junto a un macizo de adelfas y miró hacia atrás, por donde había venido. Nadie le seguía.

Continuó por la trasera de la propiedad y saltó una valla cerrada. En el patio posterior, miró hacia arriba y vio un pequeño cuadrado de luz en el segundo piso. Por el tamaño, supuso que era una ventana de cuarto de baño; los cristales mayores, a la derecha, dejaban ver vagos trazos de luz por los bordes de las cortinas.

Estaba allí arriba.

Estaba seguro.

Podía sentirla. Olerla.

¡Perra!

Esperando ser tomada y usada.

Esperando ser asesinada.

«¿Esperando matarme?», se dijo.

Se estremeció. Quería tenerla, sentía una feroz necesidad de ella, pero también le tenía miedo.

Hasta entonces siempre había muerto fácilmente. Una y otra vez había vuelto de entre los muertos en un cuerpo nuevo, haciéndose pasar por otra mujer, pero moría de nuevo sin demasiada lucha. No obstante, hoy Katherine se había mostrado como una tigresa, fuerte, inteligente, valerosa y desconcertante. Éste era un nuevo aspecto y no le gustaba nada.

No obstante, tenía que hacerse con ella. Si no la perseguía de una personificación a la otra, y si no seguía matándola hasta que se quedara muerta de una vez, jamás volvería a tener paz.

No se molestó en abrir la puerta de la cocina con las llaves que le había robado del bolso el día que estuvo en la bodega. Probablemente habría hecho cambiar las cerraduras. Aunque no hubiera tomado esta precaución, le resultaría imposible entrar por aquella puerta. El martes por la noche, la primera vez que intentó entrar en la casa, ella estaba dentro, y descubrió que una de las cerraduras no podía abrirse con la llave, si se había cerrado por dentro. La cerradura de la parte de arriba se abrió sin resistencia, pero la de abajo sólo se movía si se había cerrado con llave desde fuera. En aquella ocasión no había entrado en la casa, había tenido que volver a la noche siguiente, el miércoles, ocho horas atrás, cuando ella había salido a cenar y podía servirse de ambas llaves. Pero ahora estaba en la casa, y aunque tal vez no hubiese mandado cambiar las cerraduras, había puesto los cerrojos de seguridad desde dentro, imposibilitando la entrada por más llaves que él poseyera.

Avanzó a lo largo de la esquina de la casa, donde había un gran ventanal que daba a la rosaleda. Estaba dividido en cuadrados de vidrio unidos por tiras de madera oscura y bien barnizada. El estudio con sus estanterías de libros quedaba al otro lado. Sacó del bolsillo una delgada linterna, la encendió y dirigió su estrecho haz a través de la ventana. Fijando la mirada, buscó a lo largo del alféizar y la menos visible barra central horizontal hasta localizar la falleba, entonces apagó la linterna. Llevaba un rollo de esparadrapo y empezó a cortar tiras, cubriendo con ellas el cuadrado de vidrio más cercano al cierre de la ventana. Cuando el cuadrado estuvo completamente recubierto, se sirvió de su puño enguantado para romperlo: un golpe seco. El cristal se hizo añicos casi sin ruido y no se cayó al suelo, porque seguía sujeto al esparadrapo. Metió la mano, abrió la ventana de guillotina, la alzó, se elevó y cruzó el alféizar. Evitó de milagro hacer un fuerte estruendo al encontrar una mesita contra la que casi se cayó.

De pie en el centro del estudio, con el corazón desbocado, Frye escuchó cualquier movimiento en la casa, algo que demostrara que le había oído.

Sólo silencio.

Era capaz de volver de entre los muertos y de revivir en una identidad, pero esto era evidentemente el límite de sus poderes sobrenaturales. Era obvio que ni lo veía todo, ni lo sabía todo. Él estaba ahora en su casa; pero ella aún no lo sabía.

Rió.

Sacó el cuchillo de la funda que llevaba prendida en el cinturón y lo sostuvo en la mano derecha.

Con la pequeña linterna en la izquierda, recorrió sigiloso las estancias de la planta baja. Todas estaban desiertas y a oscuras.

Subió la escalera hacia el piso, lo hizo arrimado a la pared, por si acaso los peldaños crujieran. Llegó al rellano de arriba sin haber hecho el menor ruido.

Exploró los dormitorios, pero no descubrió nada interesante hasta acercarse a la última habitación de la izquierda. Creyó ver luz por debajo de la puerta y apagó la linterna. En el corredor, absolutamente a oscuras, sólo una nebulosa línea plateada señalaba el umbral de la última habitación, más marcado que en ninguna de las otras. Fue a la puerta y probó el pomo con cautela. Cerrada con llave.

La había encontrado.

Katherine.

Haciéndose pasar por alguien llamado Hilary Thomas.

La perra. La cochina perra.

Katherine, Katherine, Katherine...

Mientras este nombre resonaba en su mente, apretó el cuchillo con fuerza y, a oscuras, realizó movimientos de ataque, como si la estuviera apuñalando.

Echado en el suelo del rellano, Frye miró por la abertura estrecha, debajo de la puerta. Un gran mueble, tal vez una cómoda, estaba adosado al otro lado de la entrada. Una vaga luz indirecta cruzaba la alcoba desde un punto invisible, a la derecha, y parte de ella pasaba por los bordes del mueble y por debajo de la puerta.

Le encantó lo poco que podía ver y se sintió inundado por una oleada de optimismo. Se había atrincherado en su alcoba, lo que significaba que la maldita bruja le tenía miedo. Ella tenía miedo de él. Aunque sabía regresar de la tumba, temía morir. O tal vez supiera o presintiera que esta vez no podría volver a la vida. Esta vez, al disponer del cadáver iba a hacerlo condenadamente bien, con mucho mayor cuidado que cuando se había desembarazado de las otras mujeres cuyo cuerpo había habitado. Sacarle el corazón. Atravesarla con una estaca. Cortarle la cabeza. Llenarle la boca de ajos. Se proponía también llevarse la cabeza y el corazón cuando abandonara la casa; enterraría los horrendos trofeos por separado y en tumbas secretas, en la tierra sagrada de dos distintos cementerios y lejos de donde pudieran sepultar el cuerpo. Al parecer, ella se había dado cuenta de que él se proponía tomar precauciones extraordinarias esta vez, porque se le resistía con una furia y una decisión que nunca hasta entonces había mostrado.

Estaba muy quieta allá dentro.

¿Dormida?

No, se dijo. Estaba demasiado asustada para dormir. Estaba probablemente sentada en la cama con la pistola en las manos.

La imaginó escondida, como un ratón buscando refugio de un gato merodeador, y se sintió fuerte, poderoso, como una fuerza elemental. Un odio negro hervía en su interior. Quería verla retorcerse y estremecerse de miedo, como ella le había hecho sentirse a lo largo de tantos años. Se apoderó de él una necesidad urgente de chillarle; quería gritar su nombre... Katherine... Katherine... y lanzarle maldiciones. Pudo controlarse gracias a un esfuerzo que le llenó el rostro de sudor y le inundó los ojos de lágrimas.

Se levantó y permaneció silencioso en la oscuridad, estudiando las opciones que tenía. Podía lanzarse contra la puerta, atravesarla, apartar el obstáculo, pero sería suicida. No derribaría la barricada lo bastante de prisa para sorprenderla. Le sobraría tiempo para apuntar y meterle una docena de balas en el cuerpo. Lo único que podía hacer era esperar a que saliera. Si se quedaba en el pasillo y no hacía ruido en toda la noche, aquellas horas sin sobresalto disminuirían su vigilancia. Por la mañana, supondría que estaba segura y que él ya no volvería nunca más. Cuando saliera de allí, la cogería y, antes de que comprendiera lo que ocurría, la llevaría a la cama.

Frye cruzó el corredor en dos zancadas y se sentó en el suelo con la espalda apoyada en la pared.

A los pocos minutos empezó a oír ruidos crujientes en la oscuridad, suaves ruidos deslizantes.

Imaginación, se dijo. El miedo conocido.

Pero entonces notó que algo le subía por la pierna, por debajo del pantalón.

«No puede ser», se dijo.

Algo resbaló por debajo de una manga y empezó a subir brazo arriba, algo espantoso, imposible de identificar. Y algo cruzó su hombro y trepó por el cuello y el rostro, algo pequeño y letal. Fue hacia su boca. Apretó los labios. Fue hacia sus ojos. Los cerró con fuerza. Fue hacia su nariz y se barrió desesperadamente la cara; pero no pudo encontrarlo, no pudo deshacerse de él. ¡No!

Encendió la linterna. Él era lo único viviente en el rellano. No había nada bajo sus pantalones. Ni bajo sus mangas. Nada en su rostro.

Se estremeció.

Dejó la linterna encendida.

El jueves por la mañana, a las nueve, el teléfono despertó a Hilary. Había una extensión en el cuarto de invitados. El timbre estaba accidentalmente puesto al máximo volumen, tal vez por alguien del servicio de limpieza que empleaba. La estridente llamada interrumpió el sueño de Hilary y la hizo incorporarse de un salto.

Llamaba Wally Topelis. Mientras desayunaba, había visto el relato del asalto e intento de violación en el periódico. Se quedó impresionado y preocupado.

Antes de aclararle más de lo que decía el periódico, le pidió que le leyera el artículo. La tranquilizó saber que era corto, sólo una pequeña fotografía y unas líneas en la sexta página. Se basaba en la escasa información que ella y el teniente Clemenza habían dado a los reporteros. No se mencionaba a Bruno Frye... ni la convicción del teniente detective Frank Howard de que era una embustera. La Prensa había venido y marchado justo a tiempo, perdiéndose el jugoso punto de vista que hubiera situado la historia a pocas páginas de la primera.

Se lo contó todo a Wally y él se indignó:

—¡Maldito estúpido policía! Si hubiera hecho el menor esfuerzo por saber algo de ti, y qué clase de persona eres, se habría convencido de que era imposible que inventaras semejante historia. Mira, pequeña, yo me ocuparé de esto. No te preocupes. Empezaré a actuar en tu nombre.

—¿Cómo?

—Llamaré a cierta gente.

—¿A quién?

—Para empezar, ¿qué te parece el jefe de Policía?

—Claro.

—Verás, está en deuda conmigo. Durante cinco años seguidos, ¿quién fue el organizador del espectáculo benéfico de la Policía? ¿Quién le consiguió que las más importantes estrellas de Hollywood participaran gratis? ¿Quién le proporcionó cantantes y comediantes, actores y magos, todos gratis, para el fondo de la Policía?

—¿Tú?

—Ya lo creo que fui yo.

—¿Pero qué puede hacer él?

—Volver a abrir el caso.

—¿Cuando uno de sus detectives jura que es una comedia?

—Ese detective está mal de la cabeza.

—Tengo la sospecha de que Frank Howard debe de tener una buena hoja de servicios.

—Entonces la calificación de su gente es una vergüenza. O su estándar es muy bajo o muy retorcido.

—Te costará mucho tiempo convencer al jefe.

—Yo puedo ser muy persuasivo, cordera.

—Pero incluso si te debe favores, ¿cómo pueden volver a abrir el caso sin nuevas pruebas? Será el jefe, pero también debe ajustarse al reglamento.

—Mira, por lo menos puede hablar con el sheriff de Napa County.

—Y el sheriff Laurenski le largará la misma historia que contó anoche. Dirá que Frye estaba en su casa haciendo galletas o algo así.

—Entonces el sheriff es un loco incompetente que aceptó la palabra de alguien del personal de Frye. O es un mentiroso. O puede que esté de acuerdo con Frye en este asunto.

—Vete al jefe con esta teoría y nos mandará analizar a los dos en busca de síntomas de paranoia.

—Si no puedo conseguir ninguna acción por parte de la Policía, contrataré un buen equipo de investigadores privados.

—¿Investigadores privados?

—Conozco la agencia indicada. Son buenos. Bastante mejores que muchos policías. Descubrirán la vida de Frye y la encontrarán llena de secretillos. Cuando lleguen con estas pruebas, volverá a abrirse el caso.

—¿No es muy caro?

—Repartiré los gastos contigo.

—Oh, no.

—Oh, sí.

—Eres muy generoso pero...

—No es nada generoso. Eres una propiedad valiosísima, cordera. Tengo un porcentaje sobre ti, así que todo lo que pague a los investigadores es un seguro. Sólo deseo proteger mis intereses.

—Todo eso son tonterías y lo sabes. Eres generoso, Wally. Pero de momento no contrates a nadie. El otro detective del que te he hablado, el teniente Clemenza, dijo que pasaría esta tarde para ver si recordaba algo más. Él parece que me cree, pero está confundido porque Laurenski abrió un boquete en mi historia. Creo que Clemenza utilizaría cualquier excusa que pudiera encontrar para que el caso volviera a abrirse. Esperemos hasta que yo lo vea. Entonces, si la situación todavía parece oscura, contrataremos a tus investigadores privados.

—Bueno..., está bien —aceptó Wally con desgana—. Pero, entretanto, voy a decirles que manden a un hombre para protegerte.

—No necesito un guardaespaldas, Wally.

—Ya lo creo que lo necesitas.

—He estado a salvo durante toda la noche y...

—Mira, pequeña, voy a mandarte a alguien. Y basta. No se discute con el tío Wally. Si no le quieres dentro, que se plante delante de tu puerta como un guardia de palacio.

—Realmente, yo...

—Tarde o temprano tendrás que enfrentarte con el hecho de que no puedes ir sola por la vida, sin más que tu empuje. Nadie puede. Nadie, pequeña. Llega un momento en que todo el mundo tiene que aceptar que se le ayude. Debiste llamarme anoche.

—No quise molestarte.

—¡Por el amor de Dios! No me hubieras molestado. Soy tu amigo. En realidad, me molesta mucho más que no me molestaras anoche. Pequeña, está muy bien ser fuerte, independiente y autosuficiente. Pero cuando esto se lleva demasiado lejos, cuando te aíslas de esta forma, es como un bofetón en la cara de todo el que te tiene cariño. Bueno. ¿Vas a dejar entrar al guardia cuando llegue?

—Está bien —suspiró Hilary.

—Pues llegará dentro de una hora. Y llámame tan pronto hayas hablado con Clemenza. ¿Lo harás?

—Lo haré.

—¿Prometido?

—Prometido.

—¿Has dormido bien?

—Aunque parezca raro, sí.

—Si has descansado poco, échate una siesta esta tarde.

—Serías una maravillosa madre judía —rió Hilary.

—A lo mejor esta noche me presento con una olla de sopa de gallina. Adiós, querida mía.

—Adiós, Wally. Gracias por llamar.

Cuando dejó el teléfono miró a la cómoda que bloqueaba la puerta. Después de aquella noche plácida, la barricada parecía una tontería. Wally tenía toda la razón: la mejor manera de hacer frente a aquello era contratar un guardaespaldas las veinticuatro horas y poner a un equipo de primera clase sobre el rastro de su agresor.

Su plan original para acometer el problema era absurdo. No podía tapiar las ventanas y jugar con Frye como si se tratase de la batalla del Álamo.

Saltó de la cama, se puso la bata de seda y fue a la cómoda. Sacó los cajones y los dejó en el suelo. Cuando el enorme mueble era lo bastante ligero para moverlo, lo arrastró lejos de la puerta otra vez a su lugar de origen, marcado en la gruesa alfombra. Volvió a colocar los cajones.

Se dirigió a la mesilla de noche, cogió el cuchillo y sonrió con pena al ver lo ingenua que había sido. ¿Un combate mano a mano con Bruno Frye? ¿Una lucha con cuchillo con un maníaco? ¿Cómo podía habérsele ocurrido que tendría alguna oportunidad en una lucha tan desigual? Frye era mil veces más fuerte que ella. Anoche había sido afortunada cuando logró huir de él. Por suerte tenía la pistola. Pero si intentaba hacer esgrima con semejante mastodonte, la cortaría a tiras.

Con la intención de devolver el cuchillo a la cocina y de vestirse para cuando llegara el guardaespaldas, fue a la puerta de la alcoba, dio vuelta a la llave, la abrió, salió al rellano y lanzó un grito cuando Bruno Frye la sujetó y la aplastó contra la pared. Su cabeza fue a dar contra el estuco con un golpe seco, y se esforzó por no dejarse vencer por la ola de oscuridad que parecía cubrir sus ojos. Él le agarró la garganta con la mano derecha, inmovilizándola. Con la izquierda, le desgarró la bata y estrujó sus senos desnudos, mirándola con asco, llamándola perra y puta.

Debió de haber estado escuchando mientras ella hablaba con Wally, debió de haber oído que la Policía se había llevado la pistola, porque no le tenía el menor miedo. No mencionó el cuchillo a Wally, y Frye no estaba preparado para él. Hundió los diez centímetros de su hoja en el musculoso vientre. Por unos segundos, él no pareció darse cuenta; dejó resbalar la mano del pecho e intentó meterle un par de dedos en la vagina. Al arrancarle el cuchillo de un tirón, él sintió el dolor. Sus ojos se desorbitaron y lanzó un alarido estridente. Hilary volvió a hundirle la hoja, pinchando esta vez arriba, hacia un lado, debajo de las costillas. Su rostro se puso de pronto blanco y grasiento como manteca de cerdo. Gritó, la soltó, tambaleándose hacia atrás hasta que tropezó con la otra pared, haciendo que un cuadro se cayera al suelo.

Un temblor convulsivo y violento, de asco, sacudió a Hilary al ver lo que había hecho. Pero no soltó el cuchillo, y estaba dispuesta a volver a apuñalarle si la atacaba de nuevo.

Bruno Frye se miró estupefacto. La hoja había entrado profundamente.

Un hilo de sangre se le escapaba manchando rápidamente su camiseta y pantalones.

Hilary no esperó a que su expresión de asombro se transformara en agonía y rabia. Dio la vuelta y volvió a la habitación de huéspedes, cerró la puerta con llave. Durante un minuto oyó las quejas y maldiciones de Frye y sus torpes movimientos; se preguntó si le quedaban fuerzas suficientes para derribar la puerta. Creyó oírle andar despacio hacia la escalera, pero no podía estar segura. Corrió al teléfono. Con manos pálidas y yertas, marcó el número. Pidió comunicación con la Policía.

«¡Perra! ¡Cochina perra!»

Frye deslizó una mano por debajo de la camiseta y se sujetó la cuchillada de más abajo, la del vientre, porque era la que sangraba más. Apretó los labios de la herida lo mejor que pudo tratando de evitar que la vida se le escapara. Sintió que la sangre caliente le empapaba los guantes y, entre las costuras, le manchaba los dedos.

Experimentaba poco dolor. Un ardor apagado en el estómago. Una sensación electrizada en el lado izquierdo. Un latido suave, rítmico, se acoplaba al latido del corazón. Y nada más.

Sin embargo, sabía que estaba malherido y que empeoraba por segundos. Se notaba patéticamente débil. Su gran fuerza se le había escapado de pronto y por completo.

Oprimiéndose el vientre con una mano y agarrado al pasamanos de la escalera con la otra, fue al piso bajo por unos escalones tan traidores como los de una casa encantada de feria; parecían rodar y dar sacudidas. Cuando llegó a la planta inferior estaba empapado en sudor.

Fuera, el sol le hirió en los ojos. Brillaba más que nunca, un sol monstruoso que llenaba el cielo y le atacaba sin piedad. Le pareció que brillaba a través de sus ojos y encendía pequeñas hogueras en la superficie de su cerebro.

Doblado sobre sus heridas, soltando denuestos, se arrastró por la acera hasta llegar a la furgoneta gris. Se izó hasta el asiento del conductor, y tiró de la puerta para cerrarla, haciendo un esfuerzo como si pesara media tonelada.

Condujo con una mano por Wilshire Boulevard, torció a la derecha, fue a Sepúlveda, giró a la izquierda buscando un teléfono público que le ofreciera aislamiento. Cada bache del camino era como un golpe en su plexo solar. A veces, los automóviles que le rodeaban parecían estirarse y encogerse como un balón, igual que si estuvieran hechos de un metal elástico, y tenía que esforzarse para hacerles recuperar formas más familiares.

Seguía perdiendo sangre por más que se apretara la herida. El ardor de su estómago aumentó. El latido rítmico se transformó en pinchazos agudos. Pero el dolor catastrófico que sabía que se acercaba todavía no había llegado.

Condujo a considerable distancia por Sepúlveda hasta que localizó una cabina telefónica que convenía a sus necesidades. Estaba en un rincón del fondo del aparcamiento de un supermercado, a ochenta o cien metros de la tienda.

Aparcó la furgoneta en ángulo, ocultando el teléfono a la vista de todos los del mercado y de los coches que circulaban por la calzada. No era en realidad una cabina, sino un teléfono protegido por una de esas mamparas de plástico que se supone proporcionan una excelente insonorización, pero que no tenía el menor efecto sobre los ruidos de fondo; por lo menos parecía estar en buen estado y era bastante aislado. Una alta valla de bloques de cemento se alzaba detrás, separando el terreno del supermercado de una urbanización contigua. A la derecha, un grupo de arbustos y dos pequeñas palmeras lo resguardaban de la calle lateral. No hacía falta fijarse mucho para darse cuenta de que estaba herido; no quería que nadie fisgara.

Salió del coche por el lado del pasajero y abrió la puerta. Cuando miró y vio el espeso líquido rojo que se le escapaba entre los dedos agarrotados sobre la herida más grave, se mareó, y tuvo que apartar rápidamente la vista. Sólo tenía que dar tres pasos para llegar al teléfono, pero cada uno de ellos era como un kilómetro.

No pudo recordar el número de su tarjeta de crédito telefónica, que le era tan familiar como la fecha de su nacimiento, así que llamó a Napa County a cobro revertido.

La operadora llamó seis veces.

—¿Diga?

—Tengo una llamada a cobro revertido del señor Bruno Frye. ¿La acepta?

—Adelante, operadora.

Se oyó un leve clic y salió de la línea.

—Estoy malherido. Creo... me estoy muriendo... —explicó Frye al hombre de Napa County.

—¡Oh, cielos, no! ¡No!

—Tendré que llamar... una ambulancia. Y ellos... todo el mundo se enterará de la verdad.

Hablaron unos minutos, ambos asustados y confusos. De pronto, Frye sintió que algo cedía en su interior. Como un muelle que salta. Igual que una bolsa de agua reventando. Lanzó un grito de dolor.

El hombre de Napa County también gritó, como si sintiera el mismo dolor.

—Necesito... una ambulancia —murmuró Frye.

Colgó.

La sangre le fue bajando por los pantalones hasta los zapatos, y ahora caía sobre el pavimento.

Levantó el auricular del soporte y lo dejó sobre la estantería metálica junto al aparato. Cogió una moneda del estante metálico sobre el que había puesto el cambio, pero los dedos no le respondían; se le cayó y miró estúpidamente cómo rodaba por el suelo. Encontró otra moneda. La sujetó con toda la fuerza que pudo. La levantó como si se tratara de un disco de plomo tan grande como la rueda de un automóvil y al fin pudo meterla en la ranura. Sus brazos, repletos de músculos, sus anchos hombros, su pecho gigantesco, su fuerte espalda, su duro vientre y sus macizos muslos, todo le falló.

No podía hacer la llamada ni podía siquiera seguir manteniéndose en pie. Cayó, rodó sobre sí y quedó tendido boca abajo sobre el cemento.

No podía moverse.

No podía ver. Estaba ciego.

Era una oscuridad muy negra.

Estaba asustado.

Trató de decirse que él volvería de entre los muertos, lo mismo que hacía Katherine. «Volveré y la cogeré —pensó—. Volveré.» Pero, en realidad, no lo creía.

Tendido en el suelo, sintiéndose cada vez más débil, tuvo un momento de sorprendente lucidez cuando se preguntó si se había equivocado al creer que Katherine volvía de entre los muertos. ¿Había sido su imaginación? ¿Había estado matando mujeres que se le parecían? ¿Mujeres inocentes? ¿Estaba loco?

Una nueva explosión de dolor arrastró esos pensamientos y le obligó a considerar la agobiante oscuridad en que se encontraba.

Sintió cosas que se movían en su interior.

Cosas que se arrastraban sobre él.

Cosas subiéndole por brazos y piernas.

Cosas arrastrándose por su cara.

Trató de gritar. No pudo.

Oyó los susurros.

¡No!

Se le aflojaron las tripas.

Los susurros aumentaron y se volvieron un rabioso coro sibilante que, como una gran corriente oscura, le arrastró.

El jueves por la mañana, Tony Clemenza y Frank Howard localizaron a Jilly Jankins, una vieja amiga de Bobby *Ángel* Valdez. Jilly había visto al violador y asesino, con cara de niño, en julio; pero no desde entonces. A la sazón, Bobby había dejado un trabajo en la lavandería «Vee Vee Gee», en Olympic Boulevard. Era lo único que Jilly sabía.

«Vee Vee Gee» era un gran edificio de estuco, de un solo piso, surgido en los años cincuenta, cuando una bendita escuela de arquitectura de Los Ángeles tuvo la idea de cruzar la imitación de forma y materiales hispanos con el diseño utilitario de las fábricas. Tony jamás había sido capaz de comprender cómo incluso el más insensible arquitecto podía ver belleza en aquel cruce grotesco. El tejado de tejas anaranjadas estaba salpicado de chimeneas de ladrillo refractario y respiraderos de cinc; de aquellos respiraderos escapaba vapor. Las ventanas tenían gruesos marcos de madera; rústicos y oscuros, como si aquello fuera la casa de algún importante y rico terrateniente: pero el feo cristal de las ventanas estaba entretejido de tela metálica. Donde debían estar las galerías, había rampas de carga. Las paredes eran lisas, las esquinas agudas, el conjunto parecido a una caja..., todo lo contrario de las graciosas arcadas y bordes redondeados de la auténtica construcción hispana. El lugar se parecía a una vieja prostituta luciendo ropa más refinada en su esfuerzo desesperado por parecer una señora.

—¿Por qué lo hicieron? —preguntó Tony bajando del sedán sin identificación y cerrando la puerta.

—¿El qué? —preguntó Frank.

—¿Por qué levantaron todos estos edificios ofensivos? ¿Por qué lo hicieron?

—¿Qué hay de ofensivo? —insistió Frank.

—¿Es que no te molesta?

—Es una lavandería. ¿No necesitamos lavanderías?

—¿Hay algún arquitecto en tu familia?

—¿Arquitecto? —repitió Frank—. No. ¿A qué viene esa pregunta?

—A nada, no tiene importancia.

—Mira, a veces dices cosas que no tienen ni pies ni cabeza.

—Eso me han dicho.

En la oficina, en la parte delantera del edificio, cuando pidieron ver al propietario, Vincent Garamalkis, tropezaron con una recepción glacial. La secretaria fue lo que se dice hostil. La lavandería «Vee Vee Gee» había pagado cuatro multas en cuatro años por emplear extranjeros indocumentados. La secretaria estaba convencida de que Tony y Frank eran agentes del Servicio de Inmigración y Naturalización. Se dulcificó algo cuando vio su identificación de DPLA; pero no se mostró cooperativa hasta que Tony la convenció de que no tenían el menor interés por las nacionalidades de la gente que trabajaba en «Vee Vee Gee». Por fin, con desgana, confesó que el señor Garamalkis estaba en la casa. Iba a acompañarles junto a él cuando sonó el teléfono, así que les dio explicaciones apresuradas y les rogó que lo buscaran solitos.

La enorme nave principal de la lavandería olía a jabón, lejía y vapor. Las máquinas de lavado industrial golpeaban, zumbaban, daban chasquidos... Las enormes secadoras giraban con monótono ronroneo. Los golpes y silbidos de las plegadoras automáticas daban dentera a Tony. La mayoría de los trabajadores que descargaban las vagonetas de colada, los hombres morenos que alimentaban las máquinas y las mujeres que estiraban ropa en una doble hilera de mesas largas, hablaban entre sí en rápido y fuerte español. Cuando Tony y Frank cruzaron la nave de extremo a extremo, el ruido cedió un poco porque los empleados dejaron de hablar y los miraron con cierta suspicacia.

Vincent Garamalkis se sentaba ante un pupitre destartalado al final de la gran nave. El pupitre estaba sobre una plataforma elevada que hacía posible que el dueño vigilara a sus empleados. Garamalkis se levantó y se acercó al borde de la plataforma cuando los vio llegar. Era un hombre bajo y fuerte, algo calvo, con facciones acusadas y unos ojos castaños y dulces que no encajaban con el resto de la cara. Esperaba con las manos sobre las caderas, como si les desafiara a que se pusieran a su nivel.

—Policía —anunció Frank mostrando su identidad.

—Sí —dijo Garamalkis.

—Pero no de Inmigración —aclaró Tony.

—¿Por qué debo preocuparme por Inmigración? —soltó Garamalkis, a la defensiva.

—Lo estaba su secretaria.

Garamalkis le dirigió una mirada torcida:

—Estoy limpio. No contrato a nadie que no sea ciudadano de Estados Unidos o extranjero documentado.

—Seguro —rezongó Frank sarcásticamente—. Y los osos ya no cagan en los bosques.

—Oiga —dijo Tony—, a nosotros nos da lo mismo el lugar de procedencia de sus empleados.

—¿Qué es lo que quieren?

—Hacerle unas preguntas.

—¿Sobre qué?

—Este hombre.

Y Frank le mostró las tres fotografías de Bobby Valdez.

Garamalkis les echó un vistazo.

—Bien, ¿y qué?

—¿Lo conoce? —preguntó Frank.

—¿Por qué?

—Nos gustaría encontrarlo.

—¿Para qué?

—Es un fugitivo.

—¿Qué ha hecho?

—Óigame —dijo Frank, harto de las burdas respuestas del hombre—. Puedo hacerle la vida muy difícil, o fácil. Podemos hablar aquí o en jefatura. Y si quiere hacerse el duro no nos costará nada que intervenga el Servicio de Inmigración y Naturalización. Nos importa un cochino comino que haga trabajar a un montón de mexicanos; pero si no coopera con nosotros, haremos que reviente por todas sus costuras. ¿Lo entiende? ¿Me ha oído?

Tony intervino:

—Señor Garamalkis, mi padre era un emigrante italiano. Llegó a este país con sus papeles en orden y eventualmente se hizo ciudadano. Pero una vez tuvo problemas con el Servicio de Inmigración. Era un error en sus archivos, una equivocación del papeleo. Sin embargo, le acosaron durante más de cinco semanas. Le llamaban a la hora del trabajo y le hacían visitas sorpresa a nuestro piso a horas indebidas. Reclamaban informes y documentación, y cuando se los entregaba, decían que eran falsificaciones. Hubo amenazas. Muchas amenazas. Incluso mandaron papeles de deportación antes de que todo se arreglara. Tuvo que contratar a un abogado que no podía pagar, y mi madre estuvo histérica todo el tiempo hasta que se arregló. Así que ya ve que no tengo el menor cariño al Servicio de Inmigración. No daría ni medio paso para ayudarles a empapelarlo. Ni un maldito paso, señor Garamalkis.

El hombre miró a Tony por un momento; luego, meneó la cabeza y suspiró:

—¿No le ponen fuera de tino? Quiero decir que, hace un año o dos, cuando aquellos estudiantes iraníes daban guerra aquí en Los Ángeles volcando coches y tratando de prender fuego a las casas, ¿pensó el condenado Servicio de Inmigración en darles una patada en el culo y echarles del país? ¡Oh, no! Los agentes estaban demasiado ocupados acosando a mis empleados. La gente que yo empleo no va quemando las casas de los demás. No vuelcan coches ni tiran piedras a los policías. Son gente buena y trabajadora. Lo único que quieren es ganarse la vida. La clase de vida que no consiguen al sur de la frontera. ¿Y sabe por qué los de Inmigración se pasan la vida persiguiéndolos? Se lo diré. Lo he descubierto. Porque estos mexicanos no se revuelven. No son fanáticos políticos o religiosos como esa pandilla de iraníes. Ni están locos ni son peligrosos. Es muchísimo más seguro y fácil ir tras esa gente porque no suele ofrecer resistencia. Ah, el condenado sistema es un asco.

—Comprendo muy bien su punto de vista —asintió Tony—. Así que si echa una mirada a estas fotografías...

Pero Garamalkis no estaba aún dispuesto a contestar a sus preguntas. Todavía le quedaba mucho por decir. Interrumpiendo a Tony, comentó:

—Hace cuatro años me multaron por primera vez. Lo corriente. Alguno de mis mexicanos no tenía carta verde. Otros trabajaban con carta caducada. Después de arreglarlo con los tribunales decidí hacerlo bien en adelante. Me propuse contratar nada más que mexicanos con las cartas de trabajo al día. Y si no encontraba bastantes, contrataría ciudadanos de Estados Unidos. ¿Y sabe qué? Fui un estúpido. Fui un estúpido creyendo que así podría trabajar. Verá, yo sólo puedo pagar un salario mínimo a los empleados. Incluso así, me cuesta que me salgan las cuentas. El problema es que los americanos no quieren trabajar por un sueldo mínimo. Si es ciudadano, consigue más por subsidio de paro que trabajando con salario mínimo. ¡Y el subsidio de paro está libre de impuestos! Así que durante dos meses casi me volví loco, tratando de encontrar empleados, intentando mantener la lavandería al ritmo preciso. Casi tuve un ataque al corazón. Verá, mis clientes son hoteles, restaurantes, barberías... y todos ellos necesitan su ropa lo antes posible, en un tiempo establecido. Si no hubiera empezado a contratar mexicanos de nuevo, habría quebrado.

Frank no quiso oír más. Iba a decir alguna brutalidad, pero Tony le puso la mano en el hombro y se lo oprimió como pidiéndole que fuera paciente.

—Miren —prosiguió Garamalkis—, comprendo que no se dé a los forasteros ayuda social y cuidados médicos gratuitos. Pero no puedo entender que se les deporte, dado que hacen trabajos que nadie quiere hacer. Es ridículo. Es una vergüenza... —Volvió a suspirar, miró las fotos de Bobby Valdez y dijo—: Sí, conozco al tipo.

—Nos informaron que solía trabajar aquí.

—En efecto.

—¿Cuándo?

—Empezó en verano, creo. En mayo, parte de junio...

—Después de escapar a su oficial de libertad condicional —explicó Frank a Tony.

—Yo no sé nada de eso —observó Garamalkis.

—¿Qué nombre le dio? —preguntó Tony.

—Juan.

—¿Y apellido?

—No lo recuerdo. Sólo estuvo seis semanas o así. Pero se hallará en el fichero.

Garamalkis bajó de la plataforma y les precedió a través de la gran nave, en medio del vapor, el olor a detergente y las miradas suspicaces de sus empleados. Una vez en la oficina, pidió a la secretaria que comprobara las fichas, y en un minuto encontró un recibo.

Bobby había utilizado el nombre de Juan Mazqueza. Dio una dirección en La Brea Avenue.

—¿Vivía realmente en ese lugar? —preguntó Frank.

Garamalkis se encogió de hombros.

—Éste no era el tipo de trabajo importante que requiere una comprobación bancaria.

—¿Le explicó por qué se iba?

—No.

—¿Le dijo adónde iba?

—No soy su madre.

—Quiero decir si mencionó otro trabajo.

—No. Se fue sin más.

—Si no encontramos a Mazqueza en esta dirección, nos gustaría volver y hablar con sus empleados —dijo Tony—. Puede que alguno de ellos llegara a intimar. Tal vez alguien de aquí todavía le vea.

—Pueden volver si quieren. Pero les costará hablar con mi gente.

—¿Por qué?

Rió al contestar:

—Algunos de ellos no hablan inglés.

Tony le devolvió la sonrisa diciéndole:

—Yo leo, escribo y hablo español.

—Oh —exclamó Garamalkis impresionado.

La secretaria hizo una copia del recibo, y Tony agradeció a Garamalkis su cooperación.

Ya en el coche, mientras Frank se metía entre el tráfico en dirección a La Brea Avenue, masculló:

—Tengo que reconocértelo.

—¿Qué cosa? —preguntó Tony.

—Le sacaste más información y más de prisa de lo que yo hubiera conseguido.

A Tony le sorprendió el cumplido. Por primera vez en sus tres meses de asociación, Frank había admitido que la técnica de su compañero era efectiva.

—Ojalá tuviera un poco más de tu estilo —prosiguió Frank—. No todo, compréndelo. Sigo creyendo que mi sistema es mejor casi siempre. Pero de cuando en cuando tropezamos con alguien que no se abriría conmigo ni en un millón de años, pero que te lo contaría todo a ti en un segundo. Sí, me gustaría tener algo de tu blandura.

—Puedes hacer lo mismo que yo.

—Yo no. De ningún modo.

—Claro que puedes.

—Tú tienes buena mano con la gente. Yo no —insistió Frank.

—Puedes aprender.

—¡Ca! A mí me va bien ser como soy. Tenemos la clásica rutina policía-simpático, policía-antipático. Sólo que no jugamos a eso. Con nosotros las cosas salen de un modo natural.

—Tú no eres un policía antipático.

Frank no dijo nada. Al detenerse en un semáforo, comentó:

—Tengo algo más que decirte; pero probablemente no te gustará.

—Prueba.

—Se trata de la mujer de anoche.

—¿Hilary Thomas?

—Sí. Te gustó, ¿verdad?

—Pues... claro. Parecía simpática.

—No es eso lo que quiero decir. Me refiero a que te gustó. Te excitó.

—Oh, no. Era guapa; pero yo no...

—No te hagas el inocente conmigo. Vi cómo la mirabas.

La luz cambió. Siguieron en silencio un buen trecho. Al fin, Tony dijo:

—Tienes razón. No me excito por cualquier chica guapa que encuentro. Lo sabes.

—A veces pienso que eres eunuco.

—Hilary Thomas es... diferente. Y no es sólo por su aspecto. Es preciosa, claro, pero no es todo. Me gusta cómo se mueve, cómo se comporta. Me gusta escucharla hablar. No por el sonido de su voz. Es más que eso. Me gusta cómo se expresa. Me gusta cómo piensa.

—Me gusta su aspecto —dijo Frank—; pero me deja frío su forma de pensar.

—No mentía —insistió Tony.

—Ya oíste lo que dijo el sheriff...

—Podía estar confusa con lo que ocurrió; pero no se inventó toda la historia, no se la sacó de la manga. Probablemente vio a alguien que se parecía a Frye y...

—Aquí es donde tengo que decirte lo que no te gustará —interrumpió Frank.

—Te escucho.

—Por caliente que te pusiera, no es motivo para hacerme lo que me hiciste.

Tony le miró desconcertado:

—¿Qué te hice?

—Se supone que debes apoyar a tu compañero en una situación así.

—No te entiendo.

Frank se había puesto rojo. No miró a Tony. Mantuvo los ojos fijos en la calle y dijo:

—Muchas veces, anoche, cuando la estaba interrogando, te pusiste de su parte, y contra mí.

—Frank, yo no pretendía...

—Trataste de impedir que prosiguiera con un interrogatorio que yo sabía que era importante.

—Encontré que estabas demasiado duro con ella.

—En tal caso debiste indicármelo con más sutileza. Con los ojos. Con un gesto, una presión. Lo haces siempre así. Pero con ella, cargaste contra mí como un guerrero.

—Había pasado por una prueba muy penosa y...

—Y un cuerno. No había pasado por ninguna prueba. ¡Lo inventó todo!

—Sigo sin creerlo.

—Porque en lugar de pensar con la cabeza pensaste con los huevos.

—Frank, no es verdad. Y no es justo.

—Si creías que me mostraba demasiado duro, ¿por qué no me llamaste aparte y me preguntaste qué me proponía?

—¡Te lo pregunté, por el amor de Dios! —protestó Tony, enfadándose a pesar suyo—. Te lo pregunté después de que recibiste la llamada de jefatura, mientras estaba aún en el jardín hablando con los periodistas. Quise saber lo que te habían comunicado, pero no quisiste decírmelo.

—Pensé que no me escucharías. En aquellos momentos tú ya estabas como un niño enamorado.

—Todo eso son bobadas y tú lo sabes. Soy tan buen policía como tú. No dejo que los sentimientos personales se interfieran en mi trabajo. Pero..., ¿te digo algo? Yo creo que tú sí.

—¿Que yo qué?

—Que tus sentimientos personales distorsionan a veces tu trabajo.

—¿De qué diablos estás hablando?

—Tienes la costumbre de ocultarme información cuando tienes algo bueno. Y ahora que lo pienso... sólo lo haces cuando hay una mujer en el caso, cuando esta información te permite herirla, cuando es algo que puede vencerla y hacerle llorar. Me lo ocultas y luego se lo sueltas por sorpresa, del peor modo posible.

—Siempre consigo lo que busco.

—Pero suele haber una forma más decente de conseguirlo.

—Será tu sistema, me figuro.

—No hace más de dos minutos admitiste que mi sistema da buenos resultados.

Frank no replicó. Tenía la vista clavada en los coches que les precedían.

—Sabes, Frank, lo que te hiciera tu mujer con el divorcio, por mucho que te lastimara, no es razón para odiar a toda mujer que encuentres.

—No es así.

—Puede que no lo sea de modo consciente. Pero inconscientemente...

—No me vengas con esas monsergas de Freud.

—Muy bien. De acuerdo. Aunque cambiaré acusación por acusación. Dices que yo anoche no fui profesional. Y yo digo que tú tampoco. Estamos en paz.

Frank se metió por la derecha en La Brea Avenue.

Pararon en otra señal de tráfico.

La luz cambió y volvieron a adentrarse despacio en el tráfico cada vez más denso.

Ni uno ni otro volvieron a hablar durante unos minutos. Al fin, Tony dijo:

—Por muchas debilidades y faltas que puedas tener, eres un condenado pedazo de buen policía.

Frank lo miró asombrado.

—Lo digo en serio —insistió Tony—. Ha habido roces entre nosotros. La mayor parte del tiempo nos frotamos a contrapelo. Quizá no podemos trabajar juntos. Puede que tengamos que solicitar nuevos compañeros. Pero no es más que una diferencia de personalidad. Pese al hecho de que eres tres veces más duro con la gente de lo que deberías ser, eres muy bueno en tu trabajo.

Frank se aclaró la garganta.

—Bueno..., tú también.

—Gracias.

—Excepto que, a veces, eres demasiado... suave.

—Y tú puedes ser agrio como un hijo de perra... a veces.

—¿Piensas pedir un nuevo compañero?

—Aún no lo sé.

—Ni yo tampoco.

—Pero, si no decidimos congeniar un poco más, es muy peligroso seguir juntos por más tiempo. Los compañeros que se irritan mutuamente pueden conseguir que los maten.

—Lo sé —asintió Frank—. Lo sé. El mundo está lleno de bestias, y de locos y fanáticos con pistolas. Hay que trabajar con el compañero como si fuera parte de ti, como un tercer brazo. Si no se hace de esa manera, es más probable que te vuelen la cabeza.

—Así que supongo que deberíamos considerar en serio si estamos hechos el uno para el otro.

—Sí.

Tony empezó a buscar números de casas en los edificios que pasaban.

—Deberíamos estar llegando —comentó.

—Ésta debe de ser —dijo Frank señalando.

La dirección de Juan Mazqueza en la ficha de «Vee Vee Gee» era un complejo de apartamentos ajardinados en una manzana casi ocupada por firmas comerciales: estaciones de servicio, un pequeño motel, una tienda de neumáticos, un establecimiento de comestibles abierto toda la noche. Vistos de lejos, los apartamentos parecían nuevos y caros; pero, al acercarse, Tony vio señales de abandono y ruina. Las paredes exteriores necesitaban ser encaladas; tenían grietas y desconchones. La escalera de madera, barandillas y puertas, necesitaban una buena mano de pintura. Un letrero en la entrada anunciaba que el lugar era: «Apartamentos Las Palmeras». El cartel había sido golpeado por un coche y estropeado, pero no lo habían reemplazado. «Las Palmeras» tenía buen aspecto a distancia porque estaba envuelto en plantas que cubrían sus defectos y suavizaban los salientes. Pero incluso los jardines, si se observaban bien, hacían patente el abandono; hacía tiempo que no se recortaban los arbustos, los árboles estaban medio secos y las matas de los macizos necesitaban cuidados.

El conjunto de «Las Palmeras» podía resumirse en una palabra: transición. Los pocos coches que se veían en el aparcamiento confirmaban la evaluación. Había dos coches de precio medio, nuevos, que se cuidaban amorosamente porque resplandecían de limpieza. No cabía duda de que pertenecían a hombres o mujeres jóvenes y optimistas, y eran indicios de realización. Un viejo y oxidado «Ford» se inclinaba sobre una rueda desinflada, inútil e inutilizable. Junto al «Ford», un «Mercedes» de ocho años, limpio y cuidado pero decrépito: tenía una muesca oxidada en un guardabarros trasero. En sus mejores días, su propietario pudo comprarse un coche de veinticinco mil dólares; pero ahora, por lo visto, no podía hacerse con los doscientos necesarios para pagar la reparación. «Las Palmeras» era un sitio para gente en vías de cambio. Para alguno de ellos representaba el peldaño en el camino de ascenso a un porvenir más brillante. Para otros, era un punto precario de la muralla, el punto de apoyo, último y respetable, en la triste e inevitable caída en la ruina total.

Mientras Frank aparcaba ante el apartamento del administrador, Tony descubrió que «Las Palmeras» era un metáfora para Los Ángeles. Esta Ciudad de Ángeles era quizá la mayor tierra de oportunidades que el mundo jamás había conocido. Por ella pasaban increíbles cantidades de dinero y había millares de modos de ganarse un buen paquete. Los Ángeles producían suficientes historias para llenar diarios. Pero la auténtica y asombrosa afluencia creaba también una diversidad de herramientas para autodestruirse, y las hacía ampliamente asequibles. Cualquier droga deseada podía encontrarse y adquirirse con mayor rapidez y facilidad en Los Ángeles que en Boston, Nueva York, Chicago o Detroit. Hierba, hachís, heroína, cocaína, mejor, peor, LSD, PCP... La ciudad era un supermercado para el drogadicto. El sexo era también más libre. Los principios victorianos y las sensibilidades se habían derrumbado en Los Ángeles más de prisa que en el resto del país, en parte porque el negocio de la música rock estaba centrado allí y porque el sexo era parte integral de ese mundo. Pero había otros factores más vastos y más importantes que habían contribuido a desencadenar la libido del californiano medio. El clima también tenía algo que ver; los días secos y calurosos, la luz subtropical y los vientos contrarios, viento del mar y viento del desierto, tenían una poderosa influencia erótica. El temperamento latino de los inmigrantes mexicanos marcaban a la población en general. Pero, quizá por encima de todo, en California uno se sentía en el límite del mundo occidental, al borde de lo desconocido, frente a un abismo de misterio. En pocas ocasiones era una constatación real; uno no se daba cuenta de que estaba en el límite de lo cultural, pero el subconsciente se hallaba en todo momento dominado por esa sensación, la cual llevaba, unas veces, a haber reído mucho, y otras, a un estado como el que se experimenta después de una impresión de pánico. En cierto modo, todas esas cosas se combinaban para derribar inhibiciones y despertar los sentidos. Un punto de vista, libre de culpa, del sexo, era sano, naturalmente. Pero en la atmósfera especial de Los Ángeles, donde incluso las apetencias carnales más extravagantes podían satisfacerse sin gran dificultad, algunos hombres (y mujeres) podían volverse tan adictos al sexo como a la heroína. Tony había visto cómo ocurría. Había cierta gente, cierta variedad de personalidades, que elegían deshacerse de todo, dinero, decencia, reputación, en una interminable fiesta de abrazos carnales y de fugaces exaltaciones húmedas. Si uno no podía encontrar su ruina y humillación personal en el sexo y las drogas, Los Ángeles proporcionaba un gran surtido de religiones locas y violentos movimientos políticos radicales para su elección. Y, naturalmente, Las Vegas estaba tan sólo a una hora de distancia en vuelos regulares y baratos, y gratis si podía hacerse pasar por un jugador de altos vuelos. Todas esas herramientas de autodestrucción se hacían posibles por la incomprensible afluencia. Con su riqueza y su alegre celebración de la libertad, Los Ángeles ofrecía a la vez la manzana de oro y la manzana envenenada: transición positiva y transición negativa. Ciertas personas se detenían en lugares como «Las Palmeras» en su camino hacia arriba, agarraban la manzana y se trasladaban a Bel Air, a Beverly Hills, a Malibú o a otra parte del lado occidental, y vivían felices para siempre jamás. Algunos probaban la fruta contaminada y, en su camino hacia abajo, se detenían en «Las Palmeras», sin saber casi nunca cómo o por qué habían ido a parar allí.

En realidad, la administradora de los apartamentos no parecía comprender cómo los esquemas de transición la habían traído a sus actuales circunstancias. Su nombre era Lana Haverby. Estaba en la cuarentena y era una rubia tostada por el sol, vestida con *shorts* y sostén. Tenía buena opinión de su atractivo sexual. Caminaba, se sentaba y se mantenía erguida como si posara. Las piernas aún estaban bien; el resto había perdido frescura. Tenía la cintura más gruesa de lo que creía, con caderas y trasero excesivos para su tipo de vestimenta. Tenía los pechos tan grandes que no resultaban atractivos, sino monstruosos. El escueto sostén exponía un valle que más parecía un cañón y acentuaba la turgencia de los pezones; pero no podía dar a sus pechos la forma y la elevación que necesitaban desesperadamente. Cuando no cambiaba de postura o la modificaba, cuando no trataba de calibrar el efecto que su cuerpo ejercía sobre Frank o Tony, parecía confusa, agitada. Sus ojos daban la impresión de desenfocados. Tendía a dejar frases sin terminar. Y varias veces miró asombrada a su alrededor, al oscuro cuarto de estar, a los muebles destartalados, como si no tuviera ni la menor idea de cómo había ido a parar a aquel lugar, o de cuánto tiempo llevaba allí. Inclinaba la cabeza como si oyera ruidos, murmullos de voces, lejanos, que trataban de explicárselo.

Lana Haverby se sentó en una butaca y ellos en el sofá y puso toda su atención en las fotografías de Bobby Valdez.

—Sí —dijo—. Era un bombón.

—¿Vive aquí? —preguntó Frank.

—Vivió... sí... Apartamento nueve... creo. Pero ya no.

—¿Se marchó?

—Sí.

—¿Cuándo?

—Este verano, en algún momento. Creo que fue...

—¿Qué fue? —preguntó Tony.

—El primero de agosto.

Volvió a cruzar las piernas desnudas y echó los hombros hacia atrás a fin de elevar el pecho lo más posible.

—¿Cuánto tiempo vivió aquí? —preguntó Frank.

—Me parece que fueron tres meses.

—¿Vivía solo?

—¿Quiere decir si tenía un ligue?

—Quiero decir una chica, o chico, o lo que fuera —insistió Frank.

—Solamente él —respondió Lana—. Pero era un bombón, saben.

—¿Dejó la nueva dirección?

—No. ¡Qué más quisiera yo!

—¿Por qué? ¿Dejó el alquiler sin pagar?

—No, nada de eso. Es que me gustaría saber dónde podría...

Inclinó la cabeza y prestó de nuevo atención a los murmullos.

—¿Podría qué? —preguntó Tony.

Parpadeó.

—Oh..., me gustaría saber dónde ir a visitarle. Lo trabajé un poco. Me trastornó, saben. Me lo puso todo en marcha. Traté de meterlo en la cama, pero era un poco..., un poco tímido.

No había querido saber para qué buscaban a Bobby Valdez, alias Juan Mazqueza. Tony se preguntó qué diría si supiera que el tímido bomboncito era un violento y agresivo violador.

—¿Tenía visitantes habituales?

—¿Juan? No que yo sepa.

Cambió la postura de las piernas, se sentó con los muslos separados y observó la reacción de Tony.

—¿Le dijo adónde iba a trabajar? —preguntó Frank.

—Cuando se instaló aquí, estaba empleado en una lavandería. Después encontró otra cosa.

—¿Dijo lo que era?

—No. Pero, saben, ganaba mucha pasta.

—¿Tenía coche? —preguntó Frank.

—Al principio, no. Pero después sí. Un «Jaguar» dos más dos. Hombre, era precioso.

—Y caro —observó Frank.

—Ya lo creo. Lo pagó contante y sonante, un buen montón en mano.

—¿De dónde sacaría tanto dinero?

—Ya se lo he dicho. Ganaba mucho en su nuevo trabajo.

—¿Está segura de que no sabe dónde trabajaba?

—Segurísima. No quería hablar de ello. Pero, sabe, tan pronto como yo vi el «Jaguar» supe... que no iba a durar en este lugar —comentó nostálgica—. Iba de prisa para arriba.

Dedicaron otros cinco minutos a hacer preguntas; pero Lana Haverby no tenía nada más importante que contarles. No era persona muy observadora y su recuerdo de Juan Mazqueza parecía estar lleno de agujeritos, como si las polillas hubieran estado mordisqueándolo.

Cuando Tony y Frank se levantaron para irse, ella se les adelantó hacia la puerta. Su pecho gelatinoso saltaba y se agitaba de forma alarmante en lo que sin duda creyó que era un despliegue locamente provocativo. Adoptó unos andares cimbreantes, medio de puntillas, que no habrían estado bien en una coqueta de veinte años. Y ella tenía cuarenta, una mujer hecha y derecha, pero incapaz de explorar y descubrir la dignidad y especial belleza de su edad; tratando de pasar por una adolescente. Resultaba patética. Se quedó en la puerta ligeramente adosada a la hoja, una pierna doblada por la rodilla, copiando una pose que habría visto en una revista para hombres o en la lámina de un calendario, suplicando virtualmente un cumplido.

Frank se volvió a un lado al cruzar el umbral porque resultaba casi imposible evitar rozarle el pecho. Caminó rápidamente hacia el coche sin mirar atrás. Tony sonrió y dijo:

—Gracias por su cooperación, Miss Haverby.

Ella levantó la mirada hacia el policía y sus ojos se clavaron en los de él con más detenimiento que en ninguna otra cosa en los quince minutos pasados. Sostuvo la mirada y un chispazo de algo vital brilló en sus pupilas, inteligencia, orgullo genuino, puede que un poco de decencia, un pensamiento mejor y más limpio de los que había tenido antes.

—Yo también voy a mudarme, sabe, lo mismo que hizo Juan. No he sido siempre una administradora de «Las Palmeras». Yo me movía en los círculos ricos.

Tony no deseaba oír lo que ella quería contarle; pero se sintió atrapado y algo así como hipnotizado, lo mismo que el hombre que el Viejo Marinero paró en la calle.

—Cuando tenía veintitrés años, estaba trabajando de camarera, pero salí de aquello y fui para arriba. Eso fue en la época de los Beatles, sabe, cuando empezaban, como diecisiete años antes, y el *rock and roll* estallaba. ¿Sabe? Entonces, una muchacha bien parecida podía conectar con las estrellas, tener amistades importantes... Podía ir a todas partes con los grandes grupos, viajar con ellos por todo el país. ¡Hombre, aquéllos sí eran tiempos fantásticos! No había nada que una no pudiera hacer o tener. Esos grupos lo tenían todo, y se extendían por todas partes. Y yo estaba con ellos. Ya lo creo. He dormido con gente muy famosa, ¿sabe? Nombres conocidos. Yo también fui muy popular. Les gustaba.

Y empezó a recitar la lista de los mejores conjuntos roqueros de los sesenta. Tony no podía saber cuántos había frecuentado de verdad y cuántos había imaginado frecuentar, pero observó que nunca mencionaba individuos; se había acostado con *grupos*, no con gente.

Jamás se había preguntado qué había sido de las gruperas, esas saltarinas niñas-mujeres que malgastaban los mejores años de su vida como seguidoras del mundo de la música *rock*. Pero ahora conocía por lo menos un modo de acabar. Seguían a los ídolos del momento, ofreciéndoles adoración inarticulada, compartiendo drogas, proporcionando receptáculos convenientes para la esperma de ricos y famosos sin pensar en ningún momento en el tiempo y en los cambios que todo ello traería. Y un buen día, después de que una chiquilla se había quemado por exceso de alcohol y de hierba, por demasiada cocaína y quizá también un poco de heroína, cuando las primeras arrugas profundas aparecieron en las comisuras de los ojos, cuando las marcas de la risa se acentuaron demasiado, cuando los pechos neumáticos empezaron a mostrar los primeros síntomas de caída, la echaron de la cama del grupo... descubriendo, esta vez, que ningún otro grupo estaba dispuesto a adoptarla. Si no era reacia a ciertos juegos, todavía podía ganarse la vida así, por unos años. Sin embargo, para algunas de ellas esto era el final; ya no pensaban en ellas como ganchos sino como amiguitas. Para muchas de aquellas chicas, el matrimonio estaba vetado porque habían visto demasiado y hecho demasiado para poder aceptar una vida doméstica mansa. Una de ellas, Lana Haverby, había encontrado un puesto en «Las Palmeras», un puesto que creyó temporal, un medio para librarse de pagar alquiler hasta poder volver a conectar con la *beautiful people*.

—Así que no me quedaré mucho aquí —explicó—. Me mudaré pronto. En cualquier momento, ¿sabe? Presiento cosas muy buenas. Algo así como vibraciones propicias.

Su situación era triste hasta lo indecible, y a Tony no se le ocurría ninguna frase que la ayudara:

—Oh..., bueno..., le aseguro que le deseo toda la suerte del mundo —murmuró en tono estúpido, y pasó por delante de ella para salir.

El brillo de vitalidad desapareció de sus ojos y de nuevo volvió a posar, con los hombros hacia atrás y el pecho hacia adelante. Pero su rostro seguía cansado y enflaquecido. La barriga le tiraba aún en la cintura de sus *shorts*. Y sus caderas continuaban siendo demasiado importantes para juegos juveniles.

—Oiga —le dijo a Tony—, si algún día le apetece algo de vino y de, ya sabe, algo de conversación...

—Muchas gracias.

—Quiero decir que, con entera libertad, pase cuando no esté, ya sabe, de servicio.

—Puede que lo haga —le mintió. Y luego, como le pareció poco sincero y le dolía dejarla sin nada, le dijo—: Tiene bonitas piernas.

Esto era verdad, pero ella no sabía aceptar sencillamente un cumplido. Se echó a reír, se llevó las manos a los pechos y comentó:

—Generalmente, lo que llama la atención son mis tetas.

—Bueno..., hasta la vista.

Tony dio media vuelta y se dirigió al coche.

Después de dar unos pasos, miró hacia atrás y vio que la mujer seguía de pie junto a la puerta, con la cabeza otra vez inclinada, lejos de él y de «Las Palmeras», con el oído atento a las voces que, con sus murmullos, trataban de explicarle el significado de su vida.

Al meterse Tony en el coche, Frank dijo:

—Pensé que te había clavado sus garras. Ya me disponía a llamar a un equipo SWAT para que te rescataran.

—Es triste —respondió Tony sin reír.

—¿Qué?

—Lana Haverby.

—¿Te burlas de mí?

—Es todo el conjunto.

—No es más que una prostituta imbécil. ¿Pero qué te parece lo de Bobby comprándose un «Jaguar»? —exclamó Frank.

—Si no se ha dedicado a robar Bancos, no hay más que un medio de hacerse con tanto dinero.

—Droga —dijo Frank.

—Cocaína, hierba, quizá PCP.

—Esto nos da un nuevo enfoque para empezar a buscar a ese canalla. Podemos salir a la calle y empezar a poner algo de músculo en los traficantes conocidos, gente que ha recibido por vender droga. Si se lo ponemos difícil, y tienen mucho que perder y saben dónde se encuentra Bobby, nos lo servirán en bandeja de plata.

—Entretanto —dijo Tony—, vamos a llamar.

Quería una información sobre un «Jaguar» negro inscrito a nombre de Juan Mazqueza. Si conseguían el número de matrícula del coche, localizar a Bobby formaría parte del trabajo diario de un agente de uniforme.

Esto no quería decir que fueran a encontrarlo al momento. En cualquier otra ciudad, si un hombre era tan buscado como Bobby, no podría vivir abiertamente por mucho tiempo. Lo descubrirían o lo detendrían en unas semanas. Pero Los Ángeles no era como otras ciudades; por lo menos en cuanto a extensión era mucho mayor que cualquier otro centro urbano de la nación. Los Ángeles se extendía sobre más de setecientos cincuenta kilómetros cuadrados. Cubría casi la mitad de los arrabales de Nueva York, diez veces más que todo Boston y casi tanto como el Estado de Rhode Island. Contando los extranjeros ilegales, cosa que no hacía la Oficina del Censo, la población de la entera área metropolitana se acercaba a los nueve millones. En ese inmenso laberinto de calles, callejones, carreteras, colinas y cañones, un fugitivo inteligente podía vivir muy bien durante meses, dedicado a sus negocios con tanto atrevimiento y despreocupación como cualquier ciudadano normal.

Tony conectó la radio, que habían llevado apagada toda la mañana, llamó a Comunicaciones y pidió los informes sobre Juan Mazqueza y su «Jaguar».

La mujer que se encontraba manejando su frecuencia tenía una voz dulce y atractiva. Después de tomar el encargo de Tony, le informó de que en las últimas dos horas había una llamada para él y Frank. Ahora eran las once cuarenta y cinco. El caso Hilary Thomas volvía a estar abierto y les necesitaban en su casa de Westwood, donde otros agentes habían acudido a una llamada a las nueve y media.

Soltando el micrófono, Tony miró a Frank y le dijo:

—¡Lo sabía! Maldita sea, sabía que no mentía sobre lo ocurrido.

—No des brillo a tus plumas todavía —observó Frank antipático—. Sea lo que sea el nuevo acontecimiento, lo más probable es que lo esté inventando como inventó lo demás.

—Tú no cedes nunca, ¿verdad?

—No cuando sé que tengo razón.

Unos minutos más tarde se detenían delante de la casa de Thomas.

La calzada circular estaba ocupada por dos coches de Prensa, una furgoneta para el laboratorio policial y un automóvil blanco y negro.

Al salir de su coche y cruzar el césped, un policía de uniforme salió de la casa y caminó hacia ellos. Tony lo conocía; se llamaba Warren Prewit. Se encontraron a mitad de camino de la entrada.

—¿Fueron ustedes los que acudieron a la llamada de anoche? —preguntó Prewit.

—Así es —contestó Frank.

—¿Qué pasa, es que trabajan veinticuatro horas al día?

—Veintiséis —dijo Frank.

—¿Cómo está la mujer? —preguntó Tony.

—Aturdida.

—¿Herida?

—Cardenales en el cuello.

—¿Graves?

—No.

—¿Qué pasó? —preguntó Frank.

Prewit resumió la historia que Hilary Thomas le había contado.

—¿Alguna prueba de que dice la verdad? —insistió Frank.

—Ya me he enterado de lo que piensa acerca del caso. Pero hay pruebas.

—¿Cuáles?

—Anoche entró en la casa por una ventana del estudio. Un buen trabajo, además. Cubrió el cristal con cinta adhesiva para que no pudiera oírse que lo rompía.

—Pudo haberlo hecho ella —observó Frank.

—¿Romper su propia ventana?

—Sí. ¿Por qué no?

—Bueno —siguió explicando Prewit—; pero no fue ella la que sangró por toda la casa.

—¿Cuánta sangre? —preguntó Tony.

—No muchísima, pero tampoco poca —respondió Prewit—. En el suelo de la entrada hay una gran huella de mano ensangrentada, gotas de sangre por toda la escalera, otra huella borrosa en la pared de la entrada y en el pomo de la puerta.

—¿Sangre humana? —preguntó Frank

—¿Cómo? —exclamó Prewit mirándole.

—Me estoy preguntando si es una simulación, un engaño.

—¡Por el amor de Dios! —clamó Tony.

—Los chicos del laboratorio han llegado hace tres cuartos de hora

—explicó Prewit—. Todavía no han dicho nada. Pero estoy seguro de que es sangre humana. Además, tres vecinos vieron al hombre que se alejaba.

—Ahhh —musitó Tony.

Frank dirigió una mirada feroz al césped, como si quisiera secarlo.

—Salió de la casa doblado —prosiguió Prewit—. Se sujetaba el vientre y se movía con dificultad, lo que encaja con la declaración de Miss Thomas de que le había apuñalado dos veces por el centro.

—¿Hacia dónde fue? —preguntó Tony.

—Tenemos un testigo que le vio subir a una furgoneta gris, «Dodge», a dos manzanas de aquí. Se alejó conduciendo.

—¿Tienen la matrícula?

—No. Pero hemos dado la descripción y la buscarán.

Frank Howard levantó la cabeza:

—Saben, a lo mejor este ataque no tiene nada que ver con la historia que nos largó anoche. Puede que gritara: ¡Lobo! anoche... y esta mañana la han atacado de verdad.

—¿No te parece demasiada coincidencia? —rezongó Tony.

—Además —explicó Prewit—, debe estar relacionado, porque ella asegura que ha sido el mismo hombre.

Frank miró a Tony y exclamó:

—¡Pero no puede ser Bruno Frye! Sabes muy bien lo que dijo el sheriff Laurenski.

—Yo nunca insistí en que se tratara de Frye. Anoche supuse que había sido atacada por alguien que se parecía a él.

—Ella insistió...

—Sí, pero estaba asustada e histérica. No razonaba con claridad, y confundió el parecido con el verdadero. Es comprensible.

—Y eres *tú* el que dice que monto casos sobre coincidencias —replicó Frank asqueado.

En aquel momento el agente Gurney, compañero de Prewit, salió de la casa y les gritó:

—¡Eh, lo han encontrado! Al hombre que apuñaló.

Tony, Frank y Prewit se precipitaron hacia la casa.

—Acaban de llamar de jefatura —explicó Gurney—. Un par de niños que patinaban por ahí le encontraron hace veinticinco minutos.

—¿Dónde?

—Allá abajo, por Sepúlveda. En un aparcamiento de un supermercado. Estaba en el suelo junto a su furgoneta.

—¿Muerto?

—Como un clavo.

—¿Llevaba documentación? —preguntó Tony.

—Sí. Es como nos dijo la señora. Se trata de Bruno Frye.

Frío.

El aire acondicionado vibraba en las paredes. Chorros de aire helado entraban por dos aberturas cerca del techo.

Hilary llevaba un traje de entretiempo color verdemar, un tejido menos ligero que de verano, pero no lo bastante grueso para evitar el frío. Apretó los brazos y se estremeció.

El teniente Howard estaba a su izquierda, todavía turbado. A su derecha estaba el teniente Clemenza.

La estancia no parecía formar parte del depósito. Era más bien como un camarote en una nave espacial. Podía imaginar fácilmente que el frío que le calaba los huesos era el que venía del espacio profundo más allá de los muros grises. El continuo zumbido del aire acondicionado podía ser el rugido lejano de los motores del cohete. Estaban frente a una ventana que daba a otra habitación; pero hubiera preferido ver una negrura infinita y estrellas lejanas al otro lado del grueso cristal. Casi deseaba encontrarse en un largo viaje intergaláctico en lugar de en un depósito de cadáveres esperando identificar al hombre que había matado.

«Lo maté», pensó.

Esas palabras, resonando en su mente, parecían hacerle sentir más frío aún que antes.

Miró su reloj de pulsera.

Las tres y dieciocho.

—En un minuto estaremos listos —la tranquilizó el teniente Clemenza.

Mientras hablaba, un empleado del depósito entró una camilla con ruedas y la situó al otro lado de la ventana. La dispuso exactamente frente al cristal. Un cuerpo yacía allí, cubierto con una sábana. El empleado apartó la tela del rostro del muerto, bajándola hasta la cintura, después se apartó.

Hilary miró el cadáver y se mareó.

Se le secó la boca.

El rostro de Frye estaba blanco y quieto; pero tuvo la loca sensación de que, en cualquier momento, volvería la cabeza hacia ella y abriría los ojos.

—¿Es él? —preguntó el teniente Clemenza.

—Es Bruno Frye —dijo débilmente.

—¿Pero es el hombre que penetró en su casa y la atacó? —preguntó el teniente Howard.

—Basta ya de esta rutina estúpida. Por favor.

—No, no —intervino Clemenza—; el teniente Howard ya no duda de su historia, Miss Thomas. Verá, ya sabemos que este hombre es Bruno Frye. Lo hemos comprobado por el documento de identidad que llevaba. Lo que necesitamos oírle decir es que se trata del mismo hombre que la atacó y al que usted apuñaló.

La boca muerta era ahora inexpresiva, ni apretada ni sonriente, pero no podía olvidar la sonrisa diabólica que la había plegado.

—Es él —declaró—. Estoy segura. He estado segura siempre. Y tendré pesadillas por mucho tiempo.

El teniente Howard hizo una señal al empleado que esperaba más allá de la ventana, y el hombre cubrió el cadáver.

Otro pensamiento absurdo pero escalofriante la embargó: ¿Y si se incorporara en la camilla y apartara la sábana?

—Vamos a llevarla a casa —dijo Clemenza.

Salió de la estancia delante de ellos, angustiada porque había dado muerte a un hombre... pero completamente tranquilizada e incluso encantada de que ya no estuviera vivo.

La llevaron a casa en el sedán sin distintivos. Frank conducía, Tony se sentaba a su lado, delante. Hilary Thomas estaba detrás, encogida de hombros, con los brazos cruzados, como si sintiera frío en aquella tibia tarde de finales de setiembre.

Tony no dejó de encontrar excusas para volverse y hablarle. No quería apartar los ojos de ella. Era tan preciosa que le hacía sentir lo que a veces experimentaba en un gran museo cuando se hallaba delante de una pintura exquisita, obra de alguno de los viejos maestros.

Le contestaba, incluso le dirigió un par de sonrisas; pero no se sentía con ánimos para una conversación intrascendente. Estaba sumida en sus pensamientos, casi siempre mirando por la ventanilla, y silenciosa.

Cuando llegaron a la calzada circular de su casa y pararon ante la puerta principal, Frank Howard se volvió y le dijo:

—Miss Thomas... yo... bueno... yo debo pedirle perdón.

A Tony no le sorprendió la admisión, pero sí la sincera nota de contrición en la voz de Frank y la expresión suplicante de su rostro; la mansedumbre y la humildad no eran el fuerte de su compañero.

Hilary Thomas también pareció sorprendida.

—Ah..., bueno..., supongo que cumplía con su deber.

—No —dijo Frank—. Éste es el problema. No cumplía con mi deber. O por lo menos, no lo hacía nada bien.

—Pero ya ha terminado —dijo Hilary.

—De todos modos, ¿querrá aceptar mis excusas?

—Pues... naturalmente —asintió incómoda.

—Me siento muy avergonzado por la forma en que la traté.

—Frye ya no volverá a molestarme. Así que creo que esto es lo que de verdad importa.

Tony bajó del coche y le abrió la puerta. No podía salir por sus propios medios porque las puertas traseras del sedán no tenían manecilla por dentro, un impedimento para los prisioneros que pensaran escapar. Además, quería acompañarla hasta la casa.

—Puede que tenga que declarar en el juicio —le dijo al acercarse a la casa.

—¿Por qué? Cuando le apuñalé, Frye estaba en mi casa, contra mi voluntad. Amenazaba mi vida.

—No cabe la menor duda de que es un caso de autodefensa —se apresuró a tranquilizarla Tony—. Si debe aparecer en el juicio, será sólo una simple formalidad. No hay la menor probabilidad de que la acusen de nada.

Abrió la puerta principal, se volvió a él y le dirigió una sonrisa radiante:

—Gracias por creer en mí anoche, incluso después de lo que el sheriff de Napa County aseguró.

—Le investigaremos —dijo Tony—. Tendrá alguna explicación que darnos. Si le interesa, le comunicaré cuál ha sido su excusa.

—Tengo curiosidad.

—Está bien. Se lo comunicaré.

—Gracias.

—No es molestia.

Entró en la casa.

Él no se movió.

Se volvió a mirarle.

Le sonrió tontamente.

—¿Hay algo más? —le preguntó.

—A decir verdad, sí.

—¿Qué?

—Una pregunta más.

—¿Sí?

Nunca se había sentido tan torpe ante una mujer.

—¿Querrá cenar conmigo el sábado?

—Oh... Bueno... No creo que pueda.

—Comprendo.

—Quiero decir, me encantaría.

—¿De verdad?

—Pero la verdad es que no tengo mucho tiempo para la vida social en estos días.

—Comprendo.

—Acabo de obtener el contrato con «Warner Brothers», y va a tenerme ocupada a todas horas.

—Lo comprendo.

Se sentía como un estudiante de último curso que acaba de ser rechazado por la popular animadora del centro.

—Ha sido muy amable invitándome.

—Claro. Bien..., suerte con los «Warner Brothers».

—Gracias.

—La tendré enterada sobre el sheriff Laurenski.

—Gracias.

Sonrió y ella se sonrió también.

Dio la vuelta y empezó a andar hacia el coche; oyó cerrarse la puerta de la casa. Dejó de andar y se volvió a mirarla.

Un pequeño sapo saltó fuera de las matas al camino por donde iba Tony. Se sentó en el centro y le miró, sus ojos giraron hacia atrás para conseguir el ángulo necesario, su pecho marrón verdoso latía con fuerza, contrayéndose y ensanchándose.

Tony miró al sapo y le preguntó:

—Insistí poco, ¿verdad?

Tras una pausa, el pequeño sapo se decidió a croar.

—¿Qué tengo que perder? —preguntó Tony.

El sapo repitió el sonido.

—A mí también me lo parece. No tengo nada que perder.

Se adelantó al cupido anfibio y llamó. Tuvo la sensación de que Hilary Thomas le observaba por la mirilla y cuando, un segundo más tarde, abrió la puerta, él dijo antes de que ella pudiera hablar:

—¿Soy terriblemente feo?

—¿Qué?

—¿Me parezco a Quasimodo?

—La verdad, yo...

—No me limpio los dientes en público.

—Teniente Clemenza...

—¿Es por ser un poli?

—¿Qué?

—Ya sabe lo que piensa cierta gente.

—¿Qué piensa cierta gente?

—Piensa que los polis son socialmente inaceptables.

—Pero yo no no soy de esa gente.

—¿No es esnob?

—No. Yo sólo...

—Quizá me rechazó porque no tengo mucho dinero ni vivo en Westwood.

—Teniente, he pasado gran parte de mi vida sin dinero, y no siempre he vivido en Westwood.

—Entonces me gustaría saber qué hay de malo en mí —exclamó mirándose burlonamente asombrado.

Hilary le sonrió y negó con la cabeza:

—No hay nada malo, teniente.

—¡Loado sea Dios!

—Realmente he dicho no por una sola razón. No tengo tiempo para...

—Miss Thomas, incluso el Presidente de los Estados Unidos consigue una noche libre de tanto en tanto. Incluso el jefe de la «General Motors» dispone de ocio. Incluso el Papa. Incluso el propio Dios descansó el séptimo día. Nadie puede estar ocupado todo el tiempo.

—Teniente...

—Llámeme Tony.

—Tony, después de lo que he pasado estos dos días, me temo que no sería unos cascabeles.

—Si quisiera ir a cenar para oír cascabeles, me llevaría un grupo de titiriteros.

Hilary volvió a sonreírle y él tuvo que esforzarse por no coger su bello rostro entre las manos y besarlo.

—Lo siento, pero necesito estar sola unos días.

—Eso es exactamente lo que no necesita después de la experiencia pasada. Le hace falta salir, estar entre gente, levantarse la moral. Y no soy yo el único que lo piensa.

Se volvió y mostró el camino tras él.

El sapo seguía allí.

Se había vuelto para mirarlos.

—Pregunte a Mr. Sapo —indicó Tony.

—¿Mr. Sapo?

—Un buen amigo. Una gran persona. —Tony se agachó y miró al sapo—. ¿Verdad que necesita salir y distraerse, Mr. Sapo?

El animal movió lentamente sus pesados párpados y emitió su curioso ruidito oportunamente.

—Está absolutamente en lo cierto. ¿Y no cree que es conmigo con el que debería salir?

—*Crüic-oc* —le contestó.

—Ahhh —dijo Tony asintiendo satisfecho y enderezándose.

—Bien, ¿qué le ha dicho? —preguntó Hilary riendo—. ¿Qué me hará si no salgo con usted? ¿Me saldrán ampollas?

Tony estaba serio.

—Mucho peor que eso. Me ha dicho que se meterá en su casa, subirá a su dormitorio y croará tan fuerte todas las noches que no la dejará dormir hasta que acceda.

—Bien. Me rindo.

—¿Sábado por la noche?

—De acuerdo.

—La recogeré a las siete.

—¿Qué tengo que ponerme?

—Algo sencillo.

—Hasta el sábado a las siete.

Tony se volvió al sapo y le dijo:

—Gracias, amigo.

Hilary se echó a reír y cerró la puerta.

Tony regresó al coche y se metió en él silbando alegre.

Al alejarse de la casa, Frank le preguntó:

—¿De qué se trataba?

—Tengo una cita.

—¿Con ella?

—No va a ser con su hermana.

—Muerto con suerte.

—Sapo con suerte.

—¿Cómo?

—Es una broma.

Pasadas un par de manzanas, Frank dijo:

—Son más de las cuatro. Cuando devolvamos este paquete de hierros al depósito y demos el día por terminado serán las cinco.

—¿Quieres terminar a la hora, por una vez? —preguntó Tony.

—No podemos hacer gran cosa con Bobby Valdez hasta mañana.

—Sí —asintió Tony—. Hagamos locuras.

Unas manzanas más alla, Frank preguntó:

—¿Quieres que nos tomemos unas copas cuando terminemos?

Tony le contempló asombrado. Era la primera vez desde que trabajaban juntos que Frank había sugerido salir después del trabajo.

—Sólo una o dos copas —sugirió Frank—. Si no tienes otro compromiso...

—No, estoy libre

—¿Conoces algún bar?

—Un lugar perfecto. Se llama «The Bolt Hole».

—¿No estará cerca de jefatura? ¿No será un lugar a donde van muchos polis?

—Por lo que yo sé, soy el único representante de la ley que lo frecuenta. Está en el Boulevard de Santa Mónica, cerca de Century City. A un par de manzanas de mi apartamento.

—Parece estupendo —dijo Frank—. Allá nos encontraremos.

El resto del camino hasta el garaje de la Policía lo recorrieron en silencio..., pero un silencio bastante más cordial que en el que habían trabajado antes, aunque silencio al fin y al cabo.

«¿Qué querrá? —se preguntaba Tony—. ¿Por qué la famosa reserva de Frank Howard se habrá venido abajo?»

A las cuatro y media, el forense de Los Ángeles ordenó una autopsia limitada en el cuerpo de Bruno Gunther Frye. En el caso de que fuera posible, el cadáver debía abrirse solamente en la zona de las heridas abdominales, lo bastante para determinar si esos dos cortes habían sido la única causa de su muerte.

El forense no realizaría la autopsia, porque tenía que salir a las cinco y media en un vuelo a San Francisco a fin de participar en una charla. El trabajo fue asignado a un patólogo de su equipo.

El muerto esperaba, junto con otros difuntos, en una habitación fría, sobre una fría camilla, inmóvil debajo de su blanca mortaja.

Hilary Thomas estaba agotada. Cada uno de sus huesos le dolía; cada articulación se le antojaba inflamada. Cada músculo parecía haber pasado por una batidora a toda velocidad y ser reconstruido después. La tensión emocional podía tener el mismo efecto psicológico que un excesivo trabajo físico.

Tenía los nervios a flor de piel, estaba demasiado tensa para que un sueñecito la refrescara. Cada vez que en la gran casa se producía un ruido normal, se preguntaba si sería un crujido del parqué bajo el peso de un intruso. Cuando la brisa suave movía una hoja de palmera o la rama de un pino contra su ventana, imaginaba que alguien estaba cortando un cristal o tanteando una falleba en la ventana. Pero cuando se sucedía un largo período de perfecto silencio, percibía algo siniestro en aquella quietud. Sus nervios estaban más desgastados que las rodillas del pantalón de un penitente.

El mejor remedio que había encontrado para la tensión nerviosa era un buen libro. Repasó las estanterías del estudio y eligió la novela más reciente de James Clavell, una historia compacta situada en Oriente. Se sirvió un vaso de *Dry Sack on the rocks*, se acomodó en el profundo sillón marrón y empezó a leer.

Veinte minutos después, cuando ya empezaba a perderse en la historia de Clavell, sonó el teléfono. Se levantó a cogerlo.

–¿Diga?

No obtuvo respuesta.

–¡Diga!

El que llamaba escuchó unos segundos y luego colgó.

Hilary dejó el aparato y se quedó contemplándolo pensativa. ¿Se habrían confundido de número?

Así sería.

–¿Pero, por qué no lo dijo?

«Hay gente que no sabe disculparse –pensó–. Son mal educados.» Pero ¿y si no se habían equivocado? ¿Y si se trataba... de algo más?

«¡Deja ya de buscar fantasmas en cada sombra! –se reprochó furiosa–. Frye está muerto. Era una mala cosa, pero ya está liquidado. Te mereces un descanso, un par de días para calmar los nervios y recuperar la sensatez. Pero, en este caso, debes dejar de mirar por encima del hombro y seguir con tu vida. Si no lo haces así, acabarás en la celda acolchada.»

Volvió a enroscarse en el sillón; pero sintió un frío que le produjo carne de gallina en los brazos. Fue al ropero y sacó un mantón de punto verde. Volvió al sillón, se envolvió las piernas y sorbió el *Dry Sack*.

Se sumió de nuevo en la lectura de Clavell.

Al momento se había olvidado de la llamada telefónica.

Después de dar la jornada por terminada, Tony se fue a casa, se lavó la cara y cambió el traje por unos tejanos y una camisa azul a cuadros. Cogió una chaqueta ligera, color avellana, y anduvo las dos manzanas hasta «The Bolt Hole».

Frank ya estaba allí, sentado en un rincón al fondo, bebiéndose un whisky escocés.

«The Bolt Hole»... o sencillamente «The Hole», como decían los habituales, era esa cosa rara y a punto de desaparecer: un bar de vecindario. Durante las dos últimas décadas, en respuesta a la fracción y continuada subdivisión de la cultura, la industria tabernaria americana, por lo menos en esa parte de ciudades y suburbios, se había sumido en un frenesí de especializaciones. Pero «The Hole» había superado con éxito la tendencia. No era un bar de *gays*. No era un bar de solitarios, ni de busconas. No era un bar de camioneros, ni de gente del espectáculo, o policías o contables; su clientela era una mezcla representativa de la comunidad. No era un *top-lees* go-go bar. No era un bar de *rock and roll*, ni un bar campesino o del Oeste. Y, gracias a Dios, no era un bar de deportistas con una de esas pantallas de televisión gigantes y la voz de Howard Cosell en sonido estereofónico. «The Hole» no ofrecía nada más que una agradable media luz, limpieza, corrección, taburetes y butacas cómodos y un tocadiscos de tono moderado, perritos calientes y hamburguesas preparados en la minúscula cocina y buenas bebidas a precios razonables.

Tony se deslizó en el banco rinconero, frente a Frank.

Penny, una camarera rubia, con mejillas regordetas y un hoyuelo en la barbilla, se acercó a la mesa. Alborotó el pelo de Tony y le preguntó:

—¿Qué deseas, Renoir?

—Un millón en efectivo, un «Rolls Royce», la inmortalidad y el aplauso de las masas.

—¿Y con qué te conformas?

—Con una botella de «Coors».

—Eso sí podemos servírtelo.

—Tráigame otro escocés —pidió Frank.

Cuando la muchacha se dirigió al bar en busca de sus bebidas, Frank preguntó:

—¿Por qué te ha llamado Renoir?

—Porque era un famoso pintor francés.

—¿Ah?

—Bueno, yo también pinto. Pero no soy ni francés ni famoso. Es la forma que tiene Penny de bromear conmigo.

—¿Pintas cuadros?

—Claro. No pinto paredes.

—¿Y cómo no lo has dicho nunca?

—Alguna vez he hecho observaciones sobre arte. Pero he visto que para ti el tema carecía de interés. La verdad, no podías demostrar menos entusiasmo que si hubiera discutido puntos interesantes de la gramática suahili o del proceso de descomposición en los cadáveres infantiles.

—¿Cuadros al óleo? —insistió Frank.

—Óleo. Tinta y lápiz. Acuarelas. Un poco de cada cosa, pero sobre todo óleos.

—¿Desde cuándo pintas?

—Desde que era niño.

—¿Has vendido muchos cuadros?

—No pinto para vender.

—¿Para qué lo haces entonces?

—Para mi propia satisfacción.

—Me gustaría ver alguna de tus obras.

—Mi museo tiene un horario raro; pero estoy seguro de que podré arreglar una visita.

—¿Museo?

—Mi apartamento. No tengo muchos muebles en él, pero rebosa cuadros.

Penny les trajo las bebidas.

Guardaron silencio un momento; después, conversaron acerca de Bobby Valdez unos minutos; luego, silencio otra vez.

En el bar había dieciséis o dieciocho personas. Algunos habían pedido bocadillos. El aire estaba lleno de aroma de carne asada y cebolla frita que hacía la boca agua. Al fin, Frank dijo:

—Supongo que te estarás preguntando por qué estamos aquí.

—Para tomarnos unas copas.

—Además de eso. —Frank revolvió su bebida; los cubitos de hielo tintinearon—. Tengo algunas cosas que decirte.

—Pensé que me las habías dicho todas esta mañana, en el coche, cuando salimos de «Vee Vee Gee».

—Olvida lo que te dije entonces.

—Tenías derecho a decirlo.

—Estaba lleno de basura.

—No, puede que tuvieras algo de razón.

—Te repito, no soy más que basura.

—De acuerdo —aceptó Tony—, eres basura.

—Hombre, podías haber discutido un poco más.

—Cuando tienes razón, tienes razón.

—Pero estaba equivocado en lo de la Thomas.

—Ya le has pedido perdón, Frank.

—Siento que también debería pedírtelo a ti.

—No es necesario.

—Pero tú comprendiste algo, viste que decía la verdad. Yo ni siquiera lo olí. Seguía una pista equivocada. Demonio, tú me metiste la nariz dentro y ni siquiera el olfato me funcionó.

—Bueno, si nos ceñimos a la imagen nasal, podrías decir que no olfateaste nada porque tu nariz estaba desviada.

Frank asintió. Su rostro ancho parecía adoptar la expresión melancólica de un sabueso.

—Todo por culpa de Wilma. Mi nariz está desviada por culpa de Wilma.

—¿Tu ex mujer?

—Sí. Esta mañana diste en el clavo cuando me dijiste que me había vuelto un hombre que odiaba a las mujeres.

—Lo que te hizo debió de ser muy malo.

—Hiciera lo que hiciera, no es una excusa para lo que he permitido que llegue a ocurrirme.

—Tienes razón.

—Quiero decir, no puedo huir de las mujeres, Tony.

—Están por todas partes.

—¡Cristo! ¿Sabes desde cuándo no me he acostado con una mujer?

—No.

—Desde hace meses. Desde que me dejó, desde cuatro meses antes de que consiguiera el divorcio.

Tony no sabía qué decir. Sentía que no conocía lo bastante a Frank para iniciar una discusión íntima sobre su vida sexual; pero era obvio que el hombre necesitaba desesperadamente alguien que le escuchara y se preocupara.

—Si no vuelvo a normalizarme pronto, lo mejor sería que me hiciera cura.

—Diez meses es mucho tiempo —asintió turbado.

Frank no respondió. Se quedó contemplando su vaso como si mirara una bola de cristal tratando de descubrir el futuro. Estaba claro que quería hablar de Wilma y del divorcio, y de lo que podía hacer a partir de ahora; pero no quería pensar que estaba forzando a Tony a escuchar sus problemas. Tenía mucho orgullo. Quería que le insistieran, contemplaran, abrumaran con preguntas y le murmuraran simpatía y afecto.

—¿Encontró Wilma a otro hombre o qué? —preguntó Tony y al momento se dio cuenta de que había ido al corazón del asunto demasiado de prisa.

Frank aún no estaba dispuesto a comentar aquella parte, y simuló no haber oído la pregunta.

—Lo que me preocupa es cómo todo esto afecta mi trabajo. Siempre he sido bueno en lo que hacía. Casi perfecto, me decía. Hasta el divorcio. Entonces me sentí amargado contra las mujeres, y a continuación contra el mismo trabajo. —Bebió un sorbo largo de whisky—. ¿Y qué demonio ocurrió con el maldito sheriff de Napa County? ¿Por qué iba a mentir para proteger a Bruno Frye?

—Tarde o temprano lo descubriremos.

—¿Quieres otra copa?

—De acuerdo.

Tony se dio cuenta de que se iban a quedar en «The Hole» mucho rato. Frank quería hablar de Wilma, quería desprenderse de todo el veneno acumulado que le iba royendo el corazón desde hacía un año, pero no era capaz de soltarlo más que gota a gota.

Aquel día, la Muerte tenía mucho trabajo en Los Ángeles. Muchos fallecían de muerte natural, claro, y por lo tanto la ley no exigía que pasaran por el bisturí del forense. Pero la oficina médica tenía nueve más que atender. Dos procedían de un accidente de tráfico con cargos por negligencia criminal. Dos hombres muertos por heridas de bala. Una mujer se había ahogado en su propia piscina. Un niño muerto por la paliza de un padre borracho. Y dos jóvenes por lo que parecía ser sobredosis de droga. Y también estaba Bruno Frye.

A las siete y diez de la tarde del jueves, un patólogo con ganas de terminar de una vez con el trabajo, completó una autopsia limitada en el cuerpo de Bruno Gunther Frye, varón, blanco, de cuarenta años. El doctor no consideró necesario diseccionar el cadáver más allá del área abdominal traumatizada, porque rápidamente determinó que el sujeto había perecido por aquellas heridas y nada más. La herida superior no era crítica; el cuchillo rasgó tejido muscular y rozó un pulmón. Pero la herida inferior era un desastre; la hoja había abierto el estómago, atravesando la vena pilórica y estropeado el páncreas entre otras cosas. La víctima había muerto de hemorragia interna.

El patólogo cosió las incisiones que había hecho, así como las dos heridas. Limpió de sangre, bilis y restos de tejidos el estómago reparado y el enorme pecho.

El muerto fue transferido de la mesa de autopsias (que todavía tenía restos rojizos en los desagües de acero inoxidable) a una camilla. Un empleado se la llevó a la sala refrigerada donde otros cuerpos, ya cortados, explorados y vueltos a coser, esperaban pacientemente las ceremonias y las tumbas.

Cuando salió el empleado, Bruno Frye se quedó solo e inmóvil en compañía de los muertos y resignado como no lo había estado en compañía de los vivos.

Frank Howard empezaba a acusar la bebida. Se había quitado la chaqueta y la corbata, y desabrochado los dos primeros botones de la camisa. Su cabello estaba revuelto porque continuamente se pasaba los dedos por él. Tenía los ojos enrojecidos y la cara pastosa. Arrastraba las palabras y de cuando en cuando se repetía, insistiendo en un mismo punto con tanta frecuencia que Tony le espoleaba con dulzura para que siguiera, como si empujara la aguja de un fonógrafo fuera del surco dañado. Por cada cerveza de Tony, se bebía dos vasos de whisky.

Cuanto más bebía, más hablaba de las mujeres de su vida. Cuanto más se acercaba a la borrachera, más se acercaba a la agonía central de su vida: la pérdida de dos esposas.

Durante su segundo año como agente de Policia de uniforme de Los Ángeles, Frank Howard había conocido a su primera mujer, Barbara Ann. Estaba de vendedora en el mostrador de joyería en unos grandes almacenes del centro de la ciudad, y le ayudó a elegir un regalo para su madre. Era tan encantadora, tan menuda, tan bonita, con ojos oscuros, que no pudo resistir invitarla, aunque estaba seguro de que le rechazaría. Pero aceptó. Siete meses después se casaron. Barbara Ann era una planificadora; mucho antes de la boda ya había trazado una detallada agenda para sus primeros cuatro años juntos. Continuaría trabajando en los almacenes, pero no gastarían ni un céntimo de sus ganancias. Todo su dinero lo ingresarían en una cuenta de ahorro que utilizaría más tarde para el depósito de compra de una casa. Intentaría ahorrar lo que pudiera del salario de él instalándose en un apartamento-estudio limpio y barato. Venderían su «Pontiac» porque se tragaba la gasolina y porque vivirían lo bastante cerca del trabajo de Barbara Ann para poder ir andando; el «Volkswagen» de ella bastaría para llevarle y traerle de jefatura y el dinero de la venta del coche sería la base del fondo para la casa. Incluso había planeado los menús diarios para los primeros seis meses, comidas sanas y alimenticias preparadas dentro de un apretado presupuesto. A Frank le hacía gracia esta veta de severa contabilidad, sobre todo porque parecía tan fuera de carácter. Barbara Ann era una mujer despreocupada y alegre, dispuesta a reír, a veces alocada, impulsiva en lo que no fuera económico y una magnífica compañera de cama siempre dispuesta para el amor y muy buena haciéndolo. En lo referente a eso, no era un contable; nunca planeó el amor; solía ser inesperado, sorprendente y apasionado. Pero se propuso comprar una casa sólo después de haber reunido por los menos el cuarenta por ciento del precio de compra. Y sabía exactamente cuántas habitaciones debía tener y el tamaño preciso de cada una de ellas; trazó un plano de la planta, un plano ideal, y lo guardó en un cajón del tocador, sacándolo de tanto en tanto para mirarlo y soñar. Deseaba hijos; pero había decidido no tenerlos hasta que estuviera a salvo en su propia casa. Barbara Ann lo planeó todo para cualquier eventualidad... excepto cáncer. Contrajo una forma virulenta de cáncer linfático, que se le diagnosticó dos años y dos días después de casarse con Frank, y tres meses después estaba muerta.

Tony seguía sentado con la cerveza calentándosele frente a él, escuchando a Frank con la convicción creciente de que era la primera vez que el hombre había compartido su dolor con alguien. Barbara Ann había muerto en 1958, veintidós años atrás, y desde entonces Frank no había contado a nadie el dolor de verla acabarse y morir. Era un dolor jamás mitigado; ardía todavía en él, como había ardido entonces. Bebió más whisky y buscó más palabras para describir su agonía; y Tony estaba sorprendido por la sensibilidad y la profundidad de sentimientos que había ocultado tan bien tras su fuerte cara teutona y aquellos ojos azules generalmente inexpresivos.

La pérdida de Barbara Ann había dejado a Frank débil, desconectado, dolorido, pero había reprimido las lágrimas y la angustia porque temía que, si se dejaba vencer por ellas, no podría volver a controlarse. Había notado en sí mismo impulsos de autodestrucción; una terrible ansia de bebida que nunca, antes de la muerte de su mujer, había experimentado; una tendencia a conducir excesivamente de prisa, sin la menor prudencia; aunque antes había sido un conductor sensato. Para superar su estado de ánimo, para salvarse de sí mismo, había ahogado su dolor en las exigencias del trabajo, había entregado su vida al Departamento, tratando de olvidarse de Barbara Ann en las largas horas de trabajo policial y de estudio. Su pérdida le dejó un hueco que no podía llenarse; pero, con el tiempo, consiguió obstruirlo con un interés obsesivo por el trabajo y con su total dedicación al servicio.

Durante diecinueve años había sobrevivido, incluso medrado, con el régimen monótono del vicio de trabajar. Como agente de uniforme no podía prolongar sus horas de dedicación profesional, así que fue a la escuela cinco noches por semana y los sábados hasta que consiguió la licenciatura de Ciencia de la Criminología. Utilizó su título y su magnífico expediente para llegar al rango de detective de paisano, donde podía seguir trabajando después de horas establecidas sin fastidiar a nadie. Durante sus días de diez, doce y catorce horas de tarea, no pensaba en otra cosa que no fueran los casos que se le habían asignado. Incluso cuando no trabajaba, se dedicaba a meditar acerca de las investigaciones en curso excluyendo todo lo demás, las estudiaba en la ducha y mientras trataba de dormirse, rumiaba las nuevas pruebas mientras desayunaba y en sus cenas tardías. No leía otra cosa que textos de criminología y se documentaba en casos de criminales típicos. Por espacio de diecinueve años fue un policía de policías, un detective de detectives.

Y en todo aquel tiempo, no se tomó a ninguna mujer en serio. No tenía tiempo para citas, y tampoco le parecía bien. No era justo para Barbara Ann. Vivía como célibe durante semanas, después se permitía unas noches de tórrido alivio con una serie de acompañantes de pago. En cierto modo no entendía del todo que el sexo con una prostituta no fuera una traición al recuerdo de Barbara Ann, pero el cambio de dinero por servicios lo transformaba en una transacción estrictamente comercial y no algo del corazón, lo viera como lo viera.

Y entonces conoció a Wilma Compton.

Apoyado en el respaldo del banco en «The Bolt Hole», Frank parecía atragantarse con aquel nombre de mujer. Se pasó la mano por el rostro sudoroso, se pasó los dedos por el pelo, y dijo:

—Necesito un doble más.

Hizo un enorme esfuerzo por articular cada sílaba; pero esto sólo le hacía parecer más borracho que si hubiera arrastrado las palabras o se le hubiera trabado la lengua.

—Claro —dijo Tony—. Otro escocés. Pero también deberíamos comer algo.

—Nada de hambre.

—Hacen excelentes hamburguesas de queso. Pidamos un par, y patatas fritas.

—No. Para mí sólo escocés.

Tony insistió y al fin Frank aceptó la hamburguesa pero no las patatas fritas.

Penny le tomó el encargo; pero cuando oyó que Frank quería otro whisky, no le pareció que fuera una buena idea.

—No he venido conduciendo —le aseguró Frank, insistiendo en cada palabra—. He venido en taxi porque venía dispuesto a emborracharme como un estúpido. Volveré a casa en taxi también. Así que, gordita mía, tráigame otro de esos deliciosos whiskies dobles.

Tony le hizo una señal.

—Si no consigue un taxi, le llevaré yo a su casa.

Les trajo bebidas para los dos. Delante de Tony había aún media cerveza, pero estaba caliente y Penny se la llevó.

Wilma Compton.

Wilma era doce años más joven que Frank, treinta y uno cuando la conoció. Era encantadora, menuda, bonita y de ojos oscuros. Piernas finas. Cuerpo elástico. Caderas excitantes. Un culín monísimo. Cintura estrecha y pechos un poquito grandes para su talla. No era ni tan bonita, ni tan encantadora, ni tan menuda como había sido Barbara Ann. No tenía su rápido ingenio, ni era trabajadora como ella, ni compasiva como Barbara Ann. Pero, superficialmente por lo menos, se pareció lo bastante a la muerta para despertar en Frank el interés por el romance.

Wilma era camarera en un café donde los policías solían almorzar. La sexta vez que atendió a Frank éste la citó y ella dijo sí. En su cuarta salida se acostaron. Wilma tenía la misma ansia y energía y disposición para experimentar que había hecho de Barbara Ann una amante maravillosa. Si a veces Wilma le parecía únicamente preocupada por su propio placer y desinteresada por el de él, Frank trataba de convencerse de que su egoísmo pasaría, que era simplemente el resultado de no haber tenido una relación satisfactoria en mucho tiempo. Además, estaba orgulloso de tener tanta facilidad para excitarla de modo tan completo. Por primera vez desde que durmió con Barbara Ann, el amor entraba en su acto sexual y creyó percibir la misma emoción en la reacción de Wilma. Después de haber dormido juntos durante dos meses, le pidió que se casara con él. Contestó que no y a partir de entonces no quiso salir con él; las únicas veces que podía verla y hablarle era cuando iba al café.

Wilma era admirablemente sincera sobre sus razones para rechazarle. Quería casarse: buscaba con empeño al hombre adecuado; pero este hombre debía tener una buena cuenta bancaria y un muy buen empleo. Un poli, le dijo, jamás ganaría bastante dinero para proporcionarle el tipo de vida que deseaba y la seguridad que quería. Su primer matrimonio había fracasado porque ella y su marido no paraban de discutir sobre facturas y presupuestos. Había descubierto que las preocupaciones financieras destruían el amor de una relación, dejando solamente la cáscara cenicienta de la amargura y el enfado. Había sido una terrible experiencia y tomó la decisión de no volver a pasar por ello nunca más. No excluía la idea de casarse por amor, pero debía haber también seguridad económica. Temía parecer dura; no obstante, se sentía incapaz de sobrellevar el tipo de pesar que había soportado antes. Al hablar de ello, le temblaba la voz y se le llenaban los ojos de lágrimas. No quería arriesgarse, le dijo, a la intolerable disolución triste y deprimente de otro amor por causa de la falta de dinero.

Curiosamente, su determinación a casarse por dinero no disminuyó el respeto que Frank sentía por ella, ni enfrió su ardor. Al haber estado solo tanto tiempo, se hallaba ansioso por continuar sus relaciones, incluso si tenía que llevar el mayor par de gafas color de rosa a fin de mantener la ilusión del romance. Le confesó su situación económica, casi le suplicó que repasara su cuenta de ahorro y los certificados de depósito a corto plazo que sumaban casi treinta y dos mil dólares. Le dijo lo que cobraba y le explicó con detalle que podría retirarse bastante joven aun con una buena pensión, lo bastante para emplear parte de sus ahorros en poner un negocio y ganar más dinero. Si seguridad era lo que buscaba, él era su hombre.

Treinta y dos mil dólares y una pensión de la Policía no eran suficientes para Wilma Compton.

—Quiero decir que no está mal, pero no tienes ni una casa ni nada, Frank. —Acarició un buen rato las libretas de ahorro como si aquello le produjera un placer sexual, pero se las devolvió, añadiendo—: Lo siento, Frank. Pero quiero encontrar algo mejor que esto. Soy joven aún y represento cinco años menos de los que tengo. Me queda tiempo, un poco más de tiempo para seguir buscando. Y me temo que treinta y dos mil dólares no es gran cosa hoy en día. No sería suficiente para sacarnos de una crisis. Y no quiero comprometerme contigo si hay la menor posibilidad de que pudiera... volverme odiosa... y mezquina... como la otra vez que me casé.

Se quedó abrumado.

—¡Cristo, me estaba portando como un imbécil! —gimió Frank gol-

peando la mesa con el puño para dar más fuerza a su imbecilidad—.
Me había convencido de que era igual a Barbara Ann, algo especial,
algo raro y precioso. Hiciera lo que hiciera, por dura que fuera, por
vulgar o insensible, siempre le encontraba excusas. Excusas inefables. Excusas imaginativas, bellas, complicadas. Estúpido. ¡Era estúpido, estúpido, como una bestia, Jesús!

—Lo que hiciste era comprensible.

—Fui un imbécil.

—Llevabas solo muchísimo tiempo. Habías tenido dos años tan
maravillosos con Barbara Ann que pensabas que nunca encontrarías
nada tan bueno, y no querías conformarte con menos. Así que dejaste el mundo fuera. Te convenciste de que no necesitabas a nadie.
Pero todos necesitamos a alguien, Frank. Todos necesitamos preocuparnos por alguien. El hambre de amor y de compañerismo es tan
natural en nuestra especie como la necesidad de comida y agua. Así
que la necesidad fue creciendo en ti, Frank, en todos aquellos años
y cuando viste alguien que se parecía a Barbara Ann, cuando viste a
Wilma, no pudiste contenerte más. Diecinueve años de hambre y
necesidad hirvieron en ti de repente. Estabas destinado a obrar
como un loco. Habría sido magnífico si Wilma hubiera sido una
buena mujer merecedora de todo lo que le ofrecías. Pero, sabes, lo
que me sorprende es que alguien como Wilma no te hubiera echado
la zarpa antes.

—Fui un necio.

—No.

—Un idiota.

—No, Frank. Eras humano. Nada más. Solamente humano, como
somos todos.

Penny trajo las hamburguesas de queso.

Frank encargó otro doble.

—¿Quieres saber lo que hizo cambiar a Wilma? —preguntó Frank—.
¿Quieres saber por qué decidió finalmente casarse conmigo?

—Claro. Pero primero cómete la hamburguesa.

Frank la ignoró.

—Mi padre murió y me lo dejó todo. Al principio, pareció que
iban a ser unos treinta mil pavos, pero después descubrí que el viejo
había reunido un montón de pólizas de seguro de vida, de cinco y
diez mil dólares, en los últimos treinta años. Pagados los impuestos,
el dinero sumaba unos noventa mil dólares.

—¡Que me aspen!

—Con lo que ya tenía —continuó Frank— el total era suficiente para Wilma.

—Te hubiera ido mejor si tu padre hubiera muerto pobre —observó Tony.

Los ojos enrojecidos de Frank se llenaron de lágrimas, y por un momento pareció que se iba a echar a llorar. Pero parpadeó rápidamente y contuvo las lágrimas. En una voz cargada de desesperación dijo:

—Me avergüenza admitirlo, pero cuando descubrí la cantidad de dinero de la herencia, dejó de importarme que el viejo hubiera muerto. Las pólizas de seguros llegaron una semana después de enterrarle y al momento pensé: *Wilma*. De pronto me sentí tan condenadamente feliz que no podía parar. Por lo que yo sentía, mi padre podía llevar veinte años muerto. Ahora se me revuelve el estómago al pensar cómo me comporté. Quiero decir, mi padre y yo no éramos muy afines pero le debía mucho más de lo que le di. ¡Jesús, no fui más que un egoísta hijo de perra, Tony!

—Todo pasó, Frank, todo pasó —le tranquilizó Tony—. Como te he dicho, estabas algo enloquecido. No eras del todo responsable de tus actos.

Frank se cubrió el rostro con ambas manos y así se quedó por unos minutos, temblando, pero sin llorar. Por fin levantó la cabeza y dijo:

—Así que cuando vio que casi tenía ciento veinticinco mil dólares, Wilma deseó casarse conmigo. En ocho meses me dejó limpio.

—Pero no eran bienes gananciales. ¿Cómo pudo llevarse más de la mitad de lo que tenías?

—Oh, no se llevó nada en el divorcio.

—¿Cómo?

—Ni un céntimo.

—¿Por qué?

—Porque ya no quedaba nada.

—¿Nada?

—Nada.

—¿Se lo gastó?

—Lo robó —murmuró Frank.

Tony dejó su hamburguesa y se secó la boca:

—¿Que lo robó? ¿Cómo?

Frank estaba muy borracho, pero de pronto habló con impresionante precisión y claridad. Para él parecía de suma importancia que esta acusación, más que cualquier otro detalle de la historia, fuera bien comprendida. No le había dejado nada más que su indignación y ahora deseaba compartirla con Tony.

—Tan pronto como volvimos de nuestra luna de miel, me anunció que se haría cargo de la contabilidad. Se ocuparía de todos nuestros asuntos bancarios, vigilaría nuestras inversiones, equilibraría las cuentas corrientes. Se apuntó en un cursillo de planificación de inversiones y preparó un presupuesto detallado. Se lo tomó muy en serio, y yo estaba encantado porque se parecía tanto a Barbara Ann.

—¿Le habías contado que Barbara Ann se había ocupado de estas cosas?

—¡Sí! ¡Cielos, sí! Le di todas las facilidades para que me dejara sin un céntimo. Ya lo creo.

De pronto, Tony había perdido el apetito. Frank se pasó una mano temblorosa por el pelo:

—Verás, no tenía motivos para sospechar de ella. Quiero decir que era buenísima conmigo. Aprendió a cocinar lo que me gustaba. Siempre, al llegar a casa, quería saber lo que había hecho, y lo escuchaba tan interesada... No quería mucha ropa, ni joyas, ni nada. Salíamos a cenar o al cine de cuando en cuando; pero siempre decía que era tirar el dinero; decía que era igualmente feliz quedándose en casa conmigo, viendo la televisión juntos, o hablando. No tenía la menor prisa por comprar una casa. Era... cómoda. Cuando llegaba a casa agotado, me daba masajes. Y en la cama... era fabulosa. Era perfecta. Excepto... excepto que todo el tiempo que cocinaba, escuchaba, me daba masajes y me atontaba el cerebro, estaba...

—Vaciando las cuentas corrientes conjuntas.

—Hasta el último dólar. Todo, excepto diez mil dólares que estaban metidos en un certificado de depósito a largo plazo.

—¿Y entonces, se marchó?

Frank se estremeció:

—Un buen día llegué a casa y encontré una nota suya. Decía: «Si quieres saber dónde estoy, llama a este número y pregunta por Mr. Freyborn.» Freyborn era un abogado. Le había contratado para gestionar el divorcio. Me quedé anonadado. Quiero decir, no tenía la menor sospecha... En todo caso, Freyborn se negó a decirme dónde estaba. Dijo que sería un caso sencillo porque no quería pensión, ni nada, de mí. No quería ni un céntimo, explicó Freyborn. Sólo deseaba liberarse. Me hirió fuerte. Muy fuerte. Jesús, no entendía lo que yo podía haberle hecho. Por algún tiempo, casi enloquecí, buscando qué había hecho mal. Pensé que tal vez podía cambiar, aprender a ser mejor y recuperarla. Y entonces..., dos días después, cuando necesité llenar un cheque, descubrí que en la cuenta quedaban sólo tres dólares. Fui al banco y después a la compañía de préstamo y ahorro, y entonces comprendí por qué no quería ni un penique. Ya se los había llevado todos.

—¿No dejarías que se saliera con la suya?

Frank bebió unos sorbos. Se hallaba sudando. Su rostro estaba blanco como una sábana.

—Al principio, me quedé como atontado y... bueno, no sé... pensé en el suicidio, supongo. No, no intenté matarme, pero tampoco me importaba vivir. Estaba ido, como en trance.

—Pero te recobraste.

—En parte. Todavía sigo medio tonto. Aunque estoy saliendo de ello. Después, sentí vergüenza. Vergüenza por haberle dejado que hiciera eso conmigo, por ser tan idiota, tan estúpido hijo de perra. No quería que nadie lo supiera. Ni siquiera mi abogado.

—Ésta es la primera cosa realmente estúpida que hiciste. Comprendo todo lo demás, pero eso...

—Pensé que si dejaba que todo el mundo supiera cómo Wilma me había jodido, la gente pensaría que todo lo que yo había dicho de Barbara Ann también era mentira. Creí que supondrían que Barbara Ann me había estado estafando lo mismo que Wilma, y para mí era importante, más importante que nada en el mundo, que el recuerdo de Barbara Ann siguiera siendo intachable. Sé que ahora parece una locura, pero así lo veía entonces.

Tony no sabía qué decirle.

—Así que el divorcio fue como una seda. No hubo discusiones largas sobre detalles de pensión. En realidad no volví a ver a Wilma excepto unos minutos ante el tribunal, y no he hablado con ella desde la mañana en que se marchó.

—¿Y ahora dónde está? ¿Lo sabes?

Frank terminó su whisky. Cuando habló su voz sonó distinta, baja, casi un murmullo, no como si quisiera ocultar el resto de la historia a los demás clientes del «Hole», sino como si ya no le quedaran fuerzas para hablar en un tono de voz normal.

—Una vez terminado el divorcio, sentí curiosidad. Pedí un pequeño préstamo sobre el certificado de depósito que no se había llevado y contraté un investigador privado para que averiguara dónde estaba y lo que hacía. Me trajo un montón de noticias. Muy interesantes. Volvió a casarse nueve días después de obtenido el divorcio. Un tipo llamado Chuck Pozley, de Orange County. Tiene una de esas salas de juegos electrónicos en un centro comercial de Costa Mesa. Vale ochenta o setenta mil dólares. Al parecer, Wilma pensaba seriamente casarse con él cuando yo heredé de mi padre. Así que lo que hizo fue casarse conmigo, sangrarme hasta dejarme sin nada y marcharse con mi dinero a reunirse con ese Chuck Pozley. Utilizaron parte del capital para abrir dos salas más de juego y parece que les va muy bien.

—¡Cielos! —exclamó Tony.

Aquella misma mañana no sabía apenas nada de Frank Howard, y ahora lo conocía casi todo. Más de lo que quería saber. Era un buen oyente y esto representaba a la vez su virtud y su maldición. Su anterior compañero, Michael Savatino, solía decirle que era un buen detective en gran parte porque la gente confiaba en él y les gustaba, y estaban dispuestos a hablarle de casi todo. Y la razón de que estuvieran dispuestos a ello era, en opinión de Michael, porque sabía escucharles. Y una persona que sabe escuchar es algo maravilloso y raro en un mundo de interés propio, promoción propia y amor propio. Tony escuchaba de buen grado y con atención a todo tipo de personas porque, como pintor fascinado por esquemas ocultos, buscaba el esquema general del significado y existencia humanos. Incluso ahora, mientras oía el relato de Frank, pensó en una frase de Emerson que había leído tiempo atrás: *La Esfinge debe resolver su propio acertijo. Si toda la historia está en un hombre, toda ella debe explicarse desde su experiencia individual.* Cada hombre, mujer o niño, era un enigma fascinante, un gran misterio, y Tony pocas veces se aburría con sus historias.

Hablando aún tan bajo que Tony tenía que inclinarse hacia él para oírle, Frank le explicó:

—Pozley sabía lo que Wilma me tenía preparado. Parece ser que se veían un par de días a la semana mientras yo estaba en el trabajo. Durante todo el tiempo que jugó a ser la esposa perfecta, me iba robando hasta el último céntimo y follaba con ese Pozley. Cuanto más lo pensaba, más loco me volvía, hasta que al fin decidí contar a mi abogado lo que debía haberle contado desde el principio.

—¿Pero no era demasiado tarde?

—Eso es lo que ocurrió. Podía haber iniciado una acción criminal contra ella; pero el hecho de no haberla acusado de robo antes, durante los procedimientos del divorcio, hubiera pesado contra mí. Me hubiera gastado la mayor parte del dinero que me quedaba en facturas de abogados, y probablemente habría perdido ante los tribunales. Así que decidí olvidarlo. Opté por sumirme en mi trabajo como había hecho cuando la muerte de Barbara Ann. Pero estaba más destrozado de lo que suponía. Ya no podía hacer bien mi labor. Cada mujer con quien tenía que tratar..., no sé. Supongo que..., bueno, veía a Wilma en todas las mujeres. Si tenía la menor excusa, me ponía rabioso con las que debía interrogar, después, al poco tiempo, me fui volviendo brutal con todos los testigos, tanto hombres como mujeres. Empecé a perder la perspectiva, a pasar por alto indicios que un niño hubiera notado... Sentía una animosidad endiablada contra mi compañero, y aquí me tienes... —Su voz bajó más y abandonó su esfuerzo por hablar con claridad, sus palabras empezaron a embarullarse—. Después de la muerte de Barbara Ann, tenía por lo menos mi trabajo. Tenía algo. Pero Wilma se lo llevó todo. Me arrebató mi dinero y mi dignidad. Ahora es como si nada me importase ya. —Se levantó y se quedó de pie balanceándose como un muñeco con muelles en los pies—. Perdona. Tengo que hacer pis.

Salió dando traspiés en dirección al lavabo, dejando un margen exagerado a todo el que se encontraba en su camino.

Tony suspiró y cerró los ojos. Se hallaba cansado, de cuerpo y de espíritu.

Penny paró junto a su mesa y le dijo:

—Le harás un favor si te lo llevas a casa ahora. Por la mañana se encontrará igual que un bicho medio muerto.

—¿Cómo se siente un bicho medio muerto?

—Mucho peor que un bicho sano, y muchísimo peor que un bicho muerto.

Tony pagó la cuenta y esperó a que su compañero apareciera. Después de cinco minutos de espera, recogió la chaqueta y la corbata de Frank y fue en su busca.

El lavabo de caballeros era pequeño: una taza, un urinario y un lavamanos. Olía muchísimo a desinfectante perfumado de pino y un poquitín a orina.

Frank se encontraba frente a una pared cubierta de inscripciones y de espaldas a la puerta cuando entró Tony. Estaba dando golpes con las manos abiertas contra la pared, por encima de su cabeza, con ambas manos a la vez, haciendo un ruido con sus fuertes palmadas que resonaba en la estrecha estancia de alto techo. ¡BAM-BAM-BAM-BAM-BAM! No podía oírse desde el bar, por las conversaciones y la música, pero allí hería el oído de Tony.

—¿Frank?

¡BAM-BAM-BAM-BAM-BAM-BAM-BAM!

Tony fue hacia él, le puso una mano en el hombro, lo apartó suavemente de la pared y le hizo dar la vuelta.

Frank estaba llorando. Tenía los ojos enrojecidos y llenos de lágrimas. Unos gruesos lagrimones le resbalaban por el rostro. Tenía los labios hinchados y la boca estremecida de pesar. Pero lloraba en silencio, sin sollozos, ni gemidos, con la voz ahogada en el fondo de su garganta.

—Está bien —le dijo Tony—. Todo se arreglará. No necesitas a Wilma. Estás mucho mejor sin ella. Tienes amigos. Te ayudaremos, Frank, si nos lo permites. Yo te ayudaré. Te tengo afecto, Frank. De verdad que me importas.

Frank cerró los ojos. Se le venció la boca y sollozó; pero todavía en extraño silencio, haciendo ruido sólo cuando recobraba el aliento. Tendió la mano, en busca de apoyo, y Tony le rodeó con su brazo.

—Quiero ir a casa —farfulló Frank—. Lo único que quiero es ir a casa.

—Está bien. Te llevaré a casa. Aguanta.

Con los brazos de ambos sosteniéndose, como viejos camaradas de guerra, abandonaron «The Bolt Hole». Recorrieron el par de manzanas hasta el apartamento donde vivía Tony y subieron al jeep que éste poseía.

Estaban a mitad de camino del piso de Frank, cuando respiró profundamente y dijo:

—Tony..., tengo miedo.

Tony le miró.

Frank estaba acurrucado en su asiento. Se veía pequeño y débil; su ropa parecía demasiado grande para él. Las lágrimas brillaban en su rostro.

—¿De qué tienes miedo? —le preguntó Tony.

—No quiero estar solo —confesó Frank llorando, temblando por efecto del exceso de bebida, y temblando también por algo más, un oscuro temor.

—No estás solo.

—Tengo miedo de... morir solo.

—Ni estás solo, ni te vas a morir, Frank.

—Todos envejecemos... tan de prisa. Y después... quiero que alguien esté conmigo.

—Encontraremos a alguien.

—Quiero alguien que me recuerde y me quiera.

—No te preocupes —intentó tranquilizarle Tony.

—Me asusta.

—Encontrarás a alguien.

—Nunca.

—Sí. Ya lo verás.

—Nunca. Nunca —murmuró Frank cerrando los ojos y apoyando la cabeza contra la ventanilla.

Cuando llegaron a su apartamento, Frank dormía como un niño. Tony trató de despertarle. Pero veía que su compañero no acababa de estar en sus cabales. Dando tropezones, murmurando y exhalando profundos suspiros. Se dejó despertar a medias, casi llevar hasta la puerta del apartamento. Tony lo apoyó contra la pared, al lado de la puerta, lo sostuvo con una mano y con la otra revolvió en sus bolsillos hasta encontrar la llave. Cuando por fin llegaron al dormitorio, Frank se derrumbó sobre el lecho, desmadejado, y empezó a roncar.

Tony lo desnudó y lo dejó en calzoncillos. Apartó la colcha, empujó a Frank sobre las sábanas de abajo, le cubrió con la otra sábana y le echó una manta encima. Frank se limitó a acomodarse y roncar.

En la cocina, en un cajón junto al fregadero, Tony encontró un lápiz, un bloc de papel y un rollo de cinta adhesiva. Escribió una nota para Frank y la pegó a la nevera.

Querido Frank:
Cuando por la mañana despiertes, vas a recordar cuanto me dijiste y te sentirás avergonzado. No te preocupes. Lo que me contaste quedará estrictamente entre nosotros. Mañana te confiaré tremendos secretos míos y así estaremos en paz. Después de todo, para la limpieza del alma son precisamente los amigos.

TONY

Al salir cerró la puerta con llave.

Mientras iba hacia su casa, pensó en el pobre Frank, que estaba solo por completo, y se dio cuenta de que su propia situación no era mucho mejor. Su padre vivía aún; pero se hallaba bastante enfermo por aquellos días y lo más probable era que no viviese más de cinco años, diez a lo sumo. Los hermanos y hermanas de Tony se encontraban repartidos por todo el país, y ninguno de ellos era del todo afín a él. Tenía muchos amigos, pero no son sólo amigos lo que uno quiere junto a sí al hacerse viejo y sentirse morir. Comprendía lo que Frank había querido decir. Cuando uno se encuentra en el lecho de muerte hay sólo ciertas manos que uno desea retener y que pueden infundir valor: las manos del cónyuge, de los hijos o de los padres. Se percató de que se estaba montando una vida que, al completarla, podría ser un templo, hueco, de soledad. Tenía treinta y cinco años, todavía joven, pero nunca había pensado en serio en el matrimonio. De pronto, tuvo la sensación de que el tiempo se le escapaba entre los dedos. ¡Los años pasaban tan de prisa! Le parecía que hacía un año que había cumplido veinticinco; pero había transcurrido una década.

«Quizás Hilary Thomas sea la única —pensó al detenerse en el aparcamiento frente a su casa—. Es especial. Lo veo. Muy especial. Puede que ella también crea que yo soy especial. Podría salirnos bien. ¿No es verdad?»

Permaneció un momento sentado en el jeep, mirando al cielo, pensando en Hilary y en hacerse viejo y morir solo.

A las diez y media, cuando Hilary Thomas estaba ya enfrascada en la novela de James Clavell y terminando su cena de manzanas y queso, sonó el teléfono.

—Diga.

No había más que silencio al otro extremo de la línea.

—¿Quién está al aparato?

Nada.

Colgó con fuerza el auricular. Eso es lo que aconsejan que se haga cuando se recibe una llamada amenazadora u obscena. Colgar. No alentar al que llama. Colgar al momento y con fuerza. Seguro que le había proporcionado un buen dolor de oído; pero ni eso la hizo sentirse mejor.

Estaba segura de que no era una llamada equivocada. No iba a serlo dos veces en una misma noche y sin excusarse en ninguna de las dos ocasiones. Además, percibió una cierta amenaza en aquel silencio, una amenaza no formulada.

Incluso después de haber sido nominada para el premio de la Academia, no había sentido, en ningún momento, la necesidad de un número de teléfono secreto. Los escritores no son celebridades en el mismo sentido que los actores o incluso directores. El público en general nunca recordaba, ni le importaba, quién ganó el galardón por el guión de una película de éxito. La mayoría de los escritores tenían números que no constaban en la guía porque se les antojaba prestigioso; si el número no figuraba daba la impresión de que el agobiado escritor estaba tan ocupado con proyectos importantes que no le quedaba tiempo ni para la menor llamada no esperada. Pero ella no tenía un problema de ego de aquel tipo, y dejar que su nombre se encontrara en la guía telefónica resultaba tan anónimo como suprimirlo.

Claro, puede que ahora ya no fuera así. Quizá los reportajes de los medios de comunicación sobre sus dos encuentros con Bruno Frye la habían transformado en objeto de interés general, lo que no habían conseguido sus dos afortunados guiones. La historia de una mujer defendiéndose de un supuesto violador y matándolo la segunda vez... podría resultar fascinante para cierto tipo de mentes enfermas. Podía hacer que algún animal de los que andan sueltos por ahí sintiera la necesidad de demostrar que podía tener éxito donde Bruno Frye había fracasado.

Decidió llamar a las oficinas de la compañía telefónica a primera hora de la mañana y pedir que le dieran un número nuevo que no constara en ninguna parte.

A medianoche, el depósito de cadáveres de la ciudad estaba, según el propio ayudante del forense lo había descrito, silencioso como una tumba. El corredor, a media luz, se hallaba también en silencio. El laboratorio a oscuras. La habitación llena de cadáveres permanecía fría y sin luz, y no se oía más que el zumbido que escapaba de los agujeros que proyectaban aire helado.

Cuando la noche del jueves pasó a viernes por la mañana, sólo había un hombre de guardia en el depósito. Se encontraba en una pequeña estancia adyacente al despacho del forense, sentado en una butaca de respaldo con muelles, ante una fea mesa de metal y chapa de nogal. Se llamaba Albert Wolwicz. Contaba veintinueve años, estaba divorciado, y era padre de una única hija llamada Rebecca. Su mujer había obtenido la custodia de la chica. Ambas vivían ahora en San Diego. A Albert no le importaba trabajar en el turno de los cadáveres. Estuvo un rato ocupándose del archivo; luego, escuchó la radio, volvió a dedicarse al archivo y después leyó unos capítulos de una novela, muy buena, de Stephen King sobre vampiros en Nueva Inglaterra; y si la ciudad se mantenía fresca de noche, si los maderos de uniforme y los chicos de la furgoneta no empezaban a traerle camillas procedentes de luchas callejeras o accidentes de carretera, su guardia sería deliciosa hasta la hora de marcharse.

Diez minutos después de medianoche sonó el teléfono.

Albert lo cogió.

—Depósito.

Silencio.

—Diga —insistió Albert.

El hombre al otro extremo de la línea gimió dolorido y se echó a llorar.

—¿Quién llama?

El que llamaba lloraba tanto que no pudo responder.

—¿Quién llama?

El otro no pudo contestar de intenso que era su llanto.

Los sonidos torturados eran casi una parodia del dolor, unos sollozos exagerados e histéricos, lo más extraño que Albert había oído jamás.

—Si me dijera lo que le ocurre, tal vez podría ayudarle.

Colgaron.

Albert contempló el aparato durante unos minutos, finalmente se encogió de hombros y puso el auricular en su soporte.

Intentó seguir la historia de Stephen King donde la dejó; pero no podía olvidar que tuvo la impresión de que algo se arrastraba tras la puerta que estaba a su espalda. Se volvió a mirar lo menos media docena de veces; pero nunca vio nada ni a nadie allí.

CAPÍTULO 4

Viernes por la mañana.

Las nueve.

Dos hombres de la «Funeraria de Angels Hill», al oeste de Los Ángeles, llegaron al depósito de la ciudad para hacerse cargo del cuerpo de Bruno Gunther Frye. Eran asociados de la «Funeraria Forever View» de la ciudad de Santa Helena, donde había vivido el difunto. Uno de los hombres de «Angels Hill» firmó el necesario papel de entrega y ambos trasladaron el cadáver desde el frigorífico al coche fúnebre, un «Cadillac».

Frank Howard no parecía sufrir de resaca. Su tez no tenía aquel tono sin vida, posjuerga, sino que se hallaba coloreada y presentaba un aspecto sano. Sus ojos azules estaban claros. Al parecer la confesión es tan buena para el alma como asegura el refrán.

Primero en la oficina, luego en el coche, Tony percibió la vergüenza que había anticipado, por lo que hizo cuanto pudo para que Frank se sintiera cómodo. Con el tiempo, Frank pareció darse cuenta de que nada había cambiado, para mal, entre los dos; en realidad, su asociación parecía funcionar mejor que en los últimos tres meses. A media mañana, habían establecido un grado de comunicación que les permitiría aprender a trabajar juntos como si se tratara de un solo organismo. Todavía no actuaban con la perfecta armonía que Tony había experimentado con Michael Savatino; pero ahora no parecía que existiera ningún obstáculo para el desarrollo de un profundo compañerismo. Necesitaban algún tiempo para adaptarse el uno al otro, sólo unos meses; pero de momento compartirían un lazo psíquico que haría su trabajo muchísimo más fácil que en el pasado.

El viernes por la mañana trabajaron en pistas del caso Bobby Valdez.

No había muchas que seguir y las dos primeras no les llevaron a ninguna parte.

El Departamento de Coches a Motor y su informe sobre Juan Mazqueza, fue la primera decepción. Al parecer, Bobby Valdez había utilizado un certificado de nacimiento falso y un documento de identidad falso para conseguir un permiso de conducir a nombre de Juan Mazqueza. Pero la última dirección que el Departamento pudo proporcionarles era aquella de la que Bobby se había marchado en julio, «Apartamentos Las Palmeras», en La Brea Avenue. Había otros dos Juan Mazqueza en los archivos. Uno tenía diecinueve años y vivía en El Fresno. El otro Juan era de Tustin y tenía sesenta y nueve años. Ambos poseían coches matriculados en California, pero ninguno de los dos era propietario de un «Jaguar». El Juan Mazqueza que había vivido en La Brea Avenue jamás había matriculado ningún coche, lo que indicaba que Bobby Valdez había comprado el «Jaguar» sirviéndose de otro nombre falso. Era evidente que disponía de una magnífica fuente para obtener documentación falsa.

Callejón sin salida.

Tony y Frank regresaron a la lavandería «Vee Vee Gee» para interrogar a los empleados que habían trabajado con Bobby cuando ya utilizaba el nombre de Mazqueza. Tenían la esperanza de que alguien hubiera seguido en contacto con él después de haber abandonado aquel trabajo y supiera dónde vivía ahora. Pero todos dijeron que Juan había sido un solitario; nadie sabía adónde había ido.

Callejón sin salida.

Después de salir de «Vee Vee Gee», fueron a almorzar a una tortillería que le gustaba a Tony. Además del comedor principal, tenía una terraza de ladrillo, al aire libre, donde había media docena de mesas bajo sombrillas a listas blancas y azules. Tony y Frank comieron ensalada y tortilla de queso bajo la brisa tibia del otoño.

—¿Tienes alguna cosa que hacer mañana por la noche? —preguntó Tony.

—¿Yo?

—Sí.

—No. Nada.

—Bien. He organizado algo.

—¿Qué?

—Una cita a ciegas.

—¿Para mí?

—Tú eres la mitad.

—¿Hablas en serio?

—La he llamado esta mañana.

—Olvídalo.

—Es perfecto para ti.

—No puedo soportar los arreglos.

—Es una mujer estupenda.

—No me interesa.

—Y encantadora.

—No soy un niño.

—¿Quién ha dicho que lo seas?

—No necesito que me arregles una cita con nadie.

—A veces, un tipo lo hace por un amigo. ¿No crees?

—Puedo encontrar mis propias acompañantes.

—Sólo un loco rechazaría a esta señora.

—Entonces soy un loco.

Tony suspiró.

—Como quieras.

—Mira, lo que te dije anoche en «The Bolt Hole»...

—¿Sí?

—No buscaba simpatía.

—Todo el mundo la necesita de cuando en cuando.

—Sólo quería que comprendieras por qué había estado de tan mal humor.

—Y lo comprendo.

—No quise darte la impresión de que soy un desgraciado, ni un imbécil que cae siempre con el tipo de mujer que menos le conviene.

—No me diste esa impresión.

—Jamás me había derrumbado así.

—Lo creo.

—Ni nunca... había llorado así.

—Lo sé.

—Supongo que estaría agotado.

—Claro.

—O que se debió a tanta bebida.

—Puede.

—Bebí mucho anoche.

—Mucho.

—El alcohol me puso sentimental.

—Puede ser.

—Pero ahora estoy perfectamente.

—¿Quién ha dicho lo contrario?

—Puedo arreglar mis propias citas, Tony.

—Lo que tú digas.

—¿De acuerdo?

—De acuerdo.

Y se concentraron en sus tortillas de queso.

Por los alrededores, había muchos edificios comerciales y docenas de secretarias con trajes vistosos circulaban por las aceras camino de su almuerzo.

Las flores bordeaban la terraza del restaurante y perfumaban el aire saturado de sol.

El ruido de la calle era típico de Los Ángeles. No se trataba del incesante estruendo de frenos y ladridos de bocinas que se oía en Nueva York, en Chicago y en la mayoría de las ciudades. No se percibía más que el zumbido hipnótico de los motores. Y el chasquido rápido de los coches al pasar. Un ronroneo adormecedor. Sedante. Como el murmullo de las olas en la playa. Producido por máquinas, pero en cierto modo natural, primario. Algo sutil indeciblemente erótico. Incluso los ecos del tráfico se adecuaban al carácter subtropical de la ciudad.

Pasados unos minutos de silencio, Frank dijo:

—¿Cómo se llama?

—¿Quién?

—No te hagas el listo.

—Janet Yamada.

—¿Japonesa?

—¿Te suena a italiana?

—¿Cómo es?

—Inteligente y guapa.

—¿Qué hace?

—Trabaja en el Ayuntamiento.

—¿Cuántos años tiene?

—Treinta y seis, treinta y siete...

—¿No es demasiado joven para mí?

—¡Sólo tienes cuarenta y cinco, por el amor de Dios!

—¿De qué la conoces?

—Salimos una temporada —explicó Tony.

—¿Qué fue mal?

—Nada. Descubrimos que éramos mejores amigos que amantes.

—¿Crees que me gustará?

—Estoy seguro.

—¿Y le gustaré?

—Si no te metes los dedos en la nariz o comes con las manos.

—Está bien —accedió Frank—, saldré con ella.

—Si va a resultar una ordalía, para ti, mejor que lo olvidemos.

—No. Saldré. Estará todo bien.

—No tienes que hacerlo sólo por complacerme.

—Dame su número de teléfono.

—Todo esto me preocupa —dijo Tony—. Siento como si te forzara a hacer algo.

—No me has forzado a nada.

—Creo que debería llamarla y cancelar el arreglo —insistió Tony.

—No, óyeme, yo...

—Me parece que no debo meterme a casamentero. Lo hago fatal.

—¡Maldita sea, pero yo sí quiero salir con ella!

Tony sonrió:

—Lo sé.

—¿Acaso he sido manipulado?

—Tú mismo te has manipulado.

Frank trató de aparentar enfado pero no pudo. Por el contrario, sonrió.

—¿Quieres que salgamos a cuatro el sábado?

—Ni hablar. Tienes que arreglártelas tú solo, amigo.

—Además —observó Frank—, no quieres compartir a Hilary Thomas con nadie.

—Exactamente.

—¿Crees que puede salir bien entre los dos?

—Parece como si se tratara de planes matrimoniales. No es más que una salida.

—Pero aunque sea sólo una salida, ¿no será... raro?

—¿Por qué iba a serlo? —preguntó Tony.

—Bueno, con todo ese dinero que tiene.

—Esa observación es lo más machista que he oído.

—¿No temes que se te hará difícil?

—Cuando un hombre tiene algo de dinero, ¿acaso está limitado a salir con mujeres que tengan la misma cantidad?

—Es diferente.

—Cuando un rey decide casarse con una empleada, lo consideramos muy romántico. Pero cuando una reina quiere casarse con un tendero creemos que se está dejando engañar como una tonta. Doble interpretación. Clásica.

—Bien..., buena suerte.

—Y a ti también.

—¿Dispuesto para volver al trabajo?

—Sí —contestó Tony—. Encontremos a Bobby Valdez.

—El juez Crater sería más fácil.

—O Amelia Earhart.

—O Jimmy Hoffa.

Viernes por la tarde.

A la una.

El cuerpo estaba tendido sobre una mesa de embalsamar en la «Funeraria de Angels Hill», al oeste de Los Ángeles. Una etiqueta prendida del dedo gordo del pie derecho identificaba al cadáver como a Bruno Gunther Frye.

Un técnico mortuorio preparaba el cuerpo para su envío a Napa County. Lo bañó en un desinfectante de larga duración. Los intestinos y otros órganos abdominales blandos fueron retirados del muerto a través del único agujero natural disponible, y tirados. Debido a las heridas del cuchillo y a la autopsia practicada la noche anterior, no había en el cuerpo mucha sangre u otros fluidos; pero lo poco que quedaba fue desalojado y reemplazado por el líquido de embalsamar.

El técnico iba silbando una canción de Donny y Marie Osmond mientras trabajaba en el muerto.

La «Funeraria de Angels Hill» no se hacía cargo del maquillaje del cadáver. Esto lo haría el especialista de Santa Helena. El técnico de «Angels Hill» se limitó a cerrar definitivamente los ojos sin vista, y cosió los labios con una serie de puntadas interiores que fijaron eternamente una vaga sonrisa en la amplia boca. Era un trabajo bien hecho; ninguno de los deudos descubriría las suturas... si había algún deudo en el duelo.

A continuación, el difunto fue envuelto en una mortaja blanca y opaca y colocado en un barato ataúd de aluminio que reunía las mínimas condiciones de cierre y construcción exigidas por el Estado para el traslado de un cuerpo muerto en cualquiera de los medios de transporte público. En Santa Helena, sería transferido a un ataúd mejor, uno que fuera elegido por los parientes o amigos.

A las cuatro del viernes por la tarde, el cuerpo fue llevado al Aeropuerto Internacional de Los Ángeles y colocado en la bodega de

172

carga de un «Jet» de «California Airways» con destino a Monterrey, Santa Rosa y Sacramento. En la segunda escala, sería desembarcado.

El viernes a las seis y media, en Santa Rosa, no esperaba nadie de la familia a Bruno Frye en el pequeño aeropuerto. No tenía parientes. Era el último de su linaje. Su abuelo sólo había traído una hija al mundo, una hija preciosa llamada Katherine, y ésta no tuvo descendencia. Bruno era adoptado. Jamás se había casado.

Tres personas esperaban junto a la pista tras la pequeña terminal, y dos de ellas eran de la «Funeraria Forever View». Mr. Avril Thomas Tannerton era el dueño de «Forever View», que servía a Santa Helena y a las comunidades circundantes de esa parte de Napa Valley. Tenía cuarenta y tres años, era guapo, un poco fuerte pero no gordo, con gran cantidad de cabello rubio rojizo, infinidad de pecas, ojos vivaces y una sonrisa cálida que tenía dificultad en reprimir. Había venido a Santa Rosa con su ayudante de veinticuatro años, Gary Olmstead, un hombre delgado que sólo hablaba con los muertos que atendía. Tannerton recordaba a un muchacho del coro, con un barniz de genuina piedad sobre un fondo de picardía de buena ley; pero Olmstead tenía la cara larga, lúgubre, ascética, muy adecuada para su profesión.

El tercer hombre era Joshua Rhinehart, el abogado local de Bruno Frye y administrador de la fortuna Frye. Contaba sesenta y un años, y su aspecto hubiera contribuido a una carrera, coronada por el éxito, como diplomático o político. Llevaba el cabello, espeso y blanco, peinado hacia atrás descubriendo frente y sienes, no blanco de cal, ni blanco amarillento, sino blanco plateado. La frente ancha. La nariz larga y altiva. Mandíbula y barbilla fuertes. Ojos color café, claros y rápidos.

El cuerpo de Bruno Frye fue trasladado del avión al coche mortuorio y después llevado a Santa Helena. Joshua Rhinehart le seguía en su propio coche.

Ni el negocio ni las obligaciones personales habían exigido el viaje de Joshua a Santa Rosa con Avril Tannerton. A lo largo de los años, había trabajado muchísimo para «Viñedos Shade Tree», la compañía que había pertenecido a la familia Frye por tres generaciones; pero desde hace tiempo atrás había dejado de necesitar el dinero que aquella finca le proporcionaba, pues la verdad era que le proporcionaba más quebraderos de cabeza de lo que valía. Continuaba ocupándose de los asuntos de la familia Frye, en gran parte porque recordaba que treinta y cinco años antes, cuando se debatía por crear un buen bufete en la rural Napa County, le había sido de valiosa ayuda la decisión de Katherine

Frye de confiarle todos los asuntos legales de la familia. El día anterior, al enterarse de que Bruno Frye estaba muerto, no lo sintió. Ni Katherine ni su hijo adoptivo le habían inspirado jamás el menor afecto, y por supuesto ellos tampoco le habían animado a mantener lazos de cordial amistad. Joshua acompañó a Avril Tannerton al aeropuerto de Santa Rosa solamente porque quería estar en situación de dirigir la llegada del cadáver en caso de que algún periodista apareciera y tratara de transformar el acontecimiento en una función de circo. Aunque Bruno había sido un hombre inestable, un hombre enfermizo, quizás un hombre maligno, Joshua estaba decidido a que el entierro se llevara a cabo con dignidad. Creía debérselo al muerto. Además, durante parte de su vida, Joshua había sido un firme defensor y promotor de Napa Valley, defendiendo a la vez su calidad de vida y su magnífico vino, y no deseaba ver la entera trama de la comunidad manchada por los actos criminales de un hombre.

Por suerte no hubo un solo periodista en el aeropuerto.

Regresaron a Santa Helena entre sombras y luz mortecina, al este de Santa Rosa, cruzando la punta sur de Sonoma Valley hasta llegar a los siete kilómetros y medio de anchura de Napa Valley; luego, hacia el norte en medio de aquel resplandor púrpura amarillento. Mientras seguía el coche mortuorio, Joshua iba admirando el paisaje, algo que le había ido haciendo cada vez más feliz en los últimos treinta y cinco años. Los altos picos de las montañas estaban cubiertos de pinos, abetos y abedules, iluminados solamente en sus crestas por el sol poniente, ya invisible. Estas escarpaduras eran baluartes, se dijo Joshua, grandes murallas que los aislaban de las influencias corruptas de un mundo menos civilizado que el que quedaba dentro. Por debajo de las montañas, las ondulantes colinas estaban salpicadas de robles de negros troncos cubiertos de largas hierbas secas que, a la luz del día parecían rubias y suaves como seda dorada, pero que ahora, a la caída de la tarde que les chupaba el color, la hierba brillaba oscura, agitada por el ir y venir de una suave brisa. Más allá de los límites de las curiosas aldeas, interminables viñedos escalaban las colinas y cubrían casi toda la tierra llana. En 1880, Rober Louis Stevenson había escrito sobre Napa Valley: «Un rincón de tierra tras otro se planta con un tipo de uva tras otro. Ésta no vale, ésta es mejor; la tercera es mejor todavía. Así, poco a poco, van tanteando en busca de su Clos Vougeot y Lafitte... y el vino es poesía embotellada.» Cuando Stevenson estaba de luna de miel en el valle y escribía *Silverado Squatters*, había menos de dos mil hectáreas de viñas. A la llegada de la Gran Plaga, la Prohibición, en 1920, había habido cinco mil hectáreas de viñedos productores de uva vinícola. Hoy en día, había quince mil hectáreas produciendo uvas más dulces y menos ácidas que las que crecían en cualquier parte del mundo, y tanta tierra fértil como en todo el Valle de Sonoma, que era dos veces mayor que el de Napa. Incrustadas entre los viñedos había grandes bodegas y casas, algunas de ellas antiguas abadías, monasterios y misiones de estilo español; otras, construidas según diseños claros y modernos. Gracias a Dios, pensó Joshua, sólo un par de las nuevas bodegas habían optado por un estilo fábrica que era un insulto para la vista y un manchón en el valle. La mayor parte de las edificaciones complementaban o por lo menos no desentonaban, en la deslumbrante belleza natural de este único y paradisíaco lugar. Siguiendo al coche mortuorio en dirección a «Forever View», Joshua vio que se encendían luces en las ventanas de las casas, luces de un amarillo pálido que daban una sensación de calor y civilización en la noche. El vino es poesía embotellada, pensó Joshua, y la tierra de la que procede es la mayor obra de arte de Dios. Mi tierra, mi hogar. Qué suerte tengo de estar aquí cuando hay tantos lugares menos atractivos, menos acogedores, donde podía haber caído.

Como en un ataúd de aluminio, muerto.

«Forever View» estaba a unos doscientos metros detrás de la autovía de dos sentidos, al sur de Santa Helena. Era una gran casa blanca, de estilo colonial, con una calzada de acceso circular, indicada por un elegante cartel pintado en blanco y verde. Al caer la tarde, un solo foco de luz blanca daba una dulce iluminación al cartel; y una larga hilera de faroles marcaba la calzada circular con una curva de luz ambarina.

Tampoco había reporteros esperando en «Forever View». Joshua estaba encantado viendo que la Prensa de Napa County compartía evidentemente su firme aversión a la publicidad innecesaria.

Tannerton condujo el coche mortuorio hacia la parte de atrás de la gran casa blanca. Olmstead y él hicieron que el ataúd se deslizara a un carretón y lo llevaron al interior.

Joshua se reunió con ellos en el obrador mortuorio.

Se había hecho un esfuerzo para dar a la estancia un aire alegre. El techo estaba cubierto de losetas acústicas de bonito diseño. Las paredes estaban pintadas de azul claro, el azul de un huevo de petirrojo, el azul de una mantita infantil, el azul de una vida nueva. Tannerton pulsó un interruptor en la pared y los altavoces estereofónicos dejaron oír una música deliciosa, una música brillante, ni sombría, ni pesada.

A Joshua, por lo menos, el lugar le olía a muerte pese a todo lo que

Tannerton había hecho para hacerlo acogedor. El aire conservaba algo del olor del fluido de embalsamar, y por encima se notaba un perfume dulzón de aerosol de claveles que no hacían sino recordarle las coronas funerarias. El suelo era de brillantes losetas de cerámica blanca, recién lavada, un poco resbaladizas para el que no calzara zapatos de suela de goma; Tannerton y Olmstead las llevaban; pero no Joshua. Al principio, el mosaico daba la impresión de claridad y limpieza; pero Joshua comprendió que era un suelo meramente utilitario; debía de tener una superficie a prueba de manchas que resistiera el efecto corrosivo de la sangre, bilis y otras sustancias más nocivas.

Los clientes de Tannerton, los parientes de los muertos, no entrarían jamás en esta estancia, porque en ella la amarga verdad de la muerte era demasiado evidente. En la parte delantera de la casa estaban los salones decorados con cortinajes de terciopelo color vino, gruesas alfombras, paneles de madera oscura y lámparas de cobre, donde la luz era mitigada y artísticamente arreglada y donde las frases «desaparecer» y «llamados por Dios a su seno» podían tomarse en serio; en los salones de la parte delantera, la atmósfera empujaba a creer en el cielo y en la ascensión del espíritu. Pero en el obrador de suelo de mosaico blanco, con el persistente hedor del líquido de embalsamar y el brillante despliegue de instrumentos de embalsamador en bandejas de esmalte, la muerte se hacía deprimentemente clínica e indiscutiblemente final.

Olmstead abrió el ataúd de aluminio.

Avril Tannerton desplegó el sudario de plástico, dejando al descubierto el cuerpo, a partir de la cadera.

Joshua contempló el cadáver amarillento y se estremeció:

—¡Horrible!

—Sé que es un momento de prueba para usted —murmuró Tannerton en estudiado tono lúgubre.

—En absoluto —protestó Joshua—. No voy a ser hipócrita y a fingir dolor. Conocía muy poco acerca de este hombre, y lo poco que sabía no me gustaba precisamente. Nuestra relación era estrictamente comercial.

Tannerton parpadeó:

—Ah, bien... En ese caso, tal vez prefiera que nosotros nos ocupemos de todo lo relacionado con el entierro a través de uno de los amigos del muerto.

—No creo que los tenga —dijo Joshua.

Por un instante, volvieron a mirar el cadáver. Silenciosos.

—¡Horrible! —repitió Joshua.

—Naturalmente —observó Tannerton—, no se ha hecho nada de maquillaje. Absolutamente nada. Si hubiera podido traérmelo inmediatamente después de la muerte, habría tenido mejor aspecto.

—¿Puede... hacerse algo con él?

—Por supuesto, pero no va a ser fácil. Lleva muerto un día y medio, y aunque le han mantenido en refrigeración...

—Estas heridas —comentó Joshua con voz gruesa, contemplando con morbosa fascinación el vientre, terriblemente marcado—. Santo Dios, cómo lo cortó.

—La mayor parte de los cortes los hizo el forense —explicó Tannerton—. Éste pequeño lo hizo el cuchillo y éste también.

—El patólogo realizó un buen trabajo con la boca —observó Olmstead apreciativo.

—Sí, es verdad —asintió Tannerton tocando los labios del difunto—. No es corriente encontrar un forense con sentido estético.

—Raro —corroboró Olmstead.

—Todavía se me hace difícil creerlo —musitó Joshua, meneando la cabeza.

—Cinco años atrás —dijo Tannerton— enterré a su madre. Entonces lo conocí. Me pareció algo... raro. Pero me figuré que sería la tensión y la pena. Era un hombre tan importante, una figura de tal relieve en la comunidad.

—Frío. Era un hombre frío e introvertido en extremo. Mal bicho en los negocios. Ganarle la batalla a un competidor no era siempre suficiente para él. A poco que pudiera, prefería destruirlo del todo. Siempre creí que era capaz de crueldad y violencia física. ¿Pero intentar violar? ¿Intentar matar?

Tannerton miró a Joshua y le manifestó:

—Mr. Rhinehart, he oído comentar con frecuencia que usted se expresaba sin rodeos. Tiene la reputación, la muy admirada reputación de decir lo que piensa con toda claridad sin importarle las consecuencias. Pero...

—¿Pero qué?

—Pero tratándose de un muerto, ¿no cree que debería...?

—Mire, hijo, soy un viejo canalla peleón y no del todo admirable. ¡Muy lejos de ello! Mientras mi arma sea la verdad, no me importa herir los sentimientos de los vivos. He hecho llorar a niños y he hecho llorar a dulces abuelitas de pelo blanco. Siento poca compasión por imbéciles e hijos de perra cuando están en vida, así que ¿por qué voy a mostrar más respeto por los muertos?

—Yo no estoy acostumbrado a...

—Claro que no lo está. Su profesión exige hablar bien de los falleci-
dos, sin tener para nada en cuenta lo que pueden haber sido y las cosas
horrendas que puedan haber hecho. No se lo reprocho. Es su trabajo.

Tannerton no supo qué objetar. Bajó la tapa del ataúd.

—Pasemos a los arreglos —ordenó Joshua—. Me gustaría ir a casa y cenar... si me queda algo de apetito una vez salga de aquí.

Se sentó en un alto taburete junto a una vitrina que contenía más
instrumental del oficio.

Tannerton dio unos pasos frente a él, hecho un pecoso manojo de
energía.

—¿Es importante para usted que dejemos la visión habitual?

—¿La visión habitual?

—El ataúd abierto. ¿Le parecería ofensivo si lo suprimiéramos?

—Ni siquiera se me había ocurrido pensarlo.

—Voy a serle sincero. No sé hasta qué punto... dejaré presentable al
difunto —se excusó Tannerton—. La gente de «Angels Hill» no presta-
ron suficiente atención a su aspecto cuando lo embalsamaron. Su rostro
parece haber encogido algo. No me gusta. Decididamente, estoy disgustado. Podría intentar rellenarlo un poco; pero un remiendo así
nunca queda bien. En cuanto al maquillaje... Bueno..., también ha
transcurrido demasiado tiempo. Quiero decir que, por lo visto, estuvo
dos horas al sol después de morir, antes de que lo encontraran. Y después dieciocho horas en frigorífico antes de que se llevara a cabo el em-
balsamamiento. Desde luego, puedo hacer que tenga mejor aspecto que
ahora. Pero en cuanto a devolver a su rostro el brillo de la vida... Verá,
después de todo lo que ha pasado, después de las temperaturas extre-
mas, y después de tanto tiempo, la textura de la piel ha cambiado sus-
tancialmente; no admitirá ni maquillaje ni polvos. Yo creo que...

Joshua, que empezaba a marearse, interrumpió:

—Cierre el ataúd.

—¿Sin visión?

—Sin visión.

—¿Está seguro?

—Por completo.

—Bien. Veamos... ¿Quieren que se le entierre vestido con un traje?

—¿Lo cree necesario, dado que el ataúd no va a abrirse?

—Para mí resultaría más fácil si le pusiéramos una de mis túnicas funerarias.

—Me parece bien.

—¿Blanca o de un bonito azul oscuro?

—¿Tiene usted algo a lunares?

—¿A lunares?

—¿O a rayas naranjas y blancas?

La sonrisa fácil de Tannerton asomó tras su expresión de director funerario, y se esforzó por hacerla desaparecer. Joshua sospechó que, en su vida particular, Avril era un hombre divertido, el tipo de hola-chico-bienvenido que sería un buen compañero de copas. Aunque parecía como si creyera que su imagen pública le exigiera mostrarse en todo momento sombrío y sin humor. Se quedó visiblemente turbado cuando se distrajo y dejó que apareciera el Avril íntimo, cuando sólo podía mostrarse como el hombre público. Joshua se dijo que era el inevitable candidato a una depresión esquizofrénica.

—Que sea la blanca —decidió Joshua.

—¿Y el féretro? Qué estilo le...

—Lo dejo a su elección.

—Bien. ¿Qué límite de precio?

—Que sea lo mejor. La fortuna se lo permite.

—Según el rumor, es de dos o tres millones.

—Probablemente el doble.

—Pues no parecía vivir de acuerdo con ello.

—Ni murió de acuerdo.

Tannerton reflexionó un instante, y preguntó:

—¿Algún servicio religioso?

—No iba a ninguna iglesia.

—¿Quiere que me ocupe yo de la oración?

—Como quiera.

—Haremos un pequeño servicio de enterramiento. Leeré un pasaje de la Biblia, o tal vez un simple fragmento de algo no denominativo.

Se pusieron de acuerdo para fijar una hora para el entierro: el domingo a las dos de la tarde. Bruno descansaría junto a Katherine, su madre adoptiva, en el «Memorial Park» de Napa County.

Al levantarse Joshua para irse, Tannerton le dijo:

—Espero que haya encontrado mis servicios a su gusto, hasta el momento, y le aseguro que haré cuanto esté en mi mano para que todo salga a la perfección.

—Bien; pero me ha convencido de una cosa. Mañana mismo redactaré un nuevo testamento. Cuando llegue mi hora, por Dios que quiero ser incinerado.

—Podemos ocuparnos de ello —ofreció Tannerton.

—No me atosigue, hijo. No me atosigue.

Tannerton se ruborizó:

—Oh, no quería decir que...

—Lo sé. Lo sé. Tranquilo.

Tannerton se aclaró la garganta, nervioso:

—Yo..., bien..., le acompañaré hasta la puerta.

—No hace falta. Ya la encontraré.

Fuera, detrás de la funeraria, la noche era profunda y oscura. Sólo había una bombilla de cien vatios sobre la puerta trasera. Su luz iluminaba nada más que unos pocos pasos de aquella negrura aterciopelada.

A última hora de la tarde se había levantado viento y con la noche se había vuelto más fuerte. El aire era turbulento y frío; silbaba y gemía.

Joshua anduvo hasta su coche, estacionado algo más allá del escaso resplandor y, al abrir la portezuela, tuvo la extraña sensación de que le observaban. Miró hacia la casa; pero no había un solo rostro en las ventanas.

Algo se movió en la oscuridad. A unos treinta pasos. Cerca del garaje. Joshua lo percibió más que verlo. Forzó la vista pero su visión no era lo que había sido; no podía distinguir nada raro en la noche.

«Sólo el viento —pensó—. El viento pasando entre los árboles y arbustos o empujando un periódico caído, o un trozo de rama seca.»

Pero volvió a percibir el movimiento. Esta vez lo vio. Estaba agachado junto a una hilera de arbustos que arrancaban del garaje. No pudo verlo con detalle. Era nada más que una sombra, una mancha apenas un poco más clara que la capa azul negra de la noche, tan suave, abultada y borrosa como las otras sombras... excepto que ésta se movía.

«No es más que un perro —pensó Joshua—. Un perro vagabundo. O tal vez un chiquillo haciendo alguna fechoría.»

—¿Hay alguien ahí?

Sin respuesta.

Se alejó unos pasos del coche.

La sombra se escurrió diez o doce pasos, a lo largo de los arbustos. Se paró en una profunda bolsa de oscuridad, todavía agazapado, vigilante.

«Nada de perro —se dijo Joshua—. Demasiado grande para perro. Algún niño. Probablemente preparando una trastada. Con una fechoría entre ceja y ceja.»

—¿Quién está ahí?

Silencio.

—Venga ya.

Nada. Sólo el susurro del viento.

Joshua se dirigió hacia la sombra entre las sombras, pero de pronto se detuvo por el instintivo conocimiento de que aquella cosa era peligrosa. Terriblemente peligrosa. Mortal. Experimentó todas las reacciones animales, involuntarias, ante semejante amenaza; un estremecimiento le recorrió el espinazo; la piel del cráneo pareció tensarse; el corazón empezó a latirle con fuerza; se le secó la boca; las manos se curvaron como garras y su oído pareció más aguzado que un minuto antes. Joshua se inclinó y alzó los hombros, buscando inconscientemente una posición defensiva.

—¿Quién está ahí? —repitió.

La cosa dio media vuelta y atravesó los arbustos con violencia. Salió corriendo a través de los viñedos que bordeaban la finca de Avril Tannerton. Por unos segundos, Joshua pudo distinguir el ruido, en disminución, de las pisadas de huida, y el lejano jadeo. Después, el viento fue el único sonido de la noche.

Mirando un par de veces por encima del hombro, volvió junto al coche. Entró y se encerró por dentro.

El encuentro empezaba a parecerle irreal, cada vez más como un sueño. ¿Hubo alguien realmente en la oscuridad, esperando, acechando? ¿Había habido algo peligroso allí en medio, o fue su imaginación? Después de pasar media hora en el escalofriante obrador de Avril Tannerton, podía imaginarse a un hombre saltando al oír extraños ruidos y empezar a buscar criaturas monstruosas entre las sombras. Al notar Joshua que se relajaba, al tranquilizarse su corazón, empezó a tacharse de tonto. La amenaza que había sentido con tanta intensidad parecía, en retrospectiva, una alucinación producida por la noche y el viento.

Tal vez había sido un chiquillo. Un arrapiezo.

Puso el coche en marcha y se dirigió a casa, sorprendido y divertido por el efecto que el obrador de Tannerton había producido en él.

El sábado por la noche, a las siete en punto, Anthony Clemenza llegó a Westwood, a la casa de Hilary, en un jeep azul.

Hilary salió a recibirle. Llevaba un traje recto de seda verde esmeralda, de manga larga y estrecha y un escote lo bastante generoso para ser atractivo, pero no excesivo. Hacía más de catorce meses que no había tenido ninguna cita, y casi había olvidado cómo vestirse para ese ritual. Se pasó dos horas eligiendo qué ponerse, tan indecisa como una colegiala. Había aceptado la invitación de Tony porque le pareció el hombre más interesante que había visto en dos años... y también porque trataba de superar su tendencia a esconderse del resto del mundo. Se había sentido picada por el comentario de Wally Topelis, el cual le había dicho que usaba su virtud de independencia como excusa para ocultarse de la gente, y ella reconoció que era verdad.

Evitaba hacer amigos y encontrar enamorados, porque temía el dolor que sólo los amigos y los enamorados pueden causar con su rechazo y abandono. Pero a la vez que se protegía del dolor, se negaba al placer de relacionarse con buenas personas que no la traicionarían. Al crecer junto a unos padres violentos y borrachos, había aprendido que las exhibiciones de afecto solían ir seguidas de estallidos de ira y rabia, así como de castigos inesperados.

Nunca temió arriesgarse en su trabajo y en asuntos de negocios; ahora era el momento de aplicar el mismo espíritu de aventura a su vida personal. Al acercarse rápidamente al jeep azul, moviendo ligeramente las caderas, se sintió angustiada por tener que correr el riesgo emocional que la danza de apareamiento traía consigo, pero también se sentía fresca y femenina y bastante más feliz de lo que había sido en mucho tiempo.

Tony se apresuró hacia la puerta del pasajero para abrírsela. Inclinándose le dijo:

—La carroza real espera.

—Oh, debe de haber algún error. No soy la reina.

—A mí me lo parece.

—No soy más que una humilde sierva.

—Pero muchísimo más guapa que la reina.

—Será mejor que ella no le oiga decir eso. Seguro que le cortaría la cabeza.

—Demasiado tarde.

—¿Por qué?

—Ya he perdido la cabeza.

Hilary gruñó.

—¿Demasiado almibarado?

—Necesitaré algo de limón para compensarlo.

—Pero le ha gustado.

—Sí, lo confieso. Creo que me encanta la adulación —declaró subiéndose al jeep en un revuelo de seda verde.

Mientras iban en dirección al Westwood Boulevard, Tony le preguntó:

—¿No está ofendida?

—¿Por qué iba a estarlo?

—Por este carro.

—¿Cómo podría sentirme ofendida por un jeep? ¿Acaso habla? ¿Tiene tendencia a insultar?

—Pero no es un «Mercedes».

—Y un «Mercedes» no es un «Rolls» y un «Rolls» no es un «Toyota».

—Noto algo muy Zen en todo esto.

—Si cree que soy una esnob, ¿por qué me ha invitado?

—No creo que sea una esnob. Pero Frank dice que nos sentiremos incómodos porque usted tiene más dinero que yo.

—Bien, basándome en mi experiencia con él, yo diría que los juicios de Frank sobre la gente no son muy acertados.

—Tiene sus problemas —explicó Tony torciendo a la izquierda, hacia Wilshire Boulevard—. Pero los está superando.

—Admito que éste es un coche que no abunda en Los Ángeles.

—Las mujeres suelen preguntarme si es mi otro coche.

—A mí no me importa que lo sea o no.

—Dicen que en Los Ángeles uno es lo que conduce.

—¿Es eso lo que se dice? Entonces usted es un jeep. Y yo un «Mercedes». Somos coches, no gente. Deberíamos ir a una estación de engrase para que nos cambien el aceite en lugar de acudir a un restaurante a cenar. ¿No le parece lógico?

—Tal vez. La verdad, tengo un jeep porque me gusta ir a esquiar tres o cuatro fines de semana cada invierno. Con este trasto sé que podré cruzar los puertos de montaña, por malo que se ponga el tiempo.

—Siempre he querido aprender a esquiar.

—Le enseñaré. Pero tendrá que esperar unas semanas. De todos modos, no tardará mucho en haber nieve en Mammoth.

—Parece estar muy seguro de que sigamos siendo amigos dentro de unas semanas.

—¿Y por qué no íbamos a serlo? —preguntó Tony.

—A lo mejor nos peleamos tan pronto lleguemos al restaurante esta noche.

—¿Por qué motivo?

—Política.

—Creo que todos los políticos son canallas ansiosos de poder, demasiado incompetentes para anudarse siquiera los cordones de los zapatos.

—Yo también.

—Soy un libertario.

—Yo más o menos también.

—Se acabó la discusión.

—Podríamos pelear sobre religión.

—Me crié como católico, pero en este momento no soy nada, creo.

—Ni yo.

—Parece que no valemos para discutir.

—Bueno, puede que seamos del tipo de gente que pelea por nimiedades, por cosas intrascendentes.

—¿Cuáles, por ejemplo?

—Bueno, ya que vamos a un restaurante italiano, puede que le guste el pan de ajos; pero yo lo aborrezco.

—¿Y nos pelearemos por eso?

—Por eso o por los fettuccini o los manicotti.

—No. A donde vamos, le encantará todo. Espere y verá.

La llevó al «Ristorante de Savatino» en el Boulevard de Santa Mónica. Era un lugar íntimo, que sólo podía sentar a sesenta comensales, pero que en cierto modo parecía albergar sólo la mitad; era acogedor, confortable, el tipo de establecimiento en que uno podía perder la noción del tiempo y pasar seis horas en una cena si los camareros no le echaban fuera. La luz era tamizada y cálida. Las grabaciones de ópera, insistiendo en Gigli, Carusso y Pavarotti, eran lo bastante fuertes para oírse y apreciarse pero no tan fuertes como para impedir las conversaciones. Quizás había excesiva decoración pero parte de ella, un espectacular mural, era maravilloso en opinión de Hilary. La pintura cubría una pared entera y era una representación de los placeres más conocidos del estilo de vida italiana: uvas, vino, pasta, mujeres de ojos negros, hombres morenos y guapos, una abuela gorda y adorable, un grupo de gente bailando al son de un acordeón, una comida bajo los olivos, y mucho más. Hilary jamás había visto nada tan realista y estilizado a la vez; ni abstracto ni impresionista, sino una extraña variante del surrealismo, como si fuera una colaboración locamente imaginativa entre Andrew Wyeth y Salvador Dalí.

Michael Savatino, el propietario, que resultó ser un antiguo policía muy divertido, abrazó a Tony, tomó la mano de Hilary y se la besó, dio un leve puñetazo a la barriga de su amigo y le recomendó pasta para engordarle, insistiendo en que pasaran a la cocina y vieran la nueva cafetera en la que hacía los mejores cappuccini. Al salir de la cocina, la esposa de Michael, una atractiva rubia llamada Paula, apareció y se repitieron los besos, los abrazos y los cumplidos. Por fin Michael cogió a

Hilary del brazo y la acompañó, a ella y a Tony, a una mesa rinconera. Ordenó al *maître* que trajera dos botellas de Biondi Santi Brunello di Montelcino, esperó el vino y él mismo lo descorchó. Después de llenar las copas y brindar, los dejó, tras guiñar el ojo a Tony en señal de aprobación, y viendo que Hilary había observado el guiño, se echó a reír y le guiñó también.

—Parece un hombre estupendo —comentó cuando Michael se hubo alejado.

—Es un gran tipo —aseguró Tony.

—Le tiene mucho afecto, ¿verdad?

—Lo quiero mucho. Fue un compañero perfecto mientras trabajamos juntos en homicidios.

Se enfrascaron en una discusión tranquila acerca del trabajo policial y la escritura de guiones. Era fácil hablar con Tony, y Hilary tuvo la impresión de haberlo conocido desde años atrás. No hubo ninguna de las torpezas que suelen desbaratar una primera salida.

En un momento dado la vio contemplar el mural:

—¿Le gusta ese mural? —le preguntó.

—Es soberbio.

—¿Sí?

—¿No está de acuerdo?

—Sí, no está mal —respondió Tony.

—Mejor que «no está mal». ¿Quién lo ha pintado? ¿Lo conoce?

—Algún artista en apuros. Lo pintó a cambio de cincuenta cenas gratis.

—¿Sólo cincuenta? Michael obtuvo una ganga.

La comida era casi tan buena como la conversación. El entrante fue ligero, consistió en dos *crêpes* panzudas, una llena de auténtico queso ricotta, la otra con una sazonada mezcla de carne picada, cebolla, pimienta, champiñones y ajo. Sus ensaladas fueron enormes y frescas mezcladas con láminas de setas crudas. Tony eligió el plato fuerte, Ternera Savatino, una *specialità* de la casa: una ternera blanca, increíblemente tierna, con una salsa oscura, cebollitas y tiras de calabacín asado. El café a la italiana era excelente.

Cuando, finalizada la cena, miró el reloj, Hilary se asombró al ver que eran las once y diez.

Michael Savatino se detuvo junto a su mesa para disfrutar de sus alabanzas y dijo a Tony:

—Es el veintiuno.

—Oh, no. Veintitrés.

—No según mis cuentas.

—Tus cuentas están mal.

—Veintiuno —insistió Michael.

—Veintitrés. Y debería ser veintitrés y veinticuatro. Han sido dos cenas, después de todo.

—No, no. Contamos la vista, no el número de comidas.

Hilary, desconcertada, dijo:

—Me estoy volviendo loca o esta conversación no tiene pies ni cabeza.

Michael hizo un gesto, exasperado con Tony. Explicó a Hilary:

—Cuando pintó el mural, quise pagarle con dinero, pero él no lo consintió. Dijo que cambiaba la pintura por unas cenas gratis. Insistí en cien visitas gratis. Él dijo veinticinco. Finalmente nos pusimos de acuerdo en cincuenta. No valora su trabajo y eso me pone furioso.

—¿Tony pintó el mural?

—Sí. ¿No se lo ha dicho?

—No.

Miró a Tony y éste sonrió avergonzado.

—Por eso conduce ese jeep —explicó Michael—. Cuando quiere subir a las colinas para pintar la Naturaleza, el jeep le puede llevar a cualquier parte.

—Me dijo que era porque le gusta esquiar.

—También. Pero sobre todo para ir a pintar a la montaña. Debería estar orgulloso de su trabajo. Pero es más fácil arrancar un diente a un cocodrilo que hacerle hablar de su pintura.

—Soy un aficionado —protestó Tony—. Nada más deprimente que un aficionado dando rienda suelta a la lengua acerca de «su arte».

—Este mural no es un trabajo de aficionado —declaró Michael.

—Desde luego que no —asintió Hilary.

—Sois mis amigos —dijo Tony—, así que, como es natural, os mostráis más que generosos en vuestras alabanzas. Y ni uno ni otro estáis cualificados para ser críticos de arte.

—Ganó dos premios —explicó Michael a Hilary.

—¿Premios?

—Nada importante —replicó Tony.

—En ambas ocasiones fue nombrado el mejor de toda la exposición.

—¿Qué exposiciones fueron? —preguntó Hilary.

—Poca cosa.

—Sueña con ganarse la vida como pintor —explicó Michael—: pero no hace nada por conseguirlo.

—Porque no es más que un sueño —observó Tony—. Sería un loco si creyera en serio que podría hacerlo.

—Nunca lo ha intentado —dijo Michael a Hilary.

—Un pintor no cobra su cheque semanal. Ni tiene seguridad médica. Ni retiro.

—Pero si solamente vendieras dos obras al mes por la mitad de lo que valen, obtendrías más de lo que ganas como policía.

—Y si no vendiera nada en un mes, ni en dos, ni en seis, ¿quién me pagaría el alquiler?

—Su apartamento se encuentra abarrotado de cuadros, uno encima de otro —explicó Michael a Hilary—. Está sentado sobre una fortuna, pero se niega a hacer nada.

—Exagera —dejó caer Tony.

—¡Bah, me rindo! —exclamó Michael—. Puede que usted sea capaz de hacerle entrar en razón, Hilary. —Y al alejarse de su mesa, añadió—: Veintiuno.

—Veintitrés —insistió Tony.

Más tarde, ya en el jeep, cuando la llevaba a casa, Hilary le preguntó:

—¿Por qué no quiere por lo menos visitar las galerías de arte y ver si alguna se interesa?

—No lo harán.

—Pero puede preguntar, por lo menos.

—Hilary, no soy lo bastante bueno.

—El mural es excelente.

—Hay una enorme diferencia entre murales para un restaurante y el arte de verdad.

—Aquel mural es arte puro.

—Tengo que repetir que no es experta en pintura.

—Pero compro cuadros tanto por placer como por inversión.

—¿Con la ayuda de un director de galería de arte para la inversión?

—En efecto. Wyant Stevens de Beverly Hills.

—Entonces el experto es él, no usted.

—¿Por qué no le enseña algo de lo que hace?

—No soporto que me rechacen.

—Apuesto a que no lo hará.

—¿Podemos dejar de hablar de mi pintura?

—¿Por qué?

—Porque me aburre.

—Es complicado.

—Y aburrido.

—¿De qué hablaremos?

—Veamos. ¿Por qué no hablamos de si va a invitarme o no a tomar un coñac?

—¿Quiere entrar a beber un coñac?

—¿Brandy?

—Es lo que tengo.

—¿Qué marca?

—«Remy Martin».

—El mejor —rió—. Pero, bueno, no sé. Se está haciendo muy tarde.

—Si no entra, tendré que bebérmelo sola.

Le divertía aquel juego de despropósitos.

—No puedo permitir que beba sola.

—Es señal de alcoholismo.

—Por supuesto que sí.

—Si no entra a beber conmigo, me lanzaré por el camino de los problemas de bebida y de la completa destrucción.

—Nunca me lo permitiría.

Un cuarto de hora después estaban sentados, uno al lado del otro, en el sofá, frente a la chimenea, contemplando las llamas y tomando «Remy Martin».

Hilary se sentía curiosamente alada, no por el coñac sino por estar junto a él... y por preguntarse si acabarían yéndose a la cama juntos. Nunca se había acostado con un hombre en la primera salida. Por lo general recelaba, no quería comprometerse en una relación hasta después de haber pasado un par de semanas..., a veces un par de meses..., calibrando al hombre. Más de una vez había tardado tanto en decidirse que había perdido a hombres que pudieron haber sido amantes maravillosos y amigos duraderos. Pero en una sola noche con Tony Clemenza se sentía cómoda y segura con él. Era un hombre muy atractivo. Alto. Moreno. De rasgos duros y hermosos. La fuerza interior y la confianza en sí mismo de un policía. Pero tierno. En realidad sorprendentemente tierno. Y sensible. Había transcurrido mucho tiempo desde que se había permitido ser tocada y poseída, desde que había sido usada y había usado y compartido. ¿Cómo pudo dejar pasar tanto tiempo? Se imaginaba fácilmente en sus brazos, desnuda debajo de él, luego encima, y mientras esas deliciosas imágenes inundaban su mente, se dio cuenta de que él sin duda pensaba lo mismo.

Entonces sonó el teléfono.

—¡Maldición!

—¿Alguien a quien no quiere hablar?

Se volvió y miró el aparato, que era como una caja de nogal sobre una mesilla rinconera. Sonaba, sonaba.

—Hilary.

—Apuesto a que es él.

—¿Él? ¿Quién?

—He estado recibiendo estas llamadas...

Los timbrazos estridentes continuaban.

—¿Qué llamadas? —preguntó Tony.

—En estos últimos dos días, alguien ha estado llamándome y negándose a hablar cuando contesto. Me ha ocurrido seis u ocho veces.

—¿Y no le dice nada?

—Sólo escucha —dijo Hilary—. Creo que se trata de algún loco que se ha disparado por las historias de la Prensa sobre Frye.

La llamada insistente le hizo rechinar los dientes.

Se levantó indecisa y se acercó al teléfono. Tony fue con ella:

—¿Está su número en la guía?

—Tendré uno nuevo la semana próxima. No constará en la guía telefónica.

Llegaron a la mesa y se quedaron mirando el teléfono, que no dejaba de sonar.

—Es él. ¿Quién si no llamaría tanto rato?

Tony levantó el receptor:

—Diga.

Nadie contestó.

—Residencia Thomas. El detective Clemenza al habla.

—*Clic.*

Tony dejó el receptor y dijo:

—Ha colgado. Puede que lo haya asustado para siempre.

—Ojalá.

—Es una buena idea conseguir un número secreto.

—Lo haré.

—Llamaré al Departamento de Servicios de la compañía a primera hora del lunes y les diré que el Departamento de Policía agradecerá que lo cambien rápidamente.

—¿Puede pedir eso?

—Claro.

—Gracias, Tony.

Apretó los brazos. Tenía frío.

—Trate de no preocuparse. Las investigaciones han demostrado que la clase de loco que hace llamadas telefónicas amenazadoras suele encontrar su placer así. La llamada le basta. La mayoría de las veces no es de tipo violento.

—¿La mayoría de las veces?

—Casi nunca.

La sonrisa de Hilary fue forzada:

—No me basta.

La llamada había estropeado cualquier posibilidad de que aquella noche terminara en una cama compartida. Ya no estaba de humor para seducir, y Tony percibió el cambio.

—¿Quiere que me quede un poco más para ver si vuelve a llamar?

—Es usted muy amable; pero creo que tiene razón. No es peligroso. Si lo fuera, vendría en lugar de llamar. En todo caso, le ha asustado. Pensará que la Policía está aquí esperándole.

—¿Ha recuperado su pistola?

Asintió.

—Fui al centro ayer y llené la hoja de registro, como hubiera debido hacer cuando me mudé a esta ciudad. Si al tipo del teléfono le da por venir, ahora ya puedo dispararle legalmente.

—No creo que vuelva a molestarla esta noche.

—Estoy segura de que tiene razón.

Por primera vez durante aquella velada, sentían turbación.

—Bueno, será mejor que me vaya.

—Sí, es tarde.

—Gracias por el coñac.

—Gracias por una cena maravillosa.

Al llegar a la puerta, Tony se volvió:

—¿Tiene algo que hacer mañana por la noche?

Hilary estaba a punto de negarse cuando recordó lo bien que se había sentido mientras estaba sentada junto a él en el sofá. Y también pensó en la advertencia de Wally Topelis sobre volverse una ermitaña. Sonrió y dijo:

—Estoy libre.

—Magnífico. ¿Qué le gustaría hacer?

—Lo que quiera.

Reflexionó un instante:

—¿Y si fuera el día entero?

—Sí. ¿Por qué no?

—Empezaremos almorzando. La recogeré a mediodía.

—Estaré dispuesta y esperando.

La besó ligeramente y con ternura en los labios.

—Mañana —dijo.

—Mañana.

Le contempló marcharse. Luego, cerró la puerta con llave.

Durante todo el sábado, mañana, tarde y noche, el cuerpo de Bruno Frye estuvo solo en el «Hogar Funerario Forever View», sin ninguna visita ni compañía.

El viernes por la noche, cuando Joshua Rhinehardt se había ido ya, Avril Tannerton y Gary Olmstead trasladaron el cuerpo a otro ataúd, un modelo con adornos de bronce y el interior tapizado de seda y terciopelo. Enfundaron al muerto en una túnica funeraria, le colocaron los brazos a lo largo del cuerpo y tendieron un terciopelo blanco hasta la mitad de su pecho. Como las condiciones de la carne no eran buenas, Tannerton no quiso malgastar energías haciendo el cuerpo más presentable. Gary Olmstead pensó que era mezquino y poco respetuoso consignar un cuerpo a la tumba sin la ayuda de maquillaje y polvos. Pero Tannerton le convenció de que la cosmética ofrecía poca esperanza al rostro hundido y amarillento de Bruno Frye.

—De todos modos —añadió Tannerton—, tú y yo seremos las últimas personas que le verán en este mundo. Cuando esta noche cerremos esta caja, no volverá a abrirse jamás.

El viernes por la noche a las nueve y cuarenta y cinco, dejaron bien cerrada y asegurada la tapa del féretro. Una vez hecho esto, Olmstead fue a su casa junto a su pálida mujercita y su silencioso y serio retoño. Avril subió; vivía encima de las habitaciones de los muertos.

El sábado por la mañana, temprano, Tannerton salió hacia Santa Rosa en su «Lincoln» gris plata. Se llevó un maletín porque no pensaba regresar hasta las diez de la mañana del domingo siguiente. El entierro de Bruno Frye era el único que tenía pendiente de momento. Como nadie tenía que verle, no había motivos para permanecer en «Forever View»; no se le necesitaría hasta el servicio del domingo.

Tenía una mujer en Santa Rosa. Era la última de una larga sucesión de mujeres; Avril medraba con la variedad. Se llamaba Helen Virtillion. Era una mujer hermosa, de unos treinta años, esbelta, firme, con senos grandes y duros que tenían para él una fascinación inacabable.

Muchas mujeres se sentían atraídas por Avril Tannerton, no pese a su trabajo, sino debido a él. Naturalmente algunas se alejaban al descubrir que se dedicaba a la funeraria. Pero un sorprendente número de ellas se sentían intrigadas e incluso excitadas por su peculiar profesión.

Comprendía lo que le hacía deseable para ellas. Cuando un hombre trabaja con los muertos, algo del misterio de la muerte se prende en él. A pesar de sus pecas y de su juvenil buena facha, a pesar de su encantadora sonrisa, su gran sentido del humor y sus maneras cordiales, algunas mujeres percibían, no obstante, que era misterioso, enigmático. Algo en su subconsciente les hacía creer que no podían morir mientras estuvieran en sus brazos o a su lado, como si sus servicios a los muertos le proporcionaran una dispensa especial. Esa fantasía atávica era similar a la esperanza compartida por muchas mujeres casadas con médicos que, en el fondo, están convencidas de que sus cónyuges pueden protegerlas de todos los peligros microbianos de este mundo.

Por lo tanto, durante todo el sábado, mientras Avril Tannerton se encontraba en Santa Rosa haciendo el amor con Helen Virtillion, el cuerpo de Bruno Frye yacía solo en una casa vacía.

El domingo por la mañana, dos horas antes del amanecer, hubo un revuelo en la casa funeraria, pero Tannerton no estaba allí para darse cuenta.

Las luces del techo del obrador sin ventanas se encendieron súbitamente; pero Tannerton no estaba allí para verlo.

La tapa del féretro cerrado fue abierta y apartada. El obrador se llenó de gritos de rabia y dolor; pero Tannerton no estaba allí para oírlos.

A las diez de la mañana del domingo, mientras Tony estaba en su cocina bebiendo un jugo de pomelo, sonó el teléfono. Se trataba de Janet Yamada, la mujer que había salido con Frank Howard la noche anterior.

—¿Cómo te ha ido? —le preguntó.

—Fue maravilloso. Una noche estupenda.

—¿De veras?

—Sí. Es un gran chico.

—Frank es un gran chico.

—Me dijiste que podía mostrarse un poco frío, difícil de llegar a conocer; pero nada de eso.

—¿De veras?

—¡Y es tan romántico!

—¿Frank?

—¿Quién si no?

—¿Frank Howard romántico?

—Hoy en día no se encuentran muchos hombres así. A veces —siguió diciendo Janet– parece como si el romanticismo y la caballerosidad los hubieran tirado por la ventana cuando empezaron la revolución sexual y el movimiento en pro de los derechos de la mujer. Pero Frank todavía te ayuda a ponerte el abrigo, abre las puertas y te aparta la silla. Incluso me compró un ramo de rosas. Son preciosas.

—Pensé que podía costarte hablar con él.

—Oh, no. Tenemos muchísimas cosas en común.

—¿Cuáles?

—El béisbol, por ejemplo.

—¡Pues claro! Se me olvidó que te gustaba el béisbol.

—Soy una adicta.

—Así que hablasteis de eso toda la noche.

—Oh, no. Hablamos de muchas cosas más. De películas...

—¿Películas? ¿Estás diciéndome que Frank es un aficionado a las películas?

—Se sabe todas las de Bogart casi palabra por palabra. Incluso intercambiamos fragmentos de diálogo.

—He estado hablando de cine con él durante tres meses, y no abrió la boca ni una sola vez —observó Tony.

—No ha visto muchas de las películas recientes; pero esta noche vamos a ver una.

—¿Volvéis a salir?

—Sí. Quería llamarte para darte las gracias por hacer que le conociera.

—¿Soy un magnífico «emparejador» o no lo soy?

—También quería decirte que, incluso si no sale bien, seré buena con él. Me habló de Wilma. ¡Qué podredumbre! ¡Quería que supieras que sé que ella le hizo una tremenda faena; pero que yo no pienso lastimarle!

Tony estaba asombrado.

—¿Te habló de Wilma la primera noche que saliste con él?

—Dijo que antes era incapaz de mencionar ese tema; pero que tú le enseñaste cómo descargarse de su hostilidad.

—Lo único que hice fue estar sentado y escucharle cuando decidió vaciar su pecho.

—Piensa que eres un tío grande.

—Frank es un gran juez de las personas. ¿No te parece?

Después, sintiéndose feliz por la excelente impresión que Frank había causado en Janet Yamada, optimista por su propia posibilidad de un pequeño romance, Tony salió hacia Westwood para reunirse con

Hilary. Le estaba esperando; salió de la casa tan pronto él entró en la avenida. Estaba deliciosa y fresca, con pantalones negros, una blusa azul cielo y una chaqueta ligera de pana azul. Al abrirle él la puerta, le dio un beso rápido y tímido en la mejilla, y le envolvió en una bocanada de perfume de limón.

Iba a ser un día perfecto.

Exhausto por haberse pasado la noche sin dormir en la cama de Helen Virtillion, Avril Tannerton regresó de Santa Rosa el domingo por la mañana poco antes de las diez.

No miró el ataúd por dentro.

Tannerton y Gary Olmstead fueron al cementerio y prepararon la tumba para la ceremonia de las dos de la tarde. Montaron el aparato que bajaría el ataúd a la fosa. Con flores y ramas verdes cortadas, hicieron el lugar todo lo atractivo que pudieron.

A las doce y media, de regreso a la funeraria, Tannerton utilizó una gamuza para quitar el polvo y las huellas borrosas del adornado féretro de Bruno Frye. Al pasar la mano por los cantos redondeados de la caja, pensó en el magnífico contorno de los senos de Helen Virtillion.

Tampoco miró el interior del ataúd.

A la una, Tannerton y Olmstead cargaron al difunto en el coche mortuorio.

Ni uno ni otro miraron dentro de la caja.

A la una y media salieron hacia el Memorial Park de Napa County. Joshua Rhinehardt y unos cuantos habitantes del pueblo les siguieron en sus propios coches. Considerando que se trataba de un hombre influyente y rico, la comitiva fúnebre era vergonzosamente escasa.

El día era claro y fresco. Los altos árboles proyectaban sombras a través de la carretera, y el coche funerario fue pasando alternativamente de sol a sombra.

En el cementerio, el ataúd fue colocado en un soporte por encima de la tumba, y quince personas se reunieron alrededor para la breve ceremonia. Oculto entre las flores, se hallaba el control que accionaba el mecanismo que haría bajar al difunto a la fosa. Gary Olmstead se colocó junto a él. Avril se situó frente a la tumba y leyó en un libro de pocas páginas, unos versos inspirados. Joshua Rhinehardt estaba al lado del embalsamador. Las doce personas restantes rodeaban la sepultura abierta. Algunos de ellos eran dueños de viñedos y estaban con sus esposas. Acudieron al cementerio porque habían vendido su cosecha a la bodega de Bruno Frye, y consideraban que su asistencia al entierro era una obligación comercial. Los otros eran empleados de «Viñedos Shade Tree» y sus esposas, y sus razones para estar presentes eran tan poco personales como las de los otros. Nadie lloró.

Y nadie tuvo oportunidad o deseo de mirar dentro del ataúd.

Tannerton terminó su lectura del librito negro. Miró a Gary Olmstead y le hizo un gesto.

Olmstead pulsó un botón en la caja de control. El pequeño y potente motor eléctrico zumbó. El féretro bajó despacio, sin sacudidas, hasta el fondo de la fosa.

Hilary no podía recordar otro día en que se hubiera divertido tanto como el primero que pasó completo con Tony Clemenza.

Para almorzar, fueron al «Yamashiro Skyroom», en lo alto de las colinas de Hollywood. La comida en «Yamashiro» era anodina, incluso vulgar; pero el ambiente y la impresionante vista panorámica lo hacían un lugar perfecto para una comida o una cena. El restaurante, un auténtico palacio japonés, había sido una finca particular. Estaba rodeado por cinco hectáreas de preciosos jardines ornamentales. Desde su punto en la cima de la colina, «Yamashiro» ofrecía una vista sobrecogedora de la entera hondonada de Los Ángeles. El día era tan diáfano que Hilary pudo ver hasta Long Beach y Palos Verdes.

Después del almuerzo, fueron a Griffith Park. Durante una hora recorrieron parte del zoológico de Los Ángeles, donde dieron de comer a los osos, y Tony hizo hilarantes imitaciones de animales. Desde el zoo fueron a una sesión especial de tarde del deslumbrante holograma Laserium, en el observatorio de Griffith Park.

Más tarde, pasaron una hora en Melrose Avenue, entre Doheny Drive y La Ciénaga Boulevard, revolviendo de un anticuario en otro, sin comprar, solamente mirando y charlando con los propietarios.

Cuando llegó la hora del cóctel, fueron hacia Malibú para tomar Mai Tais en «Tonga Lei». Vieron ponerse el sol en el océano y se relajaron con el rítmico batir de las olas.

Aunque Hilary vivía en Los Ángeles desde hacía cierto tiempo, su mundo estaba compuesto solamente por su trabajo, su casa, su rosaleda, los estudios cinematográficos y los pocos restaurantes elegantes en los que la gente del cine y la televisión se reunían para sus negocios. Jamás había estado en el «Yamashiro Skyroom», ni en el zoo, ni en el show de láser, ni en las tiendas de antigüedades de Melrose, o en «Tonga Lei».

Todo era nuevo para ella. Se sintió como una turista deslumbrada, o más bien como una prisionera que acabara de cumplir una larguísima condena, y gran parte de ella incomunicada.

Pero no fueron los lugares a los que acudieron lo que hizo que aquel día se convirtiera en algo especial. Nada de ello habría sido la mitad de interesante o divertido si hubiera ido con otra persona y no con Tony. Era tan encantador, tan ingenioso, estaba tan lleno de humor y energía, que hacía que un simple día de sol pareciera deslumbrante.

Después de beberse despacito dos Mai Tais cada uno, se sintieron hambrientos. Regresaron por Sepúlveda y en dirección norte al valle de San Fernando para cenar en «Mel's Landing», otro lugar que no conocía. «Mel's» no tenía pretensiones y era de un precio moderado, pero ofrecía algunos de los mejores y más frescos mariscos que jamás había comido.

Tomaron almejas al vapor y discutieron sobre otros lugares donde comer. Y Hilary descubrió que él sabía diez veces más que ella, que lo único que conocía era un puñadito de sitios caros que servían a los que manejaban la industria del espectáculo. Los lugares apartados a los que ir a comer, los pequeños cafés arrinconados con sorprendentes especialidades de la casa, las tascas familiares con comida sencilla pero deliciosa... todo eso era un nuevo aspecto de la ciudad que no había tenido tiempo de conocer. Vio que se había vuelto rica sin llegar a descubrir cómo usar y disfrutar de la libertad que su dinero podía proporcionarle.

Comieron demasiadas almejas y después demasiada salsa roja con demasiadas gambas de Malasia. También bebieron demasiado vino blanco.

Teniendo en cuenta lo mucho que habían tragado, era asombroso, se dijo Hilary, que tuvieran tanto tiempo entre bocado y bocado para conversar. Pero nunca dejaron de hablar. Ella solía ser reticente en sus primeras salidas con un hombre nuevo, pero no así con Tony. Quería oír lo que él pensaba de todo, desde *Mork and Mindy* hasta los dramas de Shakespeare, desde la política al arte. Gente, perros, religión, arquitectura, deportes, música, moda, comida, derechos de la mujer, dibujos animados del sábado por la mañana... Parecía urgente y vital que ella supiera lo que él pensaba sobre esos temas y un millón más. También quería explicarle la opinión que ella tenía sobre todas esas cosas, y deseaba saber lo que él pensaba de lo que pensaba ella, y al poco tiempo le estaba diciendo lo que pensaba de lo que él pensaba de lo que ella pensaba. Charlaron como si acabaran de enterarse de que Dios iba a dejar sordo y mudo a todo el mundo al amanecer. Hilary estaba ebria, no de vino, sino de fluidez e intimidad de su conversación; se hallaba intoxicada por la comunicación, un brebaje poderoso para el que no se había preparado a lo largo de los años.

Cuando llegó el momento de llevarla a casa y accedió a entrar para la última copa, ella supo que se acostarían. Lo deseaba con todas sus fuerzas; la sola idea la excitaba y acaloraba. Sabía que él la deseaba también... Podía leerlo en sus ojos. Necesitaban que la cena se posara un poco, y por ello sirvió crema de menta blanca con cubitos de hielo para los dos.

Acababan de sentarse cuando sonó el teléfono.

—¡Oh, no!

—¿Te volvió a molestar después de que me marché anoche?

—No.

—¿Y esta mañana?

—No.

—Quizá no sea él.

Ambos fueron a coger el teléfono. Lo levantó, indecisa, murmurando:

—Diga...

Silencio.

—¡Maldito seas!

Y colgó con tanta fuerza el teléfono que pensó que lo había roto.

—No dejes que te altere.

—No puedo evitarlo.

—Es sólo un canalla escurridizo que no sabe cómo tratar con las mujeres. He visto a otros como él. Si tuviera la oportunidad de ligar con una mujer, si alguna se le ofreciera en bandeja de plata, saldría huyendo con gritos de terror.

—A mí todavía me asusta.

—No es ninguna amenaza. Vuelve al sofá. Siéntate. Trata de olvidarlo.

Volvieron al sofá y, durante unos minutos, bebieron en silencio su crema de menta. Por fin, en voz baja, exclamó:

—¡Maldito!

—Mañana por la tarde tendrás un número de teléfono nuevo que no constará en la guía. Entonces dejará de molestarte.

—Pero acaba de estropearme la velada. ¡Era tan perfecta!

—Yo todavía soy feliz.

—Es que... yo había imaginado algo más que bebidas junto al fuego.

—¿Sí?

—¿Y tú no?

Su sonrisa era especial, porque no se trataba simplemente de la configuración de la boca; era todo su rostro y sus expresivos ojos oscuros; era la sonrisa más genuina y más atractiva que jamás había visto.

—Tengo que admitir que tenía la esperanza de probar algo más que la crema de menta —confesó.

—Maldito teléfono.

Se inclinó hacia ella y la besó. Hilary abrió la boca para él y, por un breve instante, sus lenguas se encontraron. Se apartó y la miró, puso la mano contra su cara como si tocara la más delicada porcelana.

—Creo que todavía podremos.

—¿Y si vuelve a sonar el teléfono?

—No sonará.

La besó en los ojos, después en los labios y apoyó dulcemente una mano en su pecho. Hilary se recostó y él se inclinó sobre ella, la cual apoyó la mano en el brazo de él y sintió cómo se tensaban sus músculos por debajo de la camisa.

Sin dejar de besarla, acarició su garganta con la punta de los dedos y empezó a desabrocharle la blusa.

Hilary colocó la mano en su muslo donde también los músculos estaban tensos bajo sus pantalones. ¡Qué hombre tan fuerte! Dejó que su mano fuera subiendo hasta la ingle y sintió la tremenda dureza y el calor de su erección. Se lo imaginó penetrando en ella y agitándose dentro y un estremecimiento de anticipación la sacudió.

Él percibió su excitación y dejó de desabrocharle la blusa para recorrer suavemente la curva de sus pechos retenidos por el sostén. Sus dedos parecían dejar huellas heladas en su piel caliente: podía sentir el prolongado fantasma de su roce, con tanta claridad como el propio contacto.

El teléfono sonó.

—Ignóralo —le dijo.

Ella trató de hacerlo. Le echó los brazos al cuello y se deslizó en el sofá atrayéndole encima de ella. Lo besó con fuerza, aplastando sus labios contra los de él, lamiendo, chupando.

El teléfono sonaba y sonaba.

—¡Maldición!

Se incorporaron.

Sonaba, sonaba y sonaba.

Hilary se puso en pie.

—¡No! —exclamó Tony—. Hablarle no ha servido de nada. Déjame que lo haga a mi manera y veremos qué ocurre.

Se levantó del sofá y fue a la mesita rinconera. Cogió el receptor; pero no dijo nada. Se limitó a escuchar.

Hilary dedujo por su expresión que el que llamaba no había hablado.

Tony estaba determinado a esperar a que se cansara. Miró el reloj. Pasaron treinta segundos. Un minuto. Dos minutos.

La batalla de nervios entre los dos hombres era parecida a una lucha de resistencia de mirada entre niños, no obstante no había nada infantil en ello. Era impresionante. Sus brazos se cubrieron de carne de gallina.

Dos minutos y medio.

Le pareció una hora.

Al fin, Tony dejó el teléfono.

—Colgó.

—¿Sin decir nada?

—Ni una palabra. Pero colgó primero, y creo que es importante. Supuse que si le servía una buena dosis de su propia medicina, no le gustaría. Supone que va a asustarte. Pero tú esperabas la llamada y escuchas, como hace él. Al principio cree que te estás haciendo la graciosa y está seguro de que es más listo que tú. Pero cuanto más rato sigues silenciosa, empieza a tener la impresión de que te propones hacerle una jugada. ¿Tienes acaso el teléfono intervenido? ¿Estás ganando tiempo para que la Policía pueda localizar la llamada? ¿Eres realmente tú la que has levantado el auricular? Lo piensa, empieza a asustarse y cuelga.

—¿Asustado él? No es mala idea.

—Dudo de que vuelva a tener el valor de llamar. Por lo menos no antes de que te hayan cambiado el número mañana. Después, ya será demasiado tarde.

—Pero yo estaré sobre ascuas hasta que el hombre de la telefónica haya hecho su trabajo.

Tony le tendió los brazos y ella se refugió en ellos. Volvieron a besarse. Era todavía perfecto, bueno y dulce; pero la cortante arista de la pasión desatada ya no podía sentirse. Ambos se daban tristemente cuenta de la diferencia.

Volvieron al sofá; aunque sólo para beber su crema de menta y hablar. A las doce y media de la noche, cuando él tuvo que marcharse a su casa, decidieron pasar el próximo fin de semana haciendo una gira por los museos. El sábado irían al «Norton Simon Museum» de Pasadena para ver las pinturas de los expresionistas alemanes y el tapiz del

Renacimiento. Después, pasarían la mayor parte del domingo en el «J. Paul Getty Museum», que presumía de tener la colección de arte más rica del mundo. Naturalmente, entre las visitas, comerían muchas cosas buenas, conversarían mucho y (ambos lo esperaban ardientemente) continuarían lo que habían empezado en el sofá.

En la puerta, cuando ya se marchaba, Hilary no pudo soportar de pronto la idea de tener que esperar cinco días para volver a verlo.

—¿Qué haces el miércoles? —le preguntó.

—¿Qué?

—¿Dónde cenarás?

—Oh, seguramente me freiré unos huevos que empiezan a estar rancios.

—El colesterol es malo para ti.

—Y probablemente cortaré lo que está florecido del pan y me haré unas tostadas. Luego, tendré que terminar el zumo de frutas que compré hace dos semanas.

—Pobrecito.

—Es la vida del soltero.

—No puedo dejar que comas huevos rancios y pan florecido, si yo sé preparar una ensalada sensacional y filetes de lenguado.

—Una cena ligera —comentó.

—No nos conviene estar repletos y soñolientos.

—Nunca se sabe cuándo hay que actuar de prisa.

—Precisamente —sonrió Hilary.

—Hasta el miércoles.

—¿A las siete?

—Siete en punto.

Se besaron. Tony se alejó de la puerta y un vientecillo helado ocupó el lugar donde él había estado. Y ya no lo vio más.

Al cabo de media hora, ya en la cama, el cuerpo de Hilary acusaba la frustración. Sus pechos estaban tensos; ansiaba sentir sus manos sobre ellos, acariciándolos, dándoles masaje. Cerraba los ojos y creía sentir sus labios en los pezones endurecidos. Le vibraba el vientre y le imaginó encima de ella, sosteniéndose sobre sus fornidos brazos y después, ella encima de él, moviéndose en lentos círculos sensuales. Su sexo estaba húmedo y caliente, dispuesto, esperando. Se agitó y se revolvió más de una hora hasta que, por fin, se levantó y tomó un sedante.

A medida que el sueño iba envolviéndola, sostuvo un soñoliento diálogo consigo misma.

¿Me estoy enamorando?

—No, claro que no.

Quizá. Puede que sí.

—No. El amor es peligroso.

Puede que salga bien.

—Acuérdate de Earl y Emma.

Tony es diferente.

—Eres imbécil. Eso es lo que eres. Imbécil.

Eso también.

Se durmió y soñó. Alguno de los sueños eran dorados y borrosos. En uno de ellos estaba desnuda con Tony, echada en un prado donde la hierba parecía de pluma, por encima del mundo, en un prado sobre una columna de piedra y la brisa tibia era más limpia que la luz del sol, más limpia que la corriente eléctrica de un rayo, más limpia que nada en el mundo.

Pero también tuvo pesadillas. En una de ellas se encontraba en el viejo apartamento de Chicago y las paredes iban encerrándola. Levantó la vista y descubrió que no había techo y que Earl y Emma la miraban fijamente, con sus caras tan grandes como el rostro de Dios, sonriendo a medida que se cerraban las paredes; y cuando abrió la puerta para salir huyendo del apartamento, tropezó con una enorme cucaracha, un insecto monstruoso más grande que ella y que se disponía a comérsela viva.

A las tres de la mañana, Joshua Rhinehardt despertó y se debatió un instante entre las sábanas revueltas. Había bebido demasiado vino en la cena, cosa poco habitual en él. La resaca había desaparecido, pero su vejiga le estaba matando; no obstante, no era solamente la exigencia de la Naturaleza lo que le había perturbado el sueño. Había tenido un sueño horrible acerca del obrador de Tannerton. En aquella pesadilla, varios muertos, todos ellos duplicados de Bruno Frye, se habían alzado de sus ataúdes y bajado de las mesas, de porcelana y acero inoxidable, de embalsamar; había huido corriendo en la noche, detrás de «Forever View», pero le habían seguido, buscándole entre las sombras, moviéndose con rigidez, llamándole con sus voces sin timbre, muertas.

Yacía boca arriba en la oscuridad, mirando al techo que no podía ver. El único sonido era el ronroneo casi inaudible de su reloj electrónico en la mesilla.

Antes de la muerte de su esposa, tres años atrás, Joshua apenas soñaba. Y nunca había tenido una pesadilla. Ni una sola vez en cincuenta y ocho años. Pero después del fallecimiento de Cora todo había cambiado. Ahora, soñaba por lo menos una o dos veces por semana y casi siempre el sueño era malo. Muchos de ellos tenían que ver con la pérdida de algo importantísimo pero indescifrable, y de ello emanaba siempre una búsqueda loca, y sin esperanzas, de lo que había perdido. No necesitaba un psiquiatra a cincuenta dólares la hora para decirle que aquellos sueños se referían a Cora y a su muerte prematura. Todavía no se había acostumbrado a la vida sin ella. Tal vez no se acostumbraría nunca. Las demás pesadillas estaban llenas de muertos vivientes que solían parecérsele, símbolos de su propia mortalidad; pero esta noche todos tenían un sorprendente parecido a Bruno Frye.

Bajó de la cama, se desperezó, bostezó. Se dirigió al baño sin encender la luz.

Un par de minutos después, de regreso a la cama, paró ante la ventana. Los cristales estaban helados al tacto. Un viento frío los golpeaba y hacía sonidos parecidos al maullido de un animal que quisiera entrar. El valle estaba silencioso y oscuro excepto por las luces de las bodegas. Podía ver los viñedos «Shade Tree» al Norte, extendiéndose colina arriba hasta muy lejos.

De pronto, sus ojos captaron una mancha blanca y borrosa al sur de la bodega, una sola mancha de luz en medio del viñedo, aproximadamente donde se hallaba la casa de Frye. ¿Luces en casa de Frye? Se suponía que no había nadie en ella. Bruno había vivido solo. Joshua fijó la vista. Pero, sin sus gafas, todo, a distancia, se volvía borroso cuanto más se esforzaba por enfocarlo. No podía asegurar si la luz era en casa de Frye o en uno de los edificios de administración situados entre la vivienda y la bodega principal. En verdad, cuanto más se fijaba, menos seguro estaba de que se tratase de una luz; era débil, temblorosa; podía ser sólo un reflejo de la luna.

Se acercó a la mesilla y, sin encender ninguna lámpara, que estropearía su visión nocturna, buscó sus gafas en la oscuridad. Antes de encontrarlas, volcó un vaso de agua vacío.

Cuando volvió a la ventana y miró hacia las colinas, la luz misteriosa había desaparecido. Sin embargo permaneció allí un buen rato como un guardián vigilante. Era el albacea de los bienes de Frye, tenía el deber de conservarlos hasta su distribución final de acuerdo con el testamento. Si los ladrones desvalijaban la casa, quería estar enterado. Esperó y vigiló durante quince minutos, pero la luz no reapareció.

Al fin, convencido de que sus débiles ojos le habían engañado, volvió a la cama.

El lunes por la mañana, mientras Tony y Frank seguían una serie de posibles pistas sobre Bobby Valdez, Frank habló animadamente de Janet Yamada. Janet era tan bonita; Janet era tan inteligente; Janet se mostraba muy comprensiva; Janet eso y Janet aquello. El tema de Janet Yamada le aburría; pero Tony le dejó que se desfogase. Le pareció estupendo ver a Frank hablando y actuando como un ser humano normal.

Antes de firmar por su sedán policial sin distintivos y salir a la calle, Tony y Frank habían hablado con dos hombres de la brigada de narcóticos, los detectives Eddie Quevedo y Carl Hammerstein. La opinión de esos dos especialistas era que Bobby Valdez probablemente vendía cocaína o PCP para mantenerse mientras proseguía con su vocación gratuita como violador. El mayor dinero en el mercado de estupefacientes de Los Ángeles se encontraba en aquellas dos sustancias popularísimas aunque ilegales. Un vendedor podía ganar todavía una fortuna en heroína o hierba; pero ésos ya eran artículos lucrativos en la farmacopea subterránea. Según los de narco, si Bobby estaba mezclado en el tráfico de drogas, tenía que ser un camello, vendiendo directamente a los usuarios, un hombre en el último peldaño de la estructura de producción y marketing. Cuando salió de la cárcel en abril era virtualmente pobre, y se necesita un buen capital para hacerse fabricante e importador de narcóticos.

—Lo que andáis buscando es un vulgar camello callejero —había dicho Quevedo a Tony y Frank.

—Habla con los otros camellos —sugirió Hammerstein—. Os daremos una lista de nombres y direcciones. Todos ellos son tipos que se han pillado los dedos por comerciar con drogas. La mayoría vuelven a vender de nuevo; pero todavía no hemos podido cogerlos. Haced algo de presión. Tarde o temprano encontraréis que uno de ellos se ha tropezado con Bobby en la calle y sabe dónde está escondido.

En la lista que Quevedo y Hammerstein les dieron había veinticuatro nombres.

Tres de los primeros seis no estaban en casa. Los otros tres juraron no conocer ni a Bobby Valdez ni a Juan Mazqueza, ni a nadie con la cara de las fotografías.

El séptimo nombre de la lista era Eugene Tucker, y pudo ayudarles. Ni siquiera tuvieron que presionarle.

La mayoría de los negros son de un tono oscuro diferente, pero Tucker era negro de verdad. Su rostro ancho y liso era como el betún. Sus ojos oscuros eran más claros que su piel. Llevaba una espesa barba negra salpicada de pelos blancos y rizados, y aquel toque de nieve era lo único en él, excepto el blanco de los ojos, que no era muy, muy negro. Vestía incluso pantalones negros y camisa negra. Era macizo, con un pecho enorme y grandes brazos, y su cuello era tan ancho como la estaca de un embarcadero. Parecía que rompiera traviesas de ferrocarril como ejercicio... o quizá sólo por pasatiempo.

Tucker vivía en una casa de ciudad, cara, en Hollywood Hills; un lugar amplio, escasa pero bellamente amueblado. El cuarto de estar sólo contenía cuatro piezas: un sofá, dos sillones y una mesita auxiliar. Ni mesitas para rematar el sofá, ni estanterías. Ningún estéreo. Ningún televisor. Ni siquiera había muchas lámparas; de noche, la única luz vendría del techo. Pero las cuatro piezas que tenía eran de alta y sorprendente calidad, y cada una de ellas realzaba a la perfección las demás.

A Tucker le encantaban las antigüedades chinas. El sofá y los sillones que habían sido recientemente retapizados en terciopelo verde jade, eran de palo de rosa tallado, de unos cien años, o tal vez el doble, pesadísimos y bien conservados, ejemplos sin par de su período y estilo. La mesita baja era también de palo de rosa con un estrecho remate de marfil incrustado. Tony y Frank se sentaron en el sofá y Eugene se colgó del borde de un sillón, frente a ellos.

Tony pasó una mano por el brazo de palo de rosa y exclamó:

—Mr. Tucker, esto es maravilloso.

Tucker alzó las cejas y preguntó:

—¿Sabe lo que es?

—Desconozco exactamente el período. Pero estoy lo bastante familiarizado con el arte chino para darme cuenta de que esto no es en ningún modo una reproducción comprada en «Sears».

Tucker rió, encantado de que Tony conociera el valor de los muebles.

—Sé lo que está pensando —observó bonachón—. Se pregunta cómo un ex prisionero, que lleva dos años fuera de la cárcel, puede permitirse esto. Una casa de mil doscientos dólares al mes, en la ciudad. Antigüedades chinas... Se preguntará si he vuelto a la venta de heroína o me he metido en negocios similares.

—En realidad no me preguntaba eso. Me pregunto, sí, cómo diablos lo ha hecho. Pero sé que no es vendiendo droga.

—¿Cómo puede estar tan seguro? —preguntó Tucker sonriendo.

—Si fuera un vendedor de droga con la pasión por las antigüedades chinas, amueblaría simplemente toda la casa de golpe, en lugar de hacerlo pieza a pieza. Trabaja claramente en algo que le proporciona mucha pasta, pero no tanta como si distribuyera droga.

Tucker volvió a reír y le aplaudió. Se volvió a Frank y comentó:

—Su compañero es perceptivo.

—Un verdadero Sherlock Holmes —sonrió Frank.

Tony se dirigió a Tucker y le pidió:

—Por favor, satisfaga mi curiosidad. ¿Qué es lo que hace?

Tucker se inclinó hacia delante, ceñudo de pronto, alzando un puño de granito y agitándolo, feo, enorme y peligroso. Cuando habló, lo hizo rugiendo.

—Diseño trajes.

Tony parpadeó.

Tucker se dejó caer en su sillón, riéndose. Era uno de los hombres más alegres que Tony había conocido.

—Diseño ropa de mujer —explicó—. De verdad. Mi nombre empieza ya a ser conocido en California, en la comunidad de diseño, y algún día seré famoso. Se lo aseguro.

Frank, intrigado, comentó:

—Según nuestros informes, cumplió cuatro años de una sentencia de ocho por venta al por mayor de heroína y cocaína. ¿Cómo ha pasado de eso a diseñar ropa de mujer?

—Yo era un maldito hijo de perra. Y, durante aquellos primeros meses en la cárcel, fui todavía peor que de costumbre. Culpé a la sociedad de todo lo que me había ocurrido. Culpé a la estructura del poder blanco. Culpé a todo el mundo, pero no quise admitir que la culpa fuera mía. Me consideraba un tío duro, aunque en realidad no había crecido aún. No se es un hombre hasta que uno acepta la responsabilidad de su propia vida. Mucha gente no lo hace nunca.

—¿Y qué fue lo que le hizo darse cuenta? —preguntó Frank.

—Una cosa pequeña. A veces uno se sorprende de cómo algo tan pequeño puede cambiar la vida de una persona. Para mí, fue una sesión de televisión. En las noticias de las seis, una de las emisoras de Los Ángeles empezó una serie de cinco partes sobre historias del éxito negro en la ciudad.

—Lo vi —dijo Tony—. Hace más de cinco años, pero aún me acuerdo.

—Era fascinante —continuó Tucker—. Presentaba una imagen del negro que no suele verse. En un principio, antes de que empezara la serie, la gente de la trena pensaba que sería una cosa de risa. Creíamos que el periodista pasaría todo el tiempo haciendo la misma pregunta idiota: «¿Por qué no pueden todos estos pobrecitos negros trabajar duro y hacerse ricos titulares de historias como Sammy Davis, Jr.?» Pero no hablaron de estrellas del espectáculo ni del deporte.

Tony recordó que había sido un sorprendente trabajo de periodismo, sobre todo para la televisión, donde las noticias y en especial las noticias de interés humano, son tan profundas como tazas de té. Los periodistas habían entrevistado hombres y mujeres de negocios que eran negros y que habían llegado a la cumbre, gente que había comenzado con nada y se habían hecho millonarios. Algunos en fincas. Uno, con un restaurante. Una con una cadena de salones de belleza. Una docena de personas. Todos estuvieron de acuerdo en que costaba más hacerse rico si se era negro; pero también convinieron en que no era tan duro como pensaban cuando empezaron, y que resultaba más fácil en Los Ángeles que en Alabama, Mississippi o Boston, o incluso Nueva York. Había más millonarios negros en Los Ángeles que en el resto de California y en los otros cuarenta y nueve Estados combinados. En Los Ángeles, casi todo el mundo vivía de prisa; el típico californiano del Sur no se conformaba tan sólo con cambiar, sino que buscaba activamente el cambio y disfrutaba con ello. Esta atmósfera de flujo y de constante experimentación atrajo a muchos marginados sanos, e incluso locos, al lugar; pero también atrajo a algunas de las mentes más brillantes y más innovadoras del país, que es por lo que hay tantas nuevas explotaciones culturales, científicas e industriales, originadas en esta región. Muy pocos californianos del Sur tenían tiempo o paciencia para actitudes pasadas de moda, una de ellas los prejuicios raciales. Naturalmente, había intolerancia también en Los Ángeles. Pero, mientras que unos terratenientes de Georgia necesitaban seis u ocho generaciones para sobreponerse a sus prejuicios sobre los negros, esta misma metamorfosis de actitud podía darse a través de una sola generación en una familia californiana del Sur. Como dijo uno de los hombres de negocios, de raza negra, entrevistado en televisión: «Los chicanos han sido los negros de Los Ángeles durante mucho tiempo.» Pero eso también estaba cambiando. La cultura hispánica cada vez se miraba con más creciente respeto, y los morenos creaban sus propias historias de éxito. Diversas personas entrevistadas en aquel especial habían ofrecido la misma explicación por la inusitada fluidez de las estructuras sociales de California del Sur y por la satisfacción con que aceptaban el cambio. Según dijeron, se debía en parte a la geología. Cuando se está viviendo encima de las peores fallas del mundo, cuando la tierra puede estremecerse, moverse y *cambiar* bajo los pies sin previo aviso, se tiene el conocimiento de lo no permanente, una influencia subconsciente en la actitud de una persona hacia ciertos tipos de cambio menos cataclísmicos. Algunos de esos millonarios negros lo creían así, y Tony se inclinaba a estar de acuerdo con ellos.

—En aquel programa aparecieron alrededor de una docena de negros. Unos cuantos tíos de los que estaban en el talego conmigo silbaron y abuchearon la televisión y les llamaron a todos tío Tom. Pero yo empecé a pensar. Si algunas de aquellas personas podían hacerlo en un mundo de blancos, ¿por qué no iba a hacerlo yo? Era tan inteligente y tan despierto como cualquiera de ellos, tal vez más listo que algunos. Para mí fue una nueva imagen del hombre negro, una idea inédita, como si una luz se encendiera en mi cabeza. Los Ángeles era mi hogar. Si era verdad que ofrecía mejores oportunidades, ¿por qué no me había aprovechado de ellas? Seguro que alguna de estas personas tuvieron que actuar como tío Tom en su camino hacia la cima. Pero cuando has llegado, cuando ya tienes ese millón en el Banco, eres tu propio dueño... —Sonrió—. Así que decidí hacerme rico.

—¿Sólo así? —preguntó Frank.

—Sólo así.

—La fuerza del pensamiento positivo.

—Del pensamiento realista —corrigió Tucker.

—¿Y por qué diseño de ropa? —preguntó Tony.

—Hice pruebas de aptitud que indicaron que saldría adelante en diseño o en cualquier aspecto del negocio del arte. Así que traté de decidir lo que más disfrutaría diseñando. Ahora bien, siempre me gustó elegir la ropa que llevan mis amigas. Me gusta ir de compras con ellas. Y cuando lucen algo que yo he elegido consiguen más cumplidos que cuando lo han escogido ellas. Así que me apunté al programa universitario para internos, y estudié diseño. También seguí una serie de cursos comerciales. Cuando por fin conseguí la libertad vigilada, trabajé cierto tiempo en un restaurante de comida rápida. Vivía en una pensión barata y vigilaba mis gastos. Hice algunos diseños, pagué a unas costureras para que me cosieran unas muestras y empecé a mostrar mis mercancías. Al principio no fue fácil. ¡Demonio, qué difícil era! Cada vez que una tienda me hacía un encargo, iba al Banco y pedía un préstamo para completar los trajes. ¡Cómo me esforzaba para poder resistir! Pero, poco a poco, fue mejorando. Y ahora anda muy bien. Dentro de un año abriré mi propia tienda en un buen barrio. Y a lo mejor verá un anuncio en Beverly Hills que diga: «Eugene Tucker.» Se lo aseguro.

Tony movió la cabeza diciendo:

—Es usted sorprendente.

—No mucho. Estoy viviendo en un lugar sorprendente y en una época sorprendente.

Frank sostenía el sobre que contenía las fotografías de Bobby *Ángel* Valdez. Lo golpeó contra su rodilla, miró a Tony y observó:

—Creo que esta vez nos hemos equivocado de lugar.

—Así parece —corroboró Tony.

Tucker se inclinó hacia delante y preguntó:

—¿Qué querían?

—Tony le habló de Bobby Valdez.

—Bueno —dijo Tucker—, ya no me muevo en los círculos en que solía hacerlo; pero tampoco estoy desconectado del todo. Cada semana, dono quince o veinte horas de mi tiempo a «Self-Pride». Esto es una campaña ciudadana antidroga. Yo pienso que, en cierto modo, tengo una deuda que saldar, ¿comprende? Un voluntario de «Self-Pride» pasa la mitad de su tiempo hablando con los chiquillos, la otra mitad trabajando en un programa en busca de información ELC. ¿Sabe lo que es ELC?

—Entregue los camellos —dijo Tony.

—En efecto. Tienen un número telefónico al que se puede llamar y dar información anónima sobre los camellos del vecindario. En «Self-Pride» no esperamos que la gente nos llame. Peinamos los vecindarios donde se sabe que ellos trabajan. Vamos de puerta en puerta, hablamos a los padres y a los chicos, les sonsacamos todo lo que pueden saber. Redactamos expedientes sobre tratantes hasta que sentimos que llegamos a lo que buscamos, entonces entregamos los historiales al Departamento de Policía. Así que, si este Valdez está implicado, existe la posibilidad de que me entere de algo sobre él.

—Tengo que estar de acuerdo con Tony —observó Frank—. Es usted extraordinario.

—Verá, no merezco ninguna palmada en la espalda por mi trabajo en «Self-Pride». No pedía felicitaciones. En mi día, convertí en camellos a una serie de niños que pudieron haber sido decentes si yo no hubiera estado allí para llevarlos por el mal camino. Tardaré mucho, mucho tiempo, en ayudar a bastantes chicos y equilibrar la balanza.

Frank sacó las fotografías del sobre y se las pasó a Tucker.

El negro miró con detenimiento las tres fotos.

—Conozco a este canalla. Es uno de los treinta individuos sobre los que estamos haciendo fichas en este momento.

Los latidos del corazón de Tony se aceleraron ante la caza que se vislumbraba.

—Sólo que no se hace llamar Valdez —comentó Tucker.

—¿Juan Mazqueza?

—Tampoco. Creo que le llaman Ortiz.

—¿Sabe dónde podemos encontrarlo?

Tucker se puso en pie.

—Dejen que llame al centro de información de «Self-Pride». A lo mejor conocen su dirección.

—¡Imponente! —exclamó Frank.

Tucker se dirigió a la cocina para utilizar el teléfono que tenía allí, se detuvo y se volvió hacia ellos:

—Puede que tarde un poco. Si quieren pasar el tiempo viendo mis diseños, pueden pasar a mi estudio.

Y señaló una puerta de dos hojas que daba al cuarto de estar.

—Ya lo creo —aceptó Tony—. Me encantará conocerlos.

Frank y él pasaron al estudio y descubrieron que tenía menos muebles aún que el cuarto de estar. Había un enorme y costoso tablero de dibujo, con su propia lámpara. Un taburete alto, de asiento acolchado y respaldo de muelles, estaba delante del tablero, y junto a éste un mueble auxiliar, para artistas, sobre ruedas. Cerca de una de las ventanas, un maniquí de escaparate posaba con la cabeza tímidamente inclinada y los brazos abiertos. Piezas de brillante tela se hallaban tiradas a sus pies de plástico. No había estanterías, ni armarios; montones de diseños, útiles de dibujo y herramientas del oficio, se alineaban en el suelo a lo largo de una pared. Era obvio que Eugene Tucker confiaba en que podría amueblar toda su casa con piezas tan exquisitas como las del salón. Entretanto, sin tener en cuenta los inconvenientes, no pensaba gastar dinero en muebles baratos provisionalmente.

La quintaesencia del optimismo californiano, se dijo Tony.

Bocetos a lápiz y muestras a todo color, del trabajo de Tucker, estaban prendidos con chinchetas en una pared. Sus vestidos dos piezas y blusas eran estrictos pero flexibles; femeninos, pero sin recargar. Poseía un excelente sentido del color y un instinto por el tipo de detalle que hacía especial una prenda de vestir. Cada uno de aquellos diseños era, sin ninguna duda, fruto de un talento extraordinario.

A Tony todavía le parecía algo difícil de creer que aquel negro enorme y duro diseñara ropa de mujer para vivir. Pero al momento se dio cuenta de que su propia naturaleza dicótoma no era tan diferente de la de Tucker. Durante el día era detective de homicidios, insensibilizado y endurecido por toda la violencia que veía; sin embargo, por la noche era un artista inclinado sobre una tela en su apartamento-estudio, pintando, pintando, pintando. De un modo curioso, Eugene y él eran hermanos bajo la piel.

Cuando Tony y Frank estaban mirando el último de los bocetos, Tucker regresó de la cocina:

—Bueno... ¿Qué les parece?

—Maravilloso —exclamó Tony—. Posee un extraordinario sentido para el color y la línea.

—Es usted muy bueno —corroboró Frank.

—Ya lo sé —respondió Tucker echándose a reír.

—¿Qué? ¿Tiene «Self-Pride» la ficha de Valdez?

—Sí, pero se hace llamar Ortiz, tal como les dije. Jimmy Ortiz. Por lo que he podido deducir, se dedica exclusivamente a PCP. Sé que no debería señalar a cierta gente con el dedo... Pero, en mi opinión, el que vende PCP es el canalla más bajo dentro del negocio de drogas. Quiero decir que PCP *es veneno*. Pudre las células cerebrales más de prisa que cualquier otra droga. En nuestros ficheros no tenemos suficiente información para entregar a la Policía, pero trabajamos en ello.

—¿Y la dirección? —preguntó Tony.

Tucker le entregó un pedazo de papel en que constaba la dirección escrita con letra clara.

—Se trata de un complejo de apartamentos de lujo, una manzana más abajo de Sunset, y a un par de manzanas de La Ciénaga.

—Lo encontraremos —le aseguró Tony.

—A juzgar por lo que me han contado acerca de él y lo que acaban de decirme en «Self-Pride», yo diría que este tipo no es de los que va a intentar rehabilitarse. Será mejor que lo pongan a la sombra por muchísimo tiempo.

—Eso es lo que intentamos —observó Frank.

Tucker los acompañó hasta la puerta; luego, salió hasta un patio saliente, frente a la casa, que ofrecía una amplia vista de Los Ángeles y su puerto.

—¿No es maravilloso? —preguntó Tucker—. ¿No es lo más grande?

—Sí, una vista sensacional —asintió Tony.

—¡Una ciudad tan grande y tan preciosa! —exclamó Tucker con orgullo y amor, como si él mismo hubiera creado la megalópolis—. Saben, acabo de enterarme de que los burócratas de Washington realizaron un estudio de transporte de masas para Los Ángeles. Estaban determinados a hacernos tragar un sistema u otro; pero les dejó estupefactos descubrir que costaría por lo menos cien mil millones de dólares construir una red rápida ferroviaria que sólo serviría al diez o doce por ciento de los traslados diarios en horas punta. Todavía no han comprendido lo vasto que es el Oeste... —Ahora parecía un rapsoda, con su rostro iluminado de placer, sus grandes manos haciendo gestos sin parar—. No se dan cuenta de que el significado de Los Ángeles es espacio. Espacio, movilidad y libertad. Ésta es una ciudad desahogada. Desahogada en sentido psicológico. En Los Ángeles existe la oportunidad de ser cualquier cosa que uno quiera ser. Aquí, puedes tomar tu futuro de manos de otras personas y darle la forma que desees. ¡Es fantástico! ¡La quiero! ¡Dios, cómo la quiero!

Tony estaba tan impresionado con la profundidad de los sentimientos de Tucker por la ciudad, que reveló su propio sueño secreto.

—Yo siempre he querido ser una artista, vivir de mi arte. Pinto.

—Entonces, ¿por qué es policía? —preguntó Tucker.

—Es la paga segura.

—Olvídese de las pagas seguras.

—Soy un buen policía. Y me gusta mi trabajo.

—¿Es usted un buen artista?

—Bastante bueno, creo.

—Entonces, hombre, dé el salto. Está viviendo en el filo del mundo occidental, en el filo de las posibilidades. Salte. Salte fuera. Es algo emocionante, y está tan lejos del suelo que nunca se estrellará en nada duro o cortante. Lo más probable es que encuentre lo mismo que he encontrado yo. No es igual que caerse al suelo. ¡Le parecerá que está cayendo hacia arriba!

Tony y Frank siguieron el muro de ladrillo hasta la calzada, pasando ante un seto de plantas de gruesas y jugosas hojas. El sedán sin distintivos estaba aparcado a la sombra de una palmera.

Al abrir Tony la puerta del coche, Tucker le llamó desde el porche:

—¡Salte! ¡Salte del borde y vuele!

—Es todo un carácter —comentó Frank al alejarse de la casa.

—Sí —musitó Tony, preguntándose qué efecto haría volar.

Al dirigirse a la dirección que Tucker les había dado, Frank habló un rato del negro y otro rato de Janet Yamada. Reflexionando sobre el consejo que Tucker le había dado, Tony prestó poca atención a lo que su compañero decía. Tony no se dio cuenta de que Frank estaba como loco. Cuando hablaba de Janet Yamada, no intentaba en realidad seguir una conversación; era un soliloquio.

Un cuarto de hora después encontraron el complejo de apartamentos donde vivía Jimmy Ortiz. El garaje, o aparcamiento, estaba en el sótano defendido por una verja de hierro que se abría sólo por control electrónico, así que no pudieron ver si había un «Jaguar» negro aparcado.

Los apartamentos se hallaban en dos niveles, en alas dispuestas de forma inesperada, con escaleras descubiertas y galerías. El complejo estaba estructurado alrededor de una enorme piscina y gran cantidad de lujuriante verdor. También había un baño con remolino. Dos chicas en bikini y un joven peludo estaban sentados en pleno remolino bebiéndose un martini, comiendo y riéndose unos de otros, mientras jirones de vapor subían del agua turbulenta que les rodeaba.

Frank se detuvo al borde del *jacuzzi* y les preguntó dónde vivía Jimmy Ortiz. Una de las muchachas contestó:

—¿Es ese chico tan mono con el bigotito?

—Con cara de niño —añadió Tony.

—Ése es.

—¿Lleva bigote todavía?

—Sí, es el mismo —explicó la chica—. Conduce un «Jaguar» de miedo.

—Ése es —terminó Frank.

—Creo que vive allí, en el Bloque Cuatro, segundo piso, siguiendo hasta el final.

—¿Estará en casa? —preguntó Frank.

Nadie lo sabía.

En el Bloque Cuatro, Tony y Frank subieron la escalera hasta el segundo piso. Una galería abierta corría a lo largo del edificio y servía a los cuatro apartamentos que daban al patio. A lo largo de la barandilla, frente a las tres primeras puertas, se habían dispuesto macetas de hiedra y de otras enredaderas, colocadas para dar al segundo nivel una agradable visión de verdor como la que disfrutaban los residentes de la primera planta; pero no había ninguna frente al último apartamento.

La puerta estaba abierta.

Los ojos de Tony y Frank se encontraron. Cruzaron una mirada preocupada.

¿Por qué estaría abierta la puerta?

¿Sabía Bobby que iban a ir?

Flanquearon la entrada. Esperaron. Escucharon.

El único ruido procedía del feliz trío que estaba en el baño del patio.

Frank enarcó las cejas.

Tony señaló el timbre en la puerta.

Después de una breve vacilación, Frank lo pulsó.

Dentro, las campanillas sonaron dulcemente. *Bong, bing, bong.*

Esperaron una respuesta, con los ojos en la entrada.

De pronto el aire se les hizo angustiosamente pesado, aunque parecía tranquilo. Húmedo. Espeso. Pegajoso. A Tony le costaba respirarlo; le hacía el efecto de aspirar un fluido.

Nadie contestó a la llamada.

Frank volvió a pulsar el timbre.

Al no obtener tampoco respuesta, Tony se metió la mano bajo la chaqueta y sacó el revólver de la funda. Sintió debilidad. Su estómago parecía ácido y burbujeante.

Frank sacó también su revólver, escuchó unos segundos por si había movimiento en el interior, finalmente abrió la puerta de un empujón.

El vestíbulo estaba desierto.

Tony se inclinó a un lado para obtener una mejor visión del interior. El cuarto de estar, del que nada más podía ver una pequeña parte, se hallaba en sombras y silencioso. Las cortinas estaban corridas y no había luces encendidas.

Tony gritó:

—¡Policía!

Su voz resonó bajo el techo de la galería.

Un pájaro gorjeó en un olivo.

—¡Sal con las manos en alto, Bobby!

En la calle se oyó un claxon.

En otro apartamento sonaba un tocadiscos, apagado pero audible.

—¡Bobby! —grito Frank—. ¿Has oído lo que ha dicho? Somos la Policía. Todo ha terminado. Ya puedes salir. ¡Venga! ¡Ahora mismo!

Abajo, en el patio, los bañistas no hacían el menor ruido.

Tony tenía la extraña idea de que podía oír gente en una docena de apartamentos acercándose subrepticiamente a las ventanas. Frank levantó la voz un poco más.

—¡No queremos hacerte daño, Bobby!

—Hazle caso —añadió Tony gritando al interior del apartamento—. No nos obligues a hacerte daño. Sal tranquilamente.

Bobby no respondió.

—Si estuviera dentro —opinó Frank—, nos diría por lo menos que nos fuéramos a la mierda.

—¿Y ahora qué? —preguntó Tony.

—Supongo que hay que entrar.

—Jesús, me horroriza una cosa así. Tal vez debiéramos llamar a una patrulla de apoyo.

—Probablemente no esté armado —observó Frank.

—Déjate de bromas.

—No tiene antecedentes por llevar armas. Excepto cuando va tras una mujer, es un engendro rastrero.

—Es un asesino.

—Mujeres. Sólo es peligroso para las mujeres.

Tony gritó otra vez:

—Bobby, es tu última oportunidad. ¡Ahora, maldita sea, sal de una vez y despacio!

Silencio.

A Tony le latía el corazón, desatado.

—Está bien —dijo Frank—. Terminemos de una vez.

—Si la memoria no me falla, tú entraste primero la última vez que topamos con algo parecido.

—Sí. El caso Wilkie-Pomeroy.

—Entonces, me toca a mí —declaró Tony.

—Sé que has estado esperando esto.

—Oh, sí.

—Con toda tu alma.

—¡Que la tengo ahora en el cuello!

—Atrápalo, tigre.

—Cúbreme.

—El vestíbulo es demasiado estrecho para que pueda cubrirte bien. Una vez estés dentro, no podré ver nada delante de ti.

—Me agacharé cuanto pueda —dijo Tony.

—Bájate todo lo que te sea posible; intentaré mirar por encima de tu cabeza.

—Hazlo lo mejor que sepas y puedas.

A Tony se le había encogido el estómago. Hizo dos profundas aspiraciones y trató de calmarse. Este truco no tuvo más efecto que acelerar los latidos de su corazón y que le golpeara con más fuerza que antes. Por fin, agachado, se lanzó por la puerta abierta sosteniendo el revólver ante él. Se deslizó por el resbaladizo mosaico del vestíbulo y se detuvo en el umbral de la sala de estar, escrutando las sombras en busca de movimiento, esperando recibir una bala entre las cejas.

La sala de estar se hallaba débilmente iluminada por unas finas líneas de luz que entraba por las rendijas de las pesadas cortinas. Por lo que Tony podía ver, todas las formas pesadas eran divanes, sillones y mesas. El lugar parecía lleno de unos muebles caros y sólidos de estilo mediterráneo americanizado y de un gusto deplorable. Un estrecho rayo de luz caía sobre un sofá de terciopelo rojo que tenía una grotesca y enorme flor de lis de hierro forjado incrustada en uno de sus lados de imitación de roble.

—¿Bobby?

Nada.

Se oía el tictac de un reloj por alguna parte.

—No queremos hacerte daño, Bobby.

Solamente silencio.

Tony contuvo el aliento.

Podía oír la respiración de Frank.

Nada más.

Despacio, con suma cautela, se levantó.

Nadie disparó contra él.

Tanteó la pared hasta encontrar un interruptor. Una lámpara con una espantosa escena de toros pintada en la pantalla se encendió en un rincón, y pudo ver que tanto la sala de estar como el comedor, al fondo, se encontraban desiertos.

Frank entró detrás de él y le señaló la puerta del ropero del vestíbulo.

Tony se hizo atrás, para no entorpecer.

Sosteniendo el revólver a la altura del vientre, Frank abrió la puerta corredera. El ropero solamente contenía un par de chaquetas ligeras y varias cajas de zapatos.

Muy separados a fin de no ofrecer un solo blanco, cruzaron la sala de estar. Había un armario para botellas con unas bisagras de hierro negro ridículamente grandes; el vidrio de las puertas era amarillento. En el centro había una mesita redonda, una monstruosidad octogonal con un brasero incrustado en el centro; el sofá y sillones de alto respaldo estaban tapizados de terciopelo color fuego con flecos dorados e infinidad de borlas negras. Las cortinas eran de brocado amarillo violento y naranja. Todo ello sobre una gruesa alfombra verde. Era un lugar espantoso para vivir.

Y también, pensó Tony, un sitio absurdo para morir.

Cruzaron el comedor y echaron una mirada a la pequeña cocina. Aquello era una porquería. La puerta de la nevera y las de algunos armarios estaban abiertas. Botes, jarras y paquetes de comida habían sido sacados de las estanterías y tirados al suelo. Algunos parecía como si los hubieran arrojado con rabia. Varias jarras se habían roto y brillantes trozos del vidrio relucían entre la basura. Un charco de cerezas al marrasquino parecía una ameba colorada sobre el pavimento amarillo; las rojas cerezas brillaban por todos los rincones. Una crema de chocolate estaba aplastada por encima de los fogones eléctricos. Los cereales crujientes se veían esparcidos por todas partes. Y pepinillos. Aceitunas. Fideos. Alguien había utilizado la mostaza y la gelatina de uva para escribir por cuatro veces la misma palabra en la pared de la cocina:

Cocodrilos
Cocodrilos
Cocodrilos
Cocodrilos

Estaba escrito en español. Frank no lo entendía y Tony, en un susurro, le explicó lo que quería decir.

—¿Por qué cocodrilos?

—Yo qué sé.

—Me asusta —dijo Frank.

Tony le dio la razón. Se encontraban metidos en una extraña situación. Incluso Tony, aunque no comprendía lo que estaba ocurriendo, sabía que ante ellos había un gran peligro. Anhelaba saber por qué puerta les saldría.

Miraron en un gabinete, tan recargado como las otras habitaciones. Bobby no se escondía allí, ni en el armario.

Regresaron vigilantes por el pasillo, hasta los dos dormitorios y los dos baños. No hicieron el menor ruido.

En el primer dormitorio y cuarto de baño no vieron nada fuera de lo normal.

Pero el dormitorio principal estaba hecho un desastre. Todas las ropas habían sido sacadas del ropero y desparramadas. Las había amontonadas en el suelo, enroscadas como pelotas y metidas en la cama, cubriendo el tocador donde se habían caído cuando fueron lanzadas, y la mayoría, si no todas, estaban destrozadas. De las camisas se habían arrancado mangas y cuellos. Las solapas también aparecían arrancadas de todas las chaquetas. Las costuras interiores de los pantalones, rasgadas. La persona que había hecho todo aquello lo había hecho presa de una rabia ciega y, no obstante, había sido sorprendentemente metódica pese a la furia.

¿Pero quién lo habría hecho?

¿Alguien que tenía una cuenta pendiente con Bobby?

¿El mismo Bobby? ¿Por qué ensuciaría su propia cocina y destrozaría su propia ropa?

¿Qué tenían que ver los cocodrilos con todo aquello?

Tony tenía la desagradable sensación de que se movían demasiado de prisa por el apartamento, que estaban pasando por alto algo importante. Una explicación de todas aquellas cosas raras que habían descubierto parecía flotar en torno a su mente; pero no conseguía fijarla.

La puerta del cuarto de baño adyacente estaba cerrada. Era lo único que les quedaba por ver.

Frank apuntó el revólver a la puerta sin dejar de vigilar mientras hablaba Tony:

—Si no salió antes de que llegáramos, tiene que estar en el baño.

—¿Quién?

Frank le dirigió una mirada perpleja.

—Bobby, naturalmente. ¿Quién si no?

—¿Crees que todo el destrozo lo ha hecho él?

—Bueno... ¿Tú que piensas?

—Se nos escapa algo.

—¿Sí? ¿Qué?

—No lo sé.

Frank avanzó hacia la puerta del baño.

Tony, indeciso, prestó oídos al apartamento.

El lugar era tan ruidoso como una tumba.

—Debe de haber alguien en el baño —sugirió Frank.

Adoptaron posiciones a ambos lados de la puerta.

—¡Bobby! ¿Me oyes? —gritó Frank—. No puedes quedarte ahí para siempre. ¡Sal con las manos en alto!

No salió nadie.

—Incluso si no eres Bobby Valdez, seas quien seas, tienes que salir de ahí —ordenó Tony.

Diez segundos. Veinte. Treinta.

Frank puso la mano en el pomo y lo giró lentamente hasta que la falleba se soltó de su encaje con un suave clic. Empujó la puerta para que se abriera y se lanzó convulsivamente hacia atrás contra la pared para quedar fuera del alcance de las balas, navajas u otras indicaciones de que no era bien recibido.

Ni disparos. Ni movimientos.

Lo único que salió del cuarto de baño fue un hedor realmente terrible. Orina. Excrementos.

Tony farfulló:

—¡Jesús!

Frank se cubrió la boca y la nariz con la mano.

El cuarto de baño estaba desierto. El suelo era un charco de orina violentamente amarilla; el lavabo, la taza y la mampara de cristal de la ducha estaban completamente embadurnados de heces.

—¡En nombre de Dios! ¿Pero qué está pasando aquí? —exclamó Frank por entre sus dedos.

Una palabra en español aparecía pintada por dos veces, con excrementos, en la pared del baño:

Cocodrilos
Cocodrilos

Tony y Frank retrocedieron rápidamente hasta el centro del dormitorio, pisando camisas rotas y trajes hechos una ruina. Pero ahora que habían abierto la puerta del baño, no podían sustraerse al hedor sino yéndose del todo, así que corrieron al vestíbulo.

—Quien quiera que lo haya hecho odia mucho a Bobby —comentó Frank.

—¿Así que no crees que sea obra del propio Bobby?

—¿Por que iba a hacerlo? No tiene sentido. ¡Cristo, es lo más espeluznante que he visto! Tengo erizados los pelos de la nuca.

—Da miedo —asintió Tony.

Tenía los músculos del estómago dolorosamente crispados por la tensión, y su corazón latía tan sólo un poco más despacio que cuando entraron en el apartamento.

Ambos guardaron silencio por un instante, en espera de oír los pasos de los fantasmas.

Tony observaba a una arañita oscura que subía por la pared del corredor.

Finalmente, Frank guardó su pistola, sacó el pañuelo del bolsillo y se secó el sudor que bañaba su rostro.

Tony enfundó su revólver y dijo:

—No podemos dejar todo esto así y darlo por visto. Quiero decir que hemos ido demasiado lejos para que se quede como está. Hemos encontrado demasiado que clama una explicación.

—De acuerdo. Tendremos que pedir ayuda, conseguir una orden de registro y rebuscar con minuciosidad.

—Cajón por cajón.

—¿Qué crees que encontraremos?

—Sabe Dios.

—Vi un teléfono en la cocina —recordó Frank.

Precedió a Tony desde el vestíbulo al cuarto de estar y de allí a la vuelta de una esquina, a la cocina. Antes de que Tony pudiera seguirle cruzando el umbral del comedor, Frank exclamó:

—¡Oh, Dios!

Y trató de retroceder.

—¿Qué hay?

A la vez que Tony preguntaba se oyó un fuerte crepitar.

Frank gritó, cayó de lado y se agarró al saliente de un mostrador tratando de mantenerse en pie.

Otra ráfaga cruzó el apartamento, rebotando el ruido en las paredes y Tony se dio cuenta de que eran disparos.

¡Pero la cocina la habían visto desierta!

Tony sacó su revólver y tuvo la extraña sensación de que sus movimientos se sucedían como en cámara lenta mientras que el resto del mundo se precipitaba a doble velocidad.

El segundo disparo alcanzó a Frank en el hombro y le hizo girar sobre sí. Se desplomó sobre el charco de marrasquino, espaguetis, cereales y vidrios rotos.

Al caerse Frank, Tony pudo ver ante sí por primera vez, y descubrió a Bobby Valdez. Estaba reptando fuera del armario debajo del fregadero, un lugar que no se les había ocurrido investigar porque parecía demasiado pequeño para ocultar a un hombre. Bobby salía retorciéndose y deslizándose como si fuera un reptil surgiendo de su agujero. Sólo quedaban sus piernas debajo del fregadero; estaba de costado empujándose con un brazo, en la otra mano sostenía una pistola del 32. Se hallaba desnudo. Parecía enfermo. Sus ojos eran enormes, locos, dilatados, hundidos en unas ojeras hinchadas y amoratadas. Tenía el rostro de una blancura impresionante, los labios exangües. Tony captó todos estos detalles en una fracción de segundo, con los sentidos aguzados por una oleada de adrenalina.

Frank estaba aún cayendo y Tony sacando el revólver, cuando Bobby disparó por tercera vez. La bala se incrustó en la mampostería del arco. Una explosión de fragmentos de yeso golpeó la cara de Tony.

Saltó hacia atrás y se agachó, retorciéndose al hacerlo, pues había topado con excesiva fuerza contra el suelo con el hombro. Contuvo un grito de dolor y, girando sobre sí mismo, se apartó del comedor, fuera de la línea de fuego. Se arrastró tras un sillón del cuarto de estar y por fin pudo acabar de sacar el arma de la pistolera.

Tal vez habían transcurrido solamente seis o siete segundos desde que Bobby había hecho el primer disparo.

Alguien iba diciendo «Jesús, Jesús» con voz temblorosa y estridente.

De pronto, Tony se dio cuenta de que oía su propia voz. Se mordió el labio con fuerza y contuvo el ataque de histeria.

Ahora sabía lo que le había estado preocupando; sabía lo que habían pasado por alto. Bobby Valdez vendía PCP, y esto hubiera debido decirles algo cuando vieron el estado del apartamento. Hubieran debido recordar que los vendedores eran, a veces, lo bastante estúpidos como para usar también lo que vendían. PCP, llamado también «polvo de ángeles» era un tranquilizante animal que tenía un efecto seguro sobre caballos y toros. Pero cuando la gente lo tomaba, sus reacciones iban de un trance plácido a terribles alucinaciones y ataques de rabia y violencia. Como dijo Eugene Tucker, el PCP era un veneno; corroía literalmente las células cerebrales y pudría la mente. Supercargado de PCP, reventando de energía perversa, Bobby había destrozado su cocina y causado los demás daños en el apartamento. Acosado por fieros e imaginarios cocodrilos, buscando desesperadamente un refugio contra sus mandíbulas, se había metido en el armario debajo del fregadero y cerrado las puertas. A Tony no se le había ocurrido mirar dentro porque no imaginaba que buscaban a un demente en pleno paroxismo. Habían registrado el apartamento cautelosamente, preparados para reacciones que era posible esperar de un violador mentalmente perturbado y asesino incidental; pero no se habían prevenido contra los actos impredecibles de un loco delirante. La destrucción insensata evidente en la cocina y alcoba principal, los escritos aparentemente sin sentido en las paredes, la porquería repugnante del cuarto de baño... todo ello eran indicaciones familiares de la histeria inducida por el PCP. Tony jamás había servido en la brigada de narcóticos; no obstante, pensaba que debía haber reconocido las señales. Si las hubiera interpretado en la forma debida, habría mirado debajo del fregadero, así como en todo espacio suficiente para que se ocultase un hombre, incluso si el reducto era brutalmente incómodo; porque no era raro en una persona lanzada a un viaje de PCP, ceder totalmente a su paranoia y tratar de ocultarse de un mundo hostil, en espacios estrechos, oscuros, como las entrañas. Pero Frank y él no supieron interpretar los indicios, y ahora estaban metidos hasta el cuello en el problema.

Frank había recibido dos disparos. Estaba malherido. Tal vez moribundo. Tal vez muerto.

¡No!

Tony trató de apartar la idea de su mente y se esforzó por quitarle la iniciativa a Bobby. En la cocina, Bobby empezó a gritar aterrorizado de verdad.

—¡Hay muchos cocodrilos! ¡Cocodrilos! ¡Cocodrilos! ¡Cocodrilos! ¡Ah! ¡Ah! ¡Ahhhhh!

Su repetido grito de alarma degeneró instantáneamente en un alarido de agonía, sin palabras.

«Parece como si realmente se lo estuvieran comiendo vivo», pensó Tony estremecido.

Sin dejar de chillar, Bobby salió corriendo de la cocina. Disparó su 32 al suelo, al parecer para matar un cocodrilo.

Tony se mantuvo agachado detrás del sillón. Temía que, si se levantaba y le apuntaba, le acribillaría antes de que tuviese tiempo de apretar el gatillo.

En una especie de danza alocada, tratando de mantener sus pies descalzos fuera de las bocas de los cocodrilos, Bobby disparó al suelo una y otra vez.

«Seis disparos hasta ahora —contó Tony—. Tres en la cocina, tres aquí. ¿Cuántas balas habrá en el cargador? ¿Ocho? Quizá diez.»

Bobby volvió a disparar, dos veces, tres. Una de las balas rebotó en alguna parte.

Había hecho nueve disparos. Faltaba uno.

—*¡Cocodrilos!*

El décimo disparo fue atronador en aquel espacio cerrado, y de nuevo la bala rebotó con un silbido.

Tony salió de su escondrijo. Bobby estaba a menos de diez pasos. El detective sostenía su revólver de servicio con las dos manos, con la boca del cañón apuntando al pecho sin pelos del hombre desnudo:

—Está bien, Bobby. Tranquilo. Ya ha terminado todo.

Bobby pareció sorprendido al verlo. Era evidente que estaba tan hundido en su alucinación de PCP que no recordaba haber visto a Tony en el arco de la cocina, menos de un minuto antes.

—Cocodrilos —insistió Bobby; pero esta vez en inglés.

—No hay cocodrilos —le aseguró Tony.

—Enormes.

—No. No hay ningún cocodrilo.

Bobby chilló, pataleó, se revolvió y trató de disparar al suelo; pero su pistola estaba vacía.

—Bobby —le dijo Tony.

Gimoteando, el hombrecillo se volvió a mirarlo.

—Bobby, quiero que te eches al suelo, boca abajo.

—Me comerán —protestó Bobby; los ojos se le salían de las órbitas;

su iris oscuro estaba bordeado por anchos círculos blancos, y se hallaba poseído de un violento temblor–. ¡Me devorarán!

–¡Escúchame, Bobby! Escúchame con atención. No hay cocodrilos. Los estás imaginando. Todo está dentro de tu cabeza. ¿Me oyes?

–Salieron de los retretes –explicó Bobby tembloroso–. Y de los desagües de las duchas. Y también del fregadero. ¡Oh, son enormes! Son grandes de verdad. Y todos intentan comerme la polla. –Su pánico empezó a transformarse en ira; su rostro pálido enrojeció y sus labios se apartaron dejando los dientes descubiertos en una mueca lupina–. No les dejaré. No permitiré que me arranquen la polla. Los mataré a todos.

Tony se sintió frustrado por su incapacidad de llegar hasta Bobby y su frustración se exacerbó sabiendo que Frank podía estar desangrándose, debilitándose por segundos, necesitando desesperadamente inmediata atención médica. Decidido a penetrar en la oscura fantasía de Bobby a fin de controlarla, Tony le habló con voz dulce y tranquilizadora.

–Óyeme. Todos esos cocodrilos han vuelto a sus retretes y desagües. ¿No has visto cómo se iban? ¿No los has oído deslizarse por las cañerías y salir de la casa? Han visto que hemos venido a ayudarte y sabían que éramos más que ellos. Se han ido todos, hasta el último.

Bobby miró con sus ojos vidriosos que no parecían humanos.

–Se han ido todos –repitió Clemenza.

–¿Están fuera?

–Ninguno puede hacerte daño ahora.

–Embustero.

–No. Te digo la verdad. Todos los cocodrilos se han ido por...

Bobby le tiró la pistola vacía.

Tony se agachó.

–Eres un podrido hijo de puta de policía.

–Basta, Bobby.

Bobby empezó a andar hacia él.

Tony retrocedió alejándose del loco desnudo.

Bobby no rodeó el sillón. Lo empujó rabiosamente a un lado, derribándolo, aunque era muy pesado.

Tony recordó que un hombre presa de la locura del polvo de ángel suele tener una fuerza sobrehumana. No era raro que cuatro o cinco policías macizos tuvieran dificultad en reducir a un adicto de PCP. Había diversas teorías médicas sobre lo que causaba este aumento de fuerza física, pero ninguna de ellas podía ayudar a un agente enfrentado a un loco con la fuerza de cinco o seis. Tony pensó que probablemente no podría dominar a Bobby Valdez con nada que no fuera el revólver, aunque estaba filosóficamente opuesto a servirse de este último recurso.

—Voy a matarte —anunció Bobby.

Llevaba las manos engarfiadas. Su cara era de color rojo vivo, la saliva se escurría por una comisura.

Tony dejó que la mesa octogonal les separara.

—¡Párate ya, maldita sea!

No quería tener que matar a Bobby Valdez. En todos los años que llevaba en el Departamento de Policía había disparado solamente contra tres hombres en cumplimiento de su deber, y en todas las ocasiones sólo había apretado el gatillo en defensa propia. Ninguno de los tres había muerto.

Bobby empezó a rodear la mesa.

Tony se alejó en sentido contrario.

—Ahora yo soy el cocodrilo —dijo Bobby con una sonrisa.

—No me obligues a hacerte daño.

Bobby se detuvo, agarró la mesa y la volcó apartándola del paso; Tony retrocedió hasta la pared. Bobby lo persiguió gritando algo ininteligible. Tony no tuvo más remedio que apretar el gatillo y la bala entró por el hombro izquierdo de Bobby haciéndole girar sobre sí y caer de rodillas; pero, increíblemente, volvió a levantarse. Con el brazo izquierdo ensangrentado, colgando inútil al costado, y chillando, más de rabia que de dolor, corrió a la chimenea, cogió una pequeña pala de cobre y la lanzó. Tony volvió a agacharse. De pronto, Bobby corrió hacia él esgrimiendo uno de los atizadores de la chimenea. Con el maldito hierro, golpeó a Tony en el muslo y no pudo evitar gritar cuando el dolor dio una lanzada a su cadera y a la pierna, pero el golpe no fue lo bastante fuerte para romperle los huesos y no perdió el sentido sino que se dejó caer. Cuando Bobby volvió a enarbolarlo, esta vez contra su cabeza y con mucha más fuerza, Tony tuvo que disparar al pecho descubierto, a pocos pasos. Bobby fue proyectado hacia atrás, con un último grito salvaje, se desplomó contra una silla y de allí rodó al suelo. Echando sangre como una fuente macabra, se retorció, gorgoteó, arañó la alfombra verde, mordió su brazo herido y, por fin, se quedó completamente inmóvil.

Jadeando, temblando, maldiciendo, Tony guardó el revólver y, con dificultad, fue hacia un teléfono que había vislumbrado en una de las mesitas junto al sofá. Marcó y dijo a la operadora quién era, dónde se encontraba y lo que necesitaba:

—Primero una ambulancia, después la Policía.

—Sí, señor —le contestó la operadora.

Colgó y fue cojeando a la cocina.

Frank Howard seguía tendido aún en el suelo, en medio de la basura. Había conseguido volverse, pero no había podido hacer más. Tony se arrodilló a su lado. Frank abrió los ojos:

—¿Te han herido? —preguntó con voz débil.

—No —contestó Tony.

—¿Lo cogiste?

—Sí.

—¿Muerto?

—Sí.

—Bien.

Frank tenía un aspecto terrible. Su rostro estaba como la leche y brillante de sudor. El blanco de sus ojos era de un malsano color amarillento, que no tenía antes, y el ojo derecho estaba inyectado de sangre. Sus labios mostraban un tono azulado. El hombro derecho y la manga de su chaqueta se hallaban empapados de sangre. Su mano izquierda se apretaba contra la herida de su abdomen, pero mucha sangre había escapado por entre sus dedos. Tenía la camisa y la parte alta de los pantalones mojados y pegajosos.

—¿Cómo va el dolor? —preguntó Tony.

—Al principio muy mal. No podía dejar de gritar. Pero está mejor. Ahora sólo es como un latido ardiente.

La atención de Tony se había centrado tanto en Bobby Valdez que no había oído los gritos de Frank.

—¿Te ayudaría si te hiciera un torniquete en el brazo?

—No. La herida es muy alta. En el hombro. No se puede hacer ningún torniquete.

—La ambulancia está en camino. Les he telefoneado.

Fuera, a lo lejos, se oían las sirenas. Era demasiado pronto para la ambulancia o para un blanco y negro en respuesta a su llamada. Alguien debió de llamar a la Policía cuando empezó el tiroteo.

—Serán un par de agentes de uniforme; bajaré a recibirles. Deben de tener un buen botiquín en el coche.

—No me dejes.

—Pero si llevan un botiquín...

—Necesito más que un botiquín. No me dejes —volvió a suplicar Frank.

—Está bien.

—Por favor.

—Está bien, Frank.

Ambos temblaban.

—No quiero quedarme solo —gimió Frank.

—No me moveré de aquí.

—He intentado sentarme.

—Quédate echado, tranquilo.

—Y no he podido sentarme.

—Te pondrás bien.

—Quizás esté paralizado.

—Tu cuerpo ha recibido una tremenda sacudida, nada más. Has perdido sangre. Naturalmente estás débil.

Las sirenas dejaron de sonar.

—La ambulancia no debe de andar lejos —dijo Tony.

Frank cerró los ojos, hizo una mueca de dolor, se quejó.

—Te pondrás bien, compañero.

Frank abrió los ojos.

—Ven al hospital conmigo.

—Iré.

—Acompáñame en la ambulancia.

—No sé si me dejarán.

—Insiste.

—De acuerdo. Lo haré.

—No quiero estar solo.

—Les obligaré a que me dejen entrar aunque tenga que amenazarlos con el arma.

Frank esbozó una sonrisa; pero una punzada de dolor la borró.

—Tony...

—¿Qué deseas, Frank?

—¿Quieres... cogerme la mano?

Tony sujetó la mano derecha de su compañero. El hombro derecho era el que había recibido el balazo y Tony pensó que Frank no sentiría dicha extremidad, pero los dedos helados se cerraron sobre la mano de Tony con sorprendente firmeza.

—¿Sabes, Tony?

—¿Qué?

—Deberías hacer lo que te ha dicho.

—¿Lo que ha dicho quién?

—Eugene Tucker. Deberías dar el salto. Arriesgarte; hacer con tu vida lo que de verdad quieres.

—No te preocupes por mí. Debes conservar tu energía para recuperarte.

Frank se iba agitando. Meneó la cabeza.

—No, no, no. Tienes que escucharme. Es muy importante... lo que intento decirte. Muy importante.

—Está bien. Relájate. No te excites.

Frank tosió y unas burbujas de sangre aparecieron en sus labios, lívidos.

El corazón de Tony parecía un martillo pilón desbocado. ¿Dónde estaba la maldita ambulancia? ¿Qué demonios retrasaba tanto a esos idiotas?

La voz de Frank había enronquecido y se veía obligado a hacer repetidas pausas para disponer de aliento:

—Si quieres ser un pintor... hazlo. Todavía eres joven para... intentarlo.

—Frank, te lo ruego, por el amor de Dios, no malgastes tus fuerzas.

—¡Escúchame! No pierdas más... tiempo. La vida es demasiado corta... para malgastarla.

—Deja de hablarme así. Tengo muchos años por delante y tú también.

—Pero pasan tan rápidos, tan... jodidamente veloces. No queda tiempo.

Frank se ahogaba. Sus dedos apretaron con más fuerza la mano de Tony.

—¡Frank! ¿Qué tienes?

Frank no contestó. Se estremeció. Luego, empezó a llorar.

—Déjame que vaya a buscar el botiquín.

—No te marches. Tengo miedo.

—Sólo tardaré un minuto.

—No me dejes.

Las lágrimas corrían por sus mejillas.

—Bueno, esperaré. Estarán aquí dentro de unos segundos.

—¡Oh, Jesús! —exclamó Frank abatido.

—Pero si el dolor va en aumento...

—No, no tengo... mucho dolor.

—¿Entonces qué te pasa? Algo te pasa.

—Estoy avergonzado. No quiero que nadie... lo sepa.

—¿Qué no deben saber?

—Que... he perdido el control. Acabo de..., me he mojado los pantalones.

Tony no supo qué decirle.

—No quiero que se burlen de mí.

—Nadie va a reírse de ti.

—Pero, cielos, me he mojado... los pantalones... como un niño.

—Con tantas cosas en el suelo, ¿quién va a fijarse?

Frank rió con un rictus, por el dolor que le causaba la risa, y apretó la mano de Tony con fuerza.

Otra sirena. A poca distancia. Acercándose a toda velocidad.

—La ambulancia —dijo Tony—. Estarán aquí en un minuto.

La voz de Frank se iba debilitando, perdiéndose por momentos:

—Tony, estoy asustado.

—Por favor, Frank. Por favor, no tengas miedo. Estoy aquí, contigo. Todo irá bien.

—Quiero... alguien que recuerde que he estado por aquí.

—Estarás aún mucho tiempo.

—¿Quién se acordará de mí?

—Yo me acordaré —dijo Tony con voz entrecortada—. Te recordaré.

La nueva sirena estaba solamente a una manzana, la tenían casi encima.

—¿Sabes, Tony? Creo... que a lo mejor salgo de ésta. De pronto he dejado de tener dolor.

—¿De veras?

—Es buena cosa, ¿verdad?

—Claro.

La sirena enmudeció cuando la ambulancia paró con un chirrido de frenos casi justo debajo de las ventanas del apartamento.

La voz de Frank era tan débil que Tony tenía que inclinarse mucho para poder oírla.

—Tony... sujétame. —La presión en la mano de Tony se aflojó, los dedos fríos se abrieron—. Abrázame, por favor. ¡Jesús! Abrázame, Tony. ¿Quieres?

Por un instante a Tony le preocuparon las heridas del hombre; pero intuitivamente comprendió que ya no importaban. Se sentó en el suelo sobre la basura y la sangre. Pasó el brazo por debajo de Frank y lo colocó en postura sentada. Frank tosió débilmente, su mano izquierda resbaló de su vientre y la herida quedó al descubierto; una herida horrenda, irremediable, un agujero del que escapaban los intestinos. Desde el momento en que Bobby apretó el gatillo, Frank empezó a morir. Jamás tuvo la menor esperanza de sobrevivir.

—Sujétame.

Tony tomó a Frank en brazos, lo mejor que pudo, lo abrazó como un padre abrazaría a un niño asustado, lo sostuvo y lo meció dulcemente, tarareándole en voz baja, tranquilizándole. Siguió meciéndole incluso después de saber que Frank estaba muerto, cantando y meciéndole despacio, con suavidad, de modo sereno..., meciéndole..., meciéndole...

El lunes por la tarde, a las cuatro, los servicios de la telefónica llegaron a casa de Hilary. Les mostró dónde estaban las cinco extensiones. Ya se disponían a empezar a trabajar en la cocina cuando sonó el teléfono.

Temió que volviera a tratarse del comunicante anónimo. No quería contestar; pero el empleado la miró expectante y a la quinta llamada se sobrepuso al miedo y cogió el auricular:

—¿Diga?

—¿Hilary Thomas?

—Sí.

—Soy Michael Savatino. Del «Ristorante Savatino».

—Oh, no hace falta que me lo recuerde. Jamás me olvidaré de usted ni de su maravilloso restaurante. Nos dio una cena perfecta.

—Gracias. Nos esforzamos por hacerlo así. Oiga, Miss Thomas...

—Por favor, llámeme Hilary.

—Hilary, pues. ¿Ha tenido noticias de Tony, hoy?

De pronto percibió la tensión en su voz. Supo, casi como podría saberlo una vidente, que algo terrible le había ocurrido a Tony. Por un instante se quedó sin aliento, y una oscuridad borrosa envolvió fugazmente su visión.

—Hilary... ¿Está ahí?

—No he sabido de él desde anoche. ¿Por qué?

—No quiero que se asuste. Ha habido problemas...

—Dios mío...

—Pero a Tony no le ha ocurrido nada.

—¿Está seguro?

—Sólo unos golpes.

—¿Está en el hospital?

—No, no. De verdad que está bien.

El nudo que se le había hecho en el corazón se aflojó.

—¿Qué tipo de problema? —preguntó.

En pocas palabras Michael le habló del tiroteo.

Tony pudo haber sido el muerto. Sintió debilidad.

—Tony lo ha encajado muy mal —explicó Michael—. Muy mal. Cuando él y Frank empezaron a trabajar juntos, no se entendían dema-

228

siado bien. Pero las cosas mejoraron. En los últimos días llegaron a conocerse mejor. Se habían hecho amigos de verdad.

—¿Dónde está Tony ahora?

—En su casa. El tiroteo ha tenido lugar esta mañana a las once y media. Se encuentra en su apartamento desde las dos. Yo he estado con él hasta hace unos minutos. Quería quedarme; pero ha insistido en que me fuera al trabajo como de costumbre. Le dije que viniera conmigo, y no ha accedido. No quiere reconocerlo; pero necesita a alguien junto a él ahora mismo.

—Voy a ir.

—Esperaba que lo dijera.

Hilary se refrescó un poco y se cambió de ropa. Lo hizo en quince minutos, antes de que los de la telefónica hubieran terminado su trabajo. Y nunca se le hizo más largo un cuarto de hora.

En el coche, camino del apartamento de Tony, recordó lo que había sentido en aquel momento oscuro en que pensó que Tony estaba gravemente herido, tal vez muerto. Se le había revuelto el estómago. Una intolerable premonición de pérdida la había embargado.

La noche anterior, cuando ya estaba acostada y mientras esperaba el sueño, había discutido consigo misma si amaba o no a Tony. ¿Era posible amar a alguien después de las torturas físicas y psicológicas que había sufrido de niña? ¿Después de lo que había aprendido sobre la fea duplicidad de la naturaleza de los otros seres humanos? ¿Y podía amar a un hombre conocido pocos días antes? No había llegado aún a ninguna conclusión. Pero ahora sabía que temía perder a Tony Clemenza de una forma y hasta un punto como jamás había temido perder a nadie en su vida.

Al llegar ante el complejo de apartamentos aparcó junto al jeep azul.

Vivía en lo alto de un edificio de dos pisos. En un balcón cerca de uno de los apartamentos, unas campanillas de cristal sonaban melancólicas por la brisa del atardecer.

Cuando abrió la puerta no le sorprendió encontrársela:

—Adivino que Michael te llamó.

—Sí. ¿Por qué no lo has hecho tú?

—Probablemente te dijo que estoy hecho unos zorros. Como puedes ver, exagera.

—Se preocupa por ti.

—Puedo soportarlo —dijo con forzada sonrisa—. Estoy bien.

Pese a su esfuerzo por minimizar su reacción por la muerte de

Frank Howard, vio la expresión torturada en su rostro y la desolada luz en sus ojos.

Deseaba abrazarle y consolarlo; pero no sabía desenvolverse bien con la gente en circunstancias ordinarias, y menos aún en semejante situación. Además, intuía que tenía que sentirse dispuesto a ser consolado antes de que se atreviera a ofrecérselo, y no lo estaba.

—Lo encajo... —insistió.

—¿Pero me dejas entrar?

—Oh, claro, perdón.

Vivía en un apartamento de soltero, con un dormitorio, pero el cuarto de estar era grande y aireado. Tenía el techo muy alto y una hilera de ventanales en la pared norte.

—Buena luz para un pintor —observó Hilary.

—Por eso lo alquilé.

Parecía más un estudio que una sala de estar. Una docena de sus vistosos cuadros colgaban en la pared. Otros estaban en el suelo, apoyados en los testeros, montones de ellos en algunos lugares, unos sesenta o setenta en total. Dos caballetes sostenían telas a medio pintar. Había también una gran mesa de dibujo, un taburete y un mueble auxiliar para material de artista. Estanterías hasta el techo repletas de grandes libros de arte. La única concesión a la decoración habitual en un cuarto de estar eran dos pequeños sofás, dos mesitas laterales, dos lámparas, una mesita para el café... todo ello distribuido para formar un rincón acogedor. Aunque el arreglo era peculiar, la estancia resultaba agradable y cálida.

—He decidido emborracharme —dijo Tony al cerrar la puerta—. Muy borracho. Totalmente demolido. Estaba sirviéndome la primera tanda cuando llamaste. ¿Quieres beber algo?

—¿Qué tomas tú?

—*Bourbon* con hielo.

—Lo mismo para mí.

Mientras él estaba en la cocina preparando las bebidas, Hilary miró con detenimiento las pinturas. Algunas eran realistas al máximo; en ellas, el detalle era tan sutil, tan bien observado, tan impecablemente realizado que, en el aspecto técnico, eran más que fotografías. Otras telas eran surrealistas, pero de un estilo fresco y dominante que no recordaba en absoluto ni a Dalí, Ernst, Miró o Tanguy. Se acercaban más bien a la obra de René Magritte, en especial el Magritte de *The Domain of Arnheim* y *Ready Made Bouquet*. Pero Magritte no había utilizado nunca tan meticuloso detalle en sus pinturas, y era esa realidad más que real la que, en las escenas de Tony, hacía los elementos surrealistas tan impresionantes y únicos.

Volvió de la cocina con los vasos de *bourbon* y le dio uno a ella.

—Tu trabajo es fresco y excitante —comentó Hilary, al tomarlo.

—¿Sí?

—Michael tiene razón. Tus pinturas se venderán a medida que las vayas creando.

—Es magnífico pensarlo y agradable soñarlo.

—Si al menos les dieras una oportunidad...

—Como te dije ya, eres muy amable; pero no una experta.

Tony no parecía el mismo. Su voz era sorda, sin vida. Estaba apagado, deprimido, vencido.

Decidió pincharle, con la esperanza de hacerle reaccionar.

—Te crees muy listo. Pero eres tonto. Cuando se trata de tu trabajo, no entiendes nada. Estás ciego ante tus posibilidades.

—No soy más que un aficionado.

—Tonterías.

—Un aficionado bastante bueno.

—A veces te pones irritante.

—No quiero hablar de arte.

Puso en marcha el estéreo: Beethoven interpretado por Ormandy. Después se fue hacia uno de los sofás de la otra punta del salón. Hilary le siguió y se sentó a su lado:

—¿De qué quieres que hablemos?

—De películas.

—¿En serio?

—Quizá de libros.

—¿De veras?

—O de teatro.

—De lo que realmente quieres hablar es de lo que te ocurrió hoy.

—No. Es lo último que deseo.

—Necesitas comentarlo, aunque no lo aceptes.

—Lo que necesito es olvidarlo todo, arrancarlo de mi mente.

—Y hacer lo que hace la tortuga. ¿Supones que puedes meter la cabeza dentro del caparazón y encerrarte?

—Exactamente —admitió Tony.

—La semana pasada, cuando quise ocultarme de todo el mundo y tú pretendías hacerme salir contigo, afirmaste que no era sano que una persona se encerrara en sí misma después de una experiencia. Dijiste que era mejor compartir los sentimientos con otras personas.

—Estaba equivocado.

—Tenías razón.

Tony cerró los ojos y no dijo nada.

—¿Quieres que me marche?

—No.

—Lo haré si lo deseas. Sin resquemor.

—Quédate, por favor.

—Está bien. ¿De qué hablaremos?

—De Beethoven y de *bourbon*.

—Entiendo la indirecta.

Permanecieron sentados de lado en el sofá, en silencio, con los ojos cerrados, la cabeza hacia atrás, escuchando la música, tomando tragos de *bourbon*, mientras la luz del sol se volvía ambarina, y después de un tono anaranjado y turbio, más allá de los ventanales. Poco a poco la gran estancia se llenó de sombras.

El lunes al atardecer, Avril Tannerton descubrió que alguien había penetrado en «Forever View». Hizo este descubrimiento cuando bajó a la bodega, donde tenía un taller muy bien equipado para trabajar la madera; vio que uno de los cristales de una ventana del sótano había sido cuidadosamente recubierto de cinta adhesiva y roto para que el intruso llegara a la falleba. Era una ventana bastante más pequeña de lo corriente, pero por la que incluso un hombre de buen tamaño podía entrar si se lo proponía.

Avril estaba seguro de que ningún desconocido se hallaba en la casa en aquel momento. Además, sabía que la ventana no había sido forzada el viernes por la noche, porque se habría dado cuenta cuando estuvo trabajando en su taller, puliendo su último trabajo... un mueble para sus tres rifles de caza y sus dos escopetas. No creía que nadie tuviera el valor de romper la ventana a plena luz o estando él en casa, como estuvo la noche anterior, domingo; por tanto, dedujo que debió de haber ocurrido el sábado por la noche, mientras se encontraba en casa de Helen Virtillion, en Santa Rosa. Excepto por el cuerpo de Bruno Frye, «Forever View» estaba desierto. Evidentemente, sabían que la casa no estaba guardada y habían aprovechado la oportunidad.

Un ladrón.

¿Tenía sentido?

¿Un ladrón?

No creía que se hubiera robado nada de los salones públicos del piso principal, o de sus habitaciones particulares de la segunda planta. Estaba convencido de que habría notado al instante cualquier robo nada más llegar el domingo por la mañana. Además, sus armas seguían en su gabinete, lo mismo que su extensa colección de monedas. Era evidente que estas cosas habrían sido lo primero que se llevaría un ladrón.

En su taller, a la derecha de la ventana rota, había unos dos mil dólares de herramientas manuales y eléctricas de alta calidad. Algunas estaban colgadas en un tablero y otras se encontraban ordenadas en unos casilleros que había diseñado y construido personalmente para ellas. Podía decir, con un simple vistazo, que no faltaba nada.

No habían robado nada.

No le habían destrozado nada.

¿Qué clase de ladrón era el que entraba en una casa sólo para echar una mirada a las cosas?

Avril se fijó en los fragmentos de cristal y cinta adhesiva que había en el suelo; luego, miró la ventana forzada; después a su alrededor por la bodega, estudiando la situación, hasta que, de pronto, se dio cuenta de que, efectivamente, algo se habían llevado. Tres bolsas de veinticinco kilos de una mezcla de mortero seco. La primavera pasada, Gary Olmstead y él habían echado abajo el viejo porche de madera que había frente a la casa. Prepararon el suelo con un par de carretadas de tierra, la nivelaron profesionalmente y levantaron una nueva veranda de ladrillo. También habían arreglado las aceras cascadas, de viejo cemento, y las reemplazaron por otras de ladrillo. Al término de un trabajo, que duró cinco semanas, se encontraron con tres sacas sobrantes de mezcla de mortero, pero no las devolvieron para su reembolso, porque Avril se proponía construir un gran patio detrás de la casa el próximo verano. Ahora, los tres sacos de mezcla habían desaparecido.

El descubrimiento, lejos de aclarar sus incógnitas, no hacía más que contribuir al misterio. Asombrado, perplejo, se quedó mirando el lugar donde habían estado las bolsas.

¿Por qué un ladrón ignoraba los costosos rifles, las monedas valiosas y otro botín atractivo en beneficio de tres sacas relativamente baratas de una mezcla de mortero seco?

Tannerton se rascó la cabeza, y dijo:

—Curioso.

Después de permanecer en silencio sentado junto a Hilary, en la penumbra, por unos veinte minutos, después de escuchar a Beethoven y de tomar unos cuantos tragos de *bourbon*, y después de que Hilary volviera a llenar los vasos, Tony se encontró hablando de Frank Howard. Ignoraba que iba a confiarse a ella hasta que ya había empezado a hablar; le pareció oírse a media frase y las palabras empezaron a salir a borbotones. Habló sin parar durante media hora, deteniéndose solamente para tomar un sorbo, rememorando su primera impresión de Frank, la fricción inicial entre ambos, los incidentes tensos y humorísticos del trabajo, la noche que bebió en «The Bolt Hole», su salida con Janet Yamada y la reciente comprensión y afecto que Frank y Tony se descubrieron. Por fin, cuando empezó el relato de lo sucedido en el apartamento de Bobby Valdez, lo hizo en voz baja, vacilante. Si cerraba los ojos, veía aquella cocina sucia y manchada de sangre tan vívidamente como veía su propio cuarto de estar con los ojos abiertos. Cuando trató de explicar a Hilary lo que había sido tener en brazos a un amigo moribundo, empezó a temblar. Sentía un frío terrible, tenía la carne y los huesos congelados, y hielo en el corazón. Le castañeteaban los dientes. Derrumbado en el sofá, cubierto por las sombras violáceas, derramó sus primeras lágrimas por Frank Howard; le escaldaron su carne helada.

Al verlo llorar, Hilary le tomó la mano; después le sostuvo casi del mismo modo que él había sostenido a Frank. Utilizó su pequeña servilleta para secarle la cara. Le besó las mejillas, le besó los ojos.

En un principio, sólo le ofreció consuelo, que era lo único que él buscaba; pero sin que conscientemente uno y otra se dieran cuenta de que alteraban el abrazo, la condición de éste empezó a variar. Él la rodeó con sus brazos y ya no fue del todo claro quién sostenía y consolaba a quién. Las manos de Tony subían y bajaban por la fina espalda de ella y se maravillaba de su exquisito contorno; le excitaba la firmeza, fuerza y flexibilidad de su cuerpo bajo la blusa. Las de Hilary también acariciaban, estrujaban y admiraban la dureza de sus músculos. Besaba las comisuras de su boca y él devolvía ansioso aquellos besos de lleno en los labios. Sus lenguas se encontraron y el beso se hizo ardiente, rabiosamente ardiente y líquido; les dejó con la respiración entrecortada, más que cuando sus labios se encontraron por primera vez.

De pronto, ambos comprendieron, al mismo tiempo, lo que estaba ocurriendo, y se helaron con el recuerdo incómodo del viejo amigo para quien el luto había empezado. Si se entregaban mutuamente, como tanto necesitaban, sería igual que reírse en un entierro. Por un momento, sintieron que se encontraban al borde de cometer un acto desaprensivo y blasfemo.

Pero su deseo era tan fuerte que ahogó sus dudas sobre la decencia de hacer el amor precisamente esta noche, entre todas las noches. Se besaron indecisos; luego, con ansiedad, y fue tan dulce como siempre. Sus manos se movieron imperiosas sobre él, y él respondió al tacto, igual que ella. Comprendió que era justo y estaba bien que buscaran juntos la alegría. Hacer el amor en ese momento no era una falta de respeto hacia el muerto; era una reacción a lo injusto de la propia muerte. Su deseo insaciable era el resultado de muchas cosas, una de las cuales era la profunda necesidad animal de probarse que estaban vivos, llenos de auténtica vida.

De mutuo acuerdo, sin mediar palabras, se levantaron del sofá y pasaron al dormitorio.

Tony encendió una lámpara en el cuarto de estar, al salir; la luz se derramó por la puerta abierta y fue lo único que iluminó la cama. Una penumbra suave. Una luz tibia y dorada. La luz pareció amar a Hilary, porque no cayó indiferente sobre ella, como sobre la cama y Tony, sino que la acarició, acentuó amorosamente el lechoso bronceado de su piel inmaculada, añadió brillo a su cabello negro y resplandeció en sus grandes ojos.

Estaban de pie junto a la cama, abrazándose, besándose y él empezó a desnudarla. Desabrochó su blusa y la dejó resbalar. Soltó el corchete de su sostén; con un movimiento de hombros ella lo hizo caer al suelo. Sus senos eran magníficos... redondos, llenos, enhiestos. Los pezones grandes y firmes; Tony se inclinó a besarlos. Ella tomó su rostro entre las manos, lo alzó hacia sí, buscó su boca. Suspiró. Al desabrocharle el cinturón y correr la cremallera de sus tejanos, le temblaban las manos. Los pantalones se deslizaron por sus largas piernas y salió de ellos después de haberse quitado los zapatos.

Tony cayó de rodillas ante ella dispuesto a quitarle las bragas y descubrió una cicatriz a lo largo del costado izquierdo. Empezaba a un lado de su vientre liso y se curvaba hacia la espalda. No tenía nada que ver con la cirugía; no era como la línea fina que un doctor moderadamente ordenado suele dejar. Tony había visto antes viejas heridas de proyectil o de arma blanca, y aunque la luz no era excesiva, estaba seguro de que la marca había sido causada por una bala o una navaja. Tiempo atrás, había sido malherido. La idea de que ella hubiera tenido que soportar tanto dolor despertaba en él el deseo de protegerla y ampararla. Tenía cien preguntas que hacerle sobre la cicatriz, pero no era el momento adecuado. Besó con ternura la piel rugosa de la señal y la sintió envararse. Supuso que la marca la turbaba. Quería poder decirle que no disminuía ni su belleza ni su atracción y que, en realidad, esa sola mácula realzaba más aún su increíble perfección física.

La única forma de devolverle la confianza era con actos, no con palabras. Le bajó las bragas... y despacio, muy despacio, fue moviendo las manos por sus magníficas piernas, por las suaves curvas de sus pantorrillas, sobre los lisos muslos. Besó su brillante mata púbica y los pelos se erizaron contra su rostro. Al ir alzándose, sostuvo sus firmes nalgas en las manos, acarició la carne tirante, y ella se acercó a él. Sus labios se encontraron de nuevo. El beso duró unos segundos o unos minutos y, cuando terminó, Hilary dijo:

—Apresúrate.

Al apartar las sábanas y meterse ella en la cama, Tony se quitó la ropa. Desnudo, se echó junto a ella y la cogió entre sus brazos.

Se exploraron mutuamente con las manos, con una fascinación sin límites por texturas, formas y ángulos; tamaños y grados de resistencia, y el miembro erecto de Tony palpitó al ser acariciado.

Un instante después, pero mucho antes de que la penetrara, tuvo la extraña sensación de que se fundía en ella, como si se transformaran en una sola criatura, no tanto física o sexualmente sino de forma espiritual, aleándose a través de una ósmosis psíquica que parecía milagrosa. Dominado por el calor de ella, excitado por la promesa de su magnífico cuerpo y, sobre todo, afectado en lo más profundo por los murmullos, movimientos, actos y reacciones que hacían de ella, Hilary, y nadie más que Hilary, Tony sintió como si se hubiera tomado una droga nueva y exótica. Sus percepciones parecían extenderse más allá de sus propios sentidos, así que sentía como si viera a través de los ojos de Hilary como con los suyos propios, sintiendo con sus manos y las de ella, probando su boca con la suya y también con la de ella. Dos mentes entretejidas. Dos corazones sincronizados.

Los besos ardientes de Hilary hacían que Tony quisiera cada porción de ella, cada deliciosa pulgada, y así lo hizo llegando por fin a la tibia conjunción de sus muslos. Le abrió las piernas y pasó la lengua por el húmedo centro, abrió los pliegues secretos de su carne con la lengua, encontró el punto oculto que, dulcemente rozado, la hizo gemir de placer.

Bajo el amoroso impulso empezó a gemir y retorcerse.

—¡Tony!

Le hizo el amor con la lengua, los dientes y los labios. Se arqueó, agarró las sábanas con ambas manos y se debatió extática.

En uno de sus movimientos él deslizó las manos bajo sus nalgas, la agarró con fuerza y la acercó a él.

—¡Oh, Tony, ya, ya!

Respiraba agitada, de prisa. Intentó apartarse de él cuando el placer se hizo demasiado intenso; pero, un instante después, se incrustó en él, suplicando más. Empezó a temblar de pies a cabeza y esos temblores se fueron transformando en estremecimientos de puro gozo. Perdió al aliento, movió la cabeza y gritó delirante, vibró con la ola que la recorría y gozó... y gozó. Sus tiernos músculos se contrajeron, se relajaron, se contrajeron, se relajaron, hasta que al fin quedó exhausta. Se desplomó y suspiró.

Tony levantó la cabeza, besó su vientre estremecido y pasó a acariciar sus pezones con la lengua.

Ella bajó la mano y asió la férrea dureza viril. Y de súbito, como si anticipara esta unión final, esta unión completa, volvió a invadirla una nueva tensión erótica.

Él la abrió con sus dedos, y ella apartó su mano y la guió dentro de ella.

—Sí, sí, sí —exclamaba al penetrarla—. Adorado Tony. Maravilloso, maravilloso, maravilloso Tony.

—Eres magnífica.

Nunca había sido tan bueno para él. Se situó encima de ella, sostenido por sus brazos tensos, y contempló su rostro exquisito. Sus ojos se prendieron y, pasado un momento, le pareció que no solamente la estaba contemplando sino que se encontraba en ella, a través de sus ojos, dentro de la esencia de Hilary Thomas, dentro de su alma. Ella cerró los ojos y poco después los cerró él, y descubrió que el lazo extraordinario no se deshacía cuando la mirada cesaba.

Tony había hecho el amor con otras mujeres; pero jamás se había sentido tan cerca de ninguna de ellas como lo estaba de Hilary Thomas. Porque esta unión era muy especial. Quería que durase mucho tiempo, quería arrastrarla hasta el clímax con él, quería que se perdieran juntos. Pero, esta vez, no consiguió el tipo de control que dominaba su modo de amar. Estaba precipitándose al clímax y no podía hacer nada para detenerse. No era sólo porque era más estrecha, más suave y más caliente que otras mujeres que había conocido; no era simplemente por algún truco de los bien entrenados músculos vaginales; no era porque sus senos perfectos le volvían loco, o porque su piel de seda fuera más sedosa que la de ninguna otra en su experiencia. Todas estas cosas eran ciertas, pero lo que contaba era que era especial para él, muy especial, de un modo que aún no sabía cómo definir, el cual hacía que estar con ella fuera excitante hasta lo indecible.

Hilary presintió el inmediato orgasmo, y entonces pasó las manos por su espalda y lo atrajo sobre ella. No quería él cargarla con todo su peso, pero ella no parecía darse cuenta. Sus senos se aplastaron contra su pecho al caer sobre ella. Alzó las caderas e incrustó su pelvis contra Tony, mientras él acometía más fuerte, y más de prisa. Sintió que volvía a gozar mientras él eyaculaba sin poder controlarse. Lo mantuvo apretado, le retuvo con fuerza musitando repetidamente su nombre mientras él estallaba y estallaba dentro de ella, con fuerza, abundante y sin cesar, en lo más hondo y oscuro de ella. Al vaciarse, una tremenda oleada de ternura y cariño, de dolida necesidad de ella, le inundó, y comprendió, supo con certeza, que jamás podría dejarla marchar.

Después se quedaron juntos, uno al lado del otro, en la cama, con las manos enlazadas y el corazón tranquilizándose.

Hilary estaba física y emocionalmente agotada por la experiencia. La abundancia y asombrosa fuerza de sus clímax la habían dejado exhausta. Jamás había sentido nada parecido. Cada orgasmo había sido como el estallido de un rayo, atacándola hasta su mismo centro, sacudiendo cada una de sus fibras, con una excitante corriente indescriptible. Pero Tony le había dado mucho más que placer sexual; había sentido algo más, algo nuevo para ella, algo espléndido y potente más allá de toda palabra.

Se daba cuenta de que mucha gente diría que la palabra «amor» describía perfectamente sus sentimientos, pero no estaba dispuesta a aceptar esa confusa definición. Durante muchísimo tiempo, desde su infancia, las palabras «amor» y «dolor» habían estado inextricablemente enredadas en la mente de Hilary. No podía creer que estuviera enamorada de Tony Clemenza (ni él de ella), no se atrevía a creerlo; porque, si fuera así, se volvería vulnerable, quedaría indefensa.

Ahora, le costaba creer que Tony la lastimara a sabiendas. No se parecía a Earl, su padre. No se parecía a nadie que hubiera conocido antes. Había una ternura en él, una actitud compasiva, que la hacía sentir que en sus manos estaría segura. Quizá debería arriesgarse con él. Quizás él era el hombre digno de que corriera ese riesgo.

Pero a continuación pensó en lo que sentiría si su felicidad y suerte juntos se agriaba después de habérselo dado todo. Sería un golpe duro de soportar. No sabía si sería capaz de recuperarse esta vez.

Un problema.

De difícil solución.

No quería pensar en ello ahora. Sólo le apetecía estar echada a su lado, disfrutar de la luz que habían creado juntos.

Empezó a rememorar su acto de amor, las sensaciones eróticas que la habían dejado sin fuerzas, algunas de las cuales persistían cálidamente en su carne.

Tony se volvió hacia ella. Le besó la garganta, la mejilla.

—Un penique por tus pensamientos.

—Valen mucho más.

—Un dólar.

—Más aún.

—¿Cien dólares?

—Puede que cien mil.

—Pensamientos muy caros.

—Realmente no eran pensamientos. Recuerdos.

—¿Recuerdos de cien mil dólares?

—Mmmmmm.

—¿De qué?

—De lo que hicimos hace un instante.

—Sabes —le dijo—, me has sorprendido. Pareces tan correcta y pura, casi angelical, pero hay en ti un maravilloso fondo de lascivia.

—Puedo ser lasciva —confesó.

—Muy lasciva.

—¿Te gusta mi cuerpo?

—Es un bello cuerpo.

Por unos minutos hablaron sin sentido, conversación de enamorados, murmurando, ensoñadores. Estaban tan tiernos que todo les parecía delicioso y divertido.

Entonces, todavía en voz baja, pero con una nota más seria en el tono, Tony dijo:

—Supongo que ya sabes que no voy a dejar que te apartes de mí.

Hilary presintió que estaba dispuesto a comprometerse si ella se mostraba dispuesta a lo mismo. Pero ése era el problema. No estaba dispuesta aún. Ignoraba si alguna vez lo estaría. Le deseaba. ¡Oh cielos, cómo le deseaba! No podía pensar en nada más excitante o provechoso que vivir juntos, enriqueciéndose el uno al otro con sus distintos talentos e intereses. Pero temía la decepción y el dolor que sentiría si alguna vez dejara de desearla. Había arrinconado todos aquellos años terribles de Chicago, con Earl y Emma, pero no podía olvidar con tanta facilidad las lecciones aprendidas en aquel miserable apartamento, tanto tiempo atrás. Tenía miedo a comprometerse.

Buscando un medio de evitar la pregunta que se traslucía en su declaración, esperando mantener el tono frívolo de la conversación, dijo:

—¿No vas a dejar que nunca me separe de ti?

—Nunca.

—¿No será muy incómodo para ti, hacer tu trabajo de policía pegado a mí?

La miró a los ojos, tratando de determinar si comprendía lo que le había dicho. Nerviosa, protestó:

—No me atosigues, Tony. Necesito tiempo. Sólo un poco de tiempo.

—Tendrás todo el tiempo que quieras.

—Ahora mismo me siento tan feliz que sólo quiero ser frívola. No es el momento apropiado para ponerse serios.

—Trataré de ser frívolo —aseguró Tony.

—¿De qué hablaremos?

—Quiero saberlo todo acerca de ti.

—Eso suena a serio, no a frívolo.

—Te diré lo que haremos. Tú medio seria y yo medio frívolo. Preguntaremos por turno.

—De acuerdo. Primera pregunta.

—¿Qué prefieres para desayunar?

—Copos de avena.

—¿Comida preferida?

—Copos de avena.

—¿Cena preferida?

—Copos de avena.

—Espera un poco —protestó él.

—¿Qué te pasa?

—Supongo que hablabas en serio en cuanto al desayuno. Pero después has contestado dos tonterías seguidas.

—*Adoro* los copos de avena.

—Ahora me debes dos respuestas serias.

—Adelante.

—¿Dónde naciste?

—En Chicago.

—¿Te criaste allí?

—Sí.

—¿Padres?

—No sé quiénes fueron mis padres. Salí de un huevo. Un huevo de pato. Fue un milagro. Debiste leerlo. En Chicago hay incluso una iglesia católica llamada así después del acontecimiento. Nuestra Señora del Huevo de Pato.

—Una verdadera tontería.

—Gracias.

—¿Padres? —insistió Tony.

—No es justo —protestó—. No puedes hacer la misma pregunta dos veces.

—¿Quién lo dice?

—Yo.

—¿Fue tan terrible?

—¿Qué?

—Lo que hicieron tus padres.

Trató de desviar la pregunta:

—¿Qué te hace creer que hicieron algo terrible?

—Te he preguntado en otra ocasión acerca de ellos. También sobre tu infancia. Siempre has rehuido las preguntas. Fuiste muy ágil, muy inteligente al cambiar de tema. Creíste que no me había dado cuenta; pero no fue así.

Tony tenía la mirada más penetrante con que se había tropezado. Casi le dio miedo. Cerró los ojos para que no pudiera leer en ella.

—Dímelo.

—Eran alcohólicos.

—¿Los dos?

—Sí.

—¿Mucho?

—Oh, sí.

—¿Violentos?

—Sí.

—Sigue.

—No quiero hablar de ellos ahora.

—Te haría bien.

—No, Tony, por favor. Soy feliz. Si me haces hablar de... ellos... dejaré de serlo. Ha sido una noche maravillosa, hasta ahora. No la estropees.

—Tarde o temprano tendré que saberlo.

—De acuerdo... pero no esta noche.

—Está bien —suspiró—. Veamos... ¿Quién es tu personaje favorito de la televisión?

—*Kermit*, la rana.

—¿Quién es tu personaje humano favorito?

—*Kermit*, la rana.

—Esta vez he dicho *humano*.

—A mí me parece más humana que nadie de la televisión.

—Un punto a tu favor. ¿Qué hay de la cicatriz?

—¿Tiene la rana una cicatriz?

—Me refiero a la tuya.

—¿Te repugna? —preguntó Hilary tratando otra vez de desviar la pregunta.

—No. Te hace más bella.

—¿De verdad?

—Sí.

—¿Te importa si lo compruebo con mi detector de mentiras?

—¿Tienes un detector de mentiras aquí?

—Ya lo creo. —Alargó la mano y asió su pene fláccido—. Mi detector de mentiras funciona fácilmente. Es imposible conseguir una lectura equivocada. Se empieza tomando el dispositivo principal —apretó el órgano— y se inserta en la ranura B.

—¿La ranura B?

Cambió de postura y lo introdujo en la boca. En un segundo, creció, palpitó y adquirió rigidez. A los pocos minutos, Tony se sentía incapaz de retenerse. Hilary levantó la mirada y le sonrió:

—Decías la verdad.

—Y la volveré a decir. Eres una moza sorprendentemente obscena.

—¿Quieres mi cuerpo otra vez?

—Quiero tu cuerpo otra vez.

—¿Y qué hay de la mente?

—¿No está incluida en el paquete?

Esta vez se puso arriba, se instaló encima de él, se movió arriba y abajo, de un lado a otro, de atrás hacia delante. Le sonrió cuando él asió sus pechos agitados, y después ya no se dio cuenta de un solo movimiento, o caricias individuales; todo estaba mezclado en un fluido continuo y borroso, en una moción ardiente que no tenía principio ni fin.

A media noche pasaron a la cocina y prepararon una cena tardía, una comida fría de queso y restos de pollo y fruta, con vino blanco helado. Se la llevaron al dormitorio y comieron un poco, se alimentaron uno a otro; después, perdieron todo interés por la comida.

Eran como un par de adolescentes, obsesionados por sus cuerpos y dotados de ilimitada energía. Al mecerse en rítmico éxtasis, Hilary se percató de que aquello no era tan sólo una serie de actos sexuales que compartían; era un importante ritual, una ceremonia profunda que la limpiaba de sus terrores, largo tiempo conservados. Se entregaba a otro ser humano de una forma que hubiera creído imposible una semana atrás, porque dejaba de lado su orgullo, se postraba, se ofrecía a él, arriesgándose al rechazo, humillación y degradación, con la frágil esperanza de que no abusaría de ella. Y fue así. Muchas de las cosas que hicieron hubieran sido degradantes con una pareja inadecuada, pero con Tony cada acto la exaltaba, la elevaba, era glorioso. Todavía no podía decirle que le amaba, no con palabras, pero se lo estaba diciendo cuando, en la cama, le suplicaba que hiciera cuanto quisiera con ella, quedándose inerme, abriéndose completamente hasta que, al fin, arrodillada ante él, se sirvió de sus labios y lengua para arrancarle hasta la última gota de su cuerpo.

Su odio hacia Earl y Emma se mantenía tan fuerte ahora como cuando vivían, porque era su influencia lo que la estaba haciendo incapaz de expresar sus sentimientos a Tony. Se preguntó qué podría, qué tendría que hacer para romper las cadenas con que la sujetaron.

Durante un rato siguieron acostados, abrazados, sin decir nada, porque no había nada que decir.

Diez minutos después, a las cuatro y media de la madrugada, Hilary murmuró:

—Debería irme a casa.

—Quédate.

—¿Eres capaz de más?

—¡Cielos, no! Estoy acabado. Sólo quiero tenerte entre los brazos. Duerme aquí —le dijo.

—Si me quedo, no dormiremos.

—¿Eres capaz de seguir?

—Desgraciadamente, hombre mío, no puedo más. Pero tengo cosas que hacer mañana, y tú también. Y estamos demasiado excitados y demasiado rebosantes de nuestras personas para poder descansar si compartimos la cama. Nos tocaremos y hablaremos, y nos resistiremos a dormir.

—Bien. Pero tenemos que aprender a pasar la noche juntos. Quiero decir, si vamos a pasar muchas más en la misma cama. ¿No te parece?

—Muchas, muchas. La primera es la peor. Nos adaptaremos cuando se pase la novedad. Yo me pondré rizadores y crema.

—Y yo fumaré puros y veré a Johnny Carson.

—¡Qué vergüenza! —dijo Hilary.

—Naturalmente, tardaremos un poco en perder la frescura.

—Un poco.

—Unos cincuenta años.

—O sesenta.

Fueron retrasando la marcha de Hilary otros quince minutos, pero por fin salió de la cama y se vistió. Tony se puso unos tejanos.

En el cuarto de estar, ya camino de la puerta, Hilary se detuvo y se quedó mirando uno de los cuadros. Dijo:

—Quiero llevarle seis de tus mejores cuadros a Wyant Stevens, de Beverly Hills, y ver si quiere representarte.

—No querrá.

—Voy a intentarlo.

—Es una de las mejores galerías.

—¿Por qué empezar por abajo?

Se quedó mirándola, pero parecía que estaba viendo a alguien más. Por fin comentó:

—A lo mejor debería saltar.

—¿Saltar?

Le refirió el apasionado consejo que había recibido de Eugene Tucker, el negro ex convicto que ahora diseñaba trajes.

—Tucker tiene razón. Y esto no es ni siquiera un salto. Es sólo un pequeño brinco. No vas a dejar tu trabajo en el Departamento de Policía, ni nada. Sólo es un tanteo.

Tony se encogió de hombros.

—Wyant Stevens me despedirá fríamente; pero supongo que no pierdo nada dándole la oportunidad de hacerlo.

—No te despedirá. Elige media docena de los cuadros que creas más representativos de tu trabajo. Intentaré concertar una cita con Wyant para hoy o mañana lo más tarde.

—Los elegiremos ahora mismo. Llévatelos. Cuando tengas la oportunidad de ver a Stevens, enséñaselos.

—Estoy segura de que querrá conocerte.

—Si le gusta lo que ve, entonces querrá conocerme. Y si le parece bien, me encantará conocerle.

—Tony, óyeme...

—Es que no quiero estar allí cuando te diga que no valgo nada, que soy un aficionado bien dotado.

—Eres imposible.

—Soy cauto.

—¡Tan pesimista!

—Realista.

No tenía tiempo para ver los sesenta lienzos amontonados en el cuarto de estar. Le sorprendió enterarse de que tenía cincuenta más metidos en armarios, así como un centenar de dibujos a pluma, otras tantas acuarelas, e infinidad de bocetos preliminares, a lápiz. Quería contemplarlos todos, pero cuando estuviera descansada y fuera capaz de disfrutarlos. Eligió seis de los doce colgados en las paredes del cuarto de estar. Para protegerlos, los envolvió en trozos de una sábana vieja que Tony rasgó para eso.

Se calzó y se puso una camisa y la ayudó a llevar los bultos a su coche, donde los amontonaron en el maletero.

Lo cerró con llave, y se miraron. Ni uno ni otro querían decirse adiós.

Estaban bajo la luz proyectada por una alta farola. La despidió con un beso casto. La noche era fresca y silenciosa. Había estrellas.

—Amanecerá pronto —dijo Tony.

—¿Quieres cantar conmigo *Dos adormilados*?

—Soy un pésimo cantante.

—Lo dudo... —Se apoyó contra él—. A juzgar por mi experiencia, eres excelente en todo lo que haces.

—Descarada.

—Trato de serlo.

Volvieron a besarse y después le abrió la puerta del coche.

—¿No irás a trabajar hoy?

—No. No después de... Frank. Tengo que ir a escribir un informe; pero sólo tardaré una hora o así. Me tomo unos días libres. Voy a disponer de tiempo para mí.

—Te llamaré esta tarde.

—Estaré esperando.

Se alejó de allí por calles desiertas. Después de unas manzanas, el estómago empezó a protestar, tenía hambre y recordó que en casa no tenía nada para preparar el desayuno. Se había propuesto hacer las compras después de que los de la telefónica se marcharan, pero llamó Michael Savatino y corrió a casa de Tony. En el próximo chaflán torció a la izquierda y fue a un mercado abierto de noche a comprar huevos y leche.

Tony imaginó que Hilary no precisaría más de diez minutos para llegar a casa por las calles desiertas; pero esperó un cuarto de hora antes de llamar para saber si había llegado bien. Su teléfono no sonó. Lo único que consiguió fueron una serie de ruidos de ordenador, los bips y bizzs que formaban el lenguaje de las máquinas; luego, una serie de clics, snaps y pops; después, el zumbido hueco de una mala conexión. Colgó, volvió a marcar, cuidando de no equivocarse en los números, pero de nuevo el teléfono se negó a sonar.

Estaba seguro de que el nuevo número que tenía era el correcto. Cuando se lo dio lo comprobó para asegurarse de que lo había anotado bien. Como ella lo había leído de una copia de la orden de la telefónica que tenía en el bolso, no cabía posibilidad de error.

Marcó el número de la operadora y le contó su problema. Ella marcó el número pero tampoco consiguió conectar.

—¿No estará descolgado? —preguntó.

—No lo parece.

—¿Qué puede hacer?

—Informaré de que el número no funciona. El Departamento de Servicios se ocupará de él.

—¿Cuándo?

—¿Pertenece este número a una persona anciana o inválida?

—No.

—Entonces pasa al servicio normal. Uno de nuestros operarios irá alrededor de las ocho esta mañana.

—Gracias.

Supuso que el empleado se había equivocado al conectar ayer por la tarde los teléfonos de Hilary. Posible, pero no probable. Dejó el receptor; estaba sentado al borde de la cama. Contempló pensativo las sábanas revueltas donde Hilary había descansado, miró después el trozo de papel en el que había escrito su número nuevo... No, no era posible.

De repente, se acordó del comunicante anónimo que la había estado molestando. Un hombre que hiciera este tipo de cosas era un ser débil, inútil, sexualmente incapaz; casi sin excepción no podían tener relaciones normales con una mujer; y, por lo general, demasiado introvertidos y asustados para intentar una violación. Así era siempre, casi sin excepción. ¿Pero podía concebirse que este loco fuera el único entre mil, realmente peligroso?

Tony se apretó el estómago con la mano. Empezaba a sentir cierta inquietud.

Si los corredores de apuestas de Las Vegas hubieran apostado a que Hilary Thomas sería el blanco de dos maníacos, desconectados, en menos de una semana, los premios habrían sido astronómicos. Por otra parte, durante los años en que pertenecía al Departamento de Policía de Los Ángeles, Tony había visto que lo improbable sucedía una y otra vez; y desde hacía tiempo había aprendido a esperar lo inesperado.

Recordó a Bobby Valdez. Desnudo. Arrastrándose fuera del pequeño cubículo de la cocina. Con ojos de loco. Con la pistola en la mano.

Al otro lado de la ventana de la alcoba, aunque la primera luz no había tocado aún el cielo al Este, un pájaro gritó. Era un grito estridente, que subía y bajaba y volvía a subir a medida que el pájaro iba de árbol a árbol y de allí al patio; sonaba como si le persiguiera un ser muy veloz, y muy hambriendo e inquieto.

La frente de Tony se cubrió de sudor.

Se levantó de la cama.

Algo estaba ocurriendo en casa de Hilary. Algo iba mal. Muy mal.

Como se había entretenido en el mercado para comprar leche, huevos, mantequilla y otras cosas, Hilary no llegó a su casa hasta media hora después de haber salido del apartamento de Tony. Tenía hambre y estaba agradablemente cansada. Iba imaginando una tortilla de queso cubierta de perejil muy picadito... Y después, por lo menos seis horas de sueño de un tirón, de un sueño profundo. Estaba demasiado cansada para molestarse en guardar el «Mercedes» en el garaje; lo aparcó frente a la casa, en el camino circular.

Las bocas de riego por aspersión bañaban el oscuro césped haciendo un ruidito fresco y sibilante. Una brisa agitó las hojas de la palmera.

Entró en la casa por la puerta principal. El salón estaba a oscuras. Pero, contando con que llegaría tarde, había dejado la luz de la entrada encendida al salir. Una vez dentro, sujetó la bolsa de provisiones con un brazo mientras con la otra mano cerraba la puerta y daba vuelta a la llave.

Encendió la luz central del salón y dio dos pasos desde la entrada antes de descubrir que todo estaba destrozado. Las dos lámparas de las mesas se encontraban rotas, las pantallas convertidas en jirones. Una vitrina se hallaba hecha añicos y los fragmentos de cristal cubrían la alfombra; las porcelanas valiosas y únicas no eran sino pedazos sin valor, estrelladas contra la chimenea de piedra y pisoteadas después. El sofá y los sillones reventados; trozos de los materiales del relleno se veían repartidos por el suelo. Dos sillas de madera, que al parecer habían sido golpeadas repetidas veces contra la pared, eran ahora montones de leña, y la pared había quedado desconchada. El antiguo escritorio rinconero tenía las patas arrancadas; todos los cajones estaban en el suelo, desfondados. Los cuadros colgaban aún en su sitio; pero reducidos a tiras. Las cenizas de la chimenea cubrían la preciosa alfombra. Ni una sola pieza del mobiliario o de la decoración había sido pasada por alto; incluso el guardafuegos había sido pateado, y todas las plantas arrancadas de sus macetas y despedazadas.

En un principio Hilary se quedó asombrada; pero el asombro dio paso a la ira ante tal vandalismo.

—Hijo de perra —masculló entre dientes.

Había pasado muchas horas felices eligiendo personalmente cada pieza de la estancia. Había gastado en ellas una pequeña fortuna, pero no era el coste de lo destrozado lo que más la turbaba; el seguro cubriría la mayoría. Sin embargo, había un valor sentimental que no podía reemplazarse, porque aquéllas eran las primeras cosas bellas que había poseído, y le dolía perderlas. Las lágrimas se agolparon en sus ojos.

Atontada, incrédula, se adentró en los destrozos antes de darse cuenta de que podía hallarse en peligro. Se detuvo y escuchó. La casa estaba en silencio.

Un estremecimiento helado recorrió su espalda y por un instante horrible creyó notar en la nuca el aliento de alguien.

Giró en redondo, miró hacia atrás.

No había nadie.

El ropero de la entrada, que había cerrado cuando entró en la casa, seguía cerrado. Lo miró fijamente un momento temiendo que se abriera. Pero si alguien había estado escondido allí, esperando su llegada, tenía que haber salido ya.

«Esto es una locura —pensó—. No puede volver a ocurrir. No puede ser. Es del todo impensable, ¿verdad?»

Oyó ruido detrás de ella.

Con un sordo grito de alarma, se volvió y levantó su brazo libre para defenderse del atacante.

No había atacante. Seguía sola en el salón.

Pero estaba convencida de que lo que había oído no era algo tan inocente como el crujido de una viga o del parqué. Sabía que no estaba sola en la casa. Percibía otra presencia.

Otra vez el ruido.

En el comedor.

Un ruido seco. Un tintineo. Como si pisaran vidrios rotos o porcelana hecha añicos.

Luego otro paso.

El comedor se encontraba más allá del arco, a veinte pasos de Hilary. Estaba negro como una tumba.

Otro paso: tin tap.

Empezó a retroceder, apartándose cautelosa de la fuente del ruido, moviéndose hacia la puerta de entrada, que parecía a un kilómetro de distancia. Deseó no haberla cerrado con llave.

Un hombre salió de la perfecta oscuridad del comedor, el área en penumbra debajo del arco, un hombre fuerte, alto y ancho de hombros. Se detuvo un segundo en la zona de sombra, y de repente entró en el salón de estar brillantemente iluminado.

—¡No! —gritó Hilary.

Estupefacta, dejó de retroceder hacia la puerta. El corazón le dio un vuelco, se le secó la boca, y movió la cabeza de un lado a otro, de un lado a otro: no, no, no.

En la mano llevaba un cuchillo enorme y afilado. Le sonrió. Era Bruno Frye.

Tony estaba agradecido de que las calles estuvieran desiertas, porque no podía tolerar el menor retraso. Temía que ya estaba llegando tarde.

Conducía con rapidez, al Norte, a Santa Mónica, después al Oeste, a Wilshire, poniendo el jeep a ciento veinte al llegar a la primera cuesta abajo antes de alcanzar Beverly Hills, con el motor a tope, con las ventanas y todo lo suelto vibrando. Al pie de la colina, el semáforo estaba en rojo. No frenó. Dio un bocinazo a guisa de advertencia y pasó el cruce volando. Saltó por encima de un vado en la calle, una amplia depresión que apenas se veía a ciento veinte, pero que a su velocidad le pareció un foso; por una fracción de segundo se sintió en el aire, golpeándose la cabeza contra el techo pese al cinturón de seguridad. El jeep volvió a caer sobre el pavimento con un *bang*, un coro de ruidos y choques y un gemido de goma torturada. Se desvió a la izquierda, con la parte de atrás patinando con un chirrido que helaba la sangre y con humo saliendo de los neumáticos maltratados. Por un segundo, creyó que iba a perder el control, pero de pronto dominó el volante y se encontró a mitad de la siguiente colina sin saber cómo había llegado.

Redujo la velocidad a sesenta para volver a subir a noventa. Decidió no acelerar más. Sólo le faltaba una corta distancia. Si enroscaba el jeep en una farola o daba la vuelta de campana y se mataba, no serviría a Hilary para nada.

Seguía sin obedecer las reglas de tráfico. Iba demasiado de prisa y tomaba las pocas curvas que encontraba sin ceñirse, metiéndose en calles contradirección, dando gracias de que no vinieran coches. Los semáforos estaban todos en contra de él, un perverso truco del destino, pero los ignoró. No le preocupaba que le multaran por exceso de velocidad o conducción temeraria. Si le hacían parar, enseñaría su placa y se llevaría a los policías de uniforme a casa de Hilary. Pero rogaba a Dios que no tuviera oportunidad de llevarse esos refuerzos, porque significaría detenerse, identificarse y explicar la emergencia. Si le paraban perdería por lo menos un minuto.

Tenía el presentimiento de que un minuto era la diferencia entre la vida y la muerte para Hilary.

Mientras miraba a Bruno Frye viniendo a través del arco, Hilary creyó que se volvía loca. El hombre estaba muerto. ¡Muerto! Lo había apuñalado por dos veces, había visto la sangre. También lo había visto en el depósito, frío, gris amarillento y sin vida. Le habían hecho una autopsia. Se había firmado un certificado. Los muertos no andan. Sin embargo, había vuelto de la tumba, saliendo del oscuro comedor, último invitado indeseado, con un gran cuchillo en su mano enguantada, ansioso por terminar lo que había empezado la semana anterior; y, simplemente, no era posible que estuviera allí.

Hilary cerró los ojos y deseó que se fuera. Pero, un segundo después, cuando se obligó a mirar de nuevo, lo tenía aún delante.

Era incapaz de moverse. Quería correr; pero todas sus articulaciones, caderas, rodillas, tobillos... se habían clavado, estaban rígidas y no tenía fuerzas para moverlas. Se sintió débil, tan frágil como una anciana, muy anciana; estaba segura de que, si de algún modo ponía en movimiento sus articulaciones y daba un paso, se desplomaría.

No podía hablar; pero, por dentro, estaba chillando.

Frye se detuvo a menos de quince pasos de ella, un pie sobre un trozo de algodón del relleno arrancado de uno de los sillones reventados. Su rostro no tenía color, temblaba con violencia; era evidente que se hallaba al borde de la histeria.

¿Podía un muerto estar histérico?

Tenía que estar loca perdida. Tenía que ser así. Loca de atar. Pero sabía que no lo estaba.

¿Un fantasma? No creía en fantasmas. Además, se suponía que un espíritu era inmaterial, transparente o por lo menos translúcido. ¿Podía una aparición ser tan sólida como este muerto que andaba de un modo tan convincente y tan real?

—Perra —le espetó—. ¡Perra asquerosa!

Su voz dura, grave, rasposa, era inconfundible.

Pero sus cuerdas vocales deberían estar ya podridas, pensó Hilary como loca. Su garganta tenía que estar bloqueada por la putrefacción.

Sintió que una risa nerviosa, estridente, pugnaba por salir y se esforzó en controlarla. Si empezaba a reírse no pararía nunca.

—Me mató —dijo amenazador, todavía al borde del ataque de nervios.

—¡No! ¡Oh, no! ¡No!

—Sí, lo hizo —chilló blandiendo el cuchillo—. ¡Me mató! No mienta. Lo sé. ¿Cree que no lo sé? Oh, Dios. Me siento tan raro, tan solo, tan vacío... —Mezclada con su rabia, se notaba una agonía espiritual, genuina—. Tan vacío y asustado. Y todo por su culpa.

Cruzó con lentitud el pequeño espacio que le separaba de ella, pisando con cuidado entre los restos.

Hilary pudo ver que sus ojos de muerto no estaban vacíos o empañados por cataratas blanquecinas. Sus ojos eran de color azul grisáceo y muy vivos... Rebosaban una cólera helada, glacial.

—Esta vez te quedarás bien muerta —aseguró Frye acercándose—. Esta vez no volverás.

Intentó alejarse de él, dio un paso vacilante y casi se le doblaron las piernas. Pero no se cayó. Le quedaba más fuerza de lo que creía.

—Esta vez he tomado todas las precauciones. No te daré oportunidad de volver. Voy a sacarte tu jodido corazón.

Dio otro paso; pero era lo mismo; no tenía escapatoria. No le daría tiempo de llegar a la puerta y abrir ambas cerraduras. Si lo intentaba, lo tendría encima en un segundo, clavándole el cuchillo en medio de la espalda.

—Clavaré una estaca en tu maldito corazón.

Si corría hacia la escalera y trataba de coger la pistola de su dormitorio, seguro que no sería tan afortunada como había sido la última vez. Esta vez la cogería antes de que pudiera llegar al piso superior.

—Te cortaré la maldita cabeza.

Lo tenía casi encima, al alcance de la mano.

No le quedaba sitio donde correr, ni había lugar para esconderse.

—Voy a cortarte la lengua. Rellenaré tu cochina boca de ajos. Te la llenaré de ajos para que no puedas volver del infierno.

Oía los fuertes latidos de su corazón, atronadores. No podía respirar por la intensidad de su miedo.

—Te arrancaré los ojos.

Otra vez se quedó helada, incapaz de moverse ni un centímetro.

—Te voy a arrancar los ojos y los aplastaré para que no puedas ver el camino de regreso.

Entonces chilló.

Frye alzó el cuchillo por encima de su cabeza.

—Ahora te cortaré las manos para que, ni a tientas, encuentres el camino de vuelta del infierno.

El cuchillo se mantuvo en alto por una eternidad, mientras el terror distorsionaba el sentido del tiempo para Hilary. La punta del arma maligna atraía su mirada, casi la hipnotizaba.

—¡No!

La hoja del cuchillo levantado lanzaba destellos.

—Perra.

Y entonces el cuchillo empezó a bajar, directo a su cara, lanzando destellos, bajando, bajando y bajando en un arco largo, fluido y criminal.

Seguía con la bolsa de provisiones agarrada con el brazo. Ahora sin pensar en lo que debía hacer, en un movimiento rápido e instintivo, agarró la bolsa con ambas manos y la lanzó hacia arriba, a la trayectoria del cuchillo que bajaba, intentando, desesperadamente, bloquear el golpe mortal.

La hoja pasó en medio de las provisiones, perforando un cartón de leche.

Frye rugió enfurecido.

La bolsa goteante escapó de las manos de Hilary y cayó al suelo desparramando leche, huevos, cebollitas y barras de mantequilla.

El cuchillo también había caído de la mano del hombre. Se inclinó para recogerlo.

Hilary corrió hacia la escalera. Sabía que sólo había retrasado lo inevitable. Había ganado dos o tres segundos, no más, no los suficientes para salvarse.

Sonó el timbre de la puerta.

Sorprendida, se detuvo al pie de la escalera y miró hacia atrás.

Frye tenía el cuchillo en la mano.

Sus ojos se encontraron; Hilary pudo ver en ellos un destello de indecisión.

Frye se adelantó, pero con menos seguridad que antes había demostrado. Miró nervioso hacia la entrada y la puerta principal.

El timbre sonó de nuevo.

Agarrada al pasamanos de la escalera, reculando escalón a escalón, Hilary gritó pidiendo ayuda, chilló con todas sus fuerzas.

Del exterior una voz de hombre gritó:

—¡Policía!

Era Tony.

—¡Policía! ¡Abran la puerta!

Hilary no podía imaginar por qué había venido. Nunca había sido tan feliz al oír la voz de alguien como se sentía en ese momento.

Cuando sonó la voz «Policía», Frye se detuvo, miró a Hilary, luego a la puerta, otra vez a ella, calculando sus posibilidades.

Ella siguió chillando.

Un cristal estalló con un estruendo que hizo saltar a Frye sorprendido, y una serie de pedazos cayeron ruidosamente sobre el mosaico.

Aunque no podía ver la entrada dada la posición en la escalera, Hilary comprendió que Tony había roto el cristal de la estrecha ventana al lado de la puerta.

—¡Policía!

Frye la miró rabioso. Jamás había visto Hilary tanto odio como el que contraía aquel rostro y daba a sus ojos una luz de locura.

—¡Hilary! —gritó Tony.

—Volveré —le dijo Frye.

El muerto se alejó de ella y cruzó corriendo el cuarto de estar hacia el comedor, al parecer con el propósito de salir de la casa por la cocina.

Hilary, sollozando, bajó corriendo los pocos peldaños que había podido subir y se precipitó a la puerta principal desde donde Tony la llamaba a través del cristal roto de la ventana.

Enfundando su revólver de servicio, Tony volvió del jardín de atrás y entró en la iluminada cocina.

Hilary esperaba junto al área de utilidad del centro. Sobre el mostrador había un cuchillo, cerca de su mano derecha.

Al cerrar la puerta, Tony le dijo:

—No hay nadie en la rosaleda.

—Cierra con llave.

—¿Qué?

—La puerta. Ciérrala.

Dio vuelta a la llave.

—¿Has mirado por todas partes?

—Hasta el último rincón.

—¿A ambos lados de la casa?

—Sí.

—¿Por el seto?

—En cada arbusto.

—¿Y ahora qué?

—Llamaré a jefatura, pediré un par de hombres de uniforme que vengan y escribiré un informe.

—No servirá de nada —objetó Hilary.

—Nunca se sabe. Un vecino puede haber visto a alguien acechando antes. O quizá lo vieron salir corriendo.

—¿Es que un muerto tiene que salir corriendo? ¿No puede un fantasma desvanecerse cuando quiere?

—Tú no crees en fantasmas.

—A lo mejor no era un fantasma. Puede que fuera un muerto viviente. Sólo un vulgar, desgraciado, cotidiano muerto viviente.

—Tampoco crees en los zombies.

—¿No?

—Eres demasiado sensata para eso.

Hilary cerró los ojos y meneó la cabeza.

—Ya no sé en lo que creo...

Su voz contenía un temblor que le turbó. La notó al borde del colapso.

—Hilary... ¿estás segura de lo que viste?

—Era *él.*

—¿Pero cómo podía ser él?

—Era Frye —insistió.

—Lo viste el jueves pasado en el depósito.

—¿Estaba muerto entonces?

—Claro que estaba muerto.

—¿Quién lo dijo?

—Los médicos. Los patólogos.

—Se sabe que hay médicos que se equivocan.

—¿Sobre si una persona está muerta o no?

—Lo lees en los periódicos de vez en cuando. Deciden que un hombre ha muerto, firman el certificado de defunción, y de pronto el muerto se incorpora en la mesa de la funeraria. Ocurre. Raras veces. Confieso que no sucede todos los días. Ya sé que es uno entre un millón.

—Más bien uno entre diez millones.

—Pero pasa.

—No en este caso.

—Yo lo vi. Aquí mismo. Esta noche.

Tony se acercó a ella, la besó en la mejilla y le cogió la mano, que estaba helada.

—Óyeme, Hilary. Está muerto. Murió de las heridas que tú le hiciste, porque Frye perdió la mitad de la sangre de su cuerpo. Le encontraron en un gran charco; perdió toda esa sangre y luego quedó tirado al sol sin que le atendieran, durante unas horas. Después de todo eso, no podía haber vivido.

—Puede que sí.

Tony llevó la mano helada a sus labios, besó sus pálidos dedos.

—No —dijo tranquilo pero con firmeza—. Frye tuvo que haber muerto por tanta pérdida de sangre.

Tony suponía que sufría un *shock*, a causa del cual padecía un trastorno temporal del sentido, una breve confusión de recuerdos. Estaba mezclando este ataque con el de la semana anterior. Dentro de unos minutos, cuando recobrara el control, todo se aclararía en su mente, se daría cuenta de que el hombre que había visto esta noche no era Bruno Frye. Lo único que él podía hacer era acariciarla un poco, hablarle en tono mesurado y contestar a todas sus preguntas y suposiciones desatinadas del modo más razonable que le fuera posible, hasta que volviera a normalizarse.

—Puede que Frye no estuviera muerto cuando lo encontraron en aquel aparcamiento del supermercado —musitó—. Puede que sólo estuviera en coma.

—El forense lo hubiera descubierto cuando le hizo la autopsia.

—Puede que no le hiciera la autopsia.

—Si no la hizo él, algún otro médico la hizo.

—Bueno —insistió Hillary—; a lo mejor aquel día estaban muy ocupados... muchos muertos de pronto o algo parecido... y decidieran llenar un certificado sin hacer el trabajo.

—Imposible. El despacho del forense tiene el más alto valor profesional imaginable.

—¿No podríamos, por lo menos, comprobarlo?

—Claro. Podemos hacerlo. Pero te olvidas que Frye ha debido de pasar ya por las manos del embalsamador. Probablemente de dos. La poca sangre que debía quedarle, se la retirarían y se reemplazaría por fluido de embalsamar.

—¿Estás seguro?

—Para enviarlo a Santa Helena tenían que embalsamarlo o incinerarlo. Es la ley.

Lo pensó un momento y luego objetó:

—¿Y si se trata de uno de esos casos extraños, de uno entre diez millones? ¿Y si estaba erróneamente dado por muerto? ¿Y si el forense falló en la autopsia? ¿Y qué me dices si Frye se sentó en la mesa del embalsamador cuando éste iba a empezar a trabajar con él?

—Te agarras a cosas absurdas, Hilary. Seguro que te das cuenta de que, si algo de eso hubiera ocurrido, lo sabríamos. Si un embalsamador se encontrara en posesión de un cadáver que al final resultaba no estar muerto, sino ser un hombre casi carente de sangre y necesitado de urgente atención médica, el embalsamador lo llevaría corriendo al hospital más cercano. También llamaría al despacho del forense. O el hospital avisaría. Lo habríamos sabido inmediatamente.

Reflexionó sobre lo que Tony le decía. Miró el suelo de la cocina, se mordió el labio inferior, y, al fin, preguntó:

—¿Y qué hay del sheriff Laurenski de Napa County?

—Todavía no hemos conseguido su informe.

—¿Por qué no?

—Porque está esquivando nuestras preguntas. No contesta a nuestras llamadas ni llama él.

—¿Y esto no te dice que hay gato encerrado, que existe una cierta conspiración y que el sheriff de Napa forma parte de ella?

—¿Qué tipo de conspiración imaginas?

—No..., no lo sé.

Sin dejar de hablar en tono bajo, tranquilo, todavía convencido de que reaccionaría a sus objeciones razonables, Tony dijo:

—¿Una conspiración entre Frye y Laurenski y quizá con el propio Satanás? ¿Una conspiración para estafarle un cliente a la muerte? ¿Una diabólica conspiración para salir de la tumba? ¿Una conspiración para vivir, quizás, eternamente? A nada de eso le veo sentido. ¿Lo tiene acaso para ti?

—No —contestó irritada—. No tiene pies ni cabeza.

—Bueno. Me alegra oírtelo decir. Si hubieras dicho que lo tenía, me preocuparías muchísimo.

—Pero, maldita sea, algo muy fuera de lo común está sucediendo. Algo extraordinario. Y me parece que el sheriff Laurenski está mezclado. Después de todo, protegió a Frye la semana pasada, en realidad mintió para favorecerle. Y ahora te evita porque no tiene explicación aceptable de su actuación. ¿No te parece un comportamiento muy sospechoso? ¿No te parece un hombre metido hasta el cuello en este enredo?

—No. A mí sólo me parece un policía muy preocupado. Como agente de la ley, cometió un error gravísimo. Respondió de un tipo importante porque le pareció que el hombre no podía estar implicado en una violación e intento de asesinato. No pudo localizar a Frye el miércoles pasado, por la noche, pero pretendió haberlo hecho. Estaba totalmente convencido de que Frye no era el hombre que queríamos. Se hallaba en un error. Y ahora está muerto de vergüenza.

—¿Es eso lo que tú crees?

—Es lo que cree todo el mundo en jefatura.

—Pues yo no lo creo.

—Hilary...

—¡He visto a Bruno Frye esta noche!

En lugar de serenarse poco a poco como él había esperado, iba empeorando, se refugiaba cada vez más en esa oscura fantasía de muertos vivientes y extrañas conspiraciones. Decidió mostrarse duro con ella.

—Hilary, no has visto a Bruno Frye. No ha venido aquí esta noche. Está muerto. Muerto y sepultado. Ése era otro hombre, me refiero al que te ha atacado ahora. Has sufrido un pequeño *shock*. Estás confusa. Es comprensible. No obstante...

Arrancó la mano de la de él y retrocedió.

—No estoy confusa. Frye estuvo aquí. Y dijo que volvería.

—Hace un minuto has reconocido que la historia no tiene pies ni cabeza. ¿No es verdad?

De mala gana asintió:

—Sí. Eso es lo que he dicho. Es absurda. ¡Pero ha ocurrido!

—Créeme, he visto cómo un *shock* puede afectar a la gente. Distorsiona las impresiones y los recuerdos y...

—¿Vas a ayudarme sí o no?

—Pues claro que voy a ayudarte.

—¿Cómo? ¿Qué vamos a hacer?

—Para empezar informaremos del robo y asalto.

—¿No va a ser muy embarazoso? —preguntó amargada—. Cuando les cuente que un muerto intentó matarme, ¿no piensas que decidirán internarme por unos días, hasta que un psiquiatra les dé una evaluación completa? Tú me conoces mucho mejor que los demás, y, a pesar de ello, también piensas que estoy loca.

—No pienso que estés loca —protestó impresionado por su tono de voz—. Pienso que estás alterada y confundida.

—Maldición.

—Es comprensible.

—Maldición.

—Escúchame, Hilary. Cuando los policías lleguen, no les digas ni una palabra de Frye. Cálmate, domínate.

—Me domino.

—Y trata de recordar con exactitud el aspecto del asaltante. Si relajas tus nervios, si te das una pequeña oportunidad, estoy seguro de que te sorprenderá lo que recuerdas. Cuando estés tranquila, reposada, más serena sobre todo eso, te darás cuenta de que no era Bruno Frye.

—Lo era.

—Puede que se pareciese a Frye; pero...

—Estás actuando lo mismo que Frank Howard la otra noche —le espetó furiosa.

Tony, paciente, observó:

—La otra noche, por lo menos, acusabas a un hombre que estaba vivo.

—Eres igual a todos aquellos en quienes confié —dijo con voz entrecortada.

—Quiero ayudarte.

—Un cuerno.

—Hilary, no te apartes de mí.

—Tú eres el que se ha apartado primero.

—Me preocupas.

—¡Pues demuéstralo!

—¿Estoy aquí, no es cierto? ¿Qué otra prueba necesitas?

—Que me creas. Es la mejor prueba.

Vio que estaba muy insegura, y supuso que era así porque había tenido terribles experiencias con personas a las que amaba y en las que confió. Sin duda había sido brutalmente herida y traicionada, porque una mera decepción no la habría dejado tan hipersensible. Como todavía le hacían sufrir las viejas heridas emocionales, ahora exigía confianza y lealtad fanáticas. Tan pronto él mostró dudas sobre su historia empezó a alejarse de él, a pesar de que no negaba su veracidad. Pero, demonios, sabía que no era sano alentar su fantasía; lo mejor que podía hacer por ella era obligarla con dulzura a volver a la realidad.

—Frye estuvo aquí esta noche —insistió—. Frye y nadie más que él. Pero no se lo diré a la Policía.

—Muy bien —respondió aliviado.

—Porque no voy a llamar a la Policía.

—¿Qué?

Sin más explicación, dio media vuelta y salió de la cocina. Siguiéndola a través del comedor destrozado, Tony insistió:

—Tienes que informar de eso.

—No tengo que hacer nada.

—Tu compañía de seguros no te pagará si no presentas un informe policial.

—Me ocuparé de eso después.

Y salió del comedor hacia el cuarto de estar.

Él la siguió, rodeando los restos esparcidos por el salón, en dirección a la escalera.

—Te olvidas de algo —la advirtió.

—¿De qué?

—Soy un detective.

—¿Y qué?

—Pues que, al estar enterado de la situación, mi deber es informar.

—Informa.

—Parte del informe será tu declaración.

—No puedes obligarme a cooperar. Y no lo haré.

Al llegar al pie de la escalera, él la cogió del brazo.

—Espera un minuto. Por favor, espera.

Se volvió a mirarlo. Su miedo había sido sustituido por ira.

—Suéltame.

—¿Adónde vas?

—Arriba.

—¿Qué vas a hacer?

—Preparar una maleta y marcharme a un hotel.

—Puedes quedarte en casa —le ofreció.

—No querrás que una loca como yo se quede a pasar la noche —barbotó sarcástica.

—Hilary, no te pongas así.

—Podría darme el ataque y matarte mientras duermes.

—No pienso que estés loca.

—Oh, claro. Crees que estoy confundida. Quizás un poco ida; pero no peligrosa.

—Sólo trato de ayudarte.

—Tienes un modo muy raro de hacerlo.

—No puedes vivir para siempre en un hotel.

—Volveré a casa cuando lo hayáis cogido.

—Pero si no presentas una denuncia formal, nadie va a buscarlo.

—Lo buscaré yo.

—¿Tú?

—Yo.

Ahora Tony se enfadó.

—¿A qué estás jugando? ¿A Hilary Thomas, detective?

—Puedo contratar investigadores privados.

—¿De verdad? —preguntó despectivo, sabiendo que así la irritaría; pero demasiado frustrado para seguir siendo paciente.

—De verdad. Investigadores privados.

—¿Quién? ¿Philip Marlowe? ¿Jim Rockford? ¿Sam Spade?

—Puedes ser tan sarcástico hijo de... como quieras.

—Me obligas a serlo. Puede que el sarcasmo te saque de esto.

—Mi agente conoce una oficina de detectives privados de primera clase.

—Éste no es su tipo de trabajo, te lo aseguro.

—Harán cualquier cosa que les pague por hacer.

—No esto.

—Sí lo harán.

—Es un trabajo para el Departamento de Policía.

—La Policía perderá el tiempo en busca de ladrones conocidos y violadores conocidos.

—Es una buena técnica, probada, de investigación —alegó Tony.

—Pero esta vez no servirá.

—¿Por qué? ¿Porque el asaltante era un muerto andante?

—En efecto.

—¿Así que crees que la Policía debería pasar el tiempo en busca de violadores y ladrones muertos?

La mirada que le dirigió era una mezcla de rabia y asco.

—La forma de iniciar el caso es descubrir cómo Bruno Frye pudo haber estado muerto la semana pasada... y vivo esta noche.

—¡Por el amor de Dios! ¡Fíjate en lo que dices!

Estaba preocupado por ella. La obstinada irracionalidad le asustaba.

—Sé lo que he dicho. Y también sé lo que he visto. Y no ha sido solamente ver a Bruno Frye hace un rato, en esta casa, sino que lo he oído también. Su voz es inconfundible, gutural. Era él. Nadie más. Lo he visto y lo he oído amenazarme con cortarme la cabeza y llenarme la boca de ajos, como si creyera que yo era un vampiro o algo así.

Vampiro.

La palabra sobresaltó a Tony porque establecía una sorprendente e increíble conexión con varias cosas que se habían encontrado el pasado jueves en la furgoneta «Dodge» gris de Bruno Frye, objetos extraños que Hilary no podía conocer, objetos que Tony había olvidado hasta ese momento. Sintió una oleada de frío.

—¿Ajos? —preguntó—. ¿Vampiros? Hilary, ¿qué estás diciendo?

Se apartó de él y subió corriendo.

Tony fue tras ella.

—¿Qué es eso de los vampiros?

Sin dejar de subir, negándose a mirar a Tony o a contestar a sus preguntas, Hilary empezó a hablar:

—No es una historia preciosa la que tengo que contar. Fui asaltada por un muerto viviente que pensó que *yo* era un vampiro. ¡Oh, cielos! Ahora estarás absolutamente seguro de que he perdido la cabeza. Llama al coche blanco acolchado. Meted a esta pobre mujer en una camisa de fuerza antes de que se haga daño. ¡Encerradla en seguida en una bonita habitación acolchada! ¡Cerrad la puerta y tirad la llave!

En el corredor del piso superior, a unos pasos del final de la escalera, cuando ya Hilary se dirigía a la puerta de un dormitorio, Tony la alcanzó. Volvió a agarrarla del brazo.

—¡Suéltame, maldito!

—Dime lo que te dijo.

—Me marcho a un hotel y después voy a resolver todo esto yo solita.

—Quiero saber cada palabra que te dijo.

—No puedes hacer nada para detenerme. Suéltame ya.

—¡Tengo que saber lo que te dijo de los vampiros, maldita sea! —gritó para que ella atendiera.

Sus ojos se encontraron. Debió advertir en él miedo y confusión porque dejó de forcejear.

—¿Qué es tan importante?

—Lo del vampiro.

—¿Por qué?

—Al parecer, Frye estaba obsesionado por lo oculto.

—¿Cómo lo sabes?

—Encontramos cosas en su furgoneta.

—¿Qué cosas?

—No las recuerdo todas. Cartas de Tarot, una tabla Ouija, más de una docena de crucifijos...

—No leí nada de eso en los periódicos.

—No lo comunicamos a la Prensa. Además, cuando buscamos en la furgoneta e inventariamos su contenido y estábamos dispuestos a considerar una declaración a la Prensa, todos los periodistas habían publicado ya sus historias y los periodistas consideraron archivada la noticia. El caso no era lo bastante jugoso para una nueva publicación al tercer día. Pero te diré qué otra cosa había en la furgoneta. Bolsitas de ajos colgadas sobre todas las aberturas. Dos estacas de madera de punta muy aguzada. Media docena de libros sobre vampiros y zombies y demás variedades de los llamados «muertos vivientes».

Hilary se estremeció.

—Me dijo que iba a arrancarme el corazón y clavarle una estaca en medio.

—¡Jesús!

—También iba a arrancarme los ojos para que no encontrara el camino de vuelta del infierno. Así lo manifestó. Éstas fueron sus palabras. Tenía miedo de que volviera de entre los muertos después de que me matara. Desvariaba como un loco. Pero, claro, él había vuelto de la tumba, ¿no? —Rió sin la menor alegría, con un algo de histeria—. Además, iba a cortarme las manos para que no pudiera tantear el camino de vuelta.

Tony se sintió mareado al pensar en lo cerca que aquel hombre había estado de cumplir sus amenazas.

—Era él —dijo Hilary—. ¿Ves? Era Frye.

—Pudo estar maquillado.

—¿Qué?

—Podía ser alguien caracterizado para parecer Frye.

—¿Por qué iba a hacerlo?

—No lo sé.

—Me acusaste de agarrarme a cualquier cosa. Bueno, pues eso es menos que nada. Es un espejismo.

—¿Pero no podría ser otro hombre haciéndose pasar por él? —insistió Tony.

—Imposible. No hay maquillaje convincente tan de cerca. Y el cuerpo era el mismo de Frye. La misma altura y peso. La misma estructura ósea. Los mismos músculos.

—Pero si hubiera sido alguien maquillado, imitando la voz de Frye...

—Sería mucho más fácil para ti —comentó secamente—. Una imitación, una personificación inteligente, por rara e inexplicable que fuera, es más fácil de aceptar que mi historia de un muerto viviente. Pero está el hecho de su voz, y es otro agujero en tu teoría. Nadie podría imitar esa voz. Oh, sí, un imitador excelente podría reproducir el tono bajo, la fraseología y el acento, pero sería incapaz de recrear ese timbre quebrado, rasposo. Sólo se puede hablar así si se tiene una laringe anormal, o unas cuerdas vocales lastimadas. Frye había nacido con la voz malformada. O había sufrido una herida grave en la garganta, de niño. Quizás ambas cosas. En todo caso, el que me habló esta noche fue Bruno Frye, no una buena imitación. Apuesto hasta mi último céntimo.

Tony podía observar que seguía muy enfadada; pero ya no se hallaba tan seguro de que estuviera histérica o vagamente confusa. Sus ojos oscuros eran firmes. Hablaba con frases precisas y tajantes. Parecía una mujer con un dominio completo de sí misma.

—Pero Frye se encuentra muerto —opuso débilmente Tony.

—Estuvo aquí.

—¿Cómo pudo hacerlo?

—Eso es lo que me propongo descubrir.

Tony había penetrado en una estancia desconocida, una estancia de la mente construida con imposibilidades. Recordó a medias algo de una historia de Sherlock Holmes, el cual había expuesto a Watson que, en el trabajo de detección, una vez eliminadas todas las posibilidades excepto una, la que quedaba, por improbable y absurda que pareciera, tenía que ser la verdad.

¿Era posible lo imposible?

¿Podía un muerto andar?

Pensó en la relación inexplicable entre las amenazas que hizo el asaltante y el contenido de la furgoneta de Bruno Frye. Pensó en Sherlock Holmes y al fin dijo:

—Está bien.

—¿Qué es lo que está bien?

—Que quizás era Frye.

—Lo era.

—No sé cómo..., de algún modo..., Dios sabe cómo..., pero tal vez sobrevivió a las heridas. Parece del todo imposible; pero supongo que tengo que considerarlo.

—Tu generosidad es maravillosa.

Seguía enfadada. No iba a perdonarle con facilidad.

Volvió a apartarse de él y entró en su dormitorio.

Tony la siguió.

Se sentía un poco desconcertado. Sherlock Holmes no había dicho nada sobre los efectos de vivir con la turbadora idea de que nada era imposible.

Hilary sacó una maleta del armario, la puso sobre la cama y empezó a llenarla de ropa.

Tony fue al teléfono de la mesilla de noche y levantó el auricular.

—No hay línea. Debió de cortar los cables exteriores. Tendremos que utilizar el teléfono de algún vecino para informar.

—No voy a informar.

—No te preocupes. Todo ha cambiado. Voy a confirmar tu historia.

—Es demasiado tarde ya —dijo cortante.

—¿Qué quieres decir?

No le contestó. Cogió una blusa de una percha con tanta furia que la percha se cayó al suelo.

—No estarás pensando aún en esconderte en un hotel y contratar investigadores privados.

—Oh, sí. Es lo que voy a hacer —asintió doblando la blusa.

—Pero he dicho que te creo.

—Y yo he dicho que ya era demasiado tarde. Demasiado tarde para que me importe.

—¿Por qué te pones tan difícil?

Hilary no contestó. Colocó la blusa doblada dentro de la maleta y volvió al armario en busca de más prendas de vestir.

—Óyeme —le rogó Tony—, lo único que hice fue expresar unas dudas de lo más razonable. Las mismas dudas que habría tenido cualquiera en semejante situación. En realidad, las mismas dudas que habrías sentido tú si yo te hubiera dicho que había visto andar a un muerto. Si nuestros papeles estuvieran cambiados, tú serías la escéptica. Pero yo no estaría furioso contigo. ¿Por qué eres tan condenadamente susceptible?

Volvió del armario con otras dos blusas y empezó a doblar una de ellas. No quiso mirar a Tony:

—Tenía confianza en ti..., en todo.

—No he violado ninguna confianza.

—Eres como los demás.

—Lo que ocurrió hace poco en mi apartamento..., ¿no era muy especial?

No le contestó.

—¿Vas a decirme que lo que sentiste esta noche, no sólo con tu cuerpo, sino con tu corazón, con tu mente, vas a decirme que no fue diferente de lo que habías sentido con otros?

Hilary trató de ignorarlo. Mantuvo los ojos fijos en lo que hacía, guardó la segunda blusa en la maleta y empezó a doblar la tercera. Le temblaban las manos.

—Pues para mí sí fue especial —prosiguió Tony, decidido a ablandarla—. Fue perfecto. Mejor de lo que jamás creí que pudiera ser. No sólo por el sexo. Estar juntos. Compartir. Te has metido dentro de mí como ninguna mujer lo había hecho. Cuando esta noche saliste de mi casa te llevaste una parte de mí, de mi alma, de mi corazón, de algo vital. Durante lo que me resta de vida, no me sentiré completo excepto si estás conmigo. De modo que, si crees que voy a dejar que te alejes, te llevarás una sorpresa. Lucharé como un demonio para no soltarte, joven.

Dejó de doblar la blusa. Se quedó inmóvil, con ella en las manos, mirándola.

Nada en toda su vida le había parecido a Tony tan importante como saber lo que ella estaba pensando en aquel momento.

—Te quiero —le dijo.

Sin dejar de contemplar la blusa, le contestó con voz trémula:

—¿Se mantienen alguna vez los compromisos? ¿Se mantienen las promesas hechas entre dos personas? ¿Promesas como ésta? Cuando alguien dice «te quiero», ¿lo dice realmente en serio? Si mis padres pudieron mostrarme amor en algún momento y a continuación me molían a golpes, ¿en quién puedo confiar? ¿En ti? ¿Y por qué? ¿No está condenado a terminar en decepción y lágrimas? ¿No acaba siempre así? Estoy mejor sola. Sabré cuidarme. Estaré bien. No quiero volver a sufrir. Estoy harta de que me hieran. ¡Harta hasta el límite! No voy a comprometerme de ningún modo y arriesgarme. No puedo. ¡No puedo más!

Tony se le acercó, la agarró por los hombros y la obligó a mirarle. Le temblaba el labio inferior. Sus bellos ojos estaban llenos de lágrimas; pero las contuvo.

—Sientes lo mismo por mí que yo por ti. Lo sé. Estoy completamente seguro. No quieres apartarte de mí porque dudé de tu historia. Eso no tiene nada que ver. Me vuelves la espalda porque te estás enamorando y te asusta. Estás aterrorizada por causa de tus padres. Por lo que te hicieron. Por todos los golpes recibidos. Por tantas otras cosas que aún no me has contado. Huyes de tus sentimientos hacia mí porque tu destrozada infancia te convirtió en una inválida emocional. Pero me amas. Sí. Y lo sabes.

Hilary no podía hablar. Negó con la cabeza.

—No me digas que no es verdad —insistió Tony—. Nos necesitamos, Hilary. Te necesito porque toda mi vida he tenido miedo de correr riesgos con todo: dinero, mi carrera, mi arte. Siempre he permanecido abierto a las personas, a las diversas relaciones; pero nunca al cambio de circunstancias. Contigo, por ti, estoy dispuesto por primera vez a dar unos pasos de prueba, lejos de la seguridad de estar en una nómina oficial. Y ahora, cuando pienso seriamente en dedicarme a la pintura como medio de vida, no me siento ni culpable ni perezoso como solía pasarme. Ya no oigo los eternos consejos de papá sobre el dinero y la responsabilidad, y la crueldad del destino. Cuando sueño en la vida como artista, ya no revivo de forma automática las crisis económicas que mi familia tuvo que soportar las veces que no teníamos comida, las veces en que casi carecíamos de un techo sobre nuestras cabezas. Ahora, por fin, puedo dejar todo esto tras de mí. No soy aún lo bastante fuerte para abandonar mi trabajo y dar el salto. Cielos, no. Todavía no. Pero, por ti, puedo verme como un pintor que se dedica a su obra, pensarlo en serio, y esto es algo que me era imposible hacer la semana pasada.

Hilary tenía la cara cubierta de lágrimas.

—Eres tan bueno —le dijo—. Eres un artista tan maravilloso, tan sensible.

—Y tú me necesitas tanto como yo a ti. Sin mí vas a encerrarte en tu cada vez más duro caparazón. Vas a terminar sola y amargada. Siempre has sido capaz de arriesgarte con tus cosas... dinero, carrera. Pero no has podido hacerlo con la gente. ¿Te das cuenta? En este aspecto somos opuestos. Nos complementamos. Podemos enseñarnos mucho el uno al otro. Podemos ayudarnos a crecer. Es como si fuésemos dos mitades... y ahora nos encontráramos. Yo soy tu mitad y tú la mía. Hemos estado dando tumbos toda nuestra vida, tanteando en la oscuridad, intentando hallar la parte que nos faltaba.

Hilary dejó caer la blusa que se proponía meter en la maleta y le echó los brazos al cuello.

Tony la estrujó y besó sus labios salados.

Durante un par de minutos permanecieron abrazados. Ninguno de los dos podía hablar. Por fin, él dijo:

—Mírame a los ojos.

—Tienes unos ojos tan oscuros... —musitó.

—Dímelo.

—¿Qué quieres que te diga?

—Lo que deseo oír.

En lugar de hablar, besó las comisuras de sus labios.

—Dímelo —insistió Tony.

—Te... te quiero.

—Otra vez.

—Te quiero, Tony. De verdad. Te quiero.

—¿Tan difícil te resultaba?

—Sí. Para mí lo era.

—Cuantas más veces lo digas, más fácil te será.

—Te aseguro que practicaré mucho.

Ahora sonreía y lloraba a la vez.

Tony notaba una tirantez en el pecho, como una burbuja que fuera creciendo, y le parecía que iba a reventar de felicidad. Pese a la noche sin dormir, estaba lleno de energía, muy despierto, y se daba cuenta muy bien de que tenía entre los brazos una mujer muy especial... Percibía su calor, sus suaves curvas, su aparente fragilidad, la resistencia de su mente y de su carne, su perfume, el agradable olor animal de piel y cabellos limpios.

—Ahora que nos hemos encontrado de verdad, todo irá bien.

—No hasta que no aclaremos lo de Bruno Frye. O de quien sea. O lo que sea. Nada estará bien hasta que sepamos que está definitivamente muerto y enterrado, de una vez para siempre.

—Si nos mantenemos juntos, saldremos adelante y nos hallaremos seguros. Mientras yo exista, no te echará las manos encima. Te lo prometo.

—Confío en ti. Pero..., de todos modos..., le tengo mucho miedo.

—No se lo tengas.

—Me es imposible evitarlo. Además, creo que es sensato tener miedo de él.

Tony rememoró la destrucción del piso bajo, pensó en las afiladas estacas y en las bolsitas de ajos que había encontrado en la furgoneta de Frye, y decidió que Hilary tenía razón. Tener miedo a Bruno Frye era ser razonable.

¿Un muerto que se paseaba por el mundo?

Hilary se estremeció y contagió a Tony.

Los vivos
y los muertos vivientes

La bondad habla en voz baja;
la maldad grita.

Proverbio tibetano.

La bondad grita;
la maldad susurra.

Proverbio balinés.

CAPÍTULO 5

El martes por la mañana, y por segunda vez en ocho días, Los Ángeles fue sacudida por un temblor de registro medio. Llegó hasta 4,6 de la escala de Richter, según la medición del Cal Tech, y duró veintitrés segundos.

No hubo desperfectos importantes y la mayoría de angelinos, al comentarlo, lo tomaron a broma. Se hicieron chistes. Uno era el de los árabes queriendo llevarse parte del país por deudas de petróleo impagadas. Y aquella noche, por televisión, Johmmy Carson dijo que la causante del seísmo había sido Dolly Parton, saltando precipitadamente de la cama. Sin embargo, para los nuevos residentes, aquellos veintitrés segundos no habían sido nada divertidos, y les costaba creer que algún día estarían tan acostumbrados que no darían importancia al suelo moviéndose bajo sus pies. Naturalmente, un año más tarde, estarían haciendo sus propios chistes sobre otros temblores.

Hasta el que fue de verdad importante.

Un profundo pánico subconsciente, jamás mencionado, el miedo al terremoto de los terremotos, el que acabaría con ellos para siempre, era lo que hacía que los californianos bromearan sobre los pequeños temblores. Si uno pensaba demasiado en la posibilidad del cataclismo, si se detenía a meditar en la traicionera tierra, quedaría paralizado por el miedo. La vida debía seguir sin tener en cuenta los riesgos. Después de todo, el gran temblor podía tardar cien años en llegar. Quizá no se produjera nunca. La mayoría de la gente moría más en aquellos inviernos orientales, nevados, bajo cero, que en los terremotos californianos. Era tan peligroso vivir en Florida, país de huracanes, o en las llanuras batidas por los tornados en el Medio Oeste, como construir una casa sobre una falla en San Andrés. Y con las distintas naciones del planeta adquiriendo, o tratando de adquirir, armas nucleares, la furia de la tierra parecía menos terrorífica que la ira petulante de los hombres. Para

271

mantener alejada la amenaza de temblor, los californianos se burlaban, encontraban humor en el desastre en potencia y pretendían que vivir sobre un suelo inestable no les producía el menor efecto.

Pero aquel martes, como en todos los demás días en que la tierra temblaba de forma perceptible, mucha más gente se excedería del límite de velocidad normal en las autopistas, para ir más de prisa a trabajar o jugar, para reunirse con la familia o amigos, o amantes; y ninguno de ellos percibiría de forma consciente que vivía a un ritmo algo superior al del lunes. Muchos más hombres pedirían el divorcio a sus mujeres que en un día sin temblor. Más esposas abandonarían a sus maridos que otras lo habían hecho veinticuatro horas antes. Más gente decidiría casarse. Un número de jugadores, superior a lo normal, harían planes para ir el fin de semana a Las Vegas. Las prostitutas disfrutarían de nuevos y sustanciales negocios. Y seguramente habría un marcado aumento de actividad sexual entre maridos y mujeres, entre amantes sin pareja, y entre adolescentes sin experiencia lanzados a sus primeros, torpes y experimentales escarceos. La prueba indiscutible de este aspecto erótico de la actividad sísmica, no existía. Pero, a lo largo de los años, en diversos zoos, muchos sociólogos y psicólogos behavioristas, habían observado a los primates, gorilas, chimpancés, orangutanes, lanzados a una anormal y frenética actividad sexual en las horas siguientes a grandes y medianos terremotos; y era razonable asumir que, por lo menos en el caso de los órganos reproductores, el hombre no se diferenciaba gran cosa de sus primitivos parientes.

Muchos californianos creían que estaban adaptados a la vida en un país de terremotos. Pura afectación. De un modo ajeno a lo habitual, la tensión psicológica continuaba formándoles y cambiándoles. El miedo a la inminente catástrofe era como un murmullo omnipresente que fomentaba la mente subconsciente, un murmullo de gran influencia, que moldeaba la actitud y el carácter de las personas más de lo que jamás creerían.

Naturalmente era un murmullo entre muchos.

A Hilary no le sorprendió la reacción de la Policía a su historia, y se esforzó por no dejar que la turbara.

Cuando aún no habían transcurrido cinco minutos desde que Tony fue a casa de un vecino a telefonear, y unos veinticinco minutos antes del terremoto matutino, dos policías de uniforme llegaron, en un blanco y negro, a casa de Hilary, con las luces encendidas pero sin sirena. Con la típica, aburrida y profesional prisa y cortesía, tomaron debida nota de su versión del incidente, localizaron el punto por donde había entrado el intruso (otra vez una ventana del estudio), hicieron una lista general de los destrozos en el salón y el comedor, y recogieron toda la otra información requerida para la cumplimentación de un informe criminal. Como Hilary les dijo que el asaltante llevaba guantes, decidieron que era inútil pedir al laboratorio que mandara a un experto en huellas dactilares.

Les intrigó su insistencia de que el hombre que la había atacado era el mismo que ella creyó haber matado el jueves pasado. Su interés no tenía nada que ver con el deseo de determinar si había identificado bien al culpable; ya se habían decidido tan pronto oyeron su historia. No creían que el asaltante pudiera haber sido Bruno Frye. Le pidieron varias veces que repitiera la descripción del ataque, y la interrumpían con frecuentes preguntas; pero lo único que trataban de determinar era si estaba sinceramente equivocada, histérica y confusa, o si les mentía. Al rato, decidieron que estaba algo insegura debido al *shock*, y que su confusión había aumentado por el parecido del intruso con Bruno Frye.

—Trabajaremos sobre la descripción que nos ha dado —le aseguró uno de ellos.

—Pero no podemos iniciar la búsqueda de un muerto —dijo el otro—. Estoy seguro de que lo comprende.

—Era Bruno Frye —repitió Hilary.

—Bueno, pero no podemos trabajar con eso, Miss Thomas.

Aunque Tony confirmó su historia lo mejor que pudo, sin haber visto al asaltante, sus argumentos y su posición en el Departamento de Policía de Los Ángeles causaron poca o ninguna impresión en los dos agentes de uniforme. Escucharon con corrección, movieron la cabeza; pero no se inmutaron.

Veinte minutos después del temblor matutino, Tony y Hilary contemplaron desde la puerta principal cómo el coche blanco y negro de la Policía se alejaba de la casa.

—¿Y ahora qué? —murmuró frustrada.

—Ahora terminaré la maleta y nos iremos a mi casa. Llamaré a la oficina y hablaré con Harry Lubbock.

—¿Quién es?

—Mi jefe. El capitán Lubbock. Me conoce muy bien, y nos respetamos. Harry sabe que no me lanzo a ciegas a menos que esté completamente seguro. Le pediré que eche una nueva mirada a Bruno Frye, que profundice más en la historia del hombre. Y Harry puede ejercer más presión en el sheriff Laurenski de lo que ha hecho hasta ahora. No sufras. De un modo o de otro, lograré más acción.

Pero cuarenta y cinco minutos después, en la cocina de Tony, cuando hizo la llamada, no consiguió nada de Harry Lubbock. El capitán escuchó todo lo que Tony tenía que decirle y no dudó de que Hilary creyera haber visto a Bruno Frye; pero no supo encontrar ninguna justificación para lanzar una investigación sobre Frye en relación con un crimen que había sido cometido al cabo de varios días de la muerte del hombre. No estaba preparado para considerar la posibilidad, una entre diez millones, de que el forense estuviera equivocado y de que Frye hubiera sobrevivido milagrosamente a la masiva pérdida de sangre, una autopsia y subsiguiente refrigeración en el depósito. Harry se mostró simpático, infinitamente paciente, no alzó la voz; pero era obvio que creía que las observaciones de Hilary no eran de fiar, porque sus percepciones estaban distorsionadas por el terror y la histeria.

Tony se sentó a su lado, en uno de los tres taburetes de bar, y le contó lo que Harry Lubbock le había dicho.

—¡Histeria! —exclamó Hilary—. Dios mío, qué harta estoy de esa palabra. Todo el mundo cree que perdí la cabeza. Todo el mundo está seguro de que me quedé hecha gelatina. Vaya, de todas las mujeres que conozco, soy la que menos puede perder la cabeza en una situación parecida.

—Estoy de acuerdo contigo. Me limito a decirte cómo lo ve Harry.

—Maldita sea.

—Tienes razón.

—¿Y tu aprobación no significó nada?

Tony esbozó una mueca.

—Piensa que, debido a lo que ocurrió con Frank, estoy un poco alterado.

—Así que cree que tú también estás histérico.

—Sólo disgustado. Un poco confuso.

—¿Es eso lo que dijo?

—Sí.

Recordando que Tony había empleado casi las mismas palabras para describirla cuando oyó por primera vez la historia del muerto viviente, comentó:

—Puede que lo merezcas.

—Puede.

—¿Qué respondió Lubbock cuando le hablaste de las amenazas..., de la estaca clavada en el corazón, la boca llena de ajos y todo lo demás?

—Admitió que era una sorprendente coincidencia.

—¿Sólo eso? ¿Una simple coincidencia?

—Por ahora —dijo Tony— es como se propone considerarlo.

—¡Maldita sea!

—No lo dijo así, pero tengo la seguridad de que piensa que, la semana pasada, te conté lo que había en la furgoneta de Frye.

—Pero no lo hiciste.

—Tú sabes que no lo hice, y yo sé que no lo hice. Pero supongo que es así como van a verlo los demás.

—¿No dijiste que Lubbock y tú erais amigos, que había respeto mutuo entre ambos?

—Lo somos y lo hay —respondió Tony—. Pero, como te he dicho, tiene la impresión de que no estoy del todo en mis cabales. Cree que recuperaré el equilibrio dentro de unos días o de una semana, cuando se me pase el *shock* por la muerte de mi compañero. Piensa que entonces dejaré de apoyar tu historia. Yo estoy seguro de que no será así, porque sé que tú no sabías nada de los libros sobre ocultismo, ni del revoltillo de la furgoneta de Frye. Y tengo una corazonada, pero una corazonada muy fuerte, de que de un modo o de otro Frye ha vuelto. Dios sabe cómo. Pero necesito más que una corazonada para poner a Harry en marcha, y no puedo censurarlo por mostrarse escéptico.

—¿Y entretanto?

—Entretanto, la brigada de homicidios no se interesa por el caso. No corresponde a nuestra jurisdicción. Lo tratarán como cualquier otro robo e intento de asalto por persona o personas desconocidas.

—Lo que quiere decir que no van a hacer gran cosa.

—Me temo que ésa es la verdad. No hay casi nada que pueda hacer la Policía en un caso de este tipo. La cosa suele resolverse, si se consigue, a largo plazo, cuando cazan al hombre con las manos en la masa, penetrando en otra casa o asaltando a otra mujer, y éste confiesa ser autor de una serie de casos viejos que han quedado pendientes.

Hilary bajó del taburete y empezó a caminar por la cocina.

—Aquí está ocurriendo algo extraño y terrorífico. Yo no puedo esperar una semana para que logres convencer a Lubbock. Frye dijo que volvería. Seguirá intentando matarme hasta que yo muera... o él esté muerto de forma permanente e irrevocable. Puede surgir en cualquier momento, en cualquier parte.

—No estarás en peligro si permaneces aquí hasta que podamos aclararlo, o por lo menos hasta que tropecemos con algo que sirva para poder convencer a Harry Lubbock. Conmigo te hallarás a salvo. Frye, si se trata de Frye, no sabrá dónde encontrarte.

—¿Cómo puedes estar tan seguro?

—No es omnisciente.

—¿De veras?

—Espera un poco. No irás a decirme que tiene poderes sobrenaturales, que es adivino o algo parecido.

—Ni lo afirmo, ni lo niego. Mira, una vez aceptado el hecho de que Frye, de un modo o de otro, vive, ¿cómo puedes descartarlo? Podría incluso empezar a creer en gnomos, y en Santa Claus... Pero lo que he querido decir es que puede habernos seguido hasta aquí.

Tony alzó las cejas.

—¿Seguido desde tu casa?

—Podría ser.

—No. No puede ser.

—¿Estás seguro?

—Cuando yo llegué a tu casa él salió huyendo.

Hilary se paró en medio de la cocina, apretando los brazos sobre el pecho.

—Quizá remoloneó por el vecindario, vigilando, esperando a ver lo que hacíamos y adónde íbamos.

—Muy improbable. Incluso si se hubiese quedado cerca después de mi llegada, estoy seguro de que corrió como el diablo cuando vio llegar el coche policial.

—No puedes suponer nada —objetó Hilary—. En el mejor de los casos, tratamos con un loco. En el peor, nos enfrentamos a lo desconocido, a algo que va más allá de nuestra comprensión y cuyo peligro es incalculable. En cualquiera de los dos casos, no se puede esperar que Frye razone y se comporte como un hombre normal. Sea lo que sea, resulta evidente que no es normal.

Tony se quedó mirándola un momento; luego, cansado, se pasó la mano por la cara.

—Tienes razón.

—¿Así que estás seguro de que no nos siguió?

—Bueno..., no miré hacia atrás. No se me ocurrió.

—Ni a mí. Hasta ahora. Puede muy bien estar fuera, vigilando el apartamento en este mismo instante.

La idea perturbó a Tony. Se levantó diciendo:

—Pero tendría que ser muy atrevido para hacer semejante jugada.

—¡Es atrevido!

—Sí. Vuelves a tener razón.

Reflexionó un momento; luego, salió de la cocina y ella le siguió.

—¿Adónde vas?

Cruzó el cuarto de estar en dirección a la puerta:

—Tú quédate aquí mientras voy a echar un vistazo.

—Ni lo sueñes. Voy contigo.

Tony se detuvo con la mano en la puerta:

—Si Frye se encuentra ahí fuera, vigilándonos, estarás mucho más segura aquí dentro.

—¿Y si yo te espero a ti... y luego no eres tú el que regresa?

—Es de día —objetó Tony—. No va a ocurrirme nada.

—La violencia no se reserva sólo para la oscuridad. Continuamente matan gente a plena luz del sol. Eres policía. Lo sabes de sobra.

—Llevo el revólver. Puedo cuidar de mí.

Hilary meneó la cabeza. Era inexorable.

—No voy a quedarme aquí sentada mordiéndome las uñas. Vamos.

Una vez fuera, se quedaron junto a la barandilla del balcón y miraron a los vehículos en el aparcamiento del edificio. No había muchos a aquella hora. La mayoría de las personas se habían ido ya a trabajar. Además del jeep azul que pertenecía a Tony, había otros siete coches. El sol brillaba en los metales y transformaba el parabrisas en espejo.

—Creo que los reconozco a todos. Pertenecen a gente que vive aquí.

—¿Seguro?

—No del todo.

—¿Ves a alguien en alguno de ellos?

Fijó la mirada y tuvo que confesar:

—No puedo ver con el sol brillando en el cristal.

—Vayamos a ver de cerca —sugirió Hilary.

Abajo, en el aparcamiento, encontraron que los coches estaban vacíos.

No había nadie por allí que no fuera del lugar.

—Claro que —observó Tony—, por atrevido que sea, no es probable que vigile en nuestra propia puerta. Y como sólo hay un camino de entrada y salida de estos apartamentos, no podría vigilarnos más que de lejos.

Salieron del complejo vallado a la acera y miraron hacia un extremo y otro de la calle sombreada por los árboles. Era un vecindario de apartamentos con jardines, casas y bloques, de los que casi todos carecían de aparcamiento adecuado, por lo que incluso a aquella hora de una mañana de trabajo, infinidad de coches estaban alineados a los lados de ambas aceras.

—¿Vas a comprobarlos? —preguntó Hilary.

—Es una pérdida de tiempo. Si tiene gemelos, podrá vigilar esta calle a cuatro manzanas de distancia. Tendríamos que recorrer cuatro manzanas en ambas direcciones e incluso así podría irse sin que nos diéramos cuenta.

—Si lo hiciera lo veríamos. No podremos detenerle, claro; pero, por lo menos, sabremos que ha venido siguiéndonos. Y nos enteraremos de lo que conduce.

—No, si está a tres manzanas cuando se vaya. No estaríamos lo bastante cerca para poder hallarnos seguros de que es él. Y también podría salir de su coche, dar una vuelta y regresar cuando nos hubiéramos ido.

A Hilary se le hacía el aire pesado; encontraba cierta dificultad en respirar profundamente. El día iba a serle muy caluroso teniendo en cuenta que estaban a finales de septiembre; también iba a ser un día húmedo en particular para Los Ángeles, donde el aire era casi siempre seco. El cielo estaba alto y claro y presentaba un azul de llama de gas. Pero ya empezaban a salir del pavimento vaharadas de calor. Risas finas y musicales empezaban a flotar en la brisa; los niños estaban jugando en la piscina del bloque del otro lado de la calle.

En un día como aquél era difícil mantener la creencia en los muertos vivientes. Hilary suspiró y dijo:

—¿Cómo descubriremos si está aquí vigilándonos?

—No hay forma de asegurarnos.

—Temía que lo dijeras.

Hilary miró hacia la parte baja de la calle, manchada de luz y sombras. El horror envuelto en rayos de sol. El terror ocultándose a la sombra de bellísimas palmeras, brillantes paredes y tejados a la española.

—Paranoia Avenue —murmuró Hilary.

—Paranoia City hasta que esto termine.

Salieron de la calle y regresaron a través del área de aparcamiento frente al edificio donde vivía.

—¿Y ahora qué?

—Creo que ambos necesitamos dormir.

Jamás se había sentido Hilary tan cansada. Parecía como si tuviera arena en los ojos, le dolían por falta de descanso; la luz violenta los hería. Su boca era pastosa y sabía a cartón; era como si una capa espesa le cubriera los dientes y la lengua. Sentía dolor en todos los huesos, músculos y tendones, desde los dedos de los pies a la cabeza, y no le servía de nada darse cuenta de que lo que sentía era consecuencia de agotamiento emocional más que físico.

—Ya sé que necesitamos dormir —asintió Hilary—. ¿Pero crees que podrás?

—Te comprendo. Estoy muerto de cansancio; sin embargo, la mente funciona a tope. No será fácil pararla.

—Hay una o dos cosas que me gustaría preguntar al forense. O a quienquiera que hiciera la autopsia. Quizá cuando consiga alguna respuesta podré dormir un poco.

—Está bien —dijo Tony—. Cerremos el apartamento con llave y vayamos ahora mismo al depósito.

Un momento después, cuando se alejaban en el jeep azul de Tony, vigilaron; pero vieron que no les seguía nadie. Aquello, naturalmente, no quería decir que Frye no estuviera sentado en uno de aquellos coches aparcados a lo largo de la calle bordeada de árboles. Si les había seguido antes, desde la casa de Hilary, no necesitaba seguirles ahora porque ya conocía la situación de su guarida.

—¿Y si se mete en la casa después de nuestra marcha? —preguntó Hilary—. ¿Y si está escondido allí, esperándonos, cuando volvamos?

—Tengo dos cerraduras en mi puerta. Una de ellas es de seguridad, de lo mejor que se puede comprar. Tendría que derribar la puerta. El otro camino que existe es por la ventana que da al balcón corrido. Si está dentro esperando a que lleguemos, lo sabremos mucho antes de entrar.

—¿Y si descubre otro medio de penetrar?

—No lo hay. Para meterse por cualquier otra ventana, tiene que subir al segundo piso por una pared lisa, y tendría además que hacerlo abiertamente y estaría expuesto a ser visto. No sufras. Mi casa es segura.

—Tal vez pueda atravesar una puerta. ¿Entiendes? —musitó temblorosa—. Como un fantasma. O puede que se transforme en humo y entre por el ojo de la cerradura.

—No creerás en semejantes burradas.

—Tienes razón.

—No posee poderes sobrenaturales. Anoche tuvo que romper la ventana para entrar en tu casa.

Fueron hacia el centro de la ciudad a través del espeso tráfico.

El profundo agotamiento minaba sus habituales defensas mentales contra la perniciosa enfermedad de la propia duda, dejándola vulnerable. Por primera vez desde que vio a Frye saliendo del comedor, empezó a preguntarse si de verdad había visto lo que creía.

—¿Estaré loca? —preguntó a Tony.

Él la miró y luego volvió a dirigir la vista a la calle.

—No. No estás loca. Viste algo. Tampoco destrozaste tu propia casa. No imaginaste que el intruso se parecía a Bruno Frye. Confieso que eso fue lo que pensé al principio. Pero ahora sé que no te habías confundido.

—Pero..., un muerto que anda... ¿No es mucho aceptar?

—Es difícil de admitir como la otra teoría... que dos maníacos distintos, sufriendo ambos del mismo tipo de obsesiones, ambos víctimas de un miedo psicótico a los vampiros, te atacaron en una semana. La verdad, pienso que es un poco más fácil creer que Frye, de algún modo, está vivo.

—A lo mejor te has contagiado de mí.

—¿Contagiado qué?

—La locura.

—La locura no es como un resfriado vulgar. No se contagia con la tos.. o con un beso.

—¿No has oído hablar de la «psicosis compartida»?

Saltándose un semáforo, repitió:

—¿Psicosis compartida? ¿No es eso un programa de bienestar social para locos menesterosos que no pueden permitirse una psicosis para ellos solos?

—¿Tonterías en un momento así?

—Especialmente en un momento así.

—¿Y qué hay de la histeria de masas?

—No es mi pasatiempo favorito.

—Quiero decir que quizá sea lo que está ocurriendo aquí.

—No. Imposible. Sólo estamos tú y yo. No basta para que seamos masa.

Hilary sonrió entonces y exclamó:

—Oh, Dios, cuánto me gusta que estés aquí. Odiaría tener que luchar sola contra esto.

Apoyó una mano en el hombro de Tony.

Llegaron al depósito a las once y cuarto.

En el despacho del forense, Hilary y Tony se enteraron, por la secretaria, de que el jefe médico no había realizado la autopsia en el cuerpo de Bruno Frye. El jueves y viernes pasados había estado en San Francisco donde tenía un compromiso para unas charlas. La autopsia la había realizado un ayudante, otro médico del equipo del forense.

Esta noticia dio a Hilary la esperanza de que podía haber una sencilla solución al misterio de la salida de la tumba de Frye. Tal vez el ayudante asignado había sido un perezoso que, libre de la continua vigilancia del jefe, se había saltado la autopsia y redactado un informe falso.

Esta esperanza se vino abajo cuando conoció a Ira Goldfield, el joven médico en cuestión. Tenía unos treinta y tantos años, era guapo, con penetrantes ojos azules y cabello rubio ensortijado. Era amable, enérgico, brillante y se evidenciaba que estaba demasiado interesado por su trabajo y dedicado a él para llevar a cabo una labor imperfecta.

Goldfield les acompañó a una pequeña sala de conferencias que olía a desinfectante con aroma a pino y a humo de cigarrillos. Se sentaron ante una mesa rectangular cubierta por una media docena de libros médicos de referencia, hojas de informes de laboratorio y láminas de ordenador.

—Recuerdo bien a ese Bruno Graham..., no..., Gunther. Bruno Gunther Frye. Dos puñaladas, una algo más que superficial, y la otra muy profunda y fatal. Los mejores y más bien desarrollados músculos abdominales que he visto... —Miró a Hilary, parpadeó y dijo—: Oh, sí... Usted es la mujer que... le apuñaló.

—Legítima defensa —terció Tony.

—No lo he dudado ni por un segundo —le aseguró Goldfield—. En mi opinión profesional, era del todo improbable que Miss Thomas hubiera podido iniciar un ataque contra aquel hombre, con éxito. Era enorme. Se la hubiera quitado de encima con la misma facilidad con que nosotros apartaríamos un niñito... —Goldfield volvió a mirar a Hilary—. Según la notificación del crimen y lo que decían los periódicos que leí, Frye la atacó sin darse cuenta de que llevaba un cuchillo.

—En efecto. Creyó que iba desarmada.

—Tuvo que ser así —asintió Goldfield—. Considerando la disparidad de tamaño corporal, era lo único que podía hacer contra él sin ser gravemente lesionada. Quiero decir que los bíceps, tríceps y antebrazos de aquel hombre eran asombrosos. Diez o quince años atrás podía haber tomado parte en competiciones de fuerza, con éxito considerable. Tuvo usted mucha suerte, Miss Thomas. Si no le hubiera cogido desprevenido, podía haberla partido en dos. Literalmente por la mitad. Y, además, con suma facilidad.

Meneó la cabeza todavía impresionado por el cuerpo de Frye. Luego le pidió:

—¿Qué quería preguntar sobre él?

Tony miró a Hilary y ella se encogió de hombros.

—Una vez aquí, me parece una insensatez.

Goldfield miró a uno y después al otro con una vaga sonrisa de curiosidad en su hermoso rostro. Tony se aclaró la garganta:

—Estoy de acuerdo con Hilary. Parece una insensatez... Después de haberle conocido.

—Han venido en busca de algo sombrío y misterioso —comentó Goldfield en tono amable—. Han despertado mi interés. No pueden dejarme así, a oscuras.

—Bien —explicó Tony—; vinimos a averiguar si se practicó realmente la autopsia.

Goldfield no parecía comprender.

—Pero lo sabían antes de venir a verme. Agnes, la secretaria del jefe, debió de haberles dicho que...

—Queríamos oírselo decir a usted —manifestó Hilary.

—Sigo sin entender.

—Sabíamos que se había registrado una autopsia —aclaró Tony—. Pero no teníamos la certeza de que se hubiera practicado.

—Pero ahora que le conocemos —cortó rápidamente Hilary—, ya no tenemos dudas.

Goldfield ladeó la cabeza.

—¿Quiere decir que... pensó que había hecho un informe en falso sin molestarme en cortarle?

No pareció ofendido, sólo estupefacto.

—Pensamos que era algo que pudo haber ocurrido —admitió Tony—, una sospecha a ciegas.

—No en la jurisdicción de este forense —contestó Goldfield—. Es un viejo y duro profesional. Nos mantiene a raya. Si uno de nosotros no hiciera su trabajo, el viejo le crucificaría.

Se veía, por el tono afectuoso de Goldfield, que era un gran admirador de su jefe médico.

—¿Entonces, no tiene usted la menor duda de que Bruno Frye estaba... muerto? —preguntó Hilary.

Goldfield se la quedó mirando como si acabara de pedirle que hiciera el pino y recitara un poema.

—¿Muerto? ¡Pues claro que estaba muerto!

—¿Hizo una autopsia completa? —quiso saber Tony.

—Sí. Le abrí... —Goldfield calló de pronto, pensó un segundo o dos y dijo—: No. No fue una autopsia completa en el sentido al que usted se refiere. No una disección de facultad de medicina de cada parte de su cuerpo. Fue un día de gran acumulación de trabajo. Muchas entradas.

Y éramos pocos. De todos modos, no hacía falta abrir a Frye de arriba abajo. La herida cortante de la parte baja del abdomen era decisiva. No había motivos para abrirle el pecho y mirar el corazón. Tampoco se ganaba nada pesando una serie de órganos y revolviéndole el cráneo. Hice un minucioso y completo examen exterior y luego abrí las dos heridas, para establecer la extensión del desgarro y tener la seguridad de que, por lo menos una de ellas, le había causado la muerte. Si no hubiera sido acuchillado en la casa de usted mientras él la atacaba..., si las circunstancias de la muerte hubieran sido menos claras, habría hecho más. Pero es obvio que, en este caso, no iba a haber cargos criminales. Además, estoy convencido de que la herida abdominal fue la causante de la muerte.

—¿No es posible que estuviera solamente en un coma profundo cuando usted le examinó? —insistió Hilary.

—¿Coma? ¡Cielos, no! ¡Dios santo, no! —Goldfield se puso en pie y anduvo de una punta a otra de la larga y estrecha habitación—. Se comprobó el pulso de Frye, la respiración, la actividad de la pupila, incluso las ondas cerebrales. El hombre estaba indiscutiblemente muerto, Miss Thomas. —Regresó junto a la mesa y se quedó mirándolos—. Muerto como una piedra. Cuando le vi, no le quedaba bastante sangre en el cuerpo para justificar incluso el menor hálito de vida. Había una avanzada lividez, que quiere decir que la sangre que queda aún en los tejidos se ha retirado al punto más bajo del cuerpo que, en este caso, corresponde a la posición en que estaba cuando murió. En dichos puntos, la carne estaba algo distendida y amoratada. Esto ni puede confundir, ni puede pasarse por alto.

Tony echó la silla atrás y se levantó.

—Le pido perdón por el tiempo que le hemos hecho perder, doctor Goldfield.

—Y yo siento haber sugerido que pudo no haber hecho su trabajo como era debido —murmuró Hilary poniéndose en pie.

—Esperen —dijo Goldfield—. No pueden irse y dejarme así, a oscuras. ¿A qué viene todo esto?

Hilary miró a Tony. Él parecía tan reacio como ella a discutir sobre muertos vivientes con el doctor.

—Vamos —insistió Goldfield—. Ninguno de los dos me parece estúpido. Tendrán sus razones para venir hasta aquí.

—Anoche —explicó Tony— otro hombre entró en casa de Hilary y trató de matarla. Tenía un parecido sorprendente con Bruno Frye.

—¿Habla en serio? —preguntó Goldfield.

—Oh, sí. Muy en serio.

—Y pensó que...

—Sí.

—¡Cielos, qué impresión tendría al verle y creer que había vuelto! Pero lo único que puedo decirles es que el parecido debe de ser una coincidencia. Porque Frye está muerto. Jamás he visto a un hombre más muerto que él.

Agradecieron a Goldfield su tiempo y su paciencia, y el médico los acompañó hasta la salida.

Tony se detuvo en la oficina para preguntar a Agnes, la secretaria, el nombre de la funeraria que había reclamado el cuerpo de Frye. Buscó en el archivo y les dijo:

—Fue la «Funeraria Angels Hill».

Hilary anotó la dirección.

—¿No seguirá pensando...? —empezó Goldfield.

—No. Pero, por el contrario —dijo Tony—, tenemos que seguir todas las pistas. Por lo menos esto es lo que me enseñaron en la Academia de Policía.

Goldfield, con el ceño fruncido, los ojos semicerrados, los vio alejarse.

En la «Funeraria Angels Hill», Hilary aguardó en el jeep mientras Tony entraba para hablar con el embalsamador que se había ocupado del cuerpo de Bruno Frye. Habían decidido que él podría obtener la información más de prisa si entraba solo y mostraba su identificación de policía.

«Angels Hill» era una gran empresa con una verdadera flota de coches fúnebres, doce capillas para visitas y un gran equipo de embalsamadores y técnicos. Incluso en la oficina, la luz era indirecta y relajante, los colores oscuros pero intensos y el suelo estaba cubierto por una gruesa alfombra, de pared a pared. La decoración pretendía expresar una muda apreciación del misterio de la muerte; pero a Tony lo único que le comunicaba era una declaración firme y clara de la gran rentabilidad del negocio funerario.

La recepcionista era una rubia graciosa, con falda gris y blusa color castaño. Su voz era baja, suave, susurrante, pero no contenía ni un atisbo de invitación o sugerencia sexual. Era una voz que había sido cuidadosamente entrenada para proyectar consuelo, solaz de lo más hondo del corazón, respeto y genuina, aunque limitada, preocupación. Tony se preguntó si empleaba el mismo tono fresco y funerario cuando en la cama animaba a su amante, y la idea le dejó helado.

Encontró la ficha sobre Bruno Frye y el nombre del técnico que había trabajado en el cuerpo.

—Sam Hardesty. Creo que Sam está en este momento en una de las salas de preparación. Acabamos de tener un par de admisiones —explicó como si estuviera trabajando en un hospital y no en una funeraria—. Veré si puede dedicarle unos minutos. No estoy segura de si ha adelantado mucho en su trabajo. Si puede dejarlo, se reunirá con usted en la sala de empleados.

Acompañó a Tony a la sala para que esperara. La habitación era reducida pero agradable. Unos sillones cómodos estaban adosados a la pared. Había ceniceros y revistas de todo tipo. Una máquina para café, otra para soda. Un tablero de boletines cubierto de anuncios de ligas de bolos, ventas de coches y de muebles.

Tony estaba hojeando un folleto de cuatro páginas, ciclostilado, el *Angels Hill Employee News*, cuando llegó Sam Hardesty procedente de una de las salas de preparación. Hardesty tenía el aspecto tranquilizante de un mecánico de automóviles. Vestía un arrugado mono blanco con cremallera en el centro; en el bolsillo delantero de Hardesty se veían varios instrumentos, pequeños, cuya utilidad Tony no quería saber. Era un hombre joven, de unos veintinueve años, de facciones acusadas y cabello castaño y largo.

—¿Detective Clemenza?

—Sí.

Hardesty tendió la mano y Tony se la estrechó con cierta desgana, preguntándose qué habría estado tocando sólo un momento antes.

—Suzy me ha dicho que quería hablarme sobre uno de los trabajos.

Hardesty había sido entrenado por el mismo preparador de voz que había trabajado con Suzy, la rubia recepcionista.

—Creo que fue usted quien se encargó de la preparación del cuerpo de Bruno Frye para su envío a Santa Rosa, el jueves pasado.

—Exacto. Trabajamos en cooperación con una funeraria de Santa Helena.

—Por favor, ¿quiere decirme con toda precisión qué hizo con el cuerpo después de recogerlo en el depósito?

Hardesty se le quedó mirando con curiosidad.

—Pues trajimos al difunto aquí y le tratamos.

—¿No paró en ninguna parte entre el depósito y este lugar?

—No.

—Desde el momento en que se le entregó el cuerpo hasta que se embarcó en el aeropuerto, ¿estuvo solo en algún momento?

—¿Solo? Únicamente uno o dos minutos. Fue un trabajo precipitado porque había que dejar al difunto a bordo en el vuelo del viernes por la tarde. Oiga, ¿puede decirme a qué viene esto? ¿Qué está buscando?

—No estoy seguro —respondió Tony—. Pero quizá si hago muchas preguntas, lo sabré. ¿Le embalsamó?

—Naturalmente. Tuvimos que hacerlo porque lo enviábamos en un transporte público.

—¿Qué arrancaron? —preguntó Tony.

—No es muy agradable. Pero los intestinos, estómago y otros órganos nos plantean un verdadero problema. Estas partes del cuerpo, como vienen llenas de materia descompuesta, tienden a deteriorarse mucho más de prisa que los demás tejidos. Para evitar malos olores y molestas y ruidosas acumulaciones de gas en los velatorios, y para la ideal conservación del difunto incluso después de ser enterrado, es necesario extraer el máximo posible de dichos órganos. Empleamos un instrumento telescópico con un gancho retráctil en un extremo. Lo insertamos por el paso anal y...

Tony sintió que se le iba la sangre del rostro y rápidamente alzó una mano para detener a Hardesty:

—Gracias. Creo que es lo único que quiero oír. Me doy por enterado.

—Le advertí que no era agradable.

—No, desde luego —asintió Tony, que tenía algo atravesado en la garganta; aunque tosió, seguía allí, y lo más probable era que siguiese allá dentro hasta que saliera del lugar; se dirigió a Harvesty diciendo—: Bueno, creo que me ha dicho todo cuanto necesitaba saber.

—No sé lo que está buscando —comentó Hardesty, con el ceño fruncido y algo pensativo—; pero hubo una cosa peculiar relacionada con la entrega de Frye.

—¿Qué es ello?

—Ocurrió dos días después de embarcar al difunto hacia Santa Rosa. Fue el domingo por la tarde. Anteayer. Un tipo llamó y dijo que quería hablar con el técnico que se había ocupado de Bruno Frye. Yo me encontraba aquí porque mis días libres son miércoles y jueves, así que respondí a la llamada. Estaba muy enfadado. Me acusó de haber hecho un trabajo rápido y chapucero en el difunto. No era verdad. Hice lo mejor que pude dadas las circunstancias. Pero el cadáver había estado al sol unas horas, y luego fue refrigerado. Además, estaban las heridas del cuchillo y las incisiones del forense. Déjeme que le diga, Mr. Clemenza, que cuando recibí al difunto la carne no estaba en muy buenas condiciones. Quiero decir que no podía esperarse que pareciera vivo. Además, yo no me responsabilizo del trabajo de cosmética. De eso se ocupó el director de la funeraria de Santa Helena. Intenté explicárselo por teléfono al individuo y aclarar que no era culpa mía; pero no me dejó decir ni una sola palabra.

—¿Le dio su nombre?

—No. Se fue poniendo cada vez más furioso. Me chillaba y lloraba, se comportaba como un demente. Era realmente presa del dolor. Pensé que debía de ser un pariente del muerto, alguien medio loco de desesperación. Por eso tuve tanta paciencia con él. Pero entonces, cuando ya se puso histérico del todo, me dijo que *él* era Bruno Frye.

—¿Que dijo qué?

—Sí. Dijo que *él* era Bruno Frye y que algún día volvería por aquí y me haría pedazos por lo que había hecho con él.

—¿Y qué más dijo?

—Nada más. Tan pronto empezó a decir esas barbaridades, comprendí que estaba loco y colgué.

Tony sintió como si le hubieran hecho una transfusión de hielo; estaba tan helado por dentro como por fuera.

Sam Harvesty se dio cuenta de que se hallaba impresionado.

—¿Le ocurre algo?

—Me estaba preguntando si tres personas bastan para formar una masa histérica.

—¿Cómo?

—¿Notó algo peculiar en la voz del que llamaba?

—¿Cómo lo sabía?

—¿Una voz muy profunda?

—Un trueno.

—¿Y rasposa, quebrada?

—En efecto. ¿Lo conoce?

—Me temo que sí.

—¿Quién es?

—Si se lo dijera no me creería.

—Pruebe.

Tony meneó la cabeza.

—Lo siento. Es confidencial, asunto policíaco.

Hardesty quedó decepcionado; la media sonrisa se le borró.

—Bien, señor Hardesty, me ha sido de gran ayuda. Gracias por su tiempo y su molestia.

—No tiene importancia —respondió Harvesty encogiéndose de hombros.

«Sí que la tiene —se dijo Tony—. Ya lo creo. Pero que me lleve el diablo si sé lo que significa.»

En el pequeño vestíbulo, fuera de la sala de empleados, fueron en direcciones distintas, pero a los pocos pasos Tony se volvió y dijo:

—¿Señor Hardesty?

Hardesty se detuvo y miró hacia atrás.

—¿Sí?

—¿Me contestaría a una pregunta personal?

—¿Qué es?

—¿Qué le hizo elegir... este tipo de trabajo?

—Mi tío favorito era director de una funeraria.

—Ya.

—Era muy divertido. Especialmente con los niños. Le encantaban los niños. Yo quería ser como él. Uno tenía siempre la sensación de que el tío Alex conocía un secreto enorme, importantísimo. Nos hacía trucos de magia; pero era mucho más. Yo siempre pensé que lo que hacía para ganarse la vida era también mágico y misterioso, y eso era porque, debido a su trabajo, había aprendido algo que nadie más sabía.

—¿Ha descubierto ya su secreto?

—Sí. Creo que sí.

—¿Puede decírmelo?

—Claro. Lo que tío Alex sabía, y lo que yo he llegado a aprender, es que uno debe tratar a los muertos con tanto cuidado y respeto como a los vivos. Uno no puede simplemente quitárselos de la cabeza, enterrarlos y olvidarse de ellos. Lo que nos enseñaron cuando vivían lo tenemos aún presente. Todo lo que hicieron por nosotros, y a nosotros, sigue en nuestras mentes, formándonos y cambiándonos. Y por lo que influyeron en nosotros, tendremos ciertas influencias sobre gente que vivirá mucho después de que hayamos muerto. Así que, en cierto modo, los muertos no se mueren del todo. Se suceden. El secreto del tío Alex era sólo éste: los muertos también son gente.

Tony se quedó mirándolo sin saber muy bien qué debía decir. Pero se le ocurrió una pregunta:

—¿Es usted un hombre religioso, Hardesty?

—No lo era cuando empecé con este trabajo. Pero ahora lo soy. Ciertamente lo soy.

—Sí, supongo que sí.

Ya fuera, cuando Tony se sentó al volante del jeep y cerró la puerta, Hilary preguntó:

—¿Qué? ¿Embalsamó a Bruno Frye?

—Peor que eso.

—¿Hay algo peor que eso?

—¡No quieras saberlo!

Le habló de la llamada telefónica que Hardesty había recibido del hombre que aseguraba ser Bruno Frye.

—Ah —dijo a media voz—. Olvida lo que te dije de psicosis compartidas. ¡Esto es una prueba!

—¿Prueba de qué? ¿De que Frye está vivo? No puede estar vivo. Además de una serie de cosas que me repugna mencionar, fue embalsamado. Nadie puede subsistir, ni en coma profundo, cuando tus venas y arterias están llenas de fluido de embalsamar en lugar de sangre.

—Pero al menos esa llamada es una prueba de que está ocurriendo algo fuera de lo corriente.

—No en realidad.

—¿Y no puedes llevar esto a tu capitán?

—Sería inútil. A Harry Lubbock no le parecería más siniestro que la llamada de un loco o una broma pesada.

—¡Pero la *voz*!

—No basta para convencer a Harry.

—¿Y qué vamos a hacer? —suspiró.

—Tenemos que ponernos a pensar. Tenemos que examinar la cuestión desde todos los ángulos y ver si se nos ha escapado algo.

—¿Podríamos pensar almorzando? —preguntó Hilary—. Estoy muerta de hambre.

—¿Dónde quieres comer?

—Como ambos estamos hechos un desastre, sugiero un lugar oscuro y reservado.

—¿Un rincón en «Casey's Bar»?

—Perfecto.

Conduciendo en dirección a Westwood, Tony pensó en Hardesty y en cómo, de un modo o de otro, los muertos no estaban realmente muertos.

Bruno Frye se tendió en la trasera de la furgoneta «Dodge» y trató de dormir un poco.

La furgoneta no era la que había conducido para ir a Los Ángeles hacía una semana. Ese vehículo había sido confiscado por la Policía. Actualmente había sido reclamado por un representante de Joshua Rhinehart que era albacea de la testamentaría de Frye y responsable de la adecuada liquidación de los bienes. Esta furgoneta no era gris como la primera, sino azul oscuro con ribetes blancos. Frye la había pagado al contado la mañana antes, en una agencia «Dodge» de las afueras de San Francisco. Era un coche precioso.

Había pasado casi todo el día anterior en la carretera y llegado a Los Ángeles por la noche. Fue directamente a la casa de Katherine en Westwood.

Esta vez utilizaba el nombre de Hilary Thomas; pero él sabía que era Katherine.

Katherine.

Otra vez salida de la tumba. Podrida perra.

Se había metido en la casa, pero no estaba allí. Cuando llegó por fin, antes de que amaneciera, él casi le había echado las manos encima. No podía imaginar aún por qué había aparecido la Policía.

A lo largo de las cuatro horas pasadas, había rondado por su casa cinco veces, pero no había podido ver nada importante. Ignoraba si estaba dentro o no.

Se sentía confuso. Desconcertado. Y asustado. No sabía qué podía hacer a continuación, no sabía cómo localizarla. Sus pensamientos se hacían cada vez más raros, fragmentados, difíciles de controlar. Se sentía intoxicado, turbio, incoherente, aunque no había bebido nada.

Estaba cansado. Cansadísimo. No había dormido desde el domingo por la noche. Y poco desde entonces. Si al menos consiguiera recuperar el sueño, podría pensar con claridad.

Entonces volvería a buscar a la perra. Le cortaría la cabeza.

Le arrancaría el corazón. Le clavaría una estaca.

La mataría. La mataría de una vez y para siempre.

Pero primero debía dormir.

Se tendió en el suelo de la furgoneta, agradecido al sol que se filtraba por el parabrisas, por encima de los asientos delanteros, hasta la parte reservada a la carga. Le daba miedo dormir a oscuras.

Tenía un crucifijo cerca.

Y un par de afiladas estacas de madera.

Había llenado pequeñas bolsitas de hilo con dientes de ajo y había clavado una encima de cada puerta.

Esas cosas podían protegerle de Katherine; pero sabía que no impedirían la pesadilla. Le llegaría ahora como siempre cuando dormía, como había ocurrido toda su vida, y despertaría con un grito ahogado en su garganta. Y, como siempre, no podría recordar cuál había sido el sueño. Pero al despertar oiría los susurros, los susurros fuertes pero ininteligibles, y sentiría que algo se movía sobre su cuerpo, por encima de todo su cuerpo, sobre su rostro, tratando de metérsele dentro de la boca y la nariz, una *cosa* horrible; y, durante el minuto o dos que tardarían las sensaciones en desaparecer, desearía ardientemente estar muerto.

Temía el sueño; pero lo necesitaba.

Cerró los ojos.

Como era habitual, el estruendo de la hora del almuerzo en el comedor principal de «Casey's Bar», era poco menos que ensordecedor.

Pero en el otro sector del restaurante, detrás del bar ovalado, había varios asientos resguardados, cada uno de ellos cerrado por tres lados, como grandes confesonarios, y allí el ruido del otro comedor era tolerable; actuaba como pantalla de fondo para proporcionar mayor intimidad que la ofrecida por las propias y cómodas cabinas.

A mitad del almuerzo, Hilary levantó la mirada del plato y dijo:

—Ya lo tengo.

Tony dejó su bocadillo.

—¿Qué tienes?

—Frye debe de tener un hermano.

—¿Un hermano?

—Sí, y eso lo explica todo.

—¿Piensas que diste muerte a Frye el pasado jueves... y que su hermano vino anoche por ti?

—Semejante parecido sólo puede encontrarse en hermanos.

—¿Y la voz?

—Pueden haber heredado la misma voz.

—Es posible que una voz de tono bajo pueda heredarse —admitió Tony—. Pero ese timbre rasposo, especial, que describiste... ¿podría también heredarse?

—¿Por qué no?

—Anoche me dijiste que lo único que podía provocar semejante voz era haber sufrido una grave lesión en la garganta o haber nacido con la laringe deformada.

—Pues estaría equivocada. O quizás ambos hermanos habían nacido con la misma deformación.

—Una entre un millón.

—Pero no imposible.

Tony tomó un trago de cerveza, luego dijo:

—Quiza los hermanos pudieron compartir el mismo tipo de cuerpo, las mismas facciones, idéntico color de ojos y hasta la voz. ¿Pero iban a compartir también las mismas obsesiones psicóticas?

Hilary bebió algo de su cerveza mientras reflexionaba y terminó diciendo:

—Una grave enfermedad mental es producto del entorno.

—Eso es lo que se creía antes. Pero ahora ya no están tan seguros.

—Bueno, en favor de mi teoría, supongamos que el comportamiento psicótico es producto del entorno. Los hermanos se habrían criado en la misma casa, educados por los mismos padres... exactamente en el mismo ambiente. ¿No podrían desarrollar psicosis paralelas?

Tony se rascó la barbilla.

—Quizá. Me acuerdo...

—¿De qué?

—En la Universidad, seguí un curso de psicología anormal, como parte de un programa de estudios sobre criminalidad avanzada —explicó Tony—. Trataban de enseñarnos cómo reconocer, y tratar, diferentes tipos de psicópatas. La idea era buena. Si un policía puede identificar el tipo específico de la enfermedad mental en el primer encuentro con una persona irracional, y tiene por lo menos una mínima comprensión de cómo piensa y reacciona ese tipo de psicópata, tendrá una mayor oportunidad de manejarlo con rapidez y seguridad. Vimos muchas películas de pacientes mentales. Una de ellas era un estudio increíble de una madre y una hija, ambas esquizofrénicas paranoicas. Tenían los mismos delirios.

—¡Ahí lo tienes! —exclamó Hilary.

—Pero era un caso rarísimo.

—Y éste también.

—No estoy seguro; pero creo que era el único de ese tipo que jamás encontraron.

—Pero es posible.

—Supongo que merece tenerlo en cuenta.

—Un hermano...

Recogieron sus bocadillos y volvieron a comer, cada uno de ellos contemplando, pensativo, la comida. Súbitamente, Tony dijo:

—¡Maldición! Acabo de recordar algo que destruye la teoría del hermano.

—¿Qué?

—Supongo que leíste los periódicos del viernes y el sábado.

—No todos. Es una especie de..., no sé..., resulta algo embarazoso leer sobre una misma como víctima. Leí un artículo; me bastó.

—¿Y no te acuerdas de lo que decía?

Arrugó la frente, esforzándose por adivinar lo que trataba de decirle, y de pronto lo supo.

—Oh, sí. Bruno Frye no tenía hermanos.

—Ni hermanos, ni hermanas, ni nadie. Era el único heredero de los viñedos cuando murió su madre, el último miembro de la familia Frye, el último del linaje.

Pero Hilary no estaba dispuesta a abandonar la idea del hermano. Esa explicación era la única que justificaba los recientes y extraños acontecimientos.

Aunque no sabía cómo mantener en pie la teoría.

Terminaron de comer en silencio.

—No podemos mantenerte escondida para siempre. Y tampoco podemos quedarnos sentados tan tranquilos esperando a que te encuentre.

—No me gusta la idea de ser el cebo en una trampa.

—En todo caso, la respuesta no está aquí, en Los Ángeles.

—Estaba pensando lo mismo.

—Tenemos que ir a Santa Helena.

—Y hablar con el sheriff Laurenski.

—Con Laurenski y con cualquiera que conociera a Frye.

—Pero necesitaremos varios días —objetó Hilary.

—Como ya te he dicho, tengo disponibles algunos días de vacaciones y permiso por enfermedad. Unas semanas en total. Y, por primera vez en mi vida, no estoy especialmente ansioso de volver al trabajo.

—Muy bien. ¿Cuándo nos vamos?

—Cuanto antes mejor.

—Pero no hoy. Estamos los dos demasiado cansados. Necesitamos dormir. Además, quiero dejar tus cuadros con Wyant Stevens. Tengo que conseguir que un perito de seguros ponga precio al desastre de mi casa y he de decir a mi servicio de limpieza que arreglen todo durante mi ausencia. Y aunque no vaya a hablar con la gente de «Warner Brothers» esta semana sobre *La hora del lobo*, deberé por lo menos excusarme... o explicar a Wally Topelis lo que debe decir en mi nombre.

—Yo he de escribir un informe sobre el tiroteo. Tenía que haberlo hecho esta mañana. Y me necesitarán para la investigación, claro.

Siempre hay una investigación cuando matan a un policía... o cuando éste mata a alguien. Pero no deben de haberla programado para antes de la semana próxima. Si fuera así, probablemente podré hacer que la retrasen.

—¿Cuándo salimos, pues, para Santa Helena?

—Mañana. El entierro de Frank es a las nueve. Quiero asistir. Así que veamos si hay algún vuelo que salga a mediodía.

—Me parece bien.

—Tenemos mucho que hacer. Debemos empezar a movernos.

—Otra cosa: creo que esta noche no deberíamos dormir en tu casa —dijo Hilary.

Tony tendió la mano por encima de la mesa y oprimió la de ella.

—Estoy seguro de que no puede llegar allí. Si lo intentara, me tienes a mí, y a mi revólver de ordenanza. Puede estar construido como Mr. Universo, pero un arma subsana esa diferencia.

—No —protestó moviendo la cabeza—. Puede que saliera bien. Pero yo no podría dormir allí, Tony. Me pasaría toda la noche despierta, escuchando ruidos en puertas y ventanas.

—¿Dónde quieres quedarte?

—Después de terminar nuestras cosas, por la tarde, preparemos el equipaje, dejemos tu apartamento, asegurándonos de que no nos siguen, y vayamos a un hotel cerca del aeropuerto.

Tony le estrechó la mano.

—Está bien, si eso te hace sentirte mejor.

—Así será.

—Me figuro que es mejor ponerse a salvo que lamentarlo.

El martes por la tarde, a las cuatro y diez, en Santa Helena, Joshua Rhinehart dejó el teléfono de su despacho y se recostó en el sillón satisfecho de sí. Había conseguido mucho en los dos días pasados. Ahora giró para mirar por la ventana a las montañas lejanas y a los cercanos viñedos.

Había pasado casi todo el lunes en el teléfono, hablando con los banqueros, agentes de Bolsa y consejeros financieros de Bruno Frye. Sostuvo discusiones interminables sobre cómo manejar los bienes hasta que la herencia fuera liquidada, y hubo más de un pequeño debate sobre el modo más provechoso de disponer del capital cuando llegara el momento. Había sido un trabajo largo y tedioso, porque encontró cantidad de cuentas de ahorro de diferentes tipos, en varios Bancos, más inversiones en valores, una nutrida cartera de valores inmobiliarios y muchísimas cosas.

Joshua pasó el martes por la mañana y buena parte de la tarde arreglando por teléfono que algunos de los mejores y respetados tasadores de arte de California viajaran a Santa Helena, a fin de catalogar y valorar las variadas y extensas colecciones que la familia Frye había acumulado en seis o siete décadas. Leo, el patriarca, el padre de Katherine, muerto hacía cuarenta años, había empezado sencillamente, fascinado por los grifos o espitas de madera, de talla complicada, de los que se emplean en barriles de cerveza o vino en ciertos países europeos. La mayoría de ellos tenían forma de cabezas con la boca abierta, riendo, llorando, gritando o rugiendo; cabezas de demonios, ángeles, payasos, lobos, elfos, hadas, brujas, gnomos y otras criaturas. En el momento de su muerte, Leo tenía más de dos mil grifos. Katherine había compartido el interés coleccionista de su padre mientras vivió. Después de su muerte, ella había hecho del coleccionismo el foco central de su vida. Su interés por la adquisición de cosas bellas se transformó en pasión, y la pasión, con el tiempo, degeneró en manía. Joshua se acordaba de cómo brillaban sus ojos y cómo hablaba hasta perder el aliento cada vez que le mostraba una nueva adquisición; él se daba cuenta de que había algo enfermizo en su obsesión por llenar cada habitación y armario y cajón con cosas preciosas; pero, claro, a los ricos siempre se les permitían excentricidades y manías, siempre y cuando no causaran perjuicios a los demás. Compró cajas de esmalte, paisajes de principios de siglo, cristal de Lalique, lámparas y ventanas de vidrios de colores, medallones de camafeo y muchísimas otras cosas, no tanto porque eran excelentes inversiones (y lo eran) sino porque las quería, las necesitaba, como el drogadicto necesita pincharse. Abarrotó su enorme casa con esas colecciones, pasando horas incontables limpiando, puliendo y cuidándolo todo. Bruno continuó la compra casi demencial, y ahora, ambas casas, la que Leo edificó en 1918 y la que se hizo construir Bruno cinco años atrás, estaban rebosando de tesoros. El martes, Joshua llamó a galerías de arte y prestigiosas casas de subastas en San Francisco y en Los Ángeles, y todos estaban ansiosos de mandar a sus tasadores, porque podían ganarse jugosas comisiones en la venta de las colecciones Frye. Dos hombres de San Francisco y otros dos de Los Ángeles iban a llegar el sábado por la mañana; y Joshua, seguro de que tardarían varios días en catalogar los tesoros de Frye, había hecho reservas en un Hostal de la localidad.

El martes por la tarde, a las cuatro y diez, empezaba a sentir que había dominado la situación y, por primera vez desde que se le informó de la muerte de Bruno, comenzaba a obsesionarle la idea de cuánto tardaría en cumplir su obligación de albacea. En un principio, le preocupó pensar que la herencia sería tan complicada que se vería embarcado durante años o, como mínimo, varios meses. Pero ahora que había releído el testamento, que él mismo redactó cinco años atrás, y ahora que había descubierto cómo los hábiles asesores financieros habían manejado al hombre, confiaba en que todo podría resolverse en cuestión de semanas. Su trabajo se veía facilitado por tres factores que pocas veces se presentan en las liquidaciones de testamentarías de muchos millones de dólares: Primero, no había parientes vivos que discutieran el testamento o crearan problemas de otro tipo; segundo, lo que quedara, después de pagar los impuestos, iba a una sola institución benéfica, claramente mencionada en el testamento; tercero, para un hombre de tal fortuna, Bruno Frye había hecho simples inversiones, dejando al albacea un balance razonablemente claro, de saldos a favor y en contra. En tres semanas podía dejarlo listo. Cuatro, como mucho.

Desde la muerte de su esposa Cora, tres años atrás, Joshua tenía clara consciencia de la brevedad de la vida, y vigilaba celosamente su tiempo. No quería malgastar ni un día precioso, y sentía que cada minuto pasado en la testamentaría de Bruno Frye era un minuto perdido. Naturalmente recibiría enormes honorarios por sus servicios legales; pero ya tenía todo el dinero que podía necesitar. Poseía propiedades importantes en el valle, incluyendo varios centenares de hectáreas de viñedos de primera calidad, que él mismo administraba y que proporcionaba uvas a las dos grandes bodegas que nunca tenían suficiente. Pensó, por un instante, en pedir a los tribunales que le relevaran de sus deberes; uno de los Bancos de Frye se habría ocupado con gran placer. También había pensado ceder el trabajo a Ken Gavins y Roy Genelli, los dos inteligentes abogados que había acogido como socios, siete años atrás. Pero su fuerte sentido de lealtad le había impedido tomar el camino más fácil. Porque Katherine Frye le había dado su oportunidad treinta y cinco años antes, sentía que le debía todo el tiempo que le requiriera presidir la digna y ordenada disolución del imperio de la familia Frye.

Tres semanas.

Entonces podría dedicar más tiempo a las cosas que le gustaban: leer buenos libros, nadar, volar en el nuevo avión que se había comprado, aprender a cocinar nuevos platos y permitirse alguna que otra escapada a Reno. Ken y Roy llevaban la mayoría de los negocios legales, y lo estaban haciendo muy bien. Joshua no estaba del todo retirado, pero se hallaba en el mismo borde, con las piernas colgando en una gran piscina de tiempo libre que deseaba haber encontrado y disfrutado cuando Cora vivía aún.

A las cuatro y veinte, satisfecho de sus progresos en la herencia Frye, calmado por la vista magnífica del valle otoñal desde su ventana, se levantó y pasó al área de recepción. Karen Farr tecleaba como loca en una «IBM Selectric II», que hubiera respondido igual de bien a un tacto más suave. Era una muchacha menuda, pálida, de ojos azules y voz dulce, pero atacaba cualquier tarea con energía y demostraba gran resistencia.

—Voy a invitarme a un whisky temprano —le dijo Joshua—. Cuando llame gente y pregunte por mí, dígales que estoy borracho perdido y no puedo ponerme al teléfono.

—Y todos dirán: «Vaya. ¿Otra vez?»

Joshua se echó a reír.

—Eres una joven bonita y encantadora, Miss Farr. Con una mente y una lengua deliciosamente rápida para tu pequeño pedazo de mujer.

—Cuánta palabrería para un hombre que ni siquiera es irlandés. Vaya a tomarse su whisky. Mantendré a las hordas alejadas.

De nuevo en su despacho, abrió el bar, puso hielo en un vaso y añadió una generosa medida de «Jack Daniels» etiqueta negra. No había tenido tiempo de tomar más que dos sorbos cuando alguien llamó a la puerta del despacho.

—Adelante.

Karen abrió la puerta.

—Hay una llamada...

—Creí que iba a tomar mi whisky en paz.

—No sea gruñón.

—Forma parte de mi imagen.

—Le dije que no estaba; pero luego, cuando oí lo que quería, pensé que era mejor que le hablara usted. Es fantástico.

—¿Quién es?

—Un tal Mr. Preston del «First Pacific United Bank» de San Francisco. Es acerca de la herencia Frye.

—¿Y qué es lo fantástico?

—Mejor que se lo cuente él.

—Está bien —suspiró Joshua.

—Lo tiene en la línea dos.

Joshua fue a su mesa, se sentó, levantó el teléfono y dijo:

—Buenas tardes, Mr. Preston.

—¿Mr. Rhinehart?

—Al habla. ¿Qué puedo hacer por usted?

—La oficina de «Shade Tree Vineyards» me informa de que es usted el albacea de la herencia Frye.

—En efecto.

—¿Sabía usted que el señor Bruno Frye tenía cuentas en nuestra oficina central, aquí, en San Francisco?

—¿En el «First Pacific United»? No, no estaba enterado.

—Una cuenta de ahorros, una cuenta corriente y una caja de depósito —explicó Mr. Preston.

—Tenía varias cuentas en distintos Bancos. Guardaba una lista. Pero su Banco no estaba en ella. Y no he encontrado ninguna libreta ni cheques cancelados de su Banco.

—Me lo temía.

—No lo comprendo —dijo Joshua ceñudo—. ¿Hay algún problema con sus cuentas en «Pacific United»?

Preston titubeó y al fin preguntó:

—Mr. Rhinehart, ¿tenía algún hermano Bruno Frye?

—No. ¿Por qué lo pregunta?

—¿Empleaba alguna vez un doble?

—¿Cómo dice?

—Que si alguna vez necesitó un doble, alguien que pudiera pasar por él sin llamar la atención.

—¿Me está tomando el pelo, Mr. Preston?

—Ya sé que es una pregunta extraña. Pero Mr. Frye era un hombre rico. Hoy en día, con tanto terrorismo y todo tipo de locos sueltos, la gente rica muchas veces tiene que contratar guardaespaldas... y a veces..., no con frecuencia, confieso que es peculiar, pero en casos especiales... incluso encuentran necesario emplear dobles por razones de seguridad.

—Con el debido respeto por su bella ciudad, déjeme que le señale que Mr. Frye vivía aquí, en Napa Valley, no en San Francisco. Aquí no se dan estos tipos de crímenes. Tenemos un estilo de vida diferente del que usted... disfruta. Mr. Frye no necesitaba un doble y por supuesto no lo tenía. Mr. Preston, ¿qué diablos es todo esto?

—Hemos descubierto que Mr. Frye fue muerto el pasado jueves.

—¿Y qué?

—En opinión de nuestros abogados, el Banco no puede considerarse responsable.

—¿De qué? —preguntó Joshua impaciente.

—Como albacea testamentario, era su deber informarnos de que nuestro cliente había muerto. Hasta recibir la noticia, o enterarnos por terceros, por decirlo así, no teníamos la menor razón para congelar la cuenta.

—Lo comprendo. —Derrumbado en su sillón, contemplando entristecido el vaso que tenía en la mano, temiendo que Preston estaba a punto de contarle algo que turbaría su rosada complacencia, Joshua decidió que un poco de astuta aspereza podía agilizar la conversación, y dijo—: Mr. Preston, sé que en un Banco el negocio se lleva despacio y con cautela, lo que es apropiado para una institución que maneja el dinero penosamente ganado por otros. Pero quisiera que llegara al grano rápidamente.

—El jueves pasado, media hora antes de que cerráramos, unas pocas horas *después* de que Mr. Frye fuera muerto en Los Ángeles, un hombre parecido a Mr. Frye entró en nuestra oficina central. Llevaba cheques personalizados de Mr. Frye. Llenó uno de ellos para retirar efectivo, reduciendo la cuenta a cien dólares.

Joshua se incorporó.

—¿Cuánto retiró?

—Seis mil de una vez.

—¡Oh!

—Después presentó su libreta de ahorros y retiró todo menos quinientos dólares.

—¿Y cuánto fue esta vez?

—Doce mil.

—¿Dieciocho mil dólares en total?

—Sí, más lo que pudo sacar de su caja de depósito.

—¿También la visitó?

—Sí. Pero, claro, no sabemos lo que pudo haber retirado de ella —explicó Preston, aunque añadió esperanzado—: A lo mejor nada.

Joshua estaba asombrado.

—¿Cómo pudo su Banco entregar tal cantidad en efectivo sin exigir identificación?

—Se le exigió. Y debe tener en cuenta que parecía ser Mr. Frye. En los últimos cinco años, Mr. Frye ha pasado por el Banco dos o tres veces cada mes; y cada vez depositaba dos mil dólares en las cuentas. Eso hacía que se fijaran en él. El personal lo recordaba. El jueves pasado, nuestra cajera le reconoció y no tenía motivos para sentir sospechas, especialmente con sus cheques personales y su libreta de ahorros y...

—Eso no es identificación... —protestó Joshua.

—La cajera le pidió su documento de identidad, aunque le había reconocido. Es así como obramos cuando se trata de cantidades importantes, y actuó de acuerdo con nuestro sistema. El hombre le mostró su permiso de conducir vigente, de California, con su fotografía, a nombre de Bruno Frye. Le aseguro, Mr. Rhinehart, que el «First Pacific United» no actuó de forma irresponsable en este asunto.

—¿Tiene previsto investigar a la cajera? —preguntó Joshua.

—Ya se ha iniciado la investigación.

—Me complace saberlo.

—Pero estoy seguro de que no nos conducirá a nada. Es una de nuestras mejores empleadas. Lleva con nosotros más de dieciséis años.

—¿Es la misma persona que le dejó llegar hasta la caja de depósito?

—No. Ésa fue otra empleada. También la estamos investigando.

—Esto es algo gravísimo.

—No tiene que decírmelo —murmuró Preston abrumado—. En todos mis años de banquero, jamás me había ocurrido. Antes de telefonearle, lo he notificado a las autoridades, a los delegados bancarios estatales y federales, y a los abogados del «First Pacific United».

—Creo que yo debería ir mañana y charlar con su gente.

—Hágalo, por favor.

—¿Le parece a las diez?

—Cuando sea más conveniente para usted —se apresuró a ofrecer Preston—. Estaré todo el día a su disposición.

—Entonces, dejémoslo para las diez.

—No sabe cuánto lo siento. Naturalmente, la pérdida quedará cubierta por el seguro federal.

—Excepto por el contenido de la caja. Ningún seguro puede cubrir esta pérdida. —Ésta era la parte que más agobiaba a Preston y ambos lo sabían—. La caja pudo haber contenido más que el valor de la cuenta corriente y la de ahorros combinadas.

—O podía estar vacía —se apresuró a sugerir Preston.

—Nos veremos mañana por la mañana.

Joshua colgó y se quedó contemplando el teléfono.

Al fin, se dedicó a su whisky.

¿Un doble de Bruno Frye? ¿Un cómplice?

De pronto recordó la luz que había creído ver en la casa de Bruno a las tres de la mañana del lunes. La había visto cuando se iba del cuarto de baño a la cama; pero cuando se puso las gafas, ya no estaba. Creyó que los ojos le habían jugado una mala pasada. Quizá la luz había sido real. Pero a la mejor el hombre que limpió las cuentas del «Pacific United» estuvo en la casa de Bruno buscando algo.

Joshua había estado el día anterior en la casa, echó un rápido vistazo para asegurarse de que todo estaba como tenía que estar, y no vio nada fuera de lo corriente.

¿Por qué había mantenido secretas las cuentas bancarias en San Francisco?

¿Habría un cómplice, un doble?

¿Quién? ¿Por qué?

¡Maldición!

Era evidente que la disposición completa y final de la herencia Frye no iba a ser una tarea tan rápida y fácil como había pensado.

A las seis de la tarde del martes, cuando Tony metió el jeep en la calle donde estaba su apartamento, Hilary se sintió más despierta de lo que había estado durante todo el día. Había penetrado en aquel estado flotante de rasposa alerta visual que ocurre cuando uno no ha dormido durante un día y medio. De pronto, el cuerpo y la mente deciden sacar el mejor partido posible de la obligada consciencia y, por algún truco químico, la carne y el espíritu se renuevan. Dejó de bostezar. Su visión, que había estado borrosa, se aclaró de pronto. El cansancio agotador retrocedió. Pero sabía que sólo sería un alivio fugaz de su postración. Dentro de una hora o dos, aquella sorprendente viveza cedería de pronto de forma inevitable, y se derrumbaría de modo semejante al desplome de la energía después de una dosis de anfetamina, y a continuación se quedaría tan vacía que no podría ni tenerse en pie.

Tony y ella se habían ocupado con éxito de todo lo que necesitaban ocuparse... El ajuste del seguro, el servicio de limpieza de la casa, los informes policiales y todo lo demás. Lo único que no había salido bien fue la parada en la Galería de Wyant Stevens, en Beverly Hills. Ni Wyant ni su ayudante estaban allí, y la joven y regordeta encargada se mostró reacia a hacerse cargo de las pinturas de Tony. Rehuía la responsabilidad; pero Hilary la convenció de que no la demandaría si una de las telas se manchaba o estropeaba por cualquier motivo involuntario. Hilary había escrito una nota a Wyant, dándole datos sobre el artista, y después Tony y ella habían ido a la oficina de Topelis y Asociados, para rogar a Wally que se excusara con «Warner Brothers». Con esto dejaban todo arreglado. Al día siguiente, después del entierro de Frank Howard, cogerían el vuelo de las once cincuenta y cinco, que les llevaría a San Francisco a tiempo de trasladarse y tomar el avión que les llevaría a Napa.

Y luego un coche de alquiler hasta Santa Helena.

Y luego estarían ya en la tierra natal de Bruno Frye.

Y luego... ¿qué?

Tony aparcó el jeep y apagó el motor.

—Se me ha olvidado preguntarte si pudiste encontrar una habitación en un hotel —preguntó Hilary.

—La secretaria de Wally me hizo la reserva mientras él y tú hablabais en su despacho.

—¿En el aeropuerto?

—Sí.

—¿Nada de camas dobles?

—No, una grande.

—Bien. Quiero que me abraces mientras me pierdo en el sueño.

Tony se inclinó y la besó.

Tardaron veinte minutos en preparar dos maletas para él y en bajar sus cuatro bultos al jeep. Durante todo este tiempo, Hilary estuvo nerviosísima esperando ver saltar a Frye de una sombra o aparecer en un rincón, riéndose.

Pero no apareció.

Fueron al aeropuerto por un camino secundario lleno de vueltas y más vueltas. Hilary vigilaba los coches que iban detrás.

Nadie les siguió.

Llegaron al hotel a las siete y media. Con una caballerosidad anticuada que divirtió a Hilary, Tony los inscribió como marido y mujer.

Su habitación estaba en el piso octavo. Era una estancia tranquila, decorada en tonos verde y azul.

Cuando el botones los dejó, se quedaron junto a la cama, abrazados por unos minutos, compartiendo en silencio el cansancio y la poca energía que les quedaba.

Ninguno de los dos se sintió capaz de bajar a cenar. Encargaron algo al servicio de habitaciones y les dijeron que tardarían una media hora.

Se ducharon juntos. Se enjabonaron y se aclararon complacidos; pero con un placer que no era sexual. Se hallaban demasiado agotados para la pasión. El baño compartido era, por encima de todo, relajante, tierno, cariñoso.

Comieron emparedados y patatas fritas.

Bebieron media botella de «Gamay» rosado, de Robert Mondavi.

Sólo hablaron un poquito.

Cubrieron una lámpara con una toalla de baño y dejaron la luz encendida durante la noche; por segunda vez en su vida, Hilary tenía miedo de dormir a oscuras.

Durmieron.

Ocho horas después, a las cinco y media de la mañana, despertó de una pesadilla en la que Earl y Emma habían resucitado, como Bruno Frye. Y los tres la perseguían por un corredor que se iba estrechando más y más y más...

No pudo volver a conciliar el sueño. Yacía en el vago resplandor ambarino de la inventada luz nocturna y contemplaba cómo Tony dormía.

A las seis y media, él despertó, se volvió hacia Hilary, parpadeó, le acarició el rostro y el pecho. E hicieron el amor. Por un rato, se olvidó de Bruno Frye; pero después, mientras se vestían para ir al entierro de Frank, el pánico volvió a adueñarse de ella.

—¿Estás convencido de que debemos ir a Santa Helena?

—Tenemos que hacerlo —le aseguró Tony.

—¿Pero qué nos ocurrirá una vez allí?

—Nada. Estaremos bien.

—No confío mucho en ello.

—Descubriremos lo que está pasando.

—Precisamente —murmuró inquieta—. Tengo la impresión de que sería mejor no saber nada.

Katherine se había ido.

La maldita perra se había ido.

La perra se había escondido.

Bruno había despertado en su furgoneta «Dodge» azul, a las seis y media de la tarde del martes, turbado su sueño por aquellas pesadillas que nunca acababa de recordar, amenazado por susurros sin palabras. Algo se arrastraba por encima de él, por sus brazos, su cara y su cabello, incluso por debajo de sus ropas, tratando de penetrar en su cuerpo, tratando de escurrírsele dentro por las orejas, boca y nariz, algo en extremo repugnante y maligno. Chilló y se arañó como un loco hasta descubrir al fin dónde estaba; entonces, los diabólicos susurros fueron cesando poco a poco y el intruso imaginario huyó reptando. Por unos minutos, se enroscó en apretada postura fetal y lloró aliviado.

Una hora más tarde, después de comer algo en «MacDonald's», había ido a Westwood. Pasó ante su casa media docena de veces; luego aparcó en su calle, en una zona de sombra entre dos farolas. Vigiló la casa toda la noche.

Se había ido.

Llevaba las bolsitas llenas de ajos, las afiladas estacas de madera, el crucifijo y la botella de agua bendita. También llevaba dos cuchillos afiladísimos y un hacha de leñador para poder cortarle la cabeza. Tenía el valor, la voluntad y la determinación.

Pero ella se había ido.

Cuando empezó a darse cuenta de que se le había escapado y podía tardar en regresar días o semanas, se enfureció. La maldijo y lloró de frustración.

Después, poco a poco, logró controlarse. Se dijo que no todo estaba perdido. La encontraría.

Antes, la había encontrado infinidad de veces.

CAPÍTULO 6

El miércoles por la mañana Joshua Rhinehart emprendió el corto vuelo a San Francisco en su propio «Cessna Turbo Skylane RG». Era una delicia de avión con una velocidad de crucero de ciento sesenta y tres nudos y un alcance de más de mil quinientos kilómetros.

Había empezado a tomar clases de vuelo hacía tres años, poco después de la muerte de Cora. Durante gran parte de su vida había soñado con ser piloto; pero nunca encontró tiempo para aprender, hasta que cumplió cincuenta y ocho años. Cuando Cora fue arrebatada de su lado de forma tan inesperada, vio que era un imbécil, un imbécil que creía que la muerte era una desgracia que sólo caía sobre otra gente. Había pasado su vida como si poseyera inacabables reservas de ella, como si pudiera gastar y gastar, vivir y vivir, para siempre. Pensó que disponía de todo el tiempo del mundo para llevar a cabo aquellos soñados viajes a Europa y a Oriente, todo el tiempo del mundo para descansar y viajar y divertirse; por consiguiente, siempre iba aplazando los cruceros y las vacaciones, las retrasaba hasta que su despacho de abogado quedara bien cimentado, y hasta que las hipotecas sobre sus adquisiciones de terrenos estuvieran pagadas, y después hasta que su negocio de viñedos rindiera en firme, y luego... Y entonces, a Cora se le acabó el tiempo. La añoraba con desesperación, y todavía sentía remordimiento cuando pensaba en todas las cosas que había ido aplazando demasiado. Cora y él habían sido muy felices; en muchos aspectos habían disfrutado juntos de una vida buena en extremo, una vida excelente desde todos los puntos de vista. Jamás habían carecido de nada... ni comida, ni techo, ni de una buena ración de lujos. Siempre dispusieron de dinero suficiente. Pero nunca de suficiente tiempo. No podía dejar de pensar en lo que pudo haber sido. No podía devolver a Cora a la vida; pero, al menos, estaba decidido a poner las manos sobre todo el gozo que pudiera en lo que le quedaba de vida. Porque nunca había sido gregario y porque sentía que nueve de cada diez personas eran dolorosamente ignorantes o malas, incluso ambas cosas; la mayor parte de su placer se cifraba en aficiones solitarias; no obstante, y pese a su preferencia por la soledad, todas aquellas satisfacciones eran menos intensas de lo que hubieran sido de haber podido compartirlas con Cora. Volar era una de las pocas excepciones a la regla. En su «Cessna», muy alto por encima de la tierra, se sentía como liberado de todas las trabas, no sólo de la sujeción a la ley de la gravedad, sino de las cadenas de nostalgia y remordimiento.

Refrescado y revigorizado por el vuelo, Joshua aterrizó en San Francisco poco después de las nueve. No había transcurrido una hora cuando se encontraba en el «First Pacific United Bank», estrechando la mano de Mr. Ronald Preston, con el que había hablado por teléfono el martes por la tarde.

Preston era vicepresidente del Banco y tenía un despacho suntuoso. El tapizado era de piel auténtica y la madera de teca bruñida. Era un despacho acolchado, lustroso, rico.

Por el contrario, Preston era alto y flaco; parecía frágil y quebradizo. Estaba muy tostado por el sol y su bigotito se hallaba perfectamente recortado. Hablaba demasiado de prisa, y sus manos saltaban en gestos rápidos, una tras otra, como una máquina en pleno cortocircuito desprende chispas. Se hallaba muy nervioso.

También era eficiente. Había preparado un informe detallado sobre las cuentas de Bruno Frye, dedicando varias páginas a cada uno de los cinco años que éste había trabajado con el «First Pacific United». El informe contenía una lista de los depósitos y del dinero retirado, otra lista de las fechas en que Frye había visitado su caja de depósito, fotocopias del movimiento mensual de sus cuentas, sacadas del archivo de microfilmes, y copias de cada cheque extendido sobre la cuenta.

—A primera vista —explicó Preston— podría parecer que no le he dado copias de todos los cheques que extendió Mr. Frye. Pero permítame que le asegure que lo he hecho. Lo que ocurre es que no hubo muchos. Entraba y salía mucho dinero de esta cuenta; pero, durante los primeros tres años y medio, Mr. Frye sólo extendía dos cheques por mes. Este último año y medio han sido tres cheques cada mes, y siempre al mismo destinatario.

Joshua no se molestó en abrir la carpeta.

—Lo repasaré más tarde. Ahora mismo, lo que quiero es interrogar a la cajera que entregó el dinero de la cuenta corriente y de la de ahorros.

Había una mesa de conferencias, redonda, en un extremo de la estancia.

Seis cómodas butacas, tapizadas, estaban distribuidas a su alrededor. Éste fue el lugar elegido por Joshua para su interrogatorio.

Cinthya Willis, la cajera, era una mujer de color, cercana a la cuarentena, segura de sí y bastante atractiva. Llevaba una falda azul y una impecable blusa blanca; llevaba el cabello perfectamente arreglado y las uñas bien recortadas y pulidas. Su porte era una mezcla de orgullo y gracia, y se sentó muy erguida cuando Joshua le indicó la butaca frente a él.

Preston siguió ante su mesa, silencioso e inquieto.

Joshua abrió el sobre que había traído y sacó de él quince fotografías de gente que vivía o había vivido en Santa Helena. Las extendió encima de la mesa y dijo:

—Miss Willis...

—Mrs. Willis —le corrigió.

—Perdóneme. Mrs. Willis, quiero que mire cada una de estas fotografías y me diga cuál es la de Bruno Frye. Pero sólo después de haberlas contemplado todas.

Las examinó en un minuto y separó dos:

—Ambas son de él.

—¿Está segura?

—Por completo. No ha sido una gran prueba. Las otras trece no se le parecen nada.

Había hecho un trabajo excelente, mucho mejor de lo que él había esperado. Muchas de las fotografías eran borrosas, y algunas tomadas con muy mala luz. Joshua utilizaba a sabiendas fotografías deficientes para hacer más difícil la identificación; pero Mrs. Willis no vaciló. Y aunque dijo que las otras trece no se parecían a Frye, algunas sí se le parecían un poco. Joshua había elegido gente que recordara a Frye, por lo menos cuando la cámara enfocaba mal; pero este truco no había engañado a Cinthya Willis; ni tampoco la trampa de incluir dos fotografías de Frye, dos cabezas, muy distintas una de otra.

Golpeando las dos fotos con el índice, Mrs. Willis dijo:

—Éste es el hombre que vino al Banco el jueves pasado por la tarde.

—El jueves por la mañana —aclaró Joshua— lo mataron en Los Ángeles.

—No lo creo —dijo con firmeza—. Tiene que haber algún error.

—Vi su cuerpo —insistió Joshua—. Lo enterramos en Santa Helena el pasado domingo.

—Entonces han enterrado a alguien que no era él. —Meneó la cabeza con gesto negativo—. Han enterrado a otro hombre.

—Conocía a Bruno Frye desde que tenía cinco años —porfió Joshua—. No podía equivocarme.

—Y yo sé lo que vi —declaró Mrs. Willis, correcta pero obstinada. No miró a Preston. Tenía demasiado orgullo para adaptar sus respuestas a sus requerimientos. Ella sabía que era una trabajadora eficiente y no le tenía miedo a su jefe. Estirándose aún más de lo que estaba, dijo:

—Mr. Preston tiene derecho a su opinión; pero después de todo, no vio al hombre. Yo sí. Era Mr. Frye. En los últimos cinco años ha estado viniendo al Banco dos o tres veces al mes. Siempre hace un depósito por lo menos de dos mil dólares en su cuenta corriente, a veces hasta tres mil dólares; pero siempre en efectivo. Dinero contante y sonante. No es corriente. Sólo por eso ya había que fijarse en él. Y, además, por su aspecto, con toda esa musculatura y...

—Pero no siempre haría sus depósitos en su ventanilla.

—No siempre —admitió—. Pero sí la mayor parte de las veces. Y yo juro que fue él quien retiró ese dinero el jueves. Si lo conoció bien, Mr. Rhinehart, debe saber que no hacía falta verlo para tener la seguridad de que era él. Lo habría reconocido con los ojos vendados por su extraña voz.

—Una voz puede imitarse —observó Preston, entrando por primera vez en la conversación.

—No ésa —declaró Mrs. Willis.

—Podría imitarse —corroboró Joshua—, pero no sería fácil.

—Y los ojos —prosiguió Mrs. Willis—. Eran casi tan extraños como su voz.

Intrigado por la observación, Joshua se inclinó hacia ella y preguntó:

—¿Qué tenían sus ojos?

—Eran fríos. Y no sólo por su color gris azulado. Eran ojos muy fríos, duros. Y la mayor parte del tiempo parecía ser incapaz de mirarte directamente. Sus ojos se desviaban, como si temiera que se leyeran sus pensamientos o algo. Pero también, todas las veces que, de tarde en tarde, te miraba con fijeza, aquellos ojos daban la sensación de que uno estaba mirando a..., bueno..., a alguien que no estaba del todo bien de la cabeza.

Preston, siempre un banquero diplomático, se apresuró a decir:

—Mrs. Willis, estoy seguro de que Mr. Rhinehart desea que se atenga a los datos objetivos del caso. Si incluye sus opiniones personales sólo servirán para oscurecer el resultado y hacer su trabajo más difícil.

Mrs. Willis meneó la cabeza.

—Lo único que sé es que el hombre que estuvo aquí el pasado jueves tenía estos mismos ojos.

A Joshua le impresionó la observación porque, también él, había pensado con frecuencia que los ojos de Bruno revelaban un alma atormentada. En las pupilas de aquel hombre había una mirada de miedo, una mirada obsesionada..., pero también una maldad glacial dura, que Cinthya Willis había notado.

Durante treinta minutos más, Joshua la interrogó acerca de una serie de cosas; entre ellas detalles sobre el hombre que había retirado el dinero de Frye, el sistema habitual que seguía cuando se retiraban grandes cantidades en efectivo, el método seguido el pasado jueves, la naturaleza del documento de identidad que el impostor había mostrado; la vida doméstica de la interrogada, su marido, sus hijos, el expediente de su empleo, su situación económica actual y otra media docena de cosas más. Fue duro con ella, incluso desagradable cuando creía que eso ayudaría a su causa. Desesperado ante la idea de las semanas extra que tendría que dedicar a la herencia Frye por culpa de este nuevo incidente, ansioso por encontrar una rápida solución al misterio, buscaba un motivo para acusarla de complicidad en el saqueo de las cuentas de Frye; pero al final no encontró nada. En verdad, cuando dejó de interrogarla descubrió que le gustaba mucho y que confiaba en ella. Incluso llegó al extremo de excusarse por sus modales bruscos y a veces incisivos, lo cual era muy raro en él.

Después de que Mrs. Willis volvió a su jaula de cajera, Roland Preston hizo pasar a Jane Symmons. Se trataba de la mujer que había acompañado al sosia de Frye al sótano, a las cajas de depósito. Era una pelirroja de ojos verdes, nariz respingona y carácter quisquilloso. Su voz quejumbrosa y sus respuestas petulantes despertaron los peores instintos de Joshua; pero, cuanto más pesado se ponía, más se picaba ella. No encontró a Jane Symmons tan equilibrada como Cinthya Willis, y no le gustó tanto como la negra. Y no le pidió perdón. Pero estaba seguro de que era sincera como Mrs. Willis, por lo menos en aquel asunto.

Cuando Jane Symmons salió del despacho, Preston preguntó:

—Bien. ¿Qué piensa?

—Que no es probable que ninguna de las dos haya tenido que ver con la estafa.

Preston sintió alivio, pero trató de disimularlo.

—Ésa es también nuestra opinión.

—Pero el hombre que se hace pasar por Frye debe de tener un asombroso parecido con él.

—Miss Symmons es una joven muy astuta. Si dice que era igual a Frye es que el parecido debe de ser en verdad asombroso.

—Miss Symmons es una pesada de lo más correoso —protestó Joshua—. Si fuera el único testigo, me sentiría perdido.

Preston parpadeó sorprendido.

—No obstante —continuó Joshua—, su Mrs. Willis es una aguda observadora. Y lista como un demonio. Gran confianza en sí misma sin afectación. Si yo estuviera en el lugar de usted, la ascendería a algo más que cajera.

Preston carraspeó.

—Bueno... ¿Y ahora qué?

—Quiero ver el contenido de la caja de depósito.

—Supongo que no tendrá la llave.

—No. Todavía no ha vuelto de entre los muertos para entregármela.

—Pensé que podía haberla hallado entre sus cosas desde que hablé con usted, ayer.

—¿Pero cómo la conseguiría? —se preguntó Preston—. Si se la entregó Mr. Frye, esto cambia las cosas. Modificaría la posición del Banco. Si Mr. Frye conspiró con un doble para retirar fondos...

—Mr. Frye no podía conspirar. Estaba muerto. ¿Vamos a ver ahora lo que hay en la caja?

—Sin las dos llaves, habrá que descerrajarla.

—Por favor, que lo hagan —dijo Joshua.

Treinta y cinco minutos después, Joshua y Preston se encontraban en el segundo sótano del Banco mientras el mecánico sacaba la destrozada cerradura y, poco después, arrancó de la pared la caja entera. Se la entregó a Ronald Preston y éste se la dio a Joshua.

—Lo habitual —advirtió Preston algo envarado— sería acompañarle a uno de nuestros cubículos privados, a fin de que pudiera revisar el contenido sin ser observado. No obstante, como existe la tremenda posibilidad de que hubiera ciertos valores que han sido ilegalmente retirados, y como el Banco podría encontrarse ante un juicio por ello, debo insistir en que abra la caja en mi presencia.

—No tiene el menor derecho legal para exigir semejante cosa —objetó Joshua con acritud—. Pero no tengo la intención de fastidiar a su Banco con una reclamación judicial, así que satisfaré su curiosidad ahora mismo.

Joshua levantó la tapa de la caja. Dentro había un sobre blanco, nada más. Lo sacó. Entregó a Preston la caja de metal vacía y abrió el sobre. Extrajo de él una hoja de papel, blanca, escrita a máquina, fechada y firmada.

Era lo más extraño que Joshua había leído jamás. Parecía haber sido escrita por un hombre en pleno delirio.

Jueves, 25 de septiembre.

A quien pueda interesar:

Mi madre, Katherine Anne Frye, falleció hace cinco años, pero sigue volviendo a la vida en otros cuerpos nuevos. Ha encontrado el medio de salir de la tumba, y trata de apoderarse de mí. Vive en Los Ángeles, bajo el nombre de Hilary Thomas.

Esta mañana, me apuñaló y morí en esa ciudad. Me propongo volver allá y matarla antes de que vuelva a matarme. Porque si me mata por dos veces, me quedaré muerto. No dispongo de su magia. No puedo volver de la tumba. No si me mata por dos veces.

¡Me siento tan vacío, tan incompleto! ¡Me dio muerte y ya no soy del todo yo!

Dejo esta nota para el caso de que vuelva a ganar. Hasta que no muera por dos veces, ésta es mi pequeña guerra, mía y de nadie más. No puedo dejarme ver y pedir protección policial. Si lo hiciera, todo el mundo sabría lo que soy y quién soy. Todo el mundo sabrá lo que he estado ocultando durante toda mi vida, y entonces me matarán a pedradas. Pero si vuelve a cogerme, entonces no importará que se sepa lo que soy, porque ya estaré muerto por dos veces. Si vuelve a encontrarme, quienquiera que descubra esta carta debe cargar con la responsabilidad de atraparla.

Deben cortarle la cabeza y llenarle la boca de ajos; sacarle el corazón y atravesarlo con una estaca de madera. Entierren la cabeza y el corazón en cementerios diferentes. No es un vampiro. Pero creo que estas cosas pueden funcionar con ella. Si la matan de este modo, es posible que permanezca muerta.

Vuelve siempre de entre los muertos.

Al pie de la carta, y en tinta, había una perfecta imitación de la firma de Bruno Frye. Por supuesto, tenía que ser una imitación. Frye ya estaba muerto cuando se escribieron esas líneas.

A Joshua se le erizó el cogote; y, por alguna razón, se acordó del viernes por la noche: cuando salía de la funeraria de Avril Tannerton, al encontrarse en la noche cerrada del exterior, aquella certeza de que allí cerca había algo peligroso, presintiendo una presencia maligna en la oscuridad, algo agazapado, esperando.

—¿De qué se trata? —preguntó Preston.

Joshua le tendió la carta.

Preston la leyó y se quedó estupefacto.

—¡Pero qué diablos!

—Debió de ser depositada en la caja por el impostor que vació las cuentas —observó Joshua.

—¿Pero cómo pudo hacer tal cosa?

—Quizá sea una burla —explicó Joshua—. Pero sea quien sea el autor, es evidente que disfruta con un buen cuento de terror. Sabía que descubriríamos su saqueo de las cuentas, así que decidió, además, burlarse de nosotros.

—Pero es tan... extraño. Quiero decir, uno esperaría una nota vanagloriándose, algo que nos pudiera restregar por la cara. ¡Pero esto! No da la impresión de que sea obra de un bromista. ¡Aunque es terrorífico e insensato, parece que se expresa tan.. *en serio*!

—Si supone que no se trata sólo de una burla, ¿qué es lo que cree? ¿Está sugiriendo que Bruno Frye escribió esta carta y la metió en la caja después de morir?

—Bien..., no. Claro que no.

—¿Entonces qué?

El banquero miró la carta que aún tenía en las manos:

—Yo diría que este impostor, este hombre tan asombrosamente parecido a Mr. Frye, que habla como Mr. Frye, que lleva un permiso de conducir a nombre de Mr. Frye, este hombre que sabía que Mr. Frye tenía cuenta en el «First Pacific United»... este hombre no solamente simula ser Mr. Frye. Cree realmente *ser* Mr. Frye. —Miró a Joshua—. No puedo admitir que un vulgar ladrón, con mentalidad de bromista, compusiera semejante carta. Se trata de auténtica locura.

Joshua asintió.

—Me temo que tengo que darle la razón. ¿Pero de dónde ha salido este individuo? ¿Quién es? ¿Cuánto tiempo lleva por ahí? ¿Sabía Bruno que existía este hombre? ¿Por qué el doble de Bruno compartiría el obsesivo temor y odio hacia Katherine Frye? ¿Cómo podían ambos hombres sufrir el mismo pánico..., la creencia de que había regresado de entre los muertos? Hay millares de preguntas. Es enloquecedor.

—En efecto —asintió Preston—. Y no tengo ninguna respuesta que darle. Pero me atrevo a hacerle una sugerencia. Esa Hilary Thomas debería ser advertida de que se encuentra en grave peligro.

Después del entierro de Frank Howard, que se celebró con los mayores honores policiales, Tony e Hilary cogieron el vuelo de las once cincuenta y cinco desde Los Ángeles. Hilary se esforzó por ser agradable y divertida mientras iban hacia el Norte, porque se daba cuenta de que el sepelio había deprimido a Tony y le había traído nuevos recuerdos del tiroteo del lunes por la mañana. En un principio estaba derrumbado en su asiento, pensativo, contestándole apenas. Pero un momento después pareció notar su determinación por animarle y, quizá porque no quería que su esfuerzo pareciera despreciado, recobró su perdida sonrisa y empezó a salir de su depresión. El avión aterrizó puntual en San Francisco International Airport; pero el vuelo de las dos a Napa había sido retrasado a las tres debido a pequeños fallos técnicos.

Con tiempo sobrante almorzaron en el restaurante del aeropuerto, con una preciosa vista sobre las pistas. El café, sorprendentemente bueno, era lo único recomendable del lugar; los emparedados parecían de goma y las patatas fritas chorreaban aceite.

A medida que se acercaba la hora de su llegada a Napa, Hilary empezó a sentir miedo. Minuto a minuto se fue poniendo más aprensiva. Tony se fijó en el cambio.

—¿Qué te pasa?

—No lo sé bien. Sólo que siento..., bueno, quizás estamos obrando mal. A lo mejor vamos derechos a la guarida del león.

—Frye está en Los Ángeles. No tiene forma de saber que te vas a Santa Helena —observó Tony.

—¿Lo crees?

—¿Sigues convencida de que es sobrenatural, una mezcla de fantasma, espíritu y yo qué sé?

—No excluyo nada.

—Al final encontraremos una explicación lógica.

—La encontremos o no, yo tengo la sensación..., una premonición.

—¿Una premonición de qué?

—De que se acercan cosas peores.

Después de una comida rápida, y sin embargo excelente, en el «First Pacific United Bank» en el comedor privado de ejecutivos, Joshua Rhinehart y Ronald Preston se reunieron con diversos funcionarios federales y de la Banca estatal en el despacho del director. Los burócratas eran aburridos, mal preparados y claramente negados; pero Joshua los toleró, respondió a sus preguntas, llenó sus formularios, porque era su deber servirse del sistema de seguros federal para recuperar los fondos robados de la hacienda Frye.

Cuando se iban los burócratas, llegó Warren Sackett, un agente del FBI. Como el dinero había sido robado de una institución financiera de protección federal, el crimen entraba de lleno en la jurisdicción del FBI. Sackett, un hombre alto, de facciones acusadas, concentrado, se sentó a la mesa de juntas al lado de Preston y Joshua, y sacó el doble de información que aquel hatajo de burócratas en la mitad del tiempo que éstos habían necesitado. Informó a Joshua de que se haría una detallada información de sus movimientos como parte de la investigación; pero Joshua ya lo sabía y no tenía motivos para temerla. Sackett confirmó que Hilary Thomas podía estar en peligro y tomó la responsabilidad de informar a la Policía de Los Ángeles de la extraordinaria situación recién surgida, así que, tanto el Departamento de Policía como la oficina del FBI de Los Ángeles, debían prepararse para vigilarla.

Aunque Sackett era correcto, meticuloso y eficiente, Joshua comprendió que el FBI no iba a resolver el caso en pocos días... A menos que el impostor de Bruno Frye entrara en su oficina y confesara. Esto para ellos no era un asunto urgente. En un país plagado de grupos terroristas, de familias del crimen organizado y políticos corrompidos, los recursos del FBI no podían volcarse en un pequeño caso de dieciocho mil dólares. Era más que probable que Sackett fuera el único agente dedicado por completo a él. Empezaría despacio, investigando a todos los implicados; luego, llevaría a cabo una revisión exhaustiva de los Bancos de California del Norte, para ver si Bruno Frye tenía otras cuentas secretas. Sackett tardaría uno o dos días en ir a Santa Helena. Y, si no empezaba a hallar pistas en la primera semana, o en diez días a partir de entonces llevaría el caso en régimen de media jornada.

Cuando el agente terminó de hacer preguntas, Joshua se volvió a Preston y le dijo:

—Señor, confío en que los dieciocho mil dólares le serán entregados a corto plazo.

—Bueno... —Preston se acarició nervioso el cuidado bigotito—. Tendremos que esperar a que el CIFD apruebe la reclamación.

Joshua miró a Sackett.

—¿Me equivoco al suponer que el CIFD esperará a que usted pueda asegurarles que ni yo ni ningún beneficiario de la herencia ha conspirado para retirar esos dieciocho mil dólares?

—Podría ser —asintió Sackett—. Después de todo, éste es un caso de lo más insólito.

—Pero quizá transcurra mucho tiempo antes de que pueda darles tal seguridad —observó Joshua.

—No les haremos esperar más allá de un tiempo razonable. Como máximo tres meses.

—¡Yo que esperaba zanjar este asunto en seguida! —suspiró Joshua.

Sackett se encogió de hombros.

—Quizá no necesite tres meses. Todo podría resolverse de prisa. Nunca se sabe. Dentro de un día o dos, podría incluso descubrir a ese individuo que es un doble de Frye. Entonces podré dar luz verde al CIFD.

—Pero no cuenta con resolverlo de prisa.

—La situación es tan peculiar que no me es posible comprometerme.

—¡Maldición! —masculló Joshua.

Unos minutos más tarde, cuando Joshua cruzaba el fresco vestíbulo de suelo de mármol para salir del Banco, Mrs. Willis lo llamó. Estaba de servicio en la jaula del cajero. Se acercó a ella.

—¿Sabe lo que haría si yo estuviera en su lugar?

—¿Qué haría? —dijo Joshua.

—Lo desenterraría. Al hombre que enterraron. Sáquenlo.

—¿A Bruno Frye?

—No enterraron a Bruno Frye —se obstinó Mrs. Willis, apretó los labios y movió la cabeza de derecha a izquierda, muy seria—. No. Si hay un doble de Mr. Frye, no es el que se está paseando por ahí. El doble está bajo dos metros de tierra, con una losa de granito por sombrero. El verdadero Mr. Frye estuvo aquí el jueves. Lo juraré ante cualquier tribunal. Apostaría mi vida.

—¿Pero, si no fue Frye el que mataron en Los Ángeles, entonces dónde está ahora el verdadero Frye? ¿Por qué huye? ¿Qué es lo que está pasando? ¡En nombre de Dios!

—Yo no lo sé. Yo sólo sé lo que vi. Desentiérrelo, Mr. Rhinehart. Estoy segura de que se encontrará con que han sepultado a otro.

A las tres y veinte del miércoles por la tarde, Joshua aterrizó en el aeropuerto del condado, en las afueras de Napa. La ciudad, con una población de cuarenta y cinco mil habitantes, estaba lejos de ser una urbe importante, y participaba hasta tal punto del ambiente rural del país del vino, que parecía más pequeña y más recogida de lo que realmente era; no obstante, para Joshua, que llevaba tiempo acostumbrado a la paz rural de la pequeña Santa Helena, Napa resultaba tan ruidosa y molesta como San Francisco, y ansiaba salir del lugar.

Su coche se hallaba aparcado en el solar público junto al aeropuerto donde lo había dejado por la mañana. No fue a casa ni a su despacho. Condujo directamente a la mansión de Bruno Frye.

Generalmente, Joshua apreciaba mucho la increíble belleza natural del valle. Pero hoy no. Ahora iba conduciendo sin fijarse en nada hasta llegar a la propiedad de los Frye.

Parte de los «Viñedos Shade Tree», el negocio familiar de la extinguida familia, ocupaba una tierra negra y fértil, llana; pero la mayoría estaba extendida al pie de las suaves colinas al lado oeste del valle. La bodega, la sala pública de catadores, las enormes naves y los demás edificios de la compañía, todos ellos estructuras de piedra y roble que parecían salir del suelo, se encontraban situados en una gran meseta elevada, cerca del extremo oeste de las posesiones de los Frye. Todos los edificios daban al Este, a través del valle, hacia extensas zonas de viñedos en serie, y todos ellos estaban construidos de espaldas a un risco de más de cincuenta metros de altura, que se había formado en la época lejana en que un movimiento de tierra había cortado un lado de la última colina en la base de la vertiginosa altura de las Mayacamas Mountains.

Por encima del risco, sobre la aislada cima se alzaba la casa que Leo Frye, el padre de Katherine, había construido cuando llegó al país del vino, en 1918. Leo había sido un taciturno de estilo prusiano, que valoraba su intimidad más que ninguna otra cosa. Buscó un sitio que le proporcionara una amplia vista del pintoresco valle y además absoluto aislamiento. La propiedad de la cima del risco era lo que deseaba. A pesar de que Leo ya era viudo en 1918, y aunque sólo tenía una hija pequeña y no pensaba, a la sazón, en otro matrimonio, mandó construir sobre el risco una gran casa victoriana con doce habitaciones, un lugar con muchos ventanales y hastiales, así como diversos adornos arquitectónicos. Daba sobre el lagar, que había montado después en la meseta, a sus pies; y sólo había dos medios para llegar a ella. El primero era por medio de una especie de funicular aéreo, un sistema hecho de cables, poleas, motor eléctrico y una cabina de cuatro plazas que le llevaba desde la estación de abajo, una esquina del segundo piso de la bodega principal, a la estación de arriba, situada un poco al norte de la casa del acantilado. El segundo era por una escalera doble en zigzag fijada a la cara del acantilado. Esos trescientos veinte peldaños estaban previstos únicamente para cuando el funicular aéreo no funcionaba... y nada más que en el caso de que no fuera posible esperar hasta que se hiciera la reparación. La casa no era sólo apartada: era remota.

Cuando Joshua salió de la carretera y enfiló una larga avenida particular que conducía a la bodega «Shade Tree», trató de recordar todo lo que sabía sobre Leo Frye. Era muy poco. Katherine casi nunca hablaba de su padre, y Leo no había dejado muchos amigos.

Dado que Joshua no había llegado al valle hasta 1945, pocos años después de la muerte de Leo, jamás conoció al hombre; pero había oído suficientes historias acerca de él para formarse una idea del tipo de mentalidad que ansiaba la excesiva intimidad que representaba aquella casa del acantilado. Leo Frye había sido frío, severo, sombrío, dueño de sí, obstinado, capaz, un poco egomaníaco y un autoritario de mano de hierro. Se parecía a un señor feudal de una época lejana, un aristócrata medieval que prefería vivir en un castillo bien fortificado, fuera del alcance de una chusma desastrada y sucia.

Katherine había seguido viviendo en la casa después de la muerte de su padre. Crió a Bruno en aquellas estancias de techos elevados, un mundo muy alejado de los contemporáneos del niño, un mundo victoriano de altos arrimaderos de madera, papel floreado y molduras; taburetes y relojes de chimenea y manteles de encaje. En verdad, madre e hijo vivieron juntos hasta que él cumplió treinta y cinco años, cuando Katherine murió de enfermedad cardíaca.

Ahora, al acercarse Joshua por el largo camino asfaltado que llevaba a la bodega, alzó la vista por encima de los edificios de piedra y madera. Levantó los ojos a la gran casa que dominaba como un gigante de piedra sobre el risco.

Era extraño que un hombre mayor viviera con su madre como vivió Bruno con Katherine. Naturalmente, había habido rumores, especulaciones. La opinión general en Santa Helena era que Bruno sentía poco o ningún interés por las muchachas, que su pasión y afecto se dirigía en secreto hacia los jóvenes. Se suponía que satisfacía sus deseos en sus visitas ocasionales a San Francisco, lejos de la vista de sus vecinos vinateros. La posible homosexualidad de Bruno no era un escándalo en el valle. La gente local no malgastaba tiempo hablando de ello; en realidad no les importaba. Aunque Santa Helena era una ciudad pequeña, presumía de ser muy avanzada; la fabricación del vino lo hacía así.

Pero ahora Joshua se preguntaba si el consenso de la opinión local sobre Bruno había sido equivocado. Considerando los extraordinarios acontecimientos de la semana pasada, empezaba a parecer como si el secreto del hombre hubiera sido mucho más negro e infinitamente más terrible que la mera homosexualidad.

Después del entierro de Katherine, profundamente sacudido por su muerte, Bruno se marchó de la casa del risco. Recogió su ropa, así como gran colección de pinturas, esculturas de metal y libros, que había ido adquiriendo por propia iniciativa; pero dejó tras él todo lo que pertenecía a Katherine. Sus ropas se quedaron colgadas de los roperos y dobladas en los cajones. Sus muebles antiguos, pinturas, porcelanas, cristal, cajas de música, cajitas de esmalte..., todo aquello podía haber sido vendido en pública subasta por una cantidad sustancial. Pero Bruno insistió en que cada objeto debía dejarse donde lo había puesto Katherine, sin cambiarlo, sin tocarlo. Cerró las ventanas, corrió las persianas y cortinas, cerró con llave los postigos exteriores de la primera y la segunda plantas, así como las puertas; y selló, por decirlo así, el lugar, como si fuera una tumba en la que podía guardar para siempre el recuerdo de su madre adoptiva.

Cuando Bruno alquiló un piso y empezó a hacer planes para edificar una nueva casa en los viñedos, Joshua trató de persuadirle de que era una locura dejar abandonado y sin cuidado alguno el contenido de la casa del risco. Bruno insistió en que la casa era segura y que su soledad la hacía una meta improbable para los ladrones... Y, además, los robos eran un delito casi desconocido en el valle. Los dos medios de ir a la casa, la escalera en zigzag y el funicular aéreo, estaban muy adentrados en la propiedad de los Frye, detrás de las bodegas; y el funicular sólo funcionaba con una llave. Y Bruno argumentó que nadie, excepto él y Joshua, conocían la cantidad de objetos de valor que se habían quedado en la casa. Bruno se mostró inflexible: las pertenencias de Katherine no podían tocarse; por fin, de mala gana y con cierto mal humor, Joshua se doblegó a los deseos de su cliente.

Por lo que Joshua sabía, nadie había estado en la casa del risco desde hacía cinco años, desde el día en que Bruno la dejó. El funicular estaba bien cuidado, aunque la única persona que viajaba en él era Gilbert Ulman, un mecánico empleado para mantener en buen estado los camiones y aperos de granja de los «Viñedos Shade Tree»; Gil también tenía la obligación de revisar y reparar con regularidad el motor del funicular aéreo, lo cual no requería más que un par de horas al mes. Al día siguiente, o el viernes a más tardar, Joshua tendría que coger el aéreo y subir al risco para abrir la casa, cada puerta y cada ventana, a fin de airearla antes de que los tasadores de Los Ángeles y San Francisco llegaran el sábado por la mañana.

Pero, en aquel momento, Joshua no sentía el menor interés por el aislado reducto victoriano de Leo Frye; lo que tenía que hacer ahora estaba en la casa, más moderna y más accesible, de Bruno. Al llegar al final del camino que conducía al aparcamiento público de las bodegas, giró a la izquierda, a una senda estrechísima que cruzaba las viñas bañadas de sol, en dirección sur. Las cepas se amontonaban a ambos lados del camino de tierra negra apisonada. Aquel camino le llevó colina abajo, a través de una cañada, a lo alto de otra cuesta, y terminó a unos doscientos metros de la bodega, en un claro donde se alzaba la casa de Bruno rodeada de viñedos por todas partes. Era una construcción de piedra y madera, grande, de una sola planta, tipo rancho, a la sombra de uno de los nueve robles gigantescos que salpicaban la propiedad y habían dado nombre a la compañía de Frye.

Joshua salió del coche y anduvo hasta la puerta principal. Se veían unas pocas nubes blancas sobre un cielo azul eléctrico. El aire que bajaba de los pinares en las alturas de las Mayacamas era seco y fresco.

Abrió la puerta, entró y se quedó un momento en la entrada, escuchando. No tenía la menor idea de lo que esperaba oír.

Quizá pasos.

O la voz de Bruno Frye.

Pero no había más que silencio.

Fue al otro extremo de la casa, a fin de llegar al estudio de Frye. La decoración demostraba que había adquirido la obsesiva necesidad de coleccionar y atesorar cosas hermosas. En algunas paredes, las bellas pinturas estaban colgadas tan cercanas entre sí que sus marcos se tocaban, y ni un solo cuadro podía exigir atención única en aquella exquisita locura de forma y color. Había vitrinas por todas partes, llenas de esculturas de cristal y bronce, pisapapeles de cristal y estatuillas precolombinas. Todas las estancias contenían exceso de muebles; pero cada pieza era un ejemplo sin par de su período y estilo. En el inmenso estudio se amontonaban quinientos o seiscientos libros raros, algunos ediciones limitadas, que habían sido encuadernados en piel; y en otra vitrina se veían varias docenas de figuritas talladas en diente de ballena; también había seis bolas de cristal, carísimas y sin tara, desde una del tamaño de una naranja, hasta otra como un balón de baloncesto; las demás eran de diferentes tamaños intermedios.

Joshua descorrió las cortinas de la ventana para que entrara un poco de luz, encendió una lámpara de cobre y se dejó caer en un moderno sillón de muelles, de oficina, tras una enorme mesa inglesa del siglo XVIII. De un bolsillo de la chaqueta sacó la extraña carta encontrada en la caja de depósito del «First Pacific United Bank». Era en realidad una fotocopia; Warren Sackett, el agente del FBI insistió en quedarse con el original. Joshua desdobló la copia y la apoyó donde pudiera verla bien. Se volvió a la mesita auxiliar de la máquina de escribir, que estaba al lado de la gran mesa, se la acercó a las rodillas, puso una hoja de papel limpia en el rodillo y rápidamente escribió la primera frase de la extraña comunicación.

Mi madre, Katherine Anne Frye, falleció hace cinco años, pero sigue volviendo a la vida en otros cuerpos nuevos.

Sostuvo la fotocopia junto a lo que había escrito y las comparó. El tipo de letra era el mismo. En ambas versiones, la parte baja de la «e» estaba completamente llena de tinta porque las teclas no se habían limpiado como era debido durante mucho tiempo. En ambas, la parte baja de la «a» también estaba llena, y la «d» se hallaba un poquitín más alta que las demás letras. La carta había sido escrita en el estudio de Bruno Frye, en la máquina de Bruno Frye.

El sosia, el que había aparentado ser Frye el jueves pasado en el Banco de San Francisco, al parecer poseía una llave de la casa. ¿Pero de dónde la había sacado? La respuesta obvia era que Bruno se la había dado, lo que demostraba que el hombre era un empleado, un doble a sueldo.

Joshua se reclinó en el sillón y contempló la fotocopia de la carta. Una serie de cuestiones estallaron en su mente como fuegos artificiales. ¿Por qué Bruno había considerado necesario contratar a un doble? ¿Dónde había encontrado semejante sosia? ¿Y cuántas veces él, Joshua, había hablado con el individuo, creyendo que el hombre era realmente Frye? Con toda probabilidad en más de una ocasión. Quizá lo había visto con más frecuencia que al propio Bruno. No había forma de saberlo. ¿Había estado el doble aquí, en la casa, el jueves por la mañana, cuando Bruno había muerto en Los Ángeles? Era posible. Después de todo, allí había escrito la carta que dejó en la caja de depósito, allí fue, pues, donde se enteró de la noticia. ¿Pero cómo se había enterado tan pronto de la muerte? El cuerpo de Bruno fue encontrado junto a un teléfono público... ¿Cabía la posibilidad de que lo último que hiciera Bruno fuese llamar a su casa y hablar con su doble? Sí. Podía ser. Incluso resultaba probable. Habría que comprobar con la compañía telefónica. ¿Pero qué se habían dicho aquellos hombres mientras uno se moría? ¿Era concebible que compartieran la misma psicosis, la creencia de que Katherine había salido de la tumba?

Joshua se estremeció.

Dobló la carta y volvió a guardársela en el bolsillo.

Por primera vez, se dio cuenta de lo lóbregas que eran aquellas estancias, abarrotadas de muebles y de adornos caros, con las ventanas cubiertas de pesados cortinajes, suelos alfombrados en tonos oscuros... y de pronto el lugar le pareció más aislado que el refugio de Leo en lo alto del risco.

Un ruido. En otra habitación.

Joshua se quedó helado al rodear la mesa. Esperó, escuchó.

«Es mi imaginación», se dijo, tratando de tranquilizarse.

Recorrió rápidamente la casa hasta la puerta de entrada y descubrió que el ruido, en efecto, había sido imaginario. Nadie le iba a atacar. No obstante, cuando salió, cerró la puerta con llave y suspiró aliviado.

En el coche, camino de su despacho en Santa Helena, pensó en otras incógnitas. ¿Quién había muerto realmente la semana pasada en Los Ángeles? ¿Frye o su doble? ¿Cuál de los dos había estado en el «First Pacific United Bank» el jueves? ¿El verdadero o la suplantación? Mientras ignoraba la verdad, ¿cómo podía liquidar la herencia? Tenía infinidad de preguntas; pero muy pocas respuestas.

Cuando unos minutos más tarde aparcó detrás de su oficina, se dio cuenta de que tendría que tomar seriamente en consideración el consejo de Mrs. Willis. Era preciso abrir la tumba de Bruno Frye y aclarar de una vez quién estaba enterrado en ella.

Tony e Hilary aterrizaron en Napa, alquilaron un coche y llegaron al cuartel general del sheriff de Napa County, el miércoles a las cuatro y veinte de la tarde. Aquello no era soñoliento como los despachos de sheriff que se ven en televisión. Un par de oficiales jóvenes y dos administrativos trabajaban eficazmente con ficheros y papeleo.

La recepcionista y secretaria del sheriff se sentaba ante una gran mesa metálica y se identificaba por una placa con su nombre frente a la máquina: MARSHA PELETRINO. Era una mujer de aspecto almidonado, de facciones severas; pero tenía la voz dulce, sedosa y sensual. Su sonrisa era también más agradable y acogedora de lo que Hilary había esperado.

Cuando Marsha Peletrino abrió la puerta que separaba el área de recepción del despacho privado de Peter Laurenski y anunció que Tony e Hilary querían verle, Laurenski supo de inmediato quiénes eran y no trató de evitarles, como temían que podía hacer. Salió de su despacho y les estrechó la mano. Parecía turbado. Era obvio que no le gustaba la idea de tener que explicar por qué había proporcionado una coartada falsa a Bruno Frye el pasado miércoles por la noche; no obstante, y pese a su no disimulada turbación, les invitó a charlar.

Laurenski fue un poco decepcionante para Hilary. No era el desaliñado, gordo y mascador de puros, fácil de odiar, con cara de buen chico del lugar que ella había supuesto; tampoco era un patán rendido ante el poder, capaz de mentir para proteger a un rico residente como Bruno Frye. Laurenski tendría unos treinta y tantos años; alto, rubio, aseado, sensato, amistoso y, al parecer, dedicado a su profesión, un buen defensor de la ley. Había bondad en sus ojos y una sorprendente dulzura en su voz. En cierto modo, recordaba a Tony. Las oficinas del sheriff eran habitaciones limpias y espartanas donde se trabajaba mucho y los que colaboraban con Laurenski, tanto los de uniforme como los de paisano, no eran amigos enchufados sino servidores públicos capaces y diligentes. Apenas transcurridos un par de minutos, comprendió que no iba a haber una respuesta sencilla al misterio Frye, ni ninguna conspiración obvia, de fácil solución.

En el despacho particular del sheriff, Hilary y Tony se sentaron en un viejo banco que unos almohadones de pana hacían más cómodo. Laurenski acercó una silla y se sentó en ella al revés, con los brazos cruzados sobre el respaldo.

Desarmó a sus visitantes yendo derecho al grano y mostrándose inflexible consigo mismo.

—Me temo haber sido menos que profesional en todo este asunto. He estado evitando responder a las llamadas de su Departamento.

—Por esa razón nos hallamos aquí —le dijo Tony.

—¿Es... una visita oficial? —preguntó Laurenski algo desconcertado.

—No. He venido como ciudadano particular, no como policía.

—Hemos sufrido una experiencia anormal y perturbadora en los días pasados —explicó Hilary—. Han ocurrido cosas increíbles, y esperamos que tenga alguna explicación para ellas.

Laurenski alzó las cejas:

—¿Algo más que el ataque de Frye contra usted?

—Se lo vamos a contar —dijo Tony—. Pero antes nos gustaría saber por qué no ha contestado al Departamento de Policía.

Laurenski asintió ruborizado:

—Sencillamente, no sabía qué decir. Me porté como un loco respondiendo por Frye. Creo que tenía la esperanza de que todo se disipara.

—¿Y por qué respondió por él? —quiso saber Hilary.

—Es que..., verá..., yo creía que realmente estaba en casa aquella noche.

—¿Habló con él? —preguntó Hilary.

—No. —Laurenski se aclaró la garganta—. Le explicaré: cuando llegó la llamada aquella noche, la tomó el oficial de guardia, Tim Larson. Es uno de mis mejores hombres. Lleva siete años conmigo. Muy dedicado. Bien..., al ver que la Policía de Los Ángeles preguntaba por Bruno Frye, Tim pensó que debía llamarme y ver si yo quería ocuparme de ello, dado que Frye era uno de los personajes importantes del condado. Aquella noche yo estaba en casa. Era el cumpleaños de mi hija, una ocasión especial para mi familia y, por una vez, decidí evitar que mi trabajo se interpusiera en mi vida privada. Dispongo de tan poco tiempo para los niños...

—Comprendo —observó Tony—. Tengo la impresión de que está haciendo un buen trabajo por aquí. Y conozco bien la labor policial para saber que eso requiere bastante más de ocho horas diarias.

—Más bien doce horas diarias, seis o siete días por semana —contestó el sheriff—. En todo caso, Tim me llamó aquella noche y le dije que se ocupara él. Verá, en primer lugar, parecía una pregunta tan ridícula... Quiero decir, Frye era un hombre de negocios importante, incluso millonario. ¡Por el amor de Dios! ¿Iba a tirarlo todo por la borda tratando de violar a alguien? Así que le dije a Tim que se ocupara y me informara tan pronto supiera algo. Como les he dicho, es un agente muy competente. Antes de decidirse por una carrera de defensor de la ley, Tim había trabajado cinco años en la oficina principal de «Viñedos Shade Tree». Durante todo ese tiempo, vio a Frye casi cada día.

—¿Entonces fue el oficial Larson quien localizó a Frye el pasado miércoles por la noche?

—Sí. Me llamó a casa durante la fiesta. Dijo que Frye estaba en su domicilio, no en Los Ángeles. Así que contesté la pregunta de la Policía de Los Ángeles y empecé a ponerme en ridículo.

Hilary frunció el ceño.

—No lo comprendo. ¿Está diciendo que este Tim Larson le mintió?

Laurenski no deseaba contestar a esto. Se levantó y dio unos pasos, mirando al suelo, ceñudo. Por fin declaró:

—Confío en Tim Larson. Siempre he confiado en él. Es un buen hombre. Uno de los mejores. Pero eso es algo que no puedo explicarme.

—¿Tenía alguna razón para amparar a Frye? —preguntó Tony.

—¿Quiere decir si eran amigos? No. Nada parecido. Ni siquiera se conocían mucho. Solamente había trabajado para él. Y el hombre no le gustaba.

—¿Aseguró haber visto a Bruno Frye aquella noche? —insistió Hilary.

—A la sazón, supuso que lo había visto. Pero después, Tim pensó que podía identificar a Frye por teléfono y que no era necesario ir hasta allí en un coche patrulla para comprobarlo. Como debe saber, Bruno Frye tenía una voz única, muy peculiar.

—Así que Larson pudo haber hablado con alguien que cubría a Frye, alguien que sabía imitar su voz —comentó Tony.

—Eso es lo que dice Tim. Ésa es su excusa. Pero no encaja. ¿Quién podía haber sido? ¿Por qué iba a encubrirle por violación y asesinato? ¿Dónde está ahora? Además, la voz de Frye no era algo que pudiera imitarse fácilmente.

—¿Y cuál es su opinión? —preguntó Hilary.

—No sé qué decir —confesó Laurenski—. He pensado en ello toda la semana. Quiero creer a mi agente. ¿Sin embargo, cómo puedo hacerlo? Algo raro está ocurriendo aquí... ¿Pero qué? Hasta que no pueda estar seguro he suspendido a Tim de empleo y sueldo.

Tony miró a Hilary, luego al sheriff.

—Cuando oiga lo que tenemos que decirle, me parece que podrá creer al agente Larson.

—Sin embargo —intervino Hilary—, seguirá sin entenderlo. Estamos mucho más envueltos que usted y seguimos sin saber lo que está pasando.

Y contó a Laurenski que Bruno Frye había estado en su casa, el martes por la mañana, cinco días después de su muerte.

En su despacho de Santa Helena, Joshua Rhinehart se sentó ante la mesa con un vaso de «Jack Daniels» etiqueta negra y revisó el informe que Ronald Preston le había entregado en San Francisco. Entre otras cosas, contenía fotocopias, claras, de los movimientos mensuales que se habían sacado de los microfilmes, así como copias similares del anverso y reverso de todos los cheques que Frye había extendido. Le sorprendió el hecho de que Frye mantuviera una cuenta secreta, escondida en un Banco de la ciudad con el que no tenía otro negocio. Joshua estaba convencido de que un examen de la relación proporcionaría claves que llevarían a la solución de la identidad del sosia.

En los primeros tres años y medio en que la cuenta había sido activa, Bruno había extendido dos cheques cada mes, nunca más, nunca menos. Y los cheques iban siempre a las mismas personas..., Rita Yancy y Latham Hawthorne..., nombres que no significaban nada para Joshua.

Por razones no especificadas, Mrs. Yancy había recibido quinientos dólares al mes. Lo único que Joshua pudo deducir de las fotocopias de los cheques era que Rita Yancy debía de vivir en Hollister, California, porque depositaba cada uno de ellos en un Banco de esa ciudad.

Ninguno de los cheques para Latham Hawthorne era por la misma cantidad; iban de doscientos dólares a cinco o seis mil. Aparentemente, Hawthorne vivía en San Francisco porque todos sus depósitos se hacían en la misma sucursal del «Wells Fargo Bank» de aquella ciudad. Los cheques de Hawthorne estaban todos endosados con un sello de caucho que decía:

SOLAMENTE COMO DEPÓSITO
EN LA CUENTA DE:

Latham Hawthorne

LIBRERO ANTICUARIO Y OCULTISTA

Joshua se quedó mirando fijamente la última palabra. *Ocultista*. Era obvio que se derivaba de la palabra «oculto» y que Hawthorne se proponía con ella describir su profesión, o por lo menos parte de ella, siendo la otra parte el negocio de libros raros. Joshua creía saber lo que significaba la palabra; pero no con exactitud.

Dos paredes de su despacho estaban forradas de libros de leyes y libros de referencia. Tenía tres diccionarios, y buscó «ocultista» en todos ellos. Los dos primeros no contenían el término, pero el tercero le dio una definición muy parecida a lo que había supuesto. Un ocultista era alguien que creía en los rituales y poderes sobrenaturales de diversas «ciencias ocultas», incluyendo, pero sin limitarse a ellas, astrología, quiromancia, magia negra, magia blanca, demonolatría y satanismo. Siempre según el diccionario, un ocultista podía ser también alguien que vendiera todos los objetos necesarios para dedicarse a cualquiera de estas extrañas aficiones..., libros, trajes, cartas, instrumentos mágicos, reliquias sagradas, hierbas raras, velas de sebo de cerdo y cosas así.

En los cinco años transcurridos entre la muerte de Katherine y su propia muerte, Bruno Frye había pagado más de ciento treinta mil dólares a Latham Hawthorne. Nada en ninguno de los cheques indicaba qué podía haber recibido a cambio de todo aquel dinero.

Joshua volvió a llenar su vaso de whisky y regresó a la mesa.

El informe sobre las cuentas secretas de Frye mostraba que había extendido dos cheques al mes en los primeros tres años y medio, y tres cheques en el año y medio restante. Uno a Rita Yancy, uno al doctor Nicholas W. Rudge. Todos los cheques para el doctor habían sido depositados en una sucursal de San Francisco, del «Banco de América», así que Joshua supuso que el médico vivía en esa ciudad.

Hizo una llamada a Infomación sobre la guía de San Francisco y otra respecto al código del área cuatrocientos ocho, en la que estaba el pueblo de Hollister. En menos de cinco minutos tenía los números de los teléfonos de Hawthorne, Rudge y Rita Yancy.

Llamó primero a la tal Yancy.

Contestó a la segunda llamada.

—Diga.

—¿Mrs. Yancy?

—Sí.

—¿Rita Yancy?

—En efecto. —Tenía la voz agradable, suave, melódica—. ¿Quién llama?

—Mi nombre es Joshua Rhinehart. Telefoneo desde Santa Helena. Soy el albacea testamentario del difunto Bruno Frye.

No obtuvo respuesta.

—¿Mrs. Yancy?

—¿Quiere decir que ha muerto? —preguntó.

—¿No lo sabía?

—¿Cómo iba a saberlo?

—Salió en los periódicos.

—Nunca leo los periódicos.

Su voz había cambiado; ya no era agradable; se había vuelto hosca.

—Murió el jueves pasado.

Siguió silenciosa.

—¿Está usted bien?

—¿Qué quiere de mí?

—Bueno, como albacea una de mis obligaciones es averiguar si todas las deudas de Mr. Frye están pagadas antes de que la herencia se distribuya entre los herederos.

—¿Y qué?

—He descubierto que Mr. Frye le pagaba quinientos dólares mensuales, y pensé que podían ser plazos de algún tipo de deuda.

No obtuvo respuesta; pero la oía respirar.

—¿Mrs. Yancy?

326

—No me debe ni un céntimo.

—¿Entonces no estaba saldando una cuenta?

—No.

—¿Trabajaba para él de algún modo?

Notó que titubeaba. Luego: *clic.*

—¿Mrs. Yancy?

Ninguna respuesta. Sólo el zumbido de la línea vacía, y un lejano chisporroteo de parásitos.

Joshua volvió a marcar su número.

—Diga.

—Soy yo, Mrs. Yancy. Por lo visto se cortó.

¡Clic!

Pensó llamarla por tercera vez; pero llegó a la conclusión de que, si lo hacía, volvería a colgarle. No se comportaba demasiado bien. Era obvio que tenía un secreto, el cual había compartido con Bruno, y ahora trataba de ocultárselo a Joshua. Pero lo único que consiguió fue despertar su curiosidad. Estaba seguro de que cada una de las personas que cobraba a través de la cuenta del Banco de San Francisco tendría algo que contarle que le ayudaría a explicar la existencia de un doble de Bruno Frye. Si pudiera lograr que le hablaran, quizá conseguiría terminar pronto con la liquidación de la herencia.

Al dejar el teléfono, murmuró:

—No te escaparás de mí con tanta facilidad, Rita.

Mañana volaría en el «Cessna» hasta Hollister y se enfrentaría con ella, en persona.

Ahora decidió llamar al doctor Rudge; pero se encontró con un contestador, y dejó un mensaje incluyendo en él los teléfonos de su casa y de su oficina.

En su tercera llamada tuvo suerte aunque no tanta como había esperado. Latham Hawthorne se hallaba en casa dispuesto a hablar.

El ocultista tenía una voz nasal y un resto de acento inglés de clase alta.

—Le vendí bastantes libros —dijo Hawthorne en respuesta a una pregunta de Joshua.

—¿Nada más que libros?

—Eso mismo.

—Pero es mucho dinero sólo para libros.

—Era un cliente excelente.

—¿Pero ciento treinta mil dólares?

—Repartidos en casi cinco años.

—Sin embargo...

—La mayoría de ellos eran libros rarísimos, compréndalo.

—¿Estaría dispuesto a volverlos a comprar a la testamentaría? —preguntó Joshua tratando de averiguar si el hombre era totalmente sincero.

—¿Volver a comprarlos? Oh, sí, ya lo creo. Desde luego.

—¿Por cuánto?

—Bueno, no puedo decírselo con exactitud hasta que los vea.

—Mencione una cifra al azar. ¿Cuánto?

—Verá, si los libros han sido maltratados..., rotos o manchados, marcados o..., yo qué sé..., la cosa cambia.

—Digamos que están impecables. ¿Cuánto ofrecería?

—Si están en las mismas condiciones en que se hallaban cuando los vendí a Mr. Frye, estoy dispuesto a ofrecerle bastante más de lo que pagó por ellos. Muchos de los títulos de su colección han aumentado de valor.

—¿Cuánto?

—Es usted un hombre persistente.

—Es una de mis muchas virtudes. Vamos, Mr. Hawthorne, no le estoy pidiendo que se comprometa con una oferta en firme. Sólo una idea.

—Bien, *si* la colección contiene aún todos los libros que le vendí, y *si* están en perfecto estado..., yo diría..., contando con mi margen de beneficio, claro... alrededor de doscientos mil dólares.

—¿Volvería a comprar los mismos libros por setenta mil más de lo que recibió?

—Aproximadamente, sí.

—Es un gran aumento de valor.

—Porque son de gran interés —explicó Hawthorne—. Cada día hay más demanda en ese campo.

—¿Y cuál es el campo? ¿Qué clase de libros coleccionaba?

—¿No los ha visto?

—Creo que se hallan en las estanterías de su estudio. Muchos de ellos son libros muy antiguos, otros han sido encuadernados en piel. Pensé que serían libros corrientes. No tuve tiempo de mirarlos con detenimiento.

—Eran temas de ocultismo. Sólo vendo libros que tratan de lo oculto, en todas sus manifestaciones. Un gran porcentaje de mis mercancías son obras prohibidas, los que condenó la Iglesia o vetó el Estado en otras épocas, y no han vuelto a ser publicados por nuestros modernos y escépticos editores. También tengo ediciones limitadas. Mis clientes sobrepasan los doscientos. Uno de ellos es un caballero de San José que sólo colecciona libros sobre misticismo hindú. Una mujer, de Marin County, ha adquirido una enorme biblioteca sobre satanismo, incluyendo una docena de oscuros títulos que no han sido publicados más que en latín. Otra mujer, en Seattle, ha comprado virtualmente todo lo que se ha editado acerca de experimentos extracorporales. Puedo satisfacer cualquier gusto. No presumo cuando le digo que soy el vendedor más famoso y de más confianza sobre literatura oculta que existe en este país.

—Pero seguro que no todos sus clientes gastan tanto como gastó Mr. Frye.

—No, claro que no. Hay sólo dos o tres como él, con su fortuna. Pero tengo unas cuantas docenas de clientes que presupuestan unos diez mil dólares al año para sus compras.

—Es increíble —exclamó Joshua.

—En realidad, no. Esta gente cree que están al borde de un gran descubrimiento, a punto de enterarse de algún secreto monumental, el secreto de la vida. Algunos de ellos persiguen la inmortalidad. Otros buscan hechizos y rituales que les proporcionen enorme riqueza y poder ilimitado sobre los demás. Son motivaciones muy persuasivas. Si realmente creen que unos cuantos conocimientos prohibidos van a proporcionarles lo que quieren, pagarán cualquier precio a fin de conseguirlo.

Joshua giró sobre su sillón y miró por la ventana. Unas nubes bajas y grises se arrastraban desde el Oeste por encima de las montañas Mayacamas, oscurecidas por el otoño, en dirección al valle.

—¿Y qué aspecto de lo oculto interesaba a Mr. Frye? —preguntó Joshua.

—Coleccionaba dos tipos de libros más o menos relacionados con el mismo tema general. Le fascinaba la posibilidad de comunicarse con los muertos. Sesiones, mesas que golpean, voces de espíritus, apariciones ectoplásmicas, amplificación de grabaciones del éter, escritura automática, esas cosas. Pero su máximo interés se centraba en la literatura sobre los muertos vivientes.

—¿Vampiros?

—Sí —le confirmó Hawthorne—. Vampiros, zombies, este tipo de criaturas. Nunca tenía suficientes libros sobre el tema. Naturalmente, no quiero decir que se interesara por las novelas de horror y el sensacionalismo barato. Sólo coleccionaba estudios serios..., y cierta selección esotérica.

—¿Cuál?

—Bueno, por ejemplo..., en la categoría esotérica... pagó seis mil dólares por el Diario de Christian Marsden.

—¿Y quién es Christian Marsden?

—Catorce años atrás, Christian Marsden fue detenido por el asesinato de nueve personas de San Francisco y sus alrededores. La prensa le llamó el vampiro de la «Golden Gate», porque siempre bebía la sangre de sus víctimas.

—¡Oh! —comentó Joshua.

—Y también las descuartizaba.

—Ah.

—Les cortaba los brazos, las piernas y las cabezas.

—Desgraciadamente lo recuerdo ahora. Un caso terrible.

Las nubes grises y sucias seguían rodando por encima de las montañas, al Oeste, acercándose inexorables a Santa Helena.

—Marsden escribió un Diario durante su año de alegres matanzas —explicó Hawthorne—. Es un trabajo curioso. Creía que un hombre muerto, llamado Adrian Trench, trataba de apoderarse de su cuerpo y volver a la vida a través de él. Marsden sentía que libraba de verdad una lucha constante y desesperada para controlar su propia carne.

—Así que cuando asesinaba, no era realmente él quien mataba, sino ese Adrian Trench.

—Eso es lo que escribió en su Diario —continuó Hawthorne—. Por alguna razón que nunca explicó, creía que el espíritu maligno de Adrian Trench necesitaba la sangre de otra gente para controlar el cuerpo de Marsden.

—Una historia lo bastante loca para presentar ante un tribunal en una sesión sobre demencia —comentó cínicamente Joshua.

—Marsden fue enviado a un manicomio. Seis años después murió en él. Pero no simulaba demencia a fin de escapar a una condena de cárcel. Creía con toda sinceridad que el espíritu de Adrian Trench trataba de echarlo de su propio cuerpo.

—Esquizofrenia.

—Probablemente —asintió Hawthorne—. Pero no creo que debamos dejar de lado la posibilidad de que Marsden se hallara sano y simplemente estuviera informando sobre un genuino fenómeno paranormal.

—Repítalo.

—Estoy sugiriendo que Christian Marsden pudo estar poseído de un modo o de otro.

—No lo dirá en serio.

—Como decía Shakespeare..., hay muchísimas cosas entre el cielo y la tierra que ni entendemos ni podemos entender.

Más allá del ventanal del despacho, las nubes de color pizarra seguían apresurándose hacia el valle, el sol se puso, más allá de las Mayacamas, y la oscuridad del otoño se extendió prematuramente sobre Santa Helena.

Mientras contemplaba cómo iba oscureciendo, Joshua preguntó:

—¿Por qué necesitaba tanto Mr. Frye el Diario de Marsden?

—Porque creía estar viviendo una experiencia similar a la suya.

—¿Quiere decir que Bruno pensaba que una persona muerta trataba de apoderarse de su cuerpo?

—No. No se identificaba con Marsden sino con sus víctimas. Mr. Frye creía que su madre, creo que se llamaba Katherine, había vuelto de entre los muertos en el cuerpo de alguien y que se proponía matarle. Tenía la esperanza de que el Diario de Marsden le diera algún indicio de cómo tratar con ella.

Joshua sintió como si acabaran de inyectarle en las venas una gran dosis de agua helada.

—Bruno jamás me lo mencionó.

—Oh, lo mantenía muy secreto. Soy probablemente la única persona a la que se lo contó. Confiaba en mí porque yo simpatizaba con su interés por lo oculto. Así y todo, sólo me lo dijo una vez. Creía con pasión que ella había regresado de entre los muertos, y le aterrorizaba la idea de ser su presa. Pero, más tarde, lamentó habérmelo contado.

Joshua se irguió en su sillón, asombrado, helado.

—Mr. Hawthorne, la semana pasada Mr. Frye intentó matar a una mujer en Los Ángeles.

—Sí, lo sé.

—Quiso matarla porque creía que ella era su madre escondida en un cuerpo nuevo.

—¿De veras? ¡Qué interesante!

—Santo Dios, señor. Usted sabía lo que rondaba por su cabeza. ¿Por qué no hizo usted algo?

Hawthorne permaneció frío y sereno.

—¿Y qué quería que hiciera yo?

—¡Decírselo a la Policía! Podían haberle interrogado, ver la posibilidad de que necesitara atención médica.

—Mr. Frye no había cometido ningún crimen. Además de esto, supone usted que se hallaba loco, y yo no estoy de acuerdo.

—Está bromeando —exclamó Joshua incrédulo.

—En absoluto. Quizá la madre de Frye saliera de la tumba para cogerle. Tal vez incluso lo consiguió.

—¡Por el amor de Dios, la mujer de Los Ángeles no era su madre!

—Quién sabe. Quizá no.

Aunque Joshua seguía sentado en su gran sillón del despacho y aunque el sillón permanecía firme sobre el suelo sólido, se sintió curiosamente desequilibrado. Había imaginado a Hawthorne como un hombre bastante culto, de buenas maneras, algo intelectual, que se había metido en aquel curioso tipo de negocio por las ganancias que ofrecía. Ahora Joshua empezaba a preguntarse si la imagen era errónea. Quizá Latham Hawthorne era tan extraño como la mercancía que vendía.

—Mr. Hawthorne, es usted sin duda un hombre de negocios eficiente y afortunado. Parece haber tenido una perfecta educación. Es usted más coherente que mucha gente de la que se ve hoy día. Teniendo todo esto en cuenta, me cuesta creer que tome tan en serio todo eso de los ritos secretos y los muertos vivientes.

—Yo no me río de nada. En realidad, creo que mi buena disposición para creer es menos sorprendente que su obcecada negativa a hacerlo. No veo cómo un hombre inteligente *no* puede darse cuenta de que hay muchos mundos más allá del nuestro, muchas realidades que nada tienen que ver con las que vivimos.

—Oh, creo que el mundo está lleno de misterios y que nosotros sólo percibimos parcialmente la naturaleza de la realidad —admitió Joshua—. Respecto a ello no discutiré con usted. Pero también creo que, con el tiempo, nuestras percepciones se aguzarán y los misterios serán explicados por los científicos, por hombres racionales que trabajan en sus laboratorios..., no por ocultistas supersticiosos quemando incienso y salmodiando tonterías.

—Yo no tengo fe en los científicos. Yo soy satanista. Encuentro mis respuestas en esta disciplina.

—¿Culto al diablo? —preguntó Joshua.

El ocultista seguía aún sorprendiéndole.

—Ésta es una forma muy cruda de plantearlo. Creo en el Otro Señor, el Señor de las Tinieblas. Su tiempo se avecina, Mr. Rhinehart —Hawthorne hablaba en tono pausado y agradable, como si discutiera algo tan sencillo como el tiempo—. Ansío el día en que Él eche a Cristo y demás dioses menores y haga suyo el trono de la Tierra. Todos los devotos de las demás religiones serán esclavizados o destruidos. Sus sacerdotes decapitados y echados a los perros. Las monjas serán violadas en las calles. Iglesias, mezquitas, sinagogas y otros templos se utilizarán para celebrar misas negras, y cada persona sobre la faz de la tierra le adorará. Sobre esos altares se sacrificará a los niños, y Belcebú reinará hasta el final de los siglos. Pronto, Mr. Rhinehart. Hay señales y portentos. Y eso será muy pronto. Estoy esperándolo con ansiedad.

Joshua se quedó sin palabras. Pese a la locura repentina de Hawthorne, parecía racional, sensato. Ni desbarraba ni gritaba. Ni siquiera había en su voz vagos resabios de manía o histeria. A Joshua le perturbaba más la compostura externa del ocultista y su dulzura superficial de lo que le habría afectado si Hawthorne hubiera rugido, ladrado o echado espuma por la boca. Era como encontrarse en un cóctel con un desconocido, charlar con él un rato, encontrarle simpático y de pronto descubrir que llevaba una máscara de látex, un rostro falso, tras el que se escondía la faz diabólica y sardónica de la propia muerte. Un disfraz del día de difuntos; pero al revés. El demonio disfrazado de hombre corriente. La pesadilla de Poe hecha realidad.

Joshua se estremeció.

—¿Por qué no concertamos un encuentro? —propuso Hawthorne—. Estoy impaciente por tener la oportunidad de revisar la colección de libros que Mr. Frye me compró. Puedo ir en cualquier momento. ¿Qué día es más conveniente para usted?

Joshua no sentía el menor interés por conocer y hacer negocios con aquel hombre. Decidió dar largas al ocultista hasta que los otros tasadores hubieran visto los libros. Quizás alguno de ellos apreciaría el valor de la colección y haría una oferta justa a la testamentaría; así sería innecesario tratar con Latham Hawthorne.

—Tendremos que dejarlo pendiente —dijo Joshua—. Primero he de solucionar otras cosas. Es una testamentaría enorme y compleja. Tardaré algunas semanas en dejarlo todo ordenado.

—Esperaré su llamada.

—Un par de cosas antes de que cuelgue.

—¿Sí?

—¿Dijo Mr. Frye por qué tenía ese miedo obsesivo a su madre?

—No. No sé lo que le hizo; pero la odiaba de todo corazón. Jamás he visto un odio tan negro y descarnado que el que él mostraba cuando hablaba de ella.

—Yo los conocí a los dos —explicó Joshua—, y nunca noté nada de eso entre ellos. Yo siempre creí que la adoraba.

—Debió de ser un odio secreto que ocultó y cuidó durante muchísimo tiempo.

—¿Pero qué pudo haberle hecho?

—Como ya le he manifestado, nunca me lo contó. Pero había algo en el fondo, algo tan terrible que no podía siquiera expresarlo o discutirlo. Me ha dicho que quería preguntarme dos cosas. ¿Cuál es la otra?

—¿Mencionó Bruno un doble?

—¿Un doble?

—Un sosia. Alguien que podía pasar por él.

—Considerando su tamaño y su extraña voz, encontrar un doble parece difícil.

—Pues, al parecer, lo consiguió. Estoy tratando de descubrir por qué lo creyó necesario.

—¿No podría aclarárselo el propio doble? Debe de saber por qué fue contratado.

—Me cuesta localizarlo.

—Ya. Bien, Mr. Frye nunca me dijo una palabra acerca de él. Pero se me acaba de ocurrir...

—¿Qué?

—La razón por la que necesitaba el doble.

—¿Cuál es?

—Desorientar a su madre cuando saliera de la tumba en su busca.

—Claro —observó Joshua sarcástico—. ¡Qué tontería no haberlo pensado!

—Se equivoca. Sé que es un escéptico. No digo que realmente volviera de la tumba. No dispongo de información suficiente para decidirlo. Pero Mr. Frye estaba convencidísimo de que había regresado. Pudo haber pensado que un doble le proporcionaría cierta protección.

Joshua tuvo que aceptar que la idea de Hawthorne era más que sensata.

—Lo que está diciendo es que el medio más fácil de entender todo esto es que intente meterme en la cabeza de Frye y trate de pensar como él, como un paranoico esquizofrénico.

—Suponiendo que lo fuera —observó Hawthorne—. Ya le he dicho que no me río de nada.

—Y yo me río de todo. Bien..., gracias por su tiempo y su molestia, Mr. Hawthorne.

—Ninguna molestia. Esperaré su llamada.

«No te hagas ilusiones», pensó Joshua.

Después de dejar el teléfono, el abogado se puso en pie, se acercó al ventanal y contempló el valle. La tierra se iba ahora envolviendo en sombras bajo las nubes grises y los bordes cárdenos de la oscuridad creciente. El día parecía transformarse en noche con excesiva rapidez y, cuando un súbito viento frío sacudió los cristales del ventanal, también le pareció a Joshua que el otoño dejaba paso al invierno con la misma premura fuera de lo normal. Aquel anochecer era más propio de un día oscuro y lluvioso de enero que de principios de octubre.

Las palabras de Latham Hawthorne se agitaban en la mente de Joshua como filamentos de una oscura telaraña en el telar monstruoso de una araña. *Se acerca su tiempo, Mr. Rhinehart. Hay señales y portentos. Será pronto. Muy pronto.*

Desde los últimos quince años o así, el mundo parecía precipitarse cuesta abajo, sin frenos, descontrolado. Había gente muy extraña. Como Hawthorne. Y peores. Muchos de ellos eran líderes políticos, porque éste era el tipo de trabajo que los chacales solían elegir, buscando dominar a los demás; tenían las manos en los mandos del planeta, maquinistas locos de cada nación, riendo diabólicamente mientras empujaban la máquina hacia el descarrilamiento.

«¿Estamos viviendo los últimos días de la tierra? —se preguntó Joshua—. ¿Se acerca Armagedón?»

«Bobadas —se dijo—. Estás llevando tus propias elucubraciones de mortalidad a tu percepción del mundo. Has perdido a Cora y estás solo, y de pronto te das cuenta de que te estás volviendo viejo y de que te queda poco tiempo. Ahora bien, tienes la increíble, enorme y egomaníaca noción de que el tiempo entero irá contigo cuando mueras. Pero el único día del juicio que se acerca es uno muy personal. El mundo seguirá estando aquí después de que te vayas. Y seguirá aquí por mucho, muchísimo tiempo», se tranquilizó.

Pero en realidad no estaba seguro. El aire parecía cargado de corrientes de mal agüero.

Alguien llamó a la puerta. Era Karen Farr, su joven y trabajadora secretaria.

—No sabía que aún estaba aquí —le dijo Joshua, mirando el reloj—. Tenía que haber salido hace una hora.

—Me tomé mucho tiempo para el almuerzo. Tengo una serie de cosas que dejar listas.

—El trabajo es parte esencial de su vida, pequeña. Pero no le dedique todo su tiempo. Váyase a casa. Lo terminará mañana.

—En diez minutos quedará listo. Pero acaban de llegar dos personas. Quieren verle.

—No tengo ninguna cita.

—Han viajado desde Los Ángeles. Él se llama Anthony Clemenza y la mujer que viene con él es Hilary Thomas. Es la que fue...

—Sé muy bien quién es —dijo Joshua, sobresaltado—. Hágales entrar, por supuesto.

Salió de detrás de su mesa y recibió a los visitantes en medio del despacho. Se presentaron con cierta torpeza; luego Joshua se preocupó de que estuvieran cómodos. Les invitó a sentarse y les ofreció bebidas. Les sirvió «Jack Daniels» a los dos y acercó una butaca al sofá donde estaban instalados.

Tony Clemenza tenía un aspecto que gustó a Joshua. Parecía competente, agradable y seguro de sí mismo.

Hilary Thomas irradiaba una segura confianza y tranquila competencia, parecida a la de Clemenza. Además, era muy bonita.

Por un momento, nadie parecía saber qué decir. Se miraban unos a otros en silenciosa anticipación, mientras tomaban tragos de whisky. Joshua fue el primero que habló:

—Nunca he creído demasiado en la clarividencia; pero por Dios que ahora mismo creo tener una premonición. No han hecho todo este camino para contarme lo que ocurrió el miércoles y jueves pasado. ¿No es verdad? Algo ha sucedido después.

—Ha sucedido mucho —afirmó Tony—. Pero nada parece tener pies ni cabeza.

—El sheriff Laurenski nos ha enviado a usted —explicó Hilary.

—Esperamos que pueda darnos algunas respuestas.

—También yo ando buscando respuestas —dijo Joshua.

Hilary inclinó la cabeza y miró a Joshua con curiosidad:

—Yo creo tener igualmente una premonición. También aquí ha ocurrido algo. ¿No es verdad?

Joshua bebió un sorbo de whisky.

—Si fuera un hombre supersticioso les diría que..., por ahí... fuera..., un muerto se está paseando entre los vivos.

La última luz del día se apagó en el cielo. La noche negra envolvió el valle tras el ventanal. Un viento frío intentó filtrarse entre los cristales, silbando y gimiendo. Pero un nuevo calor parecía llenar el despacho de Joshua, porque Tony, Hilary y él estaban unidos por su conocimiento compartido sobre el increíble misterio de la aparente resurrección de Bruno Frye.

Bruno Frye había dormido en la parte trasera de la furgoneta «Dodge» azul, en el aparcamiento de un supermercado, hasta las once de la mañana, cuando le despertó una pesadilla llena de fieros, amenazadores e insensatos susurros. Por un momento permaneció incorporado en la penumbra del vehículo, con los brazos apretados sintiéndose tan desesperadamente solo, abandonado y asustado que gimoteaba y lloraba como un niño.

«Estoy muerto —pensó—. Muerto. La perra me mató. Muerto. La podrida y asquerosa bruja clavó un cuchillo en mis entrañas.»

A medida que su llanto iba cediendo, tuvo una idea extraña y turbadora: Pero si estoy muerto..., ¿cómo puedo estar sentado aquí ahora? ¿Cómo puedo estar vivo y muerto a la vez?

Se agarró el vientre con las dos manos. Nada le dolía; no tenía heridas, ni cicatrices.

De pronto se le aclararon las ideas. Era como si una niebla gris se desprendiera de su mente y, por un instante, todo brilló con una luz cristalina, de múltiples facetas. Empezó a preguntarse si Katherine había salido realmente de la tumba. ¿Era Hilary Thomas sólo Hilary Thomas y no Katherine Anne Frye? ¿Estaba loco al querer matarla? Y todas las demás mujeres que había matado en los últimos cinco años... ¿habían sido realmente cuerpos nuevos en los que Katherine se había ocultado? ¿O eran personas normales, mujeres inocentes que no merecían morir?

Bruno seguía sentado en el suelo de la furgoneta, abrumado por la nueva perspectiva.

Y los susurros que invadían su sueño todas las noches, los terroríficos susurros que le espantaban...

Supo al instante que, si se concentrara lo bastante, si rebuscaba en los recuerdos de su infancia, descubriría qué eran los susurros, lo que significaban. Se acordaba de dos grandes puertas de madera que se abrían en el suelo. Recordaba a Katherine abriendo esas puertas, empujándole a la oscuridad. Recordaba cómo las cerraba de golpe y echaba los cerrojos... Recordaba los peldaños que llevaban abajo, al fondo de la tierra...

—¡No!

Apretó las manos sobre sus oídos como si quisiera dejar fuera los recuerdos aborrecidos con la misma facilidad que se dejan los ruidos desagradables.

Sudaba copiosamente. Y no cesaba de temblar.

—¡No! —repitió—. ¡No, no, no!

Hasta donde alcanzaba su memoria, siempre había querido descubrir quién susurraba en sus pesadillas. Había ansiado descifrar lo que aquellos susurros trataban de decirle, y así poder quizás alejarlos para siempre de su sueño. Pero ahora que estaba al borde de averiguarlo, encontraba el conocimiento más terrorífico y angustioso de lo que había sido el misterio. Helado por el pánico, rechazó la espantosa revelación antes de que pudiera serle comunicada.

Ahora, la furgoneta volvía a estar llena de murmullos, de voces sibilantes, de susurros obsesivos.

Bruno gritó aterrorizado y se balanceó en el suelo.

Cosas extrañas volvían de nuevo a arrastrarse por encima de él. Intentaban encaramarse por sus brazos, pecho y espalda. Trataban de llegar a la cara. Pretendían deslizarse entre sus labios y dientes. Pugnaban por introducírsele en la nariz.

Gimiendo y retorciéndose, Bruno las apartaba a manotazos y se golpeaba a sí mismo.

Pero las alucinaciones se alimentan de la oscuridad, y había demasiada luz en la furgoneta para que las grotescas sensaciones mantuvieran su entidad. Veía con claridad absoluta que encima de él no había nada. Poco a poco, cedió el pánico y le dejó agotado.

Por unos minutos, siguió allí sentado, con la espalda apoyada contra la pared de la furgoneta, secándose con un pañuelo el rostro empapado en sudor, oyendo cómo su respiración alterada se iba normalizando.

Por fin decidió que ya era hora de empezar a buscar de nuevo a la maldita perra. Allí estaría..., esperando, escondida en alguna parte de la ciudad. Tenía que localizarla y darle muerte antes de que ella encontrara el modo de matarlo primero.

El breve lapso de claridad mental, el destello de lucidez, se había esfumado, como si nunca hubiera existido. Se había olvidado de las preguntas, de las dudas... Volvía a estar seguro de que Katherine había vuelto de entre los muertos y que tenía que detenerla.

Más tarde, después de un rápido almuerzo, condujo hasta Westwood y aparcó en la zona alta de la calle donde estaba la vivienda de Hilary Thomas. Volvió a pasar a la parte trasera y vigiló la casa desde una pequeña y decorativa abertura a un lado del «Dodge».

Una furgoneta comercial se hallaba aparcada en el camino circular delante de la casa de Thomas. Estaba pintada de blanco con letras azules y doradas en los laterales.

SERVICIO COMPLETO.
LIMPIEZA SEMANAL. LIMPIEZA DE PRIMAVERA.
RECEPCIONES. INCLUSO LIMPIAMOS VENTANAS.

Tres mujeres uniformadas de blanco trabajaban en la casa. Hacían diversos viajes de la vivienda a la furgoneta, y de ésta a la casa, cargadas con trapos, sacando bolsas de plástico llenas de basura, entrando aspiradores para limpiar las alfombras, sacando los fragmentos de muebles que Frye había destrozado durante su ataque, poco antes del amanecer del día anterior.

Aunque vigiló toda la tarde, no tuvo ni siquiera una visión fugaz de Hilary Thomas, y se convenció de que no estaba en la casa. Sin duda había supuesto que no volvería hasta tener la seguridad de que se hallaba a salvo, hasta poseer la certeza de que estaba muerto.

—Pero no soy yo el que va a morir —dijo en voz alta mientras estudiaba la casa—. ¿Me oyes, puta? Primero te clavaré, te cogeré antes de que puedas cogerme tú. Te cortaré la jodida cabeza.

Finalmente, poco después de las cinco, las muchachas sacaron su equipo y lo cargaron en su furgoneta. Cerraron la casa y se marcharon.

Las siguió.

Eran su único enlace con Hilary Thomas. La maldita las había contratado. Debían de saber dónde se encontraba. Si pudiera coger a una de ellas a solas y obligarla a hablar, se enteraría de dónde se ocultaba Katherine.

«Servicio completo» tenía su base en un edificio de un solo piso, estucado, construido en un callejón feo, a media manzana de Pico. La furgoneta que Frye seguía paró en un solar junto al edificio y se colocó junto a una hilera de ocho furgonetas, todas con el nombre de la compañía en azul y oro.

Frye pasó ante la fila de idénticas furgonetas blancas, llegó al final de la manzana, dio la vuelta en el cruce desierto y volvió por donde había venido. Llegó a tiempo de ver a las tres mujeres entrando en el edificio. Ninguna de ellas pareció fijarse en él, o darse cuenta de que el «Dodge» era la misma furgoneta que había estado todo el día frente a la casa de Thomas. Aparcó en la esquina, del lado opuesto al servicio doméstico de limpieza, a la sombra de las ramas de una palmera mecida por el viento, y esperó a que una de las mujeres reapareciera.

Durante los diez minutos siguientes infinidad de muchachas vestidas con el uniforme blanco salieron de «Servicio completo»; pero ninguna de ellas había estado en casa de Hilary aquella tarde. Entonces vio a una mujer que reconoció. Salió del edificio y se dirigió a un «Datsun» de color amarillo vivo. Era joven, de unos veinte años, con cabello oscuro y liso que casi le llegaba a la cintura. Andaba con los hombros hacia atrás, la cabeza erguida y pasos rápidos y elásticos. El viento aplastaba el uniforme a sus caderas y muslos y agitaba el dobladillo sobre sus bonitas rodillas. Se metió en el «Datsun», salió del aparcamiento, giró a la izquierda y se dirigió a Pico.

Frye vaciló, intentando decidir si ella era la mejor diana, preguntándose si no sería preferible esperar a una de las otras dos. Pero algo le decía que ésa era la indicada. Puso el «Dodge» en marcha y se apartó de la acera.

Para que no le descubriera, se esforzó en mantener otros coches entre el «Datsun» y el «Dodge». La fue siguiendo de calle en calle con la mayor discreción, y parecía como si ella no se hubiera dado cuenta de que la estaban siguiendo.

Su casa se hallaba en Culver City, a pocas manzanas de los estudios de la «MGM». Vivía en un pequeño pabellón antiguo, independiente, en una calle de pabellones antiguos, separados. Algunas de estas viviendas eran viejas, grises, decrépitas y lúgubres; necesitaban reparaciones; pero la mayoría estaban cuidadas con orgullo, recién pintadas, con las maderas de color contrastante, pequeñas galerías, alguna que otra ventana de vidrios de colores, una puerta con cristales emplomados aquí y allá, faroles y tejados de tejas. No era un vecindario de ricos, pero era rico en carácter.

La casa de la sirvienta estaba a oscuras cuando llegó. Entró y encendió las luces de las habitaciones delanteras.

Bruno aparcó el «Dodge» al otro lado de la calle, en una sombra que era más densa que el resto de la oscuridad recién llegada. Apagó los faros y el motor. Bajó el cristal de la ventanilla. El vecindario era tranquilo y casi silencioso. Los únicos ruidos venían de los árboles, que respondían al insistente viento otoñal, de algún coche que pasara y de una lejana radio o estéreo que tocaba música *swing*. Era una melodía de Benny Goodman, de los cuarenta, pero Bruno no recordaba el título; la melodía llegaba hasta él fragmentada a capricho del viento. Permaneció ante el volante y esperó, vigiló y escuchó.

A eso de las seis cuarenta, Frye decidió que la joven no tenía ni marido ni novio residentes en la casa. Si un hombre la hubiera compartido con ella, ya habría llegado del trabajo.

Frye se concedió otros cinco minutos.

La música de Benny Goodman cesó.

Ése fue el único cambio.

A las seis cuarenta y cinco salió del «Dodge» y cruzó la calle hacia la vivienda.

La casita estaba en un solar estrecho, demasiado cerca de los vecinos para favorecer el propósito de Bruno. Pero, al menos, ente las casas había muchos árboles y arbustos, que ayudaban a proteger el pórtico de entrada de la casa de la muchacha de la oscuridad de los que vivían a ambos lados. Así y todo, tendría que darse prisa, entrar con rapidez y sin crear desbarajuste, antes de que ella tuviera tiempo de chillar.

Subió los dos peldaños del pórtico y pasó a la galería. Las tablas del suelo crujían un poco.

Tiró de la campanilla.

La chica le abrió y sonrió incierta.

—¿Sí?

La puerta tenía cadena de seguridad. Era más sólida que la mayoría, pero distaba mucho de ser tan efectiva como ella probablemente pensaba. Un hombre más pequeño que Bruno Frye podía arrancarla de cuajo con dos fuertes golpes. Bruno sólo necesitó arrimar su macizo hombro una sola vez, con fuerza, mientras ella decía: «¿Sí?» La puerta cedió y volaron varias astillas, parte de la cadena de seguridad rota cayó al suelo con un fuerte tintineo.

Saltó adentro y cerró la puerta tras él. Estaba seguro de que nadie le había visto entrar.

La mujer estaba caída de espaldas en el suelo. La puerta la había derribado. Todavía llevaba el uniforme blanco. La falda se le había subido hasta los muslos. Tenía unas piernas preciosas.

Se arrodilló junto a ella.

Estaba atontada. Abrió los ojos y trató de mirarle; pero necesitaba tiempo para poder ver claro.

Apoyó la punta del cuchillo en su garganta y le dijo:

—Si chilla, la abriré en canal. ¿Me comprende?

La confusión desapareció de sus oscuros ojos, reemplazada por el miedo. Empezó a temblar. Se le formaron lágrimas en los ojos; pero no se derramaron.

Impaciente, le pinchó el cuello con el cuchillo y provocó una gota de sangre. Ella se encogió.

—Nada de gritar. ¿Me oye?

Con esfuerzo le contestó:

—Sí.

—¿Se portará bien?

—Por favor. Por favor, no me haga daño.

—No quiero hacerle daño. Si se está quieta, si no grita, si coopera conmigo, no voy a hacerle daño. Pero si chilla y trata de escapar, la cortaré a pedazos. ¿Lo entiende?

Con una voz que apenas se oía contestó:

—Sí.

—¿Va a portarse bien?

—Sí.

—¿Vive sola aquí?

—Sí.

—¿Sin marido?

—Sí.

—¿Novio?

—No vive aquí.

—¿Le espera esta noche?

—No.

—¿Me está mintiendo?

—Le digo la verdad. Se lo juro.

Se la veía pálida bajo su tez morena.

—Si me miente, le cortaré a tiras esa bonita cara.

Levantó el cuchillo y apoyó la punta en su mejilla. La muchacha cerró los ojos y se estremeció.

—¿Espera usted a alguien?

—No.

—¿Cómo se llama?

—Sally.

—Está bien, Sally, quiero hacerle unas preguntas, pero no aquí, así.

Abrió los ojos. Tenía lágrimas en las pestañas, una se deslizó por su rostro. Tragó saliva.

—¿Qué quiere?

—Tengo que preguntarle sobre Katherine.

—No conozco a ninguna Katherine —contestó con el ceño fruncido.

—La conoce como Hilary Thomas.

Frunció más el ceño.

—¿La mujer de Westwood?

—Ha limpiado su casa hoy.

—Pero... no la conozco. No la he visto nunca.

—Ya lo veremos.

—Es la pura verdad. No sé nada de ella.

—Quizá sabe más de lo que cree.

—No. De veras.

—Vamos —le dijo, esforzándose por mantener la sonrisa en su rostro y un tono amistoso en la voz—. Pasemos al dormitorio donde podemos hacer esto con mayor comodidad.

Su temblor fue en aumento, tanto que parecía epilepsia.

—Va a violarme, ¿no es verdad?

—No, no.

—Sí, va a hacerlo.

A Frye le costaba dominar su ira. Estaba furioso porque discutía con él. Estaba furioso porque se mostraba tan reacia a moverse. Deseaba poder hundirle el cuchillo en el vientre y sacarle la información a trozos, pero, naturalmente, no podía hacerlo. Quería saber dónde se ocultaba Hilary Thomas. Le parecía que la mejor manera de conseguir que se lo dijese era doblegar aquella mujer como el que dobla un cable: doblarla repetidas veces hasta romperla, doblarla hacia un lado con amenazas y hacia el otro con halagos, alternar la violencia menor, con simpatía y bondad. En ningún momento consideró la posibilidad de que podía estar dispuesta a contárselo todo. Desde su punto de vista, era empleada de Hilary Thomas; o sea, de Katherine, y por consiguiente formaba parte de su complot para matarle. Esta mujer no era una simple e inocente espectadora. Era la doncella de Katherine, una conspiradora, quizás incluso otra de los muertos vivientes. Esperaba que le ocultara información y que sólo se la diera de mala gana.

—Le prometo que no voy a violarla —le aseguró con dulzura—. Pero, mientras la interrogo quiero que se quede quieta, tumbada de espaldas, para que así le resulte más difícil levantarse y echar a correr. Me sentiré más seguro si la tengo echada de espaldas. De modo que, como va a quedarse mucho rato tendida, le resultará más agradable hallarse sobre un colchón que en el duro suelo. Sólo pienso en su comodidad, Sally.

—Aquí estoy bien —le aseguró, nerviosa.

—No sea tonta. Además, si viniera alguien a llamar a la puerta... podría oírnos y creer que ocurre algo malo. La alcoba será un lugar más privado. Vamos ahora. Venga. Arriba.

Se levantó.

Mantuvo el cuchillo apoyado en ella.

Entraron en el dormitorio.

Hilary no era una gran bebedora, pero le alegraba tener un buen vaso de whisky en la mano mientras estaba sentada en el sofá del despacho de Joshua Rhinehart escuchando la historia del abogado. Les habló del dinero del Banco de San Francisco, del doble que había dejado la extraña carta en la caja de depósito... y de su creciente incertidumbre acerca de la identidad del muerto enterrado en la tumba de Bruno Frye.

—¿Van a exhumar el cadáver? —preguntó Tony.

—Aún no. Hay un par de cosas que quiero ver primero. Si concuerdan quizá logre respuestas suficientes para que no sea necesario abrir la tumba.

Les habló de Rita Yancy, en Hollister, y del doctor Nicholas Rudge, en San Francisco, y reconstruyó su reciente conversación con Latham Hawthorne.

Pese a la templada estancia y al calor del whisky, Hilary sentía que tenía los huesos helados.

—Este Hawthorne parece también pertenecer a una institución para locos.

—A veces pienso que si encerráramos a todos los locos en instituciones, quedaría muy poca gente fuera —suspiró Joshua.

Tony se inclinó hacia delante:

—¿Cree que Hawthorne de verdad no sabía lo del doble?

—Sí —le aseguró Joshua—. Es curioso; pero le creo. Puede que esté loco por el satanismo, y puede no ser muy moral en ciertos aspectos, incluso puede resultar algo peligroso, pero no me pareció un hipócrita. Por extraño que pueda parecer, tengo la impresión de que es sincero en cierto sentido, y no espero poder averiguar nada más por él. Quizás el doctor Rudge o Rita Yancy sepan algo de más valor. Pero basta ya. Háblenme de ustedes. ¿Qué ocurrió? ¿Qué les ha traído a Santa Helena?

Hilary y Tony se turnaron para contarle los acontecimientos de los últimos días.

Cuando terminaron, Joshua se quedó mirando a Hilary un buen rato; luego meneó la cabeza diciendo:

—Es usted muy valiente, joven.

—Oh, no. Soy cobarde. Tengo un pánico de muerte. Llevo muchos días aterrorizada.

—Estar asustada no quiere decir ser cobarde —observó Joshua—. Todo el valor se basa en miedo. Tanto el cobarde como el héroe actúan acuciados por el terror o la necesidad. La única diferencia entre ellos es simplemente que el cobarde sucumbe al miedo mientras que la persona valerosa triunfa sobre él. Si fuera cobarde, ya estaría lejos, en un viaje de vacaciones a Europa, en Hawai, o en otro lugar lejano y hubiera confiado en el tiempo para resolver el enigma Frye. Pero ha venido aquí, a la ciudad de Bruno, donde podría correr más peligro que en Los

Ángeles. Admiro muy pocas cosas de este mundo; pero una de ellas es su valor.

Hilary se ruborizó. Miró a Tony, luego a su vaso de whisky.

—Si fuera valiente, me quedaría en la ciudad y le tendería una trampa, sirviendo yo de cebo. Aquí, en realidad, no corro peligro. Después de todo está muy ocupado buscándome por Los Ángeles. Y no tiene forma de saber a dónde he ido.

El dormitorio.

Desde la cama, Sally le vigilaba con los ojos alerta y llenos de terror.

Bruno dio una vuelta por la alcoba, mirando en los cajones. Después volvió junto a ella.

Su cuello era fino y terso. La gota de sangre había resbalado por el gracioso arco de carne hasta llegar a la clavícula.

La chica vio cómo miraba la sangre; entonces alzó la mano, tocó y contempló sus dedos manchados.

—No se preocupe —la tranquilizó—. Es sólo un arañazo.

El dormitorio de Sally, en la parte trasera de la casita, estaba decorado en tonos tierra. Tres paredes se hallaban pintadas de beige, la cuarta aparecía cubierta por un papel imitando saco. La alfombra era de color chocolate. El cubrecamas y las cortinas a juego estaban hechos con un estampado abstracto en distintas intensidades de café con leche. Eran colores naturales, sedantes a la vista. Los muebles color caoba brillaban donde les daba la luz ambarina de una de las dos lámparas de las mesitas de noche.

Sally yacía en la cama boca arriba, con las piernas muy juntas, los brazos a lo largo del cuerpo, los puños cerrados. Seguía todavía con su uniforme blanco, decentemente bajado hasta las rodillas. Su larga cabellera castaña estaba extendida como un halo alrededor de su cabeza. Era muy bonita.

Bruno se sentó al borde de la cama, a su lado.

—¿Dónde está Katherine?

La mujer parpadeó. Las lágrimas escaparon de sus ojos. Lloraba; pero en silencio, temiendo sollozar, gemir, gritar, recelando que, al menor ruido, él la apuñalara.

Repitió la pregunta.

—Ya se lo he dicho, no conozco a nadie que se llame Katherine —murmuró de forma entrecortada, trémula; cada palabra precisaba de una lucha, y su labio inferior, sensual, temblaba al hablar.

—Ya sabe a quién me refiero —insistió tajante—. No juegue conmigo. Ahora se hace llamar Hilary Thomas.

—Por favor, por favor, suélteme...

Sostenía el cuchillo sobre su ojo derecho, con la punta dirigida a la dilatada pupila:

—¿Dónde está Hilary Thomas?

—¡Oh, Dios mío! —dijo temblando—. Oiga, señor, debe de haber una confusión. Un error. Usted se equivoca.

—¿Quiere perder el ojo?

Las gotas de sudor brotaron del nacimiento de su cabello.

—¿Quiere quedarse tuerta? —le preguntó.

—No sé dónde está —contestó Sally, angustiada.

—No me mienta.

—No le miento. Le juro que no miento.

La miró con fijeza durante unos segundos. Ahora, incluso había sudor en su labio superior, unas gotitas de humedad. Apartó el cuchillo del ojo. Ella se mostró aliviada.

Pero la sorprendió. Le dio un bofetón con la otra mano, le pegó tan fuerte que sus dientes chocaron y sus ojos se entornaron.

—Perra.

Las lágrimas eran ya abundantes. Gemía con suavidad, intentando apartarse de él.

—Debe de saber dónde está —insistió—. Ella la contrató.

—Trabajamos regularmente para ella. Sólo llamó y solicitó una limpieza especial. No dijo dónde estaba.

—¿Se encontraba en la casa cuando usted llegó?

—No.

—¿Había alguna otra persona en la vivienda cuando entraron ustedes?

—No.

—¿Entonces cómo entraron?

—¿Eh?

—¿Quién le dio la llave?

—Ah, oh, sí. —Pareció animarse al ver que tal vez tenía una salida—. Su agente. Un agente literario. Tuvimos que pasar primero por su despacho para recoger la llave.

—¿Dónde está eso?

—En Beverly Hills. Debería hablar con su agente si quiere saber dónde se encuentra ella. A él es a quien debe ver. Él sabrá dónde puede encontrarla.

—¿Cómo se llama?

Sally vaciló:

—Un nombre extraño. Lo he visto escrito... pero no estoy segura si lo recuerdo bien...

Volvió a subir el cuchillo hasta su ojo.

—Topelis —dijo.

—Deletréelo.

Así lo hizo.

—Yo no sé dónde está Miss Thomas; pero ese señor Topelis sí lo sabrá. Seguro que lo sabe.

Apartó el cuchillo del ojo.

Sally había estado rígida, ahora se relajó un poco.

Él siguió mirándola fijamente. Algo se revolvía en el fondo de su mente, un recuerdo, y de pronto una súbita revelación.

—El cabello —murmuró—. Tiene el cabello oscuro. Y los ojos. También son oscuros.

—¿Qué pasa? —preguntó preocupada, comprendiendo de pronto que aún no estaba a salvo.

—Tiene el mismo cabello, los mismos ojos y la misma tez que ella tenía —dijo Frye.

—No lo entiendo. No sé lo que está sucediendo. Me da miedo.

—¿Creíste que podías engañarme?

La miraba sonriendo como satisfecho de sí mismo por no haberse dejado engañar por su inteligente artimaña.

Lo sabía. *Lo sabía.*

—¿Creíste que iría a ver a ese Topelis y tendrías así la oportunidad de escabullirte?

—Topelis sabe dónde está. Lo sabe. Yo no. La verdad es que no sé nada.

—Yo sé dónde está ahora —afirmó Bruno.

—Pues si lo sabe, podría dejarme marchar.

—Cambiasteis de cuerpos, ¿verdad?

Y se echó a reír.

—¿Qué? —preguntó asombrada.

—De algún modo saliste del cuerpo de esa Thomas y te apoderaste de esta muchacha. ¿No es así?

Sally ya no lloraba. Su miedo era tan ardiente que se le habían secado las lágrimas

¡Perra!

Maldita perra.

347

—¿Creíste de verdad que me engañarías? —preguntó otra vez, y volvió a reírse, encantado—. Después de todo lo que me has hecho, ¿cómo pudiste pensar que no te reconocería?

—Yo no le he hecho nada. —El terror resonaba en su voz—. No tiene sentido. ¡Oh, Jesús! ¡Oh Dios mío! ¡Dios mío! ¿Qué es lo que quiere de mí?

Bruno se inclinó hacia ella, acercó su cara a la suya. Miró al fondo de sus ojos y gritó:

—Ahí estás, ¿verdad? ¿Ahí estás, en lo más hondo, ocultándote, escapando de mí? ¿No es cierto? ¿No es verdad, madre? Te veo, madre, te estoy viendo ahí abajo.

Unos gruesos goterones se estrellaron en la ventana del despacho de Joshua Rhinehart.

El viento nocturno se quejaba.

—Todavía no comprendo por qué Frye me eligió a mí —comentó Hilary—. Cuando vine aquí en busca de información para un guión se mostró amable. Contestó a todas mis preguntas acerca de la industria del vino. Pasamos dos o tres horas juntos, y en ningún momento sospeché que fuera otra cosa que un hombre de negocios corriente. Luego, pasadas unas semanas, aparece en mi casa con un cuchillo. Y, según la carta encontrada en la caja del Banco, piensa que soy su madre en un nuevo cuerpo. ¿Por qué yo?

Joshua se revolvió inquieto.

—He estado mirándola y pensando...

—¿Qué?

—Quizá la eligió porque..., bueno se parece un poco a Katherine.

—¿No irá a decirme que tenemos otro doble en juego? —exclamó Tony.

—No. El parecido es superficial.

—Bien —dijo Tony—. Otra sosia sería demasiado para mí.

Joshua se levantó. Fue hacia Hilary, le puso la mano bajo la barbilla, le levantó el rostro y lo volvió a derecha y a izquierda:

—El cabello, los ojos, la tez —murmuró pensativo—. Sí, todo es parecido. Y hay otras cosas en su rostro que me recuerdan vagamente a Katherine, cosas insignificantes, tan pequeñas que no podría señalarlas. Es sólo un parecido ligero. Ella no era tan atractiva como usted.

Cuando Joshua apartó la mano de su barbilla, Hilary se levantó y anduvo hasta la mesa del abogado. Recapacitando acerca de lo que

348

había oído en la última hora, se quedó mirando los objetos ordenados sobre la mesa: carpeta, secante, abrecartas, pisapapeles.

—¿Ocurre algo? —preguntó Tony.

El viento arreció. Otra ráfaga de goterones golpeó la ventana.

Hilary se volvió y se encaró con los hombres.

—Déjenme que resuma la situación. Veamos si lo tengo claro.

—Creo que ninguno de nosotros lo tiene claro —observó Joshua regresando a su butaca—. Toda esta maldita historia es demasiado retorcida para poder ordenarla en una línea recta.

—A eso voy, creo que he encontrado un nuevo retorcimiento.

.—Adelante —la animó Tony.

—Según parece deducirse —empezó Hilary—, poco después de la muerte de su madre, Bruno empezó a creer que había vuelto de la tumba. Durante cinco años ha estado comprando libros sobre los muertos vivientes a Latham Hawthorne. A lo largo de ese tiempo, ha vivido aterrorizado por Katherine. Por fin, cuando me vio, decidió que yo era el nuevo cuerpo que ella estaba utilizando. ¿Pero por qué tardó tanto?

—No la entiendo —murmuró Joshua.

—¿Por qué tardó cinco años en fijarse en alguien, cinco largos años para seleccionar un blanco de carne y hueso para su terror?

Joshua se encogió de hombros.

—Está loco. No podemos esperar que sus razonamientos sean lógicos y descifrables.

Pero Tony había captado lo que implicaba su pregunta. Se inclinó hacia delante, ceñudo.

—Creo que sé lo que vas a decir. Dios mío, me produce carne de gallina.

Joshua miró a uno y otro y observó:

—Debo de estar volviéndome tonto con los años. ¿Quiere alguno de ustedes explicármelo?

—Tal vez yo no sea la primera mujer que ha confundido con su madre. Puede que haya asesinado a otras antes de llegar a mí.

—¡Imposible! —exclamó Joshua.

—¿Por qué?

—Habríamos sabido que andaba matando mujeres. ¡Le habrían cogido!

—Podría no ocurrir así —objetó Tony—. Los maníacos homicidas suelen ser muy cuidadosos, muy inteligentes. Algunos de ellos preparan planes meticulosos... y tienen la diabólica habilidad de correr los riesgos adecuados cuando algo inesperado les desbarata los planes. No son siempre fáciles de aprehender.

Joshua se metió la mano en su blanca mata de pelo.

—Pero, si Bruno mató a otras mujeres... ¿dónde están sus cuerpos?

—No en Santa Helena —dijo Hilary—. Puede que haya sido esquizofrénico; pero la parte respetable, la parte Dr. Jekyll de su personalidad, dominaba a la otra cuando estaba con gente que sabía quién era. Casi seguro que se marchaba de la ciudad para matar. Fuera del valle.

—San Francisco —intervino Tony—. Por lo visto iba allí con regularidad.

—Cualquier ciudad de la parte norte del Estado —continuó Hilary—. Cualquier lugar lo bastante alejado de Napa Valley para que no le conociera nadie.

—A ver, espere —cortó Joshua—. Espere un minuto. Incluso si viajaba lejos y encontraba mujeres con un ligero parecido a Katherine, incluso si las mataba en otros lugares..., dejaría cadáveres tras de sí. Tendría que haber similitudes en el modo de matarlas, indicios que las autoridades habrían notado. Estarían buscando ya a un moderno Jack *el Destripador*. Lo habríamos sabido todo por los noticiarios.

—Si los asesinatos se repartieron en cinco años, en muchas ciudades y condados, probablemente la policía no los relacionaría —insistió Tony—. Éste es un Estado muy grande. Cientos de millares de kilómetros cuadrados. Hay muchos centenares de organizaciones policiales y pocas veces intercambian información entre sí, como debería hacerse. En realidad, sólo hay un medio seguro de que reconozcan la posible relación entre varios asesinatos... Y es que, por lo menos dos, o mejor tres de ellos tengan lugar en un lapso de tiempo corto, en una misma jurisdicción policial, un condado o una ciudad.

Hilary se apartó de la mesa y volvió al sofá. Se sentía tan helada como aquel viento de octubre. Dijo:

—Es posible que haya ido matando mujeres... dos, seis, diez, quince, tal vez más... en los cinco años transcurridos, y que yo sea la primera que se lo ha puesto difícil.

—No solamente posible, sino probable —arguyó Tony—. Yo diría que podemos estar casi seguros.

La fotocopia de la carta encontrada en la caja de depósito estaba en la mesita frente a él; la cogió y leyó la primera frase en voz alta:

Mi madre, Katherine Anne Frye, falleció hace cinco años, pero sigue volviendo a la vida en otros cuerpos nuevos.

—Cuerpos —hizo notar Hilary.

—Aquí está la clave —observó Tony—. No cuerpo, en singular, sino cuerpos, en plural. De ello podemos inferir que la mató varias veces y que creyó que siempre volvía de la tumba.

Joshua estaba pálido.

—Pero si tienen razón..., he estado..., todos nosotros en Santa Helena hemos estado viviendo junto al monstruo más cruel y diabólico. ¡Y ni siquiera lo sospechamos!

Tony murmuró en tono grave:

—«La Bestia del Infierno camina entre nosotros bajo la guisa de un hombre corriente.»

—¿De dónde es? —preguntó Joshua.

—Tengo una mente como una papelera. Muy poco escapa a mi memoria, lo quiera o no. Recuerdo la cita del catecismo católico que estudiaba en clase, de pequeño. Lo escribió un santo; pero no recuerdo cuál. «La Bestia del Infierno», vestida como un hombre corriente, camina entre nosotros. Si el demonio le revelara su verdadera cara en un momento en que se ha alejado de Cristo, entonces quedaría sin protección, y él devoraría alegremente su corazón, le arrancaría miembro tras miembro y se llevaría su alma inmortal a lo profundo del abismo abierto.

—Parece Latham Hawthorne —dijo Joshua.

Fuera, el viento aulló.

Frye puso el cuchillo encima de la mesita de noche, lejos del alcance de Sally. Después agarró las solapas del uniforme blanco y de un tirón desgarró la prenda. Los botones saltaron.

Sally, paralizada por el terror, no se resistió. No podía. Él volvió a sonreírle, diciendo:

—Ahora. Ahora, madre. Ahora vas a pagármelo todo.

Desgarró el uniforme hasta abajo y lo abrió. La vio en sostén, bragas y panties, un cuerpo esbelto, precioso. Agarró las ropas del sostén y tiró hacia abajo. Los tirantes se le incrustaron en la piel y después se rompieron. La tela se rasgó. El elástico saltó.

Sus pechos eran grandes, en proporción a su cuerpo y estructura ósea, redondos, llenos, con pezones muy oscuros, como botones. Los estrujó brutalmente.

—¡Sí, sí, sí, sí, sí!

En su voz profunda y rasposa, aquella única palabra adquiría una calidad irreal de cántico siniestro, era una letanía satánica.

Le arrancó también los zapatos, primero el derecho, luego el izquierdo y los tiró. Uno de ellos chocó contra el espejo del tocador y lo hizo añicos.

El ruido de los cristales rotos sacó a la mujer de su trance catatónico producido por el *shock*, se debatió para apartarse de él; pero el miedo mermaba sus fuezas; se revolvió y agitó inútilmente.

La sujetaba sin dificultad, la abofeteó por dos veces, con tal fuerza que se le abrió la boca y las lágrimas inundaron sus ojos. Un hilo de sangre salió de la comisura de sus labios, y llegó a la barbilla.

—¡Perra asquerosa! —clamó furioso—. ¿Nada de sexo, eh? Dijiste que nada de sexo. Nunca nada de sexo, dijiste. No podía arriesgarme a que ninguna mujer descubriera cómo soy, dijiste. Bien, ya sabes cómo soy y lo que soy, madre. Ya conoces mi secreto, y no tengo que ocultarte nada, madre. Dijiste que yo era diferente de los otros hombres. Sabes que mi polla no es como las suyas. Sabes quién era mi padre. Lo sabes. Sabes que mi polla es como la suya. No tengo por qué ocultártela, madre. Y voy a metértela, madre. Hasta el fondo. ¿Me oyes? ¿Lo has oído?

La muchacha estaba llorando, moviendo la cabeza de un lado a otro.

—¡No! ¡No, no! ¡Oh, Dios mío! —Pero logró controlarse, le miró fijamente a los ojos (y él vio en ella a Katherine, en el fondo de los ojos oscuros, mirándole) y le dijo—: Escúcheme. ¡Por favor, escúcheme! Está enfermo. Muy enfermo. Todo lo tiene confuso. Necesita ayuda.

—*¡Calla, calla! ¡Calla!*

Volvió a golpearla, con más fuerza que la otra vez, alzando su manaza en un arco largo y rápido, contra el lado de la cara.

Cada acto de violencia le excitaba. El ruido de cada golpe, jadeo dolorido, sus gritos de pobre pájaro, cómo su carne tierna enrojecía y se hinchaba. La vista de su rostro dolorosamente contraído y sus ojos de conejo asustado, despertaban su lujuria hasta una insoportable incandescencia.

Temblaba de deseo, se estremecía, se agitaba. Respiraba como un toro. Sus ojos estaban desorbitados. La boca se le había llenado de saliva de tal modo que tenía que tragar sin cesar para evitar que cayera sobre la muchacha.

Machacó sus preciosos pechos, los estrujó y manoseó, los maltrató.

El terror había abandonado a Sally, ahora estaba casi sumida en un trance, inmóvil y rígida.

Bruno la aborrecía y no le importaba lo mucho que pudiera lastimarla. Quería causarle dolor. Quería que sufriera por todas las cosas que le había hecho. Y, en primer lugar, por haberle traído al mundo.

Y, a la vez, estaba avergonzado de estar tocando los pechos de su madre y avergonzado de querer meterle el pene en el cuerpo. Por tanto, mientras la manoseaba, trató de explicarse y justificarse por lo que hacía:

—Me dijiste que, si intentaba hacer el amor con una mujer, sabría inmediatamente que no soy humano. Dijiste que se daría cuenta de la diferencia y se enteraría. Llamaría a la Policía, me llevarían y me quemarían en la hoguera, porque sabrían quién era mi padre. Pero tú estás enterada de todo esto. Para ti no es ninguna sorpresa, madre. Así que voy a servirme de mi polla contigo. Puedo metértela hasta arriba, madre, y nadie podrá quemarme vivo.

Nunca, mientras vivió, había pensado en metérsela. Estaba desesperadamente dominado por ella. Pero la primera vez que volvió de la muerte en un cuerpo nuevo, Bruno había saboreado la libertad, y se había sentido lleno de atrevimiento y de nuevas ideas. Se dio cuenta al momento de que tenía que matarla para evitar que volviera a apoderarse de su vida... o arrastrarle con ella a la tumba. Pero también se dio cuenta de que podía forzarla sin correr riesgos, porque ella ya conocía su secreto. Ella fue la que le dijo la verdad sobre sí mismo; se lo había repetido millares de veces. Sabía que su padre fue un demonio, una cosa horrenda y repugnante porque había sido violada por aquella criatura inhumana, que la impregnó contra su voluntad. Durante el embarazo, había llevado fajas y más fajas, superpuestas, para disimular su estado. Cuando se acercó la hora, se marchó para dar a luz al cuidado de una comadrona muda, en San Francisco. Después, dijo a la gente de Santa Helena que Bruno era el hijo ilegítimo de una antigua compañera de colegio que había tenido un tropiezo; que su verdadera madre había muerto poco después de su nacimiento, y que su último deseo había sido que Katherine se hiciera cargo del niño. Lo llevó a su casa y simuló que había sido legalmente puesto bajo su custodia y cuidados. Había vivido en constante terror de que alguien descubriera que Bruno era suyo y de que su padre no era humano. Una de las cosas que le marcaban como descendiente de un demonio, era su pene. Tenía el pene de un demonio, diferente del de un hombre. Tenía que ocultarlo siempre, le había dicho que le descubrirían y le quemarían en la hoguera. Se lo había explicado todo, había empezado a explicárselo desde muy pequeño, cuando aún no sabía para qué podía servir el pene. Así, de una manera extraña, había sido a la vez su salvación y su maldición. Era una maldición porque seguía saliendo de la tumba para volver a apoderarse de él, o matarle. Y era una bendición, porque, si no hubiera continuado saliendo de la tumba, no habría tenido a nadie en quien vaciar la ardiente y enorme cantidad de semen que surgía en él como lava hirviente. Sin ella, estaba condenado a una vida de celibato. Por consiguiente, si bien contemplaba sus resurrecciones con horror y ultraje, parte de él esperaba ansiosa cada nuevo encuentro con cada nuevo cuerpo que habitaba.

Ahora, arrodillado en la cama, junto a ella, mirándole el pecho y la oscura mata púbica visible a través de sus bragas transparentes, su erección fue tan enorme que le dolía. Era consciente de la mitad diabólica de su personalidad, y se afirmó en ella; sintió la bestia subiendo a la superficie de su mente.

Clavó las uñas en las bragas de Sally (Katherine) destrozando el nylon al tirar de ellas para que resbalaran por las largas piernas. Agarró los muslos con sus manazas y los separó a la fuerza. Se agitó torpemente sobre el colchón hasta encontrarse arrodillado entre las piernas de la muchacha.

También esta vez salió del trance. Y súbitamente se movió, pataleó, golpeó y trató de levantarse, pero la empujó sin esfuerzo. Entonces le pegó con los puños; pero sus puñetazos carecían de fuerza. Viendo que sus golpes no tenían efecto, abrió las manos, las engarfió, las clavó en el rostro de él y le arañó; luego, buscó sus ojos.

Él se echó hacia atrás, alzó un brazo para protegerse, y se encogió un poco al recibir un arañazo en el dorso de la mano. Entonces, cayó de lleno sobre ella, aplastándola con su cuerpo enorme y fuerte. Apoyó el brazo sobre la garganta y apretó hasta ahogarla.

Joshua Rhinehart lavó los tres vasos de whisky en el barreñito del bar. Dijo a Tony y a Hilary:

—Ambos tienen mucho más en juego que yo en todo esto; así que ¿por qué no se vienen mañana conmigo, cuando vuele a Hollister para visitar a Rita Yancy?

—Estaba deseando que nos lo dijera —exclamó Hilary.

—Aquí no podemos hacer nada ahora —comentó Tony.

Joshua se secó las manos.

—Bien. Decidido, pues. Dígame, ¿tienen habitación en el hotel para esta noche?

—Todavía no —respondió Tony.

—Me encantará que se queden en casa —ofreció Joshua.

Hilary le dedicó una bonita sonrisa.

—Es muy amable. Pero no queremos abusar de usted.

—No es ningún abuso.

—Pero no nos esperaba y nosotros...

—Joven —la interrumpió Joshua, impaciente—, ¿sabe cuánto tiempo hace que no tengo invitados? Más de tres años. ¿Y sabe por qué no he tenido invitados en estos tres años? Porque no invité a nadie, por eso. No soy hombre muy gregario. Y no invito a la ligera. Si creyera que ustedes iban a resultarme una carga... o peor aún, un latazo..., tampoco les hubiera invitado. Ahora no perdamos más tiempo con cumplidos. Necesitan una habitación. Tienen una habitación. ¿Van a quedarse en casa o no?

Tony se echó a reír e Hilary sonrió a Joshua, diciéndole:

—Gracias por invitarnos. Estamos encantados.

—Estupendo —dijo Joshua.

—Me gusta su estilo —le confesó Hilary.

—Mucha gente me considera un cascarrabias.

—Pero un cascarrabias estupendo.

Joshua también le sonrió.

—Gracias. Creo que lo haré grabar en mi lápida mortuoria. «Aquí descansa Joshua Rhinehart, un cascarrabias estupendo.»

Al salir del despacho el teléfono empezó a sonar y Joshua regresó a su mesa. El doctor Nicholas Rudge le llamaba desde San Francisco.

Bruno Frye seguía aún encima de la mujer, clavada al colchón. El musculoso brazo apoyado sobre la suave garganta.

Se ahogaba y luchaba por poder respirar. Tenía el rostro rojo, descompuesto por el sufrimiento.

Esto le excitaba.

—No luches contra mí, madre. No te agites así. Sabes que es inútil. Sabes que terminaré ganando.

Sally se debatía bajo el enorme peso y la tremenda fuerza. Trató de arquear la espalda y rodar a un lado. Cuando vio que no podía deshacerse de él, la sacudieron unos violentos e involuntarios espasmos musculares, al reaccionar su cuerpo a la creciente interrupción del aire necesario y de la falta de riego sanguíneo al cerebro. Finalmente, pareció comprender que nunca podría librarse, que no tenía ninguna esperanza de escape. Derrotada, se quedó inmóvil.

Convencido de que la mujer se rendía espiritual a la vez que físicamente, Frye apartó el brazo de su maltrecha garganta. Se alzó sobre las rodillas, liberándola de su peso.

Ella se llevó las manos al cuello. Se atragantaba y tosía sin poder controlarse.

Frenético ahora, con el corazón desbocado, con la sangre agolpándose en sus oídos, acuciado por el deseo, Frye se puso de pie, se quedó junto a la cama, se arrancó la ropa, la echó de cualquier modo sobre el tocador, fuera del paso.

Se contempló la erección. Su visión le impresionó. Su dureza de acero. El tamaño. El color rabioso.

Volvió a subir a la cama.

Ahora se mostraba dócil. Sus ojos tenían una expresión vacía.

Arrancó lo que quedaba de las bragas amarillas y se acomodó entre sus piernas. La saliva le escapaba de la boca. Caía sobre los senos de la joven.

Entró en ella. Empujó su verga diabólica hasta el fondo. Gruñendo como un animal. La acometió hasta que su semen la inundó.

Imaginó el líquido lechoso. Lo imaginó saliendo de él hasta lo más profundo de ella.

Pensó en la sangre emanando de una herida. Pétalos rojos extendiéndose fuera de una profunda herida de cuchillo.

Joshua Rhinehart pulsó un interruptor de su teléfono, poniendo la llamada del doctor Nicholas Rudge al alcance de todos, para que Tony e Hilary pudieran oír la conversación.

—Intenté primero su teléfono particular —explicó Rudge—. No creía que pudiera estar aún en su despacho a esta hora.

—Soy un vicioso del trabajo, doctor.

—Pues debería hacer algo por evitarlo —observó Rudge con sincero interés—. Ésta no es forma de vivir. He tratado a muchos ambiciosos para los que el trabajo había pasado a ser el único interés de sus vidas. Una actitud obsesiva por el trabajo puede destruirle.

—Doctor Rudge, ¿cuál es su especialidad médica?

—Psiquiatría.

—Lo sospechaba.

—¿Es usted el albacea?

—En efecto. Supongo que ya se habrá enterado de su trágica muerte.

—Sólo por lo que dijo el periódico.

—Mientras ponía en orden la herencia, descubrí que Mr. Frye le visitaba regularmente en el último año y medio anterior a su muerte.

—Venía una vez al mes.

—¿Sabía que era un homicida?

—Claro que no —protestó Rudge.

—¿Le estuvo tratando todo este tiempo y no se dio cuenta de que era capaz de violencia?

—Sabía que estaba muy trastornado. Pero no creí que representara un peligro para nadie. Sin embargo, debe comprender que él no me dio ninguna oportunidad de descubrir su lado violento. Como le he dicho, sólo me hacía una visita al mes. Yo quería verle una vez por semana, y mejor dos, pero él se negó. Por una parte, quería que yo le ayudara, pero al mismo tiempo temía lo que pudiera averiguar sobre sí mismo. Pasado cierto tiempo, decidí no insistir demasiado sobre las visitas semanales, porque temí que se echara atrás y cancelara las mensuales. Verá, pensé que un poco de terapia era mejor que ninguna.

—¿Cómo llegó a usted?

—¿Quiere usted saber qué le ocurría, de qué se quejaba?

—En efecto, eso es lo que me interesa.

—Como abogado, Mr. Rhinehart, debería saber que no puedo divulgar este tipo de información. Tengo que proteger el secreto doctor-paciente.

—El paciente está muerto, doctor Rudge.

—Eso no cambia nada.

—¡Ya lo creo que cambia para el paciente!

—Confió en mí.

—Una vez muerto, el concepto de secreto doctor-paciente tiene muy poca, o ninguna, validez legal.

—Tal vez no tenga validez legal —insistió Rudge—. Pero la validez moral permanece. Todavía tengo ciertas responsabilidades. No haría nada para mancillar la reputación de un paciente, tanto si está vivo como si se halla muerto.

—Le honra —comentó Joshua—. Pero, en este caso, nada de lo que me diga puede mancillar su reputación más de lo que la mancilló él mismo.

—Eso tampoco importa.

—Doctor, se trata de una situación extraordinaria. Hoy mismo he recibido información de que Bruno Frye asesinó a varias mujeres en los últimos cinco años, un gran número de mujeres, y lo hizo impunemente.

—Bromea.

—Me gustaría saber qué es lo que le parece una broma, doctor Rudge. Pero yo no tengo por costumbre bromear con el asesinato en cadena.

Rudge se quedó silencioso. Joshua añadió:

—Además, tengo motivos para sospechar que Frye no actuó solo. Puede haber tenido un colaborador en los homicidios. Y este colaborador puede andar suelto por ahí, vivo y libre.

—Es algo extraordinario.

—Eso es lo que le dije.

—¿Ha pasado esta información suya a la Policía?

—No. Quizá no es bastante para llamarles la atención. Lo que he descubierto me convence a mí... y a otras dos personas complicadas en el caso. Pero la Policía dirá que son nada más que pruebas circunstanciales. Por otra parte, no estoy seguro de cuál es el departamento policial que tiene jurisdicción primaria en este caso. Los asesinatos pueden haber sido cometidos en diferentes condados, en cierto número de ciudades. Ahora bien, Frye podría haberle dicho algo que no pareciera importante de por sí, pero que encaje con los hechos que he descubierto. Si durante estos dieciocho meses de terapia ha adquirido un poco de conocimiento que complemente mi información, entonces quizá dispondré de lo suficiente para decidir con qué oficina policial debo contactar... para convencerles de la gravedad de la situación.

—Bien...

—Doctor Rudge, si persiste en proteger a este paciente, pueden ocurrir más asesinatos. Otras mujeres. ¿Quiere que sus muertes pesen en su conciencia?

—Está bien; pero esto no puede hacerse por teléfono.

—Mañana mismo iré a San Francisco, a la hora que le convenga.

—Tengo la mañana libre —dijo Rudge.

—¿Le parece bien que mis amigos y yo pasemos por su despacho a esto de las diez?

—Perfecto. Pero le advierto que antes de discutir la terapia de Mr. Frye deseo saber de su información con más detalles.

—Naturalmente.

—Y si no estoy convencido de que existe un peligro claro y actual, dejaré su ficha sellada.

—No me cabe la menor duda de que podremos convencerle. Estoy seguro de que se le erizará el cabello de la nuca. Nos veremos por la mañana, doctor.

Joshua colgó. Miró a Tony y a Hilary.

—Mañana vamos a tener un día muy ocupado. Primero San Francisco y el doctor Rudge; después Hollister y la misteriosa Rita Yancy.

Hilary se levantó del sofá donde había permanecido durante la llamada.

—No me importa tener que volar alrededor de medio mundo. Por lo menos parece que las cosas empiezan a moverse. Por primera vez, tengo la sensación de que vamos a descubrir lo que hay detrás de todo esto.

—Yo siento lo mismo —dijo Tony, sonriendo a Joshua—. Sabe..., la forma de manejar a Rudge..., tiene verdadero talento para interrogar. Sería un buen detective.

—Añadiré eso en mi lápida. «Aquí yace Joshua Rhinehart, un cascarrabias estupendo que pudo haber sido un buen detective.» —Se puso en pie—. Estoy muerto de hambre. En casa tengo solomillo en el congelador y muchas botellas de «Cabernet Souvignon» de Robert Mondavi. ¿A qué esperamos?

Frye se alejó de la cama empapada de sangre y de la pared salpicada.

Puso el cuchillo ensangrentado sobre el tocador y salió de la alcoba.

En la casa reinaba un silencio irreal.

Su energía demoníaca había desaparecido. Le pesaban los ojos, las piernas, se sentía letárgico, saciado.

En el cuarto de baño graduó el agua de la ducha hasta que estuvo todo lo caliente que podía soportar. Entró en la ducha y se enjabonó, se lavó la sangre del cabello, la quitó de su cara y cuerpo. Se aclaró, volvió a enjabonarse y se aclaró de nuevo.

Tenía la mente vacía. No pensó en otra cosa que en lavarse. La visión de la sangre escapando por el desagüe no le hizo pensar en la joven muerta en la otra habitación; se trataba de desprenderse de la suciedad y nada más.

Lo único que quería era volver a estar presentable y después irse a dormir a la furgoneta, durante varias horas. Estaba agotado. Le parecía que tenía los brazos de plomo; las piernas de goma.

Salió de la ducha y se secó con una gran toalla. La tela olía como la mujer, pero aquello tampoco tenía asociaciones agradables ni desagradables para él.

Pasó mucho tiempo en el lavabo, frotándose las manos con un cepillo que encontró junto a la jabonera, borrando hasta el último rastro de sangre de los pliegues de los nudillos, poniendo un cuidado especial en las uñas, donde se había formado una ligera costra.

Al salir del cuarto de baño para ir a buscar su ropa en el dormitorio, se fijó en un espejo de cuerpo entero en la puerta, que no había visto al pasar camino de la ducha. Se paró a examinarse, buscando manchas de sangre que pudiera no haber visto; pero estaba fresco y sonriendo, como un niño recién bañado.

Miró el reflejo de su fláccido pene y los testículos colgantes, y los contempló con fijeza para ver la marca del demonio. Sabía que no era como los demás hombres; no le cabía la menor duda. Su madre había experimentado el terror de que alguien lo descubriera y de que el mundo se enterara de que era medio demonio, el hijo de una mujer común y de una bestia sulfurosa, escamada, con dientes de reptil. Su miedo al descubrimiento fue transmitido a Bruno de pequeño. Y todavía experimentaba temor a ser descubierto y, por tanto, quemado vivo. Nunca había estado desnudo ante otra persona. En la escuela no hacía deporte, y le habían excusado del gimnasio y de ducharse desnudo con otros muchachos, por supuestas objeciones religiosas. Nunca se había desnudado por completo ante un médico. Su madre le aseguró que cualquiera que viese sus órganos sexuales sabría en seguida que su virilidad era el legado genético de un padre demoníaco; y esta espantosa e inquebrantable certeza le había afectado e impresionado profundamente.

Pero ahora, mirándose al espejo, no pudo ver nada que hiciera que sus órganos sexuales fueran distintos de los de otros hombres. Poco después del fatal ataque de corazón sufrido por su madre, había ido a ver una película porno en San Francisco, ansioso por saber cómo era el pene de un hombre normal. Quedó sorprendido y desconcertado al descubrir que los hombres de la película eran todos muy parecidos a él. Fue a ver otras películas del mismo tipo; pero no halló un solo varón que fuera notoriamente distinto a como él era. Unos tenían penes mayores que el suyo; otros, más pequeños; algunos los poseían más gruesos; otros más delgados; los había ligeramente curvados; unos hombres estaban circuncidados, y otros no. Pero ésas eran variantes menores, y no las horrendas, vergonzosas y fundamentales diferencias que había esperado.

Desconcertado, preocupado, había vuelto a Santa Helena a sentarse consigo mismo y discutir lo que había descubierto. El primer pensamiento fue que su madre le había mentido. Pero aquello resultaba casi inconcebible. Había relatado la historia de su concepción varias veces cada semana, año tras año, y cada vez que había descrito el espantoso demonio y la violenta violación, se había estremecido, gemido y llorado. La experiencia había sido real para ella, no una historia imaginaria que había creado para desorientarle. Y no obstante... Sentado a solas aquella tarde, cinco años atrás, discutiéndolo consigo mismo, había sido incapaz de pensar en otra explicación que no fuera que su madre era una embustera. Y su otro yo había estado de acuerdo con ello.

Al día siguiente había vuelto a San Francisco locamente excitado, enfebrecido, después de haber decidido arriesgarse al sexo con una mujer por primera vez en sus treinta y cinco años. Acudió a un salón de masaje, un burdel apenas disfrazado, donde eligió una rubia esbelta atractiva como masajista. Se llamaba Tammy y, quitando que tenía los dientes superiores un poquito salientes y el cuello demasiado largo, podía considerarse más hermosa que ninguna mujer que hubiera visto; o por lo menos así se lo parecía a él, mientras se esforzaba por no correrse en los pantalones. En uno de los cubículos que olían a desinfectante de pino y semen rancio, aceptó la tarifa de Tammy, la pagó y la observó mientras se quitaba el jersey y los pantalones. Su cuerpo era liso, suave y tan deseable que se quedó como un poste, incapaz de moverse, impresionado al considerar todas las cosas que podría hacer con ella. Entonces, la chica se sentó al borde de la cama, le sonrió y le sugirió que se desnudara. Así lo hizo hasta que le tocó el turno a los calzoncillos; pero cuando llegó el momento de mostrar su pene rígido, se sintió incapaz de correr el riesgo, porque podía verse en una pira ardiente, condenado a muerte por culpa de su sangre diabólica. Se heló. Miró las finas piernas de Tammy, su rizado vello púbico y sus senos redondos, deseándola, necesitándola; pero temeroso de poseerla. Al notar la chica su indecisión a mostrarse, alargó la mano y se la puso en la ingle, a través del calzoncillo tanteó el pene. Por encima del fino tejido se lo acarició murmurando:

—Oh, lo quiero. ¡Qué grande es! Nunca hasta ahora he tenido uno tan grande. Muéstralo. Quiero verlo. Jamás he visto nada parecido.

Cuando la oyó decir estas palabras, supo que de algún modo era diferente, pese a que no lograba descubrir la diferencia. Tammy trató de bajarle los calzoncillos y él la abofeteó, derribándola hacia atrás y haciéndola caer en la cama y golpearse la cabeza contra la pared. Alzando las manos para alejarle, empezó a chillar y chillar. Bruno se preguntó si debía matarla. Aunque ella no llegó a ver su demoníaca polla, pudo haber reconocido su cualidad no humana por el mero tacto a través de su calzoncillo. Antes de decidir lo que convenía hacer, la puerta se abrió en respuesta a los gritos de la joven, y un hombre armado de una porra entró desde el corredor. El intruso era tan grande como Bruno, y el arma le daba una notoria ventaja. Frye estaba seguro de que iba a dominarle, insultarle, maldecirle, escupirle, torturarle y luego quemarlo en la hoguera; pero, ante su asombro, solamente le hicieron vestirse y salir. Tammy no dijo una palabra sobre el descomunal pene de Bruno. Al parecer, aun sabiendo que era diferente, no tenía noción exacta de *cuán* diferente era; no sabía que allí estaba la señal del demonio que le había engendrado, la prueba de su infernal origen. Aliviado, se vistió apresuradamente y salió del salón de masaje, ruborizado, pero agradecido de que no se hubiera descubierto su secreto. Había regresado a Santa Helena y se había dicho a sí mismo el peligro que había corrido; y ambos, él y sí mismo, habían estado de acuerdo en que Katherine estaba en lo cierto, y que tendrían que proporcionarse su propio sexo sin recurrir a una mujer.

Después, naturalmente, Katherine había empezado a salir de su tumba, y Bruno pudo desahogarse con ella y vaciar enormes cantidades de esperma en los muchos cuerpos preciosos que fue habitando. Todavía se procuraba la mayor parte del placer sexual solo, consigo mismo, con su otro yo, su otra mitad... pero era locamente excitante penetrar en el centro caliente, ceñido y húmedo de una mujer... de cuando en cuando.

Ahora estaba de pie frente al gran espejo fijado en la puerta del baño de Sally, contemplando fascinado la imagen de su pene, preguntándose qué diferencia había notado Tammy cuando sintió su palpitante erección en aquel cuartucho del salón de masaje, cinco años atrás.

Poco después dejó que sus ojos fueran subiendo desde sus órganos genitales a su vientre musculoso, duro y plano; luego, a su enorme tórax y más arriba, hasta encontrar la mirada del otro Bruno en el espejo. Cuando se miró a los ojos, todo lo que le rodeaba desapareció, y los propios cimientos de la realidad se fundieron y asumieron nuevas formas. Sin drogas ni alcohol, se vio arrastrado a una experiencia alucinógena. Alargó la mano y tocó el espejo. Los dedos del otro Bruno rozaron sus dedos desde el otro lado del cristal. Como en un sueño, se acercó más al espejo y apretó la nariz contra la nariz del otro Bruno. Miró hasta lo más hondo de los ojos del otro, y esos ojos le miraron profundamente. Por un momento, se olvidó de que se hallaba tan sólo ante un reflejo; el otro Bruno era real. Besó al otro y el beso fue glacial. Se apartó unos centímetros. El otro Bruno hizo lo mismo. Se pasó la lengua por los labios. También lo hizo el otro Bruno. Luego, volvieron a besarse. Lamió la boca abierta del otro Bruno y el beso se fue haciendo cálido, pero no llegó nunca a ser suave y agradable como había esperado. A pesar de los tres poderosos orgasmos que Sally-Katherine le había arrancado, su pene se endureció otra vez y, cuando estuvo muy duro, lo apretó contra el pene del otro Bruno y, lentamente, movió las caderas haciendo que sus órganos erectos se frotaran, sin dejar de besarse, sin dejar de mirar arrobado los ojos que le miraban desde el espejo. Durante un par de minutos fue mucho más feliz de lo que había sido en varios días.

Pero la alucinación se disipó de repente y la realidad volvió como un mazazo sobre hierro. Se dio cuenta de que no abrazaba a su otro yo y que intentaba el acto sexual con algo que no era más que un reflejo. Una descarga eléctrica de emoción pareció saltar de los ojos del espejo a sus propios ojos, y un *shock* tremendo estalló en su cuerpo; era un choque emocional; pero también le afectó físicamente sacudiéndole y retorciéndole. Su letargo se deshizo en un instante. De repente, recobró la energía; su mente empezó a girar y lanzar destellos.

Se acordó de que estaba muerto. Una mitad de él se hallaba muerta. La perra maldita le había apuñalado la semana pasada en Los Ángeles. Ahora estaba, a la vez, vivo y muerto.

Una profunda tristeza le embargó.

Se le llenaron los ojos de lágrimas.

Comprendió que ya no podía volver a manejarse como lo había hecho antes. Nunca más.

No podía acariciarse o dejarse acariciar por sí mismo al igual que lo hacía en tiempos. Nunca más.

Ahora solamente tenía dos manos, y no cuatro; sólo un pene, no dos; nada más que una boca, no un par de bocas.

Jamás podría besarse, ni sentir sus dos lenguas acariciándose. Nunca más.

Una mitad de él había muerto.

Lloró.

Ya no volvería a tener relación sexual consigo mismo, como lo había hecho millares de veces en el pasado. Ahora no tendría más amante que su mano, sería el placer limitado de la masturbación.

Estaba solo.

Para siempre.

Permaneció un rato más ante el espejo, sollozando, con sus anchas espaldas dobladas por el peso terrible de una abyecta desesperación. Pero, poco a poco, su dolor insoportable y su autocompasión dieron paso a una ira creciente. *Ella* le había hecho aquello, Katherine. La perra. Había dado muerte a su mitad, le había dejado sintiéndose incompleto y desesperadamente vacío, hueco. Perra repugnante, egoísta, odiosa. A medida que su furia aumentaba, se sentía poseído por el impulso de romper cosas. Desnudo, pasó como un huracán por el pequeño apartamento, compuesto de cuarto de estar, cocina y cuarto de baño, destrozando muebles, rasgando tapicerías, rompiendo platos, maldiciendo a su madre, maldiciendo al demonio de su padre, maldiciendo un mundo que no podía comprender.

En la cocina de Joshua Rhinehart, Hilary frotó tres grandes patatas para asar y las puso alineadas sobre el mármol, a fin de que estuvieran listas para meter en el horno de microondas tan pronto como los gruesos filetes alcanzaran la perfección en el asador. La labor doméstica era relajante. Contempló sus manos mientras trabajaba y apenas pensó en otra cosa que en la comida que había que preparar. Sus problemas retrocedieron al fondo de la mente.

Tony preparaba la ensalada. Estaba junto a ella, ante el fregadero, con las mangas de la camisa remangadas, lavando y cortando lechuga fresca.

Mientras preparaban la cena, Joshua habló con el sheriff por el teléfono de la cocina. Informó a Laurenski de los fondos retirados de las cuentas de Frye en San Francisco y del doble que andaba por alguna parte de Los Ángeles en busca de Hilary. También le comunicó los asesinatos en serie según la teoría a que habían llegado Tony, Hilary y él en su despacho poco antes. Laurenski no podía hacer gran cosa, según creían, porque en su jurisdicción no se había cometido ningún delito. Pero Frye podía ser culpable de crímenes locales de los que, por ahora, nada sabían. Y era muy probable que se siguieran cometiendo hasta que el misterio del doble fuera descifrado. Por esta razón, y porque la reputación de Laurenski había quedado un poco en entredicho cuando respondió de Frye ante el Departamento de Policía de Los Ángeles, el pasado miércoles por la noche, fue por lo que Joshua pensó, e Hilary le dio la razón, que el sheriff tenía derecho a conocer todo lo que sabían ellos. Aunque Hilary sólo podía oír una parte de la conversación telefónica, advirtió que Peter Laurenski estaba fascinado, y dedujo por las respuestas de Joshua que el sheriff sugirió por dos veces que se exhumara el cuerpo de la tumba de Frye para determinar si se trataba o no de Bruno. Joshua prefería esperar a que el doctor Rudge y Rita Yancy hubieran hablado; pero aseguró a Laurenski que la exhumación tendría lugar, si Rudge y Yancy no podían contestar a todas las preguntas que pensaba hacerles.

Cuando terminó de hablar con el sheriff, Joshua dedicó su atención a la ensalada de Tony, debatió consigo mismo si la lechuga estaba bien escurrida, si los rabanitos picaban mucho o poco, examinó los filetes como si buscara fallos en un diamante. Dijo a Hilary que metiera las patatas en el microondas, trinchó rápidamente cebollino fresco para mezclar con la crema agria y descorchó dos botellas de «Cabernet Souvignon» californiano, un vino tinto muy seco de las bodegas de Robert Mondavi, del otro lado del camino. Resultaba agobiante en la cocina; su preocupación y meticulosidad divertían a Hilary.

Se sorprendió por la rapidez con que había llegado a gustarle el abogado. Pocas veces se sentía tan cómoda con una persona que sólo conocía desde un par de horas antes. Pero su aspecto paternal, su sinceridad, su ingenio, su inteligencia y su cortesía, curiosamente anticuada, la hacían sentirse acogida y segura en su compañía.

Cenaron en el comedor, una estancia rústica, acogedora, con tres paredes blanqueadas y una de viejo ladrillo visto; el suelo de roble y el techo con vigas descubiertas. De tanto en tanto, rachas de lluvia azotaban las encantadoras ventanas emplomadas.

Al sentarse a la mesa, Joshua advirtió:

—Una orden. Nadie hablará de Bruno Frye hasta no haber terminado el último bocado de carne, el último sorbo de este vino excelente, el último trago del café y el último chupito de brandy.

—De acuerdo —aceptó Hilary.

—Desde luego —dijo Tony—. Creo tener la mente sobrecargada del tema desde hace tiempo. Hay otras cosas en el mundo que merecen ser comentadas.

—Sí —afirmó Joshua—. Pero, por desgracia, muchas de ellas son tan deprimentes como la historia de Frye. La guerra, el terrorismo, la inflación, la vuelta de los luditas y los políticos ineptos y...

—... arte y música y cine, y los últimos descubrimientos en medicina, y la próxima revolución tecnológica que mejorará muchísimo nuestras vidas, pese a los nuevos luditas —concluyó Hilary.

Joshua la miró con ojos entrecerrados.

—¿Su nombre es Hilary o Poliana?

—¿Y el suyo, Joshua o Casandra?

—Casandra tenía razón cuando hacía sus profecías sobre predestinación y destrucción —comentó Joshua—; pero una vez tras otra la gente se negó a creerla.

—Si nadie cree en uno —observó Hilary—, ¿de qué sirve tener razón?

—Oh, yo ya he intentado dejar de tratar de convencer a la gente de que el Gobierno es el único enemigo y de que el Gran Hermano nos comerá a todos. He renunciado a pretender convencerles de que hay un centenar de cosas más que a mí me parecen verdades obvias pero que ellos no captan. Hay demasiados locos que nunca comprenderán. Pero me produce una satisfacción inmensa saber que tengo razón y ver cada vez con mayor frecuencia la prueba de ello en los periódicos. Lo sé. Y me basta.

—Ah —dijo Hilary—; en otras palabras, no le importa que el mundo se hunda bajo nuestros pies, siempre que pueda tener la satisfacción egoísta de decir: «Ya os lo advertí.»

—¡Uf! —exclamó Joshua.

Tony se echó a reír.

—Guárdese de ella, Joshua. Recuerde que se gana la vida utilizando con habilidad las palabras.

Durante tres cuartos de hora charlaron acerca de muchas cosas; pero después, sin saber cómo, pese a su compromiso, se encontraron hablando de Bruno Frye otra vez, mucho antes de haber terminado el vino y de pensar en el café y el brandy.

En un momento dado, Hilary preguntó:

—¿Qué pudo haberle hecho Katherine para que la temiera y odiara tanto como, por lo visto, la teme y odia?

—Esto es lo que yo pregunté a Latham Hawthorne —contestó Joshua.

—¿Qué le dijo?

—Que no tenía la menor idea. Todavía me cuesta creer que pudo existir tal odio entre ellos sin que yo lo viera en todos los años que les conocí. Katherine pareció siempre adorarle. Y Bruno a ella. Por supuesto, en la ciudad todos creían que era una especie de santa. En primer lugar, por haber adoptado al niño; pero ahora da la impresión de haber sido más demonio que santa.

—Espere un poco —rogó Tony—. ¿Lo adoptó? ¿Quiere decir que es hijo adoptivo?

—Es lo que acabo de explicar. Pudo haber dejado que el niño fuera a un orfanato; pero no lo hizo. Le abrió su corazón y su hogar.

—Pero —se asombró Hilary— creíamos que era su hijo.

—Por adopción —puntualizó Joshua.

—No se mencionó en los periódicos —observó Tony.

—Ocurrió hace muchísimo tiempo —aclaró Joshua—. Bruno vivió toda su vida, excepto unos pocos meses, como un Frye. A veces me parecía que era más Frye que el propio hijo de Katherine, si hubiera tenido uno. Sus ojos tenían la misma expresión que los de ella. Y poseía la personalidad fría, introvertida y melancólica que caracterizaba a Katherine... y también a Leo, según dice la gente.

—Si fue adoptado —musitó Hilary—, cabe la posibilidad de que tenga un hermano.

—No, no lo tenía.

—¿Cómo puede estar tan seguro? ¡Quizás incluso tenga un gemelo! —exclamó Hilary excitada por la idea.

Joshua frunció el ceño.

—¿Piensa que Katherine adoptó uno de un par de gemelos sin saberlo?

—Esto explicaría la súbita aparición de un doble —comentó Tony.

La frente de Joshua se arrugó mucho más.

—Bien, ¿y dónde ha estado este gemelo misterioso durante todos estos años?

—Probablemente educado por otra familia —sugirió Hilary dando cuerpo a su teoría—. En otra ciudad, en otra parte del Estado.

—O tal vez en otra parte del país —añadió Tony.

—¿Están tratando de decirme que, de algún modo, Bruno y su perdido hermano llegaron a encontrarse?

—¿Por qué no?

Joshua meneó la cabeza:

—Tal vez fuera posible; pero no en este caso. Bruno fue hijo único.

—¿Está seguro?

—No cabe la menor duda. Las circunstancias de su nacimiento no son secretas.

—Pero gemelos..., la teoría es tan preciosa —insistió Hilary.

—Lo sé —asintió Joshua—. Es una respuesta fácil y me gustaría encontrar una explicación igual de fácil para acabar con esto rápidamente. Créame, odio tener que destruir su hipótesis.

—A lo mejor no puede —porfió Hilary.

—Puedo.

—Probemos —dijo Tony—. Díganos de dónde salió Bruno, quién fue su verdadera madre. Puede que podamos destruir su historia. Puede que no sea tan simple como cree.

Después de haber rasgado, roto y destrozado casi todo lo de la casita, Bruno se controló; su rabia feroz, bestial, se enfrió hasta pasar a ser una ira menos destructiva, menos inhumana. Por un instante, después de que su estado de ánimo bajó del punto de ebullición, se plantó en medio de los destrozos, jadeando, con el sudor cayendo por su frente y brillando sobre su cuerpo desnudo. Después, pasó a la alcoba y se vistió.

Una vez vestido, fue al pie de la cama ensangrentada y contempló el cuerpo brutalmente despedazado de la mujer que había conocido como Sally. Ahora, demasiado tarde, se dio cuenta de que no había sido Katherine. No había sido otra de las reencarnaciones de su madre. La vieja perra no había pasado del cuerpo de Hilary al de Sally; no podría hacerlo hasta que Hilary muriera. Bruno no se explicaba cómo había podido pensar lo contrario; se sorprendió de su enorme confusión.

Sin embargo, no sentía remordimiento por lo que le había hecho a

Sally. Aunque no se tratase de Katherine, fue una de las doncellas, una mujer enviada por el Infierno para servir a Katherine. Sally había formado parte del enemigo, una conspiradora en el complot para asesinarle. Estaba seguro. Quizás incluso había sido una de las muertas vivientes. Sí. Por supuesto. Se hallaba segurísimo. Sí. Sally había sido, igual que Katherine, una muerta en un cuerpo nuevo, uno de esos monstruos que se niegan a quedarse en la tumba a la que pertenecen. Era una de *ellos*. Se estremeció. Tenía la convicción de que ella había sabido desde el principio dónde se ocultaba Hilary-Katherine. Pero guardó el secreto y merecía morir por su inquebrantable fidelidad a su madre.

Además, no podía decirse que por causa de él hubiera muerto, porque volvería a la vida en algún otro cuerpo, arrojando de él a la persona a la que correspondía por derecho.

Ahora debía olvidar a Sally y encontrar a Hilary-Katherine. Todavía andaba suelta por ahí, esperándole.

Necesitaba localizarla y darle muerte antes de que ella encontrara el medio de adelantársele y matarlo a él.

Sally por lo menos le había dado una pequeña pista. Un nombre. El de ese Topelis. El agente de Hilary Thomas. Topelis seguramente sabría dónde estaba escondida.

Retiraron los platos de la cena y Joshua sirvió más vino a todo el mundo antes de contarles la historia de cómo pasó Bruno de ser un huérfano desamparado a convertirse en el único heredero del patrimonio Frye. Había conseguido estos datos a lo largo de los años, casi gota a gota, de Katherine y de otras personas que habían vivido en Santa Helena mucho antes de que él se estableciera en el valle como abogado.

En 1940, el año en que nació Bruno, Katherine contaba veintiséis años y seguía viviendo con su padre, Leo, en la solitaria casa del acantilado, detrás y por encima de las bodegas, donde habían vivido juntos desde 1918, el año en que murió la madre de Katherine. La muchacha estuvo fuera de casa sólo parte de un año que había pasado en un colegio de San Francisco; dejó la escuela porque no quiso estar lejos de Santa Helena sólo para adquirir unos conocimientos rancios que no utilizaría nunca. Adoraba el valle y la gran casa victoriana del acantilado. Katherine era una mujer guapa y bien formada, que pudo haber tenido cuantos galanes deseara; pero que parecía no interesarse lo más mínimo por los romances. Aunque era todavía joven, su personalidad introvertida y su actitud fría con todos los hombres, convencieron a la mayoría de la gente que la conocía de que acabaría siendo una solterona y que, además, estaría encantada de serlo.

Entonces, en enero de 1940, Katherine recibió una llamada de una amiga, Mary Gunther, que había conocido en el colegio años atrás. Mary necesitaba ayuda; un hombre había abusado de ella. Le había prometido casarse, la había entretenido con excusa tras excusa, y luego se esfumó cuando llevaba seis meses de embarazo. Mary estaba casi arruinada y no tenía familia a quien recurrir, ni amiga tan íntima como Katherine. Unos meses después, le pidió que fuera a San Francisco para cuando llegara el niño; Mary no quería encontrarse sola en aquel trance. También rogó a Katherine que cuidara del niño hasta que ella, Mary, encontrara un trabajo y pudiera ahorrar algo y poder proporcionar un hogar a su hijo. Katherine aceptó ayudarle y empezó a decir a la gente de Santa Helena que iba a ser una madre adoptiva temporal. Parecía felicísima, tan excitada por el proyecto, que la gente empezó a comentar lo buena madre que sería para sus hijos, si encontrara un hombre que se casara con ella y se los proporcionara.

Seis semanas después de la llamada de Mary Gunther y seis semanas antes de que marchara a San Francisco, como había previsto, para estar junto a su amiga, Leo sufrió un tremendo derrame cerebral y cayó muerto entre las altas hileras de barriles de roble de una de las inmensas naves de la bodega. Aunque Katherine se quedó atontada y abatida por el dolor, y aunque tenía que empezar a aprender el negocio familiar, no se echó atrás en su promesa a Mary Gunther. En abril, cuando Mary avisó que el niño había llegado, Katherine marchó a San Francisco. Estuvo fuera más de dos semanas y, a su regreso, traía un bebé. Bruno Gunther, el hijito frágil y alarmantemente pequeño de Mary.

Katherine contaba con tener al niño un año, el tiempo que Mary necesitaba para estar en condiciones de asumir la completa responsabilidad de la criatura. Pero, transcurridos seis meses, llegó la noticia de que Mary volvía a estar en apuros, esta vez peor que antes..., un tipo de cáncer virulento. Mary se estaba muriendo. Le quedaban sólo unas semanas de vida, un mes como mucho. Katherine llevó al niño a San Francisco a fin de que la madre pudiera estar con él durante el poco tiempo de vida que le quedaba. En los últimos días, Mary hizo todos los arreglos legales necesarios para que Katherine pudiera ser la guardiana permanente del niño. Los padres de Mary habían muerto; no tenía familiares con los que Bruno pudiera vivir. Si Katherine no se hubiera hecho cargo de él, habría ido a parar a un orfanato o a unos padres adoptivos que podían ser buenos con él, o no. Mary murió. Katherine pagó el entierro y volvió a Santa Helena con Bruno.

Crió al niño como si fuera el suyo propio, actuando no como una tutora sino como una madre preocupada y cariñosa. Podía haberse permitido niñeras y abundante servicio para la casa; pero no los contrató; se negaba a dejar que nadie más cuidara del chiquillo. Leo no había tenido servicio doméstico y Katherine tenía el mismo espíritu independiente que su padre. Se defendía bien sola. Cuando Bruno cumplió cuatro años, volvió a San Francisco a visitar al juez que le había concedido su custodia a petición de Mary, y adoptó a Bruno legalmente, dándole el nombre de la familia, Frye.

Esperando encontrar algún indicio en la historia de Joshua, al acecho de cualquier incongruencia o absurdo, Hilary y Tony tenían los brazos apoyados sobre la mesa del comedor mientras escuchaban el relato. Luego, se recostaron en sus sillas y levantaron sus vasos de vino.

Joshua, prosiguió:

—Todavía hay gentes en Santa Helena que recuerdan a Katherine Frye como la santa mujer que tomó a su cargo a un niño abandonado y le proporcionó amor y una buena fortuna.

—¿Así que no hubo gemelo? —preguntó Tony.

—Decididamente no —respondió Joshua.

Hilary suspiró.

—Lo cual quiere decir que estamos de nuevo en el mismo sitio.

—Hay un par de cosas en la historia que me intrigan —comentó Tony.

Joshua enarcó las cejas.

—¿Cuáles?

—Bien, incluso en esta época, pese a nuestras actitudes liberales, a una mujer soltera le resulta condenadamente difícil adoptar un niño —observó Tony—. Y, en 1940, debía de ser casi imposible.

—Creo que puedo explicarlo. Si la memoria no me engaña, Katherine me dijo una vez que ella y Mary se habían anticipado a la negativa, por parte del juez, a sancionar el arreglo. Así que le contaron lo que ambas consideraron una mentira piadosa. Dijeron que Katherine era prima de Mary, y su más próxima pariente viva. En aquellos días, si un pariente cercano quería hacerse cargo de un niño, el juez lo aprobaba casi automáticamente.

—¿Y el juez aceptó su supuesto parentesco sin comprobarlo? —preguntó Tony.

—Debe tener en cuenta que, en 1940, los jueces tenían mucho menos interés en complicarse en asuntos de familia de lo que parecen tener ahora. Fue una época en que los americanos consideraban el papel del Gobierno como si careciera de importancia. Eran tiempos más sensatos que los de ahora.

Dirigiéndose a Tony, Hilary preguntó:

—Dijiste que había un par de cosas que te intrigaban. ¿Cuál es la otra? Tony, abrumado, se pasó la mano por el rostro.

—La otra es algo difícil de poner en palabras. Es una corazonada. Pero la historia me parece... demasiado perfecta.

—¿Quiere decir fabricada? —preguntó Joshua.

—No lo sé. No sé bien lo que quiero decir. Pero cuando se ha sido policía tanto tiempo como yo, se desarrolla un olfato para este tipo de cosas.

—¿Y algo huele raro? —preguntó Hilary.

—Creo que sí.

—¿Qué? —preguntó Joshua.

—Nada determinado. Como he dicho, la historia me parece demasiado perfecta, demasiado fácil... —Bebió el resto del vino y continuó—: ¿Pudo ser Bruno realmente hijo de Katherine?

Joshua lo miró estupefacto. Cuando pudo hablar exclamó:

—¿Habla en serio?

—Sí.

—¿Me pregunta si es posible que se inventara toda la historia de Mary Gunther y se fuera a San Francisco para tener a su hijo?

—Eso es lo que me gustaría saber.

—No —respondió Joshua—. No se hallaba embarazada.

—¿Está seguro?

—Bueno, yo, personalmente, no le hice ningún análisis de orina, ni la prueba de la rana. Ni siquiera vivía en el valle en el año 1940. No llegué hasta el cuarenta y cinco, después de la guerra. Pero he oído la historia repetidas veces, en parte y completa, contada por gentes que estaban aquí en el año cuarenta. Ahora bien, me dirá que lo más probable es que repitieran lo que ella les contó. Pero, si estaba embarazada, no habría podido disimularlo, y menos en una ciudad tan pequeña como ésta. Todo el mundo se hubiera enterado.

—Hay un reducido porcentaje de mujeres que no abultan demasiado cuando esperan un bebé. Uno las mira y ni se entera —observó Hilary.

—Han olvidado que no estaba interesada por los hombres —les recordó Joshua—. No salía con ninguno. ¿Cómo era posible que quedara embarazada?

—Quizá no salía con los de aquí —observó Tony—. Pero, en tiempo de cosecha, hacia finales del verano, ¿no hay muchos obreros forasteros en los viñedos? Y pueden encontrarse bastantes que sean jóvenes, guapos y viriles.

—Espere, espere, espere —le contuvo Joshua—. Vuelve a salirse de madre. ¿Está tratando de decirme que Katherine, cuya falta de interés por los hombres fue tan comentada, se enamoró de pronto de un jornalero?

—Otras veces ha ocurrido.

—Pero también está sugiriendo que esa improbable pareja de enamorados tuvieron su breve relación en una pecera, sin que nadie los descubriera y sin provocar comentarios. Y, además, pretende que era una mujer única, una entre un millar, que no parecía embarazada aunque lo estuviera. No. —Joshua meneó su blanca cabeza—. Es demasiado para mí. Demasiadas coincidencias. Usted considera que la historia de Katherine es demasiado cómoda, demasiado perfecta y que, según sus locas suposiciones, cobra el terrible aspecto de la realidad.

—Tiene razón —asintió Hilary—. Otra teoría prometedora se va por los suelos.

Terminó su vino. Tony se rascó la barbilla y suspiró.

—Sí. Estoy muy agotado para razonar con sensatez. Pero tampoco creo que la historia de Katherine sea del todo sensata. Hay algo más. Algo que ocultaba. Algo extraño.

En la cocina de Sally, de pie sobre la loza rota, Bruno Frye abrió la guía y buscó el número de Topelis y Asociados. Sus oficinas estaban en Beverly Hills. Marcó el número y se encontró con un servicio de información, que era lo que había esperado.

—Estoy en un apuro —explicó a la operadora— y pensé que podría ayudarme.

—¿Se trata de una emergencia?

—Sí. Verá, mi hermana es una de los clientes de Mr. Topelis. Se ha producido una muerte en la familia y tengo que localizarla ahora mismo.

—¡Oh, cuánto lo siento!

—La cosa es que mi hermana está, por lo visto, disfrutando de unas breves vacaciones y no sé a qué lugar ha ido.

—Ya.

—Es urgente que me ponga en contacto con ella.

—Bien, normalmente pasaría su llamada a Mr. Topelis, pero esta noche ha salido y no dejó un número donde pudiera localizársele.

—Tampoco querría molestarle —insistió Bruno—. Pensé que con tantas llamadas, podría saber quizá dónde está mi hermana. Quiero decir que a lo mejor llamó y dejó algún recado para Mr. Topelis, algo que permitiera saber dónde se encuentra.

—¿Cómo se llama su hermana?

—Hilary Thomas.

—¡Oh, sí! Sé dónde está.

—Magnífico. ¿Dónde?

—No tomé ningún mensaje suyo, pero alguien llamó hace un momento y dejó un recado para Mr. Topelis, a fin de que se lo pasara a ella. No corte, por favor. Un momento.

—Bien.

—Lo tengo escrito por aquí.

Bruno esperó paciente mientras la operadora revisaba sus notas. De pronto le dijo:

—Aquí está. Llamó un tal Wyant Stevens. Quería que Mr. Topelis dijera a Miss Thomas que él, Mr. Stevens, quería que supiera que no podría dormir hasta que llegara de Santa Helena y le diera la oportunidad de hacer un trato. Así que debe de estar en Santa Helena.

Bruno se quedó helado. No pudo hablar.

—Ignoro el hotel o el motel —prosiguió la operadora excusándose—. Pero no debe de haber muchos sitios para vivir en todo el valle de Napa, así que no tendrá dificultad en localizarla.

—Ninguna —asintió Bruno tembloroso.

—¿Sabe si conoce a alguien en Santa Helena?

—¿Qué?

—A lo mejor se encuentra en casa de algún amigo.

—Sí, creo que ya sé dónde está.

—Siento de veras lo de la muerte.

—Oh. —Se pasó la lengua por los labios, nervioso—. Sí. Ha habido unas cuantas muertes en la familia durante los últimos cinco años. Gracias por su ayuda.

—De nada.

Colgó. Estaba en Santa Helena.

La maldita perra había regresado.

¿Por qué? ¿Qué estaría haciendo, Dios mío? ¿Qué andaba buscando? ¿Qué tramaba?

Fuera lo que fuera lo que se propusiese, no le haría ningún bien a él. De eso estaba segurísimo.

Como un loco, temeroso de que estuviera preparando algo que pudiera ser su muerte, empezó a llamar a las compañías de aviación de Los Ángeles Internacional, tratando de conseguir una plaza en un vuelo hacia el Norte. No había más que aviones directos hasta por la mañana, y ya no quedaban plazas en ningún vuelo de primera hora. Le sería imposible salir de Los Ángeles hasta mañana por la tarde.

Y sería ya irremediable.

Lo sabía. Lo sentía.

Tenía que apresurarse.

Decidió ir en coche. La noche era joven. Si se sentaba al volante y le daba al acelerador, podía llegar a Santa Helena al amanecer.

Tenía la sensación de que su vida dependía de ello.

Salió corriendo de la casita, tropezando con los restos del mobiliario y demás ruinas, dejando la puerta de entrada de par en par, sin preocuparse de ser cuidadoso, sin molestarse en vigilar si había alguien cerca. Cruzó el césped en un par de zancadas, hacia la calle oscura y desierta, en busca de su furgoneta.

Después de disfrutar del café y brandy, en la leonera, Joshua les mostró la habitación de huéspedes y el baño comunicante, en la otra punta de la casa. La estancia era amplia y agradable, con ventanas emplomadas de grandes alféizares, como las del comedor. La cama, de baldaquín, era enorme y encantó a Hilary.

Una vez dieron las buenas noches a Joshua, cerraron la puerta, corrieron las cortinas para evitar que la noche ciega les contemplara, y tomaron una ducha juntos para calmar sus músculos doloridos. Estaban exhaustos, y sólo se proponían recobrar de nuevo su dulce y relajante placer asexual del baño que habían compartido la noche anterior en el hotel del aeropuerto de Los Ángeles. Ni uno ni otro esperaban que la pasión asomara a su bello rostro. Sin embargo, mientras él le enjabonaba el pecho, los movimientos pausados, circulares, rítmicos de sus manos enardecieron su piel y provocaron deliciosos estremecimientos en ella. Tony abarcó sus senos, llenando con ellos sus grandes manos; los pezones se endurecieron y traspasaron la espuma jabonosa que los envolvía. Entonces, se arrodilló y lavó su vientre, sus largas y finas piernas, sus nalgas. Para Hilary el mundo se transformó en una pequeña esfera, de limitadas imágenes, con pocos sonidos y exquisitas sensaciones: el olor a lilas del jabón, el chasquido del agua al caer, los remolinos del vapor y el cuerpo de Tony delgado y flexible con el agua resbalando sobre sus bien marcados músculos, el ansioso e increíble aumento de su virilidad al tocarle a ella el turno de enjabonarle. Cuando terminaron de ducharse, habían olvidado lo cansados que se sentían, habían olvidado sus músculos doloridos; sólo quedaba el deseo.

En la gran cama, a la suave luz de una sola lámpara, la cogió en sus brazos y le besó los ojos, la nariz, los labios. También fue besando su barbilla, su cuello y sus pezones turgentes.

—Por favor —suplicó Hilary—. ¡Ahora!

—Sí —le contestó con el rostro hundido en el hueco de su cuello. Ella abrió las piernas para él, y la penetró.

—Hilary —musitó—. Mi dulce Hilary.

Entró en ella con fuerza; pero a la vez con ternura, y la llenó.

Se movió al mismo ritmo que él. Sus manos acariciaron su fuerte espalda, trazando el perfil de sus músculos. Nunca se había sentido tan viva, tan llena de energía. En menos de un minuto empezó a gozar, y creyó que no podría parar nunca, sino que iba a saltar de cima en cima, una y otra vez, para siempre, de modo interminable.

Al moverse dentro de ella, se hicieron un solo cuerpo y alma, de un modo que jamás había sentido con otro hombre. Y sabía que Tony experimentaba la misma sensación, percibía aquel lazo profundo y único. Estaban unidos físicamente, intelectual, emocional y psíquicamente, fundidos en un solo ser, que era infinitamente superior a la suma de sus dos partes, y en aquel momento de sinergismo, que ninguno de los dos había experimentado con otros amantes, Hilary comprendió que lo que poseían era tan especial, tan importante, tan raro, tan poderoso, que perduraría mientras vivieran. Al decir su nombre y alzarse para mejor recibir sus acometidas y llegar de nuevo al clímax, y cuando él empezó a vaciarse en ella, en su profunda oscuridad, se reafirmó en que, como ya había sabido desde la primera vez que hicieron el amor, podía confiar y apoyarse en él como jamás había podido hacerlo con otro ser humano. Por encima de todo, y lo más importante, supo que nunca más volvería a sentirse sola.

Después, mientras descansaban bajo las mantas, él dijo:

—¿Quieres hablarme de la cicatriz que tienes en el costado?

—Sí. Ahora sí.

—Parece una herida de bala.

—Lo es. Tenía diecinueve años, vivía en Chicago. Hacía un año que había salido de la escuela superior. Estaba trabajando como mecanógrafa, tratando de ahorrar dinero para poder vivir sola. Pagaba a Earl y Emma un alquiler por mi habitación.

—¿Earl y Emma?

—Mis padres.

—¿Les llamabas por su nombre?

—Nunca pensé en ellos como mi padre y mi madre.

—Debieron de lastimarte mucho —musitó comprensivo.

—Siempre que pudieron.

—Si no quieres hablar de eso ahora...

—Quiero hacerlo. De pronto, por primera vez en mi vida, deseo hablar de ello. No me duele hacerlo. Porque ahora te tengo a ti y esto me compensa de todo lo malo pasado.

—Mi familia era pobre —comentó Tony—. Pero en nuestra casa había amor.

—Fuiste afortunado.

—Lo siento por ti, Hilary.

—Ya se acabó. Hace tiempo que murieron, y debería haberlos exorcizado desde hace años.

—Cuéntamelo.

—Les pagaba unos dólares semanales de alquiler, que empleaban para comprarse bebida; pero iba guardando todo lo demás que me quedaba de mi sueldo de mecanógrafa. Hasta el último céntimo. No era mucho, pero iba creciendo en el Banco. Ni siquiera gastaba mucho para el almuerzo; prescindía de él. Estaba decidida a buscar un apartamento. No me importaba que fuera un lugar sórdido, con habitaciones oscuras, mala fontanería y cucarachas... pero sin Earl y Emma.

Tony besó su mejilla, la comisura de sus labios.

—Por fin ahorré lo suficiente. Estaba dispuesta a marcharme. Un día más, una paga más y me vería libre.

Se estremeció.

Tony la estrechó con más fuerza.

—Aquel día llegué a casa del trabajo y entré en la cocina.. y allí estaba Earl sujetando a Emma contra la nevera. Tenía una pistola. Le había metido el cañón entre los dientes.

—Dios mío.

—Estaba atravesando una mala racha de... ¿Sabes lo que es el *delirium tremens?*

—Sí. Son alucinaciones. Ataques de pánico irracional. Algo que ocurre a los verdaderos alcohólicos crónicos. He tratado con gentes que han sufrido *delirium tremens.* Suelen ser violentos e imprevisibles.

—Earl le tenía la pistola entre los dientes, que ella mantenía apretados, y él empezó a chillar locuras sobre gusanos gigantes que, según creía, salían de las paredes. Acusó a Emma de dejarlos salir, y quería que ella se lo impidiera. Traté de hablarle; pero no escuchaba. Los gusanos siguieron saliendo de las paredes y empezaron a arrastrarse junto a sus pies; se puso furioso con Emma y apretó el gatillo.

—¡Jesús!

—Vi cómo estallaba su rostro.

—Hilary...

—Necesito hablar de ello.

—Está bien.

—Nunca le he contado a nadie lo que pasó.

—Te escucho.

—Cuando disparó contra ella salí corriendo de la cocina. Sabía que no podría escapar del piso antes de que él me disparara por la espalda, así que fui a refugiarme a mi habitación. Cerré la puerta con llave; pero él la descerrajó de un tiro. En aquel momento, estaba convencido de que yo era la causante de que los gusanos salieran de las paredes. Me disparó. No fue una herida fatal; pero me dolía horrores, como si tuviera un hierro candente en el costado, y sangraba mucho.

—¿Por qué no volvió a dispararte? ¿Qué te salvó?

—Le apuñalé.

—¿Le apuñalaste? ¿De dónde sacaste el cuchillo?

—Guardaba uno en mi habitación. Lo tenía desde los ocho años. Pero no tuve que usarlo hasta entonces. Siempre había pensado que si en una de sus palizas se pasaban y parecía que fueran a acabar conmigo, les atacaría para salvarme. Así que ataqué a Earl en el mismo momento que disparaba. No le herí más que él a mí; pero se quedó helado, aterrorizado al ver su sangre. Salió corriendo de mi alcoba hacia la cocina. Volvió a increpar a Emma insistiendo en que hiciera desaparecer a los gusanos antes de que olieran su sangre y se lanzaran contra él. Entonces vació el cargador en la pobre Emma porque no quería echar a los gusanos. La herida del costado me dolía terriblemente y estaba asustada; pero fui contando los disparos. Cuando creí que se habían terminado las municiones, salí de la alcoba y me arrastré hacia la puerta de salida. Pero él tenía varias cajas de balas. Había vuelto a cargar. Me vio y disparó desde la cocina. Corrí otra vez a mi habitación. Atranqué la puerta con una cómoda y confié en que viniera alguien antes de desangrarme. Earl se asomó a las ventanas y siguió chillando sobre gusanos, y después sobre cangrejos gigantes y descargando la pistola en Emma. Le metió lo menos ciento cincuenta balas antes de que terminara todo. La hizo pedazos. La cocina era como un matadero.

Tony se aclaró la garganta.

—¿Qué le ocurrió a él?

—Se suicidó cuando por fin llegó la Policía.

—¿Y tú?

—Una semana en el hospital. Y una cicatriz para recordar.

Guardaron silencio un instante. Más allá de las cortinas, más allá de las ventanas emplomadas, arreciaba el viento de la noche.

—No sé qué decirte —murmuró Tony.

—Puedes decirme que me quieres.

—Te quiero.

—Dímelo otra vez.

—Te quiero.

—Y yo te quiero a ti, Tony.

La besó.

—Te quiero más de lo que jamás creí poder querer a alguien. En una semana, me has cambiado para siempre.

—Eres fuerte —dijo Tony, admirativo.

—Tú me das la fuerza.

—Antes de que yo apareciera, tenías ya mucha.

—No la suficiente. Tú me has dado más... Por regla general, sólo pensar en aquel día en que me disparó... me impresiona, vuelvo a sentir miedo, como si hubiera sucedido ayer. Pero esta vez no lo he tenido. Te lo he contado todo, y casi no me ha afectado. ¿Sabes por qué?

—¿Por qué?

—Porque todas las cosas terribles que ocurrieron en Chicago, y todo lo que había sucedido antes, ahora es historia pasada. Ya nada importa. Te tengo a ti y tú me compensas por todo lo malo que he dejado atrás. Equilibras la balanza. En realidad, la inclinas a mi favor.

—Eso funciona en las dos direcciones, sabes. Te necesito tanto como tú a mí.

—Lo sé. Es lo que hace que sea tan perfecto.

Volvieron a guardar silencio. Hasta que ella habló de nuevo.

—Hay otra razón por la que estos recuerdos de Chicago han dejado de causarme miedo..., quiero decir, además del hecho de tenerte.

—¿Y cuál es?

—Bueno, tiene relación con Bruno Frye. Esta noche he empezado a darme cuenta de que él y yo tenemos mucho en común. Parece que debió de soportar, por parte de Katherine, el mismo tipo de tortura que yo sufrí de Earl y Emma. Pero él fue vencido, yo no. Ese hombre fuerte se derrumbó, sin embargo yo aguanté. Esto para mí significa mucho. Me dice que no debo preocuparme demasiado, que no he de temer confiarme a la gente, que soy capaz de encajar cualquier cosa que el mundo me eche.

—Es lo que te he dicho. Eres fuerte, resistente, dura como el hierro.

—Dura no. Tócame. ¿Me notas dura?

—Aquí no.

—¿Y aquí?

—Firme —observó Tony.

—Firme no es lo mismo que duro.

—Eres agradable al tacto.

—Agradable tampoco es lo mismo que duro.

—Agradable, firme y caliente.

Ella le tocó:

—Esto sí es duro —le dijo sonriendo.

—Pero no resulta difícil ablandarlo. ¿Quieres que te lo demuestre?

—Sí, sí, demuéstramelo.

Volvieron a hacer el amor.

Al entrar Tony en ella y explorarla con largos y suaves contactos, a medida que oleadas de placer la estremecían, tuvo la seguridad de que todo saldría bien. El acto de amor la tranquilizaba dándole tremenda confianza en el futuro. Bruno Frye no había salido de la tumba. No la perseguía un cadáver ambulante. Habría una explicación lógica. Mañana hablarían con el doctor Rudge y con Rita Yancy, y se enterarían de lo que se ocultaba tras el misterio de Frye duplicado. Descubrirían suficiente información y pruebas para ayudar a la Policía; encontrarían al doble y le arrestarían. Pasaría el peligro. Después, estaría siempre con Tony. Y entonces no podría sucederle nada malo. Nada la lastimaría. Ni Bruno Frye ni nadie más podrían hacerle daño. Por fin era feliz y estaba a salvo.

Más tarde, cuando se hallaba al borde del sueño, el retumbar de un trueno llenó el cielo, rebotó por las montañas hasta el valle, y cubrió la casa. Una extraña idea cruzó por su mente: «El trueno es una advertencia. Es un presagio. Me dice que tenga cuidado y no me sienta tan segura de mí misma.»

Pero antes de que pudiera analizar con más profundidad la idea, cayó en lo más hondo del sueño.

Frye salió de Los Ángeles en dirección norte, primero viajando junto al mar, y luego metiéndose tierra adentro por la autopista.

California acababa de salir de uno de sus períodos de escasez de gasolina. Las estaciones de servicio se encontraban abiertas. Podía conseguir combustible. La autopista era una arteria de cemento que cruzaba la carne del Estado. Los escalpelos gemelos de sus faros la ponían al desnudo para su examen.

Mientras conducía, pensaba en Katherine. ¡Perra! ¿Qué estaría haciendo en Santa Helena? ¿Se habría trasladado a la casa del acantilado? Si era así, también habría vuelto a controlar la bodega. ¿Intentaría obligarle a volver a vivir con ella? ¿Tendría que permanecer con ella y obedecerla como antes? Todas aquellas preguntas eran de una importancia vital para él, aunque la mayoría de ellas no tenían el menor sentido ni podían recibir una respuesta sensata.

Comprendía que su mente no estaba clara. No le era posible pensar con claridad por más que se esforzara, y esta incapacidad le asustaba.

Por un instante, se preguntó si la casa era suya todavía. Después de todo, estaba muerto. O muerto a medias. Y le habían enterrado. O creían que lo habían hecho. El patrimonio sería liquidado.

Al pensar Bruno en la extensión de sus pérdidas, se enfureció con Katherine por quitarle tanto y dejarle con tan poco. Le había matado, le había separado de sí mismo, dejándole solo, sin que pudiera tocar o hablar con sí mismo, y ahora incluso se había instalado en su casa.

Apretó el acelerador hasta que el indicador de velocidades marcó más de ciento treinta kilómetros por hora.

Si un poli se atreviese a pararle por exceso de velocidad, Bruno estaba dispuesto a matarlo. Utilizaría el cuchillo. Le desollaría. Le abriría en canal. Nadie iba a impedir a Bruno Frye que llegara a Santa Helena antes de la salida del sol.

CAPÍTULO 7

Temiendo que le vieran los hombres que hacían el turno de noche en la bodega, los cuales sabían que estaba muerto, Bruno Frye no condujo la furgoneta a la finca. Por el contrario, la aparcó a bastante más de dos kilómetros de ella, junto a la carretera, y fue andando, a través de los viñedos, hasta la casa que se había construido cinco años atrás.

Brillando a través de los jirones de nubes, la luna fría y blanca proyectaba suficiente luz para que él pudiera encontrar su camino entre las cepas.

Las onduladas colinas estaban silenciosas. El aire exhalaba un vago olor al sulfato de cobre con que habían rociado los viñedos para evitar las plagas y, por encima de éste, percibía la frescura del ozono de la lluvia que había despertado al sulfato de cobre. Ya no llovía. La tormenta no debió de ser muy fuerte, sólo chaparrones, algún trueno. El suelo estaba tan sólo blando y húmedo, no hecho un barrizal.

El cielo nocturno estaba apenas un poco más claro que media hora antes. El alba no había salido de su lecho en el Este, pero no tardaría en levantarse. Cuando llegó al claro, Bruno se agachó junto a una hilera de arbustos y estudió las sombras que rodeaban la casa. Las ventanas estaban oscuras y vacías. Nada se movía. No había más rumor que el apagado y suave silbido del viento.

Bruno permaneció unos minutos agazapado junto a los arbustos. Tenía miedo a moverse, temía lo que podía estar esperándole dentro. Pero al fin, latiéndole el corazón, se obligó a abandonar el escondrijo y la relativa seguridad de los arbustos; se enderezó y caminó hacia la puerta.

Su mano izquierda sostenía una linterna sin encender y la mano derecha un cuchillo. Se hallaba preparado para lanzarse y clavarlo al menor movimiento, pero no había más movimientos que los suyos.

Una vez en el umbral, dejó la linterna en el suelo, rebuscó una llave

381

en el bolsillo de su chaqueta y abrió la puerta. Recogió la linterna, empujó la puerta con el pie, encendió la luz que llevaba y entró agachado y rápido, con el cuchillo extendido recto delante de él.

No lo esperaba en el vestíbulo.

Bruno anduvo despacio de una habitación oscura y recargada a otras oscuras y recargadas. Miró en los armarios, detrás de cada sofá y a un lado y otro de las enormes vitrinas.

No estaba en la casa.

Quizás había llegado a tiempo de desbaratarle cualquier complot que estuviera tramando.

Se quedó en mitad del cuarto de estar, con el cuchillo y la linterna todavía en sus manos, ambos dirigidos hacia el suelo. Se tambaleó exhausto, mareado, confuso.

Era una de aquellas veces en que necesitaba de forma desesperada hablar a sí mismo, compartir sus sentimientos con su otro yo, resolver su confusión con él mismo y volver a ordenar sus pensamientos. Pero nunca más podría volver a consultar con sí mismo, porque estaba muerto.

Muerto.

Empezó a temblar; luego lloró.

Se encontraba solo, asustado y muy desconcertado.

Durante cuarenta años había actuado como un hombre ordinario, y había pasado por normal con éxito considerable. Pero ya no podría hacerlo más. La mitad de él estaba muerto. La pérdida era excesiva para poder recuperarse. No confiaba en ello. Sin sí mismo a quien recurrir, sin su otro yo que le aconsejara y le brindara sugerencias, carecía de recursos para mantener la comedia.

Pero la perra estaba en Santa Helena. En alguna parte. No podía aclarar sus ideas, no podía dominarse; pero sabía una cosa: Tenía que encontrarla y matarla. Tenía que deshacerse de ella de una vez para siempre.

El pequeño despertador de viaje estaba puesto a las siete de la mañana del jueves.

Tony abrió los ojos una hora antes de que fuera el momento de levantarse. Despertó sobresaltado, empezó a incorporarse, descubrió dónde se encontraba y volvió a dejarse caer sobre la almohada. Permaneció sentado, de espaldas, a oscuras, mirando el techo en sombras, escuchando el rítmico respirar de Hilary.

Había saltado del sueño para escapar a una pesadilla. Era un sueño brutal, tenebroso, lleno de funerarias, tumbas, sepulcros y ataúdes, un sueño sombrío, pesado y cargado de una oscuridad de muerte. Cuchillos. Balas. Gusanos saliendo de las paredes y deslizándose fuera de las órbitas de los cadáveres. Muertos vivientes que hablaban de cocodrilos. En el sueño, la vida de Tony se veía amenazada docenas de veces; pero, en todas ellas, Hilary se interponía entre él y el asesino, y ella moría siempre por él.

Era un sueño diabólicamente turbador.

Tenía miedo a perderla. La amaba. La amaba más de lo que jamás sabría decirle. Era un hombre claro, que no tenía miedo a expresar sus emociones; pero no disponía de las palabras que expresaran la profundidad y calidad de sus sentimentos por ella. No creía que tales palabras existieran; todas las que conocía eran crudas, burdas e inadecuadas. Si se la arrebataran, la vida seguiría, naturalmente... pero no fácil y feliz, no sin una enorme cantidad de pena y dolor.

Miró fijamente al techo oscuro y se dijo que el sueño no debía preocuparle. No había sido un presagio ni una profecía... sino una simple pesadilla y nada más.

A lo lejos, un tren lanzó dos largos silbidos. Fue un sonido frío, solitario, doloroso, que le hizo cubrirse hasta la barbilla.

Bruno llegó a la conclusión de que Katherine podía estar esperándole en la casa que Leo construyó.

Abandonó la suya y cruzó los viñedos. Se llevó la linterna y el cuchillo.

A la primera luz, pálida, del alba, mientras casi todo el cielo seguía siendo de un color azul negro, en tanto que el valle descansaba en la penumbra de la noche, él subió a la casa del acantilado. No lo hizo mediante el funicular, porque para subir a él tenía que entrar en la bodega y llegar al segundo piso donde la estación de salida ocupaba una esquina del edificio. No se atrevió a dejarse ver por allá, porque suponía que la bodega estaba ahora rebosante de espías de Katherine. Quería ir a hurtadillas a la casa y el único camino para hacerlo era la escalera en la cara del acantilado.

Empezó a subir rápidamente, de dos en dos; pero, antes de llegar muy lejos, descubrió que la cautela era esencial. La escalera se estaba deshaciendo. No se habían preocupado de mantenerla en buen estado, como el funicular. Décadas de lluvia y viento, así como de calor veraniego, habían ido comiéndose el mortero que mantenía sujeta la vieja estructura. Pequeñas piedras, piezas esenciales de cada uno de los trescientos veinte escalones, saltaban bajo sus pies y rebotaban hasta la base del risco. Varias veces estuvo a punto de perder el equilibrio; casi se cayó de espaldas, o faltó poco para que saltara de lado al vacío. La barandilla de seguridad estaba podrida, y carecía de secciones enteras. Si volvía a tropezar, no le salvaría. Muy despacio, con sumo cuidado, fue siguiendo el trazado oscuro de la escalera y pudo llegar a la cima del risco.

Cruzó el césped que se había convertido en una maraña de hierba. Docenas de rosales, antes cuidadosamente podados y atendidos, habían enviado tentáculos espinosos en todas direcciones y se extendían ahora como auténticas zarzas.

Bruno entró en la vieja casa victoriana y registró las estancias, mohosas, polvorientas y cubiertas de telarañas, que olían a la humedad que manchaba cortinas y alfombras. La casa estaba repleta de muebles antiguos, arte, cristal, estatuas y otras muchas cosas; pero no contenía nada siniestro. La mujer tampoco se encontraba allí.

No sabía decir si era una suerte o una desgracia. En todo caso, no se había instalado, no se había adueñado de la casa durante su ausencia. Esto era una suerte. Le tranquilizaba. Pero se inquietaba al preguntarse dónde demonios estaba.

Su confusión iba aumentando por momentos. Su capacidad de razonamiento había empezado a fallarle horas atrás, y ahora tampoco podía confiar en sus cinco sentidos. A veces, creía oír voces, y las persiguió por la casa, hasta acabar descubriendo que lo que oía eran sus propias divagaciones. De pronto, el moho no olía a moho, sino al perfume favorito de su madre... Pero, un instante después, volvía a oler a moho. Y cuando contemplaba una pintura familiar que había estado colgada en aquellas paredes desde su infancia, era incapaz de saber lo que representaba, de percibir las formas y los colores. Sus ojos quedaban desconcertados hasta por la más simple de las pinturas. Se detuvo ante un cuadro que sabía que representaba un paisaje con árboles y flores silvestres; pero era incapaz de verlos; solamente podía recordar que estaban ahí; lo que veía ahora eran manchones, líneas distorsionadas, puntos y formas sin sentido.

Se esforzó por no dejarse vencer por el pánico. Se dijo que la confusión y la desorientación no eran más que el resultado de no haber dormido en toda la noche. Los ojos le pesaban, estaban irritados, rojos y ardientes. Le dolía todo. Tenía el cuello tieso. Lo único que necesitaba era dormir. Cuando despertara, tendría la cabeza clara. Esto fue lo que se dijo. Era lo que tenía que creer.

Porque había registrado la casa de abajo arriba. Se encontraba ahora en el desván, la gran estancia con el techo en pendiente, donde había transcurrido gran parte de su vida. Al blanquecino resplandor de su linterna, podía ver la cama donde había dormido durante los años que pasó en la mansión.

Sí mismo ya estaba en la cama. Sí mismo se hallaba echado, con los ojos cerrados como si durmiera. Naturalmente, los ojos estaban cerrados porque estaban cosidos. Y el largo camisón blanco no era un camisón, sino una mortaja que le había puesto Avril Tannerton. Porque sí mismo estaba muerto. La perra le había acuchillado y matado. Llevaba completamente muerto desde la semana pasada.

Bruno estaba demasiado nervioso para desahogar su rabia y su dolor. Se acercó a la gran cama y se tendió en la mitad que le correspondía, junto a sí mismo.

Sí mismo apestaba. Era un olor fuerte y químico.

Las ropas de cama estaban manchadas y mojadas por oscuros fluidos que lentamente escapaban de su cuerpo.

A Bruno no le importaba aquella suciedad. Su lado de cama estaba seco. Y aunque sí mismo se encontraba muerto y no volvería a hablar ni a reír de nuevo, Bruno se sentía feliz por el mero hecho de estar junto a sí mismo.

Bruno alargó la mano y se tocó. Tocó la mano fría, dura y rígida y la estrechó.

Parte de la dolorosa soledad se mitigó.

Bruno, naturalmente, no se sentía completo. Nunca más volvería a sentirse completo, porque una mitad de él estaba muerta. Pero, echado allí, junto a su cadáver, tampoco se sentía solo.

Dejando la linterna encendida para disipar un poco la oscuridad de la habitación cerrada, Bruno se durmió.

El consultorio del doctor Nicholas Rudge estaba en el piso veinte de un rascacielos en el corazón de San Francisco. Por lo visto, pensó Hilary, el arquitecto no había oído hablar nunca del desagradable término «tierra de terremotos», o hizo un buen trato con el diablo. Una pared del consultorio de Rudge era cristal del suelo al techo, dividido en tres enormes paneles mediante dos finas y verticales líneas de acero; más allá de la ventana estaba la ciudad en terrazas, la bahía, el magnífico puente Golden Gate y los jirones que quedaban de la niebla de la noche anterior. Un vivo viento del Pacífico desgarraba las nubes grises, y el azul del cielo se hacía más dominante por minutos. La vista era espectacular.

Al extremo opuesto de la gran estancia, frente a la ventana, seis cómodos sillones se encontraban dispuestos alrededor de una redonda mesa de teca. Era obvio que en aquel rincón se celebraban sesiones de terapia de grupo. Hilary, Tony, Joshua y el doctor se instalaron allí.

Rudge era un hombre afable, que poseía la habilidad de hacer que uno se sintiera como si fuera el individuo más interesante y encantador que hubiera encontrado en su vida. Era tan calvo como la típica bola de billar; pero llevaba bigote y una barba bien cuidados. Vestía un traje de tres piezas, con corbata y un pañuelo a juego en el bolsillo exterior, pero no había nada del banquero o del *dandy* en su aspecto. Parecía distinguido, capaz, y se mostraba tan relajado como si llevara alpargatas.

Joshua resumió la evidencia que el doctor había dicho que necesitaba conocer, y soltó un pequeño rollo, que pareció divertir a Rudge, acerca de la obligación del psiquiatra de proteger a la sociedad de un paciente que parecía tener tendencias homicidas. En un cuarto de hora, Rudge había oído lo bastante para convencerse de que el mencionado privilegio paciente-doctor no era prudente ni justificado en aquel caso. Se mostró dispuesto a mostrarles el historial de Frye.

—Aunque debo confesar —les dijo— que si uno de ustedes hubiera venido a mí, solo, con esta historia increíble, le habría concedido muy poco crédito. Hubiera pensado que necesitaba mis servicios profesionales.

—Hemos considerado la posibilidad de que los tres hayamos perdido el juicio —explicó Joshua.

—Y la hemos rechazado —concluyó Tony.

—Bien, si están desequilibrados los tres, vamos a decir «los cuatro», porque me han convencido a mí también.

Durante los pasados dieciocho meses, explicó Rudge, había visto a Frye dieciocho veces en privado, en sesiones de cincuenta minutos. Después de la primera entrevista, cuando se dio cuenta de que el paciente estaba profundamente perturbado por algo, animó a Frye a que fuera por lo menos una vez en semana, porque creía que el problema era demasiado serio para responder a un tratamiento de una sesión al mes. Pero Frye se había resistido a la idea de un tratamiento más intenso.

—Como ya le dije por teléfono, Mr. Frye se debatía entre dos deseos.

Quería que le prestara ayuda para llegar a la raíz del problema. Pero, al mismo tiempo, temía revelarme cosas... y temía lo que iba o oír sobre él.

—¿Cuál era su problema? —preguntó Tony.

—Bien, naturalmente, el problema en sí, el nudo psicológico que le causaba ansiedad, tensión y estrés, estaba oculto en su subconsciente. Por eso era por lo que me necesitaba. Si la terapia hubiera tenido éxito, habríamos llegado a descubrir el nudo, e incluso a desatarlo. Pero nunca llegamos a ello. Así que no puedo decirles lo que fallaba en él, porque en realidad no lo sé. Pero creo que lo que me está preguntando es qué trajo a Frye hasta mí. Qué le hizo darse cuenta de que necesitaba ayuda.

—Sí —observó Hilary—. Por lo menos es un punto que sirve para empezar. ¿Qué síntomas tenía?

—Lo peor, por lo menos desde el punto de vista de Mr. Frye, era una pesadilla repetitiva que le aterrorizaba.

Sobre la mesita redonda había una grabadora y dos montones de cintas al lado, catorce en uno y cuatro en el otro. Rudge se echó hacia delante y cogió una de las cuatro.

—Todas mis consultas se graban y se guardan en una caja fuerte —explicó el doctor—. Éstas son cintas de las sesiones de Mr. Frye. Anoche, después de hablar con Mr. Rhinehart por teléfono, escuché fragmentos de estas grabaciones para ver si podía encontrar algo representativo. Tenía la corazonada de que me convencería para que sacara su ficha y pensé que sería mejor si podía oír las quejas de Bruno Frye en su propia voz.

—Excelente —asintió Joshua.

—Ésta es de la primera sesión. En los cuarenta minutos iniciales Frye casi no dijo nada. Fue muy raro. Parecía tranquilo, sereno; pero vi que estaba asustado y que trataba de disimular sus verdaderos sentimientos. Tenía miedo de hablar conmigo. Le faltó poco para levantarse y marcharse. Pero seguí trabajándole con suavidad, con mucha suavidad. En los últimos diez minutos me explicó por qué había venido a visitarme; pero incluso entonces era más difícil sacarle las palabras que arrancarle dientes. He aquí parte de la conversación.

Rudge metió la cinta en la grabadora y la puso en marcha.

Cuando Hilary oyó la voz familiar, profunda y rasposa, sintió que un escalofrío le recorría la columna vertebral.

Frye habló primero:

Tengo un problema.

¿Qué clase de problema?

Por la noche.

¿Sí?

Todas las noches.

¿Quiere decir que tiene problemas para dormir?

Sólo en parte.

¿Puede ser más específico?

Tengo un sueño.

¿Qué clase de sueño?

Una pesadilla.

¿La misma todas las noches?

Sí.

¿Desde cuándo? ¿Puede recordarlo?

...

¿Un año? ¿Dos años?

No, no. Mucho más que eso.

¿Cinco años? ¿Diez?

Por lo menos treinta... Quizá más.

¿Ha tenido el mismo mal sueño todas las noches desde hace por lo menos treinta años?

En efecto.

Seguro que no todas las noches.

Sí. Nunca me deja.

¿De qué trata el sueño?

No lo sé.

No se lo guarde, dígalo.

No me lo guardo.

¿Quiere contármelo?

Sí.

Es por lo que está aquí. Así que cuéntemelo.

Quiero hacerlo. Pero es que no sé de qué trata el sueño.

¿Cómo puede haberlo tenido todas las noches a lo largo de treinta años o más y no saber de qué se trata?

Me despierto gritando. Siempre sé que el sueño me ha despertado. Pero no puedo recordarlo nunca.

¿Entonces, cómo sabe que siempre es el mismo sueño?

Lo sé.

No me basta.

¿No le basta para qué?

No me basta para convencerme de que sea siempre el mismo sueño. Si está tan seguro de que la pesadilla se repite, debe tener mejores razones para pensar que es así.

Si se lo digo...

¿Qué?

Pensará que estoy loco.

Yo nunca utilizo la palabra «loco».

¿No?

No.

Bien..., cada vez que el sueño me despierta, siento como si algo se arrastrara sobre mí.

¿Y qué es?

No lo sé. Nunca puedo recordar. Pero noto como si algo tratara de metérseme por la nariz y por la boca. Algo repugnante. Intenta meterse dentro de mí. Me empuja los lados de los ojos, intentando hacérmelos abrir. Lo siento moverse por debajo de mis ropas. Lo tengo en el pelo. Está por todas partes, arrastrándose..., arrastrándose...

En el despacho del doctor Nicholas Rudge todo el mundo estaba pendiente de la grabadora. La voz de Frye seguía aún rasposa, pero ahora reflejaba un terror descarnado.

A Hilary le parecía estar viendo la cara de aquel hombretón, torcida por el miedo..., los ojos desorbitados, la tez pálida, el sudor frío en el nacimiento del cabello.

La cinta continuaba:

¿Sólo hay una cosa que se arrastra encima de usted?

No lo sé.

¿O son muchas cosas?

No lo sé.

¿Qué tacto tiene?

Sólo sé que es... horrible..., repugnante.

¿Por qué quiere esa cosa meterse dentro de usted?

No lo sé.

¿Y dice que siempre siente lo mismo después de un sueño?

Sí, durante un minuto o dos.

¿Hay algo más que perciba, que sienta, además de la sensación de que algo se arrastra?

Sí. Pero no es una sensación. Es un sonido.

¿Qué clase de sonido?

Susurros.

¿Quiere decir que al despertar imagina que hay gente susurrando?

En efecto. Susurros, susurros, susurros. Me rodean.

¿Quién es esa gente?

No lo sé.

¿Qué están susurrando?

No lo sé.

¿Tiene la impresión de que tratan de decirle algo?

Sí. Pero no lo entiendo.

¿Posee una teoría, una corazonada? ¿Puede adivinarlo?

No puedo oír las palabras con exactitud; pero sé que dicen cosas malas.

¿Malas? ¿En qué sentido?

Me amenazan. Me odian.

¿Susurros amenazadores?

Sí.

¿Cuánto tiempo duran?

Tanto como el arrastrarse..., se arrastran..., se arrastran.

¿Alrededor de un minuto?

Sí. ¿Le parezco loco?

En absoluto.

Venga. Le parezco un poco loco.

Créame, Mr. Frye, he oído historias mucho más extrañas que la suya.

No dejo de pensar que si me enterara de lo que dicen los susurros y si supiera qué es lo que se arrastra por encima de mí, podría adivinar de qué trata el sueño. Y, una vez descubra de qué se trata, puede que no vuelva a repetirse.

Así es como vamos a enfocar el problema.

¿Puede ayudarme?

Bueno, hasta cierto punto, depende de lo que quiera ayudarse usted.

Oh, yo quiero terminar con esto. Se lo aseguro.

Entonces, es muy probable que lo consiga.

He estado viviendo tanto tiempo con ello... Pero no logro acostumbrarme. Me asusta dormirme. Todas las noches, lo temo.

¿Se ha sometido a terapia, antes de ahora?

No.

¿Por qué no?

Porque tenía miedo.

¿De qué?

De lo que... pudieran descubrir.

¿Y por qué tiene miedo?

Porque puede ser algo... embarazoso.

Para mí no lo será.

Pero puede serlo para mí mismo.

No se preocupe. Soy su médico. Estoy aquí para escuchar y ayudar. Si usted...

El doctor Rudge sacó la cinta de la grabadora y dijo:

—Una pesadilla reiterativa. En sí, no es algo fuera de lo corriente. Pero una pesadilla seguida de alucinaciones táctiles y auditivas... no se da con frecuencia.

—¿Y, a pesar de ello —observó Joshua—, no le pareció peligroso?

—Cielos, no. Estaba solamente asustado por un sueño, y era comprensible. El hecho de que alguna sensación del sueño, persistiera incluso después de despertar, significaba que la pesadilla representaba alguna horrible experiencia reprimida, enterrada en lo más profundo del subconsciente. Pero las pesadillas suelen ser un modo sano de soltar vapor psicológico. No mostró indicios de psicosis. No parecía confundir los componentes de su sueño con la realidad. Trazaba una línea clara cuando lo comentaba. En su mente parecía existir una marcadísima distinción entre la pesadilla y el mundo real.

Tony se echó hacia delante:

—¿Podía estar menos seguro de la realidad de lo que le permitió captar?

—¿Quiere decir... que pudo haberme engañado?

—¿Pudo hacerlo?

Rudge asintió.

—La psicología no es una ciencia exacta. Y, si se compara con la psiquiatría, es aún menos exacta. Sí, pudo haberme engañado, dado que sólo le veía una vez al mes y no tenía oportunidad de observar sus cambios de estado de ánimo y de personalidad, los cuales habrían sido más evidentes de haberle visto cada semana.

—En vista de lo que Joshua le ha contado hace un rato —preguntó Hilary—, ¿cree que fue engañado?

Rudge sonrió amargamente.

—Parece que lo fui, ¿verdad?

Tomó una segunda cinta, que tenía preparada desde un punto preseleccionado de otra conversación entre Frye y él, y la metió en la grabadora.

No ha mencionado nunca a su madre.

¿Qué hay de ella?

Eso es lo que quiero saber.

¿No hace más que preguntar, no cree?

Con algunos pacientes apenas tengo que preguntar nada. Ellos solos se abren y empiezan a hablar.

¿Sí? ¿Y de qué hablan?

Con frecuencia suelen hablar de sus madres.

Debe de ser muy aburrido para usted.

Pocas veces. Hábleme de su madre.

Se llama Katherine.

¿Y qué?

No tengo nada que decir de ella.

Todo el mundo tiene algo que decir de su madre... y de su padre.

Hubo un minuto de silencio. La cinta siguió girando y produciendo un sonido sibilante.

Rudge, comprendiendo la impaciencia de los presentes, explicó:

—Le estoy esperando. Hablará dentro de un momento.

¿Doctor Rudge?

¿Sí?

¿Cree usted...?

¿De qué se trata?

¿Cree que los muertos se quedan muertos?

¿Me está preguntando si soy religioso?

No. Lo que quiero decir es... si cree que una persona puede morir... y luego regresar de la tumba.

¿Como un fantasma?

Sí. ¿Cree en los fantasmas?

¿Y usted?

Yo pregunté primero.

No. No creo en ellos, Bruno. ¿Y usted?

Todavía no lo he decidido.

¿Ha visto alguna vez un fantasma?

No estoy seguro.

¿Qué tiene que ver eso con su madre?

Me dijo que volvería..., que regresaría de la tumba.

¿Cuándo le dijo tal cosa?

Oh, millares de veces. Siempre estaba diciéndolo. Afirmó que sabía cómo

se hacía. Aseguró que me vigilaría después de morir. Dijo que, si veía que me
portaba mal y no vivía como ella quería que viviese, entonces volvería y lo la-
mentaría.

¿Y la creyó?

...

¿La creyó usted?

...

¿Bruno?

Hablemos de otra cosa.

—¡Jesús! —exclamó Tony—. De ahí nació la idea de que Katherine había vuelto. ¡La mujer se la inculcó antes de morir!

Joshua dijo a Rudge:

—¡En nombre de Dios! ¿Qué se proponía hacer esa mujer? ¿Qué clase
de relación había entre ellos?

—Ahí estaba la raíz del problema. Pero nunca pudimos llegar a po-
nerlo en claro. Yo seguí esperando poder hacer que viniera todas las
semanas; pero se resistía... Luego, murió.

—¿Insistió sobre el tema de los fantasmas en las demás sesiones?
—preguntó Hilary.

—Sí —respondió el médico—. La siguiente vez que vino, volvió a hablar de ello. Dijo que los muertos permanecían muertos y que sólo los
niños y los pobres de espíritu pueden creer otra cosa. Declaró que no
existían ni los fantasmas ni los zombies. Quería que yo supiera que
nunca había creído a Katherine cuando le decía que volvería.

—Pero mentía —dijo Hilary—. La creyó.

—Al parecer sí —asintió Rudge, metiendo la tercera cinta en la máquina.

¿Doctor, a qué religión pertenece?
Me educaron como católico.
¿Cree todavía?
Sí.
¿Va a la iglesia?
Sí. ¿Y usted?
No. ¿Va a misa todas las semanas?
Casi todas.
¿Cree en el cielo?
Sí. ¿Y usted?
Sí. ¿Y qué me dice del infierno?

¿Qué piensa usted de ello, Bruno?

Bueno, que si hay un cielo debe haber también un infierno.

Hay gente que dice que la tierra es el infierno.

No. Hay otro lugar con fuego y todo eso. Y si hay ángeles...

¿Sí?

Debe haber demonios. La Biblia afirma que los hay.

Se puede ser muy buen cristiano sin tomarse la Biblia al pie de la letra.

¿Sabe cómo descubrir las diferentes marcas de los demonios?

¿Marcas?

Sí. Cuando un hombre o una mujer hacen un trato con él, el demonio los marca. Si le pertenecen por alguna otra razón, también los marca, lo mismo que hacemos con el ganado.

¿Cree de verdad que se puede hacer un trato con el diablo?

¿Eh? Oh, no. De ninguna manera. Eso son cuentos. Tonterías. Pero hay personas que lo creen. Y me interesan. Su psicología me fascina. Leo mucho sobre ocultismo, tratando de imaginar el tipo de gente que tiene fe en ello. Quisiera comprender cómo funcionan sus mentes. ¿Sabe?

Me estaba hablando de las marcas que los demonios dejan en los seres humanos.

Sí. Es algo que he leído hace poco. Nada importante.

Cuéntemelo.

Verá usted, se supone que en el infierno hay cientos y cientos de demonios. Quizá millares. Y cada uno de ellos posee su propia marca, y se la pone a quienes les reclama el alma. Como, por ejemplo, en la edad media creían que una marca en forma de fresa en la cara, era la marca del demonio. Y otra marca era tener los ojos bizcos. O un tercer pecho. Hay gente que nace con tres pechos. No es demasiado raro. Y están los que afirman que la marca de un demonio es el número 666. Ésta es la marca del jefe de todos los demonios, Satanás. Su gente tienen el número 666 marcado en la piel, debajo del cabello, donde no pueda verse. Hablo de lo que creen los Verdaderos Creyentes. Y los gemelos... Es otra señal del trabajo del demonio.

¿Que los gemelos son obra del demonio?

Compréndame, yo no digo que crea todo esto. No lo creo. Son sandeces. Me limito a decirle lo que algunos locos proclaman por ahí.

Comprendo.

Si le aburro...

No, no. Me parece tan fascinante como a usted.

Rudge apagó la grabadora.

—Permítanme un comentario antes de seguir. Le animé a hablar de ocultismo porque pensé que para él era sólo un ejercicio intelectual, un modo de reforzar su mente y ayudarle a que se enfrentara con su problema. Lamento confesar que le creí cuando me dijo que no lo tomaba en serio.

—Pero lo hacía —observó Hilary—. Se lo tomaba muy en serio.

—Así parece. No obstante, a la sazón creí que ejercitaba su mente preparándose para resolver sus problemas. Si encontraba el medio de explicar el proceso aparentemente irracional del pensamiento de la gente lejana, como ocultistas convencidos, también se encontraría dispuesto a encontrar una explicación para la pequeña parte de comportamiento irracional de su propia personalidad. Si podía explicar a los ocultistas, sería tarea fácil explicar el sueño que no podía recordar. Eso es lo que yo supuse que estaba haciendo. Pero me equivocaba. ¡Maldita sea! ¡Si hubiera venido a verme con más frecuencia!

Rudge volvió a poner la grabadora en marcha:

¿Ha dicho que los gemelos son obra del demonio?

Sí. No todos los gemelos, claro. Sólo cierta clase de gemelos.

¿Cuáles?

Gemelos siameses. Cierta gente cree que son la marca del demonio.

Sí. Comprendo que pudiera extenderse esa superstición.

Y, a veces, gemelos idénticos nacen con las cabezas cubiertas por caperuzas. Esto es raro. Uno, tal vez. Pero dos no. Es muy raro que ambos gemelos nazcan con caperuza. Cuando ocurre, se puede tener la seguridad de que esos gemelos están marcados por el demonio. Al menos, es lo que cierta gente tiene por cierto.

Rudge sacó la cinta.

—No sé muy bien cómo encaja esto con lo que les ha estado ocurriendo a ustedes tres. Pero, dado que parece existir un doble de Bruno Frye, el tema de los gemelos creí que era algo que les interesaba escuchar.

Joshua miró a Tony; luego a Hilary, y dijo:

—Pero si Mary Gunther tuvo dos hijos, ¿por qué Katherine sólo se llevó uno a casa?, ¿por qué iba a mentir y decir que no había más que un niño? No tiene la menor lógica.

—No lo sé —murmuró Tony, dubitativo—. Ya dije que la historia me parecía demasiado amañada.

—¿Encontró el certificado de nacimiento de Bruno? —preguntó Hilary.

—Aún no. No había ninguno en las cajas fuertes.

Rudge cogió la cuarta cinta que había separado del montón principal.

—Ésta fue la última sesión que tuve con Frye. Hace sólo tres semanas. Por fin accedió a dejarme probar la hipnosis para ayudarle a recordar el sueño. Pero desconfiaba. Me hizo prometer que limitaría el alcance de las preguntas. No me autorizaba a preguntar acerca de ninguna cosa que no fuera el sueño. El extracto que les he preparado empieza después de que entró en trance. Le hice retroceder en el tiempo, no mucho; sólo hasta la noche anterior. Le volví a situar en el sueño.

¿Qué es lo que ve, Bruno?

Mi madre. Y yo.

Siga.

Me está arrastrando.

¿Dónde se encuentra usted?

No lo sé. Pero soy muy pequeño.

¿Pequeño?

Sí, muy niño.

¿Y su madre le obliga a ir a alguna parte?

Sí. Me arrastra, me tira de la mano.

¿Adónde le arrastra?

A... la... la puerta. La puerta. ¡No deje que la abra! ¡No! ¡No!

Tranquilo. Cálmese. Hábleme de la puerta. ¿Adónde lleva?

Al infierno.

¿Cómo lo sabe?

Porque está en el suelo.

¿La puerta está en el suelo?

¡Por el amor de Dios, no le permita abrirla! ¡No la deje meterme allá dentro otra vez! ¡No! ¡No! ¡No quiero volver allá abajo!

Relájese. Trate de serenarse. No hay razón para tener miedo. Pero relájese, Bruno. Relájese. ¿Está ya relajado?

S... sí.

Muy bien. Ahora, despacio, con tranquilidad y sin emocionarse, dígame lo que ocurre a continuación. Su madre y usted se hallan frente a una puerta que hay en el suelo. ¿Qué ocurre ahora?

Ella... ella... abre la puerta.

Siga.

Me empuja.

Siga.

Me empuja... Me hace traspasar la puerta.

Siga, Bruno.

La cierra de golpe... con llave.

¿Le encierra?

Sí.

¿Cómo es el lugar?

Oscuro.

¿Y qué más?

Sólo oscuro. Negro.

Debe poder ver algo.

No. Nada.

¿Y qué ocurre?

Trato de salir.

¿Y qué ocurre?

La puerta es demasiado pesada. Demasiado fuerte.

Bruno... ¿es sólo un sueño?

...

¿Es un sueño nada más, Bruno?

Es lo que sueño.

¿Pero es también un recuerdo?

...

¿Le encerraba su madre en un cuarto oscuro cuando era niño?

...

¿Es un sótano?

En el suelo. En aquella habitación del suelo.

¿Cuántas veces lo hizo?

Todo el tiempo.

¿Una vez a la semana?

Con más frecuencia.

¿Era acaso un castigo?

Sí.

¿Por qué?

Por... por no actuar... y pensar... como uno.

¿Qué quiere decir?

Era un castigo por no ser uno.

¿Qué quiere decir ser uno?

Uno. Uno. Sólo uno. Nada más. Sólo uno.

Está bien. Repasaremos esto más tarde. Ahora vamos a seguir a fin de ver qué ocurre a continuación. Está encerrado en aquel cuarto. No puede abrir la puerta. ¿Qué sucede ahora, Bruno?

Tengo mi... miedo.

No, no tiene miedo. Está tranquilo, relajado y nada le asusta. ¿No es así? ¿No está más tranquilo?

Sí..., supongo que sí.

Muy bien. ¿Qué pasa después de que intenta abrir la puerta?

No lo consigo. Así que me quedo en el primer peldaño y miro hacia abajo, a la oscuridad.

¿Hay escalones?

Sí.

¿Adónde llevan?

Al infierno.

¿Baja?

¡No! Yo sólo... me quedo allí y... ¡Escuche!

¿Qué oye?

Voces.

¿Qué están diciendo?

Susurran... no puedo entenderlas. Pero... se acercan..., se hacen más fuertes. Se acercan más. Suben por los peldaños.

¡Ahora son fortísimas!

¿Pero qué dicen?

Susurran. Me rodean.

¿Qué están diciendo?

Nada. No tienen sentido.

Escuche muy atento.

No hablan con palabras.

¿Quiénes son? ¿Quiénes susurran?

¡Oh, Dios! Escuche. ¡Jesús!

¿Quiénes son?

No son personas. No. ¡No! ¡No es gente!

¿No es gente que susurra?

¡Quítemelas de encima!

¿Por qué se está usted sacudiendo?

¡Están sobre mí!

No hay nada encima de usted.

¡Sí las tengo encima!

No se levante, Bruno. Espere...

¡Oh, Dios mío...!

Bruno, vuelva a echarse en el sofá.

¡Jesús! ¡Jesús! ¡Dios mío!

Le ordeno que se eche en el sofá.

¡Jesús, ayúdeme! ¡Ayúdeme!
Escúcheme, Bruno. Su...
¡Tengo que librarme de ellas! ¡Tengo que lograr que dejen de pasearse sobre mi cuerpo!
Basta, Bruno. Relájese. Ya se alejan.
¡No! ¡Todavía hay más! ¡Ah! ¡Ah! ¡No!
Se están yendo. Los susurros se apagan, ya se...
¡Son más fuertes! ¡Cada vez más fuertes! Un rugir de susurros.
Tranquilícese. Échese y...
¡Se me están metiendo por la nariz! ¡Oh, Jesús! ¡Mi boca!
¡Bruno!

En la cinta había un ruido extraño, entrecortado. No cesaba.

Hilary se estremeció. La habitación, de repente, parecía estar completamente helada.

—Saltó del sofá —explicó Rudge— y corrió a ese rincón. Se agachó, y se cubrió la cara con las manos.

El sonido irreal, jadeante, angustiado, continuaba saliendo de la cinta.

—¿Logró usted sacarlo del trance? —musitó Tony.

Rudge, muy pálido, recordaba.

—Al principio creí que iba a quedarse en el sueño. Jamás me había ocurrido nada parecido. Soy muy bueno con la terapia de hipnosis. Muy bueno. Pero temí que le había perdido. Tardó un buen rato en recuperarse; pero al fin empezó a responderme.

En la cinta seguía el mismo sonido angustiado.

—Lo que están oyendo es Bruno chillando. Está tan asustado que su garganta se ha contraído, el terror le ha hecho perder la voz. Intenta gritar, pero no emite ningún sonido.

Joshua se levantó, se inclinó y apagó la grabadora. Le temblaba la mano. Preguntó:

—¿Cree que su madre le encerraba de verdad en un cuarto oscuro?

—Sí —contestó Rudge.

—¿Y que allí, con él, había algo más?

—Sí.

—¿Algo que producía aquel sonido susurrante?

—Sí.

Joshua se pasó la mano por su espesa cabellera blanca.

—Pero, en nombre de Dios, ¿qué pudo haber sido? ¿Qué había en aquel cuarto?

—No lo sé. Esperaba descubrirlo en otra sesión. Pero ésta fue la última vez que lo vi.

En el «Cessna Skylane» de Joshua, mientras volaban hacia Hollister, Tony dijo:

—Mi punto de vista acerca de todo esto empieza a cambiar.

—¿Cómo? —preguntó Joshua.

—Bueno, al principio lo veía en blanco y negro. Hilary era la víctima. Frye era el malo. Pero ahora..., en cierto modo..., también Frye es una víctima.

—Entiendo lo que quieres decir —admitió Hilary—. Tras escuchar aquellas cintas... siento compasión por él.

—Sentir compasión está muy bien —cortó Joshua—, siempre y cuando no se olvide de que es sumamente peligroso.

—¿No está muerto?

—¿Lo está?

Hilary había escrito un guión en el que dos escenas se desarrollaban en Hollister, así que conocía algo el lugar.

En apariencia, Hollister se parecía a otras cien pequeñas ciudades de California. Había algunas calles bonitas y otras tantas feas. Casas nuevas y casas viejas. Palmeras y robles. Muchas adelfas. Porque era una de las partes más secas del Estado, y en la que había mucho más polvo; aunque no se notaba demasiado hasta que el viento soplaba muy fuerte.

Lo que hacía a Hollister diferente de otras ciudades era lo que tenía por debajo. Fallas. Gran parte de los municipios de California estaban construidos encima o muy cerca de fallas geológicas, que de cuando en cuando se deslizaban y producían terremotos. Pero Hollister no se hallaba edificado sobre una sola falla; descansaba encima de una extraña confluencia de ellas, una docena o más, grandes y pequeñas, incluyendo la Falla de San Andrés.

Hollister era una ciudad en marcha. Todos los días del año la sacudía por lo menos un temblor de tierra. La mayor parte correspondían al tipo medio o más bajo de la escala de Richter. La ciudad jamás se había hallado nivelada. Las aceras estaban agrietadas e inclinadas. Podían estar planas un lunes, algo ladeadas el martes, y planas de nuevo el miércoles. Algunos días había cadenas de temblores que sacudían dulcemente la ciudad, con sólo breves pausas, durante una hora o dos. A pesar de ello, la gente que vivía allí casi nunca se daba cuenta de esos pequeños temblores, del mismo modo que los que habitaban en Alta Sierra, país de esquí, apenas se fijaban en una nevada común. A lo largo de las décadas, el curso de algunas calles de Hollister se veía alterado por la tierra siempre en movimiento; avenidas que habían sido rectas tenían ahora una pequeña curvatura o estaban un poco estevadas. Las tiendas tenían estantes inclinados hacia atrás, o cubiertos con tela metálica para evitar que las botellas y botes se cayeran al suelo cada vez que la tierra temblaba. Algunas personas vivían en casas que se iban deslizando poco a poco a terreno inestable; pero el hundimiento era tan lento que no causaba alarma, ni planteaba la necesidad urgente de buscar otro lugar para vivir; se limitaban a reparar las grietas de las paredes, limar los bajos de las puertas y realizar los ajustes que podían. De tanto en tanto, un hombre de Hollister añadía una habitación a su casa, sin darse cuenta de que el añadido estaba en un lado de una línea de fallas y la casa en el otro. Como resultado, pasados unos años, la nueva habitación, al igual que una tortuga, se iría desplazando hacia el Norte o hacia el Sur, al Este o al Oeste, según la falla, mientras el resto de la casa permanecía inmóvil o tendía en dirección opuesta. Era un proceso casi imperceptible y sin embargo poderoso, que podía llegar a arrancar el añadido de la estructura principal. Los cimientos de algunos edificios tenían huecos, pozos sin fondo, los cuales se extendían, imparables, debajo de las casas y un día se las tragarían; pero, entretanto, los ciudadanos de Hollister vivían y trabajaban por encima. Mucha gente estaría aterrorizada de vivir en una ciudad donde, según el decir de algunos residentes, uno podía «acostarse por la noche y oír cómo la tierra se susurraba a sí misma». No obstante todo esto, durante generaciones, la buena gente de Hollister se había ocupado de sus cosas con una actitud positiva que maravillaba contemplar.

Allí se encontraba el máximo optimismo californiano.

Rita Yancy vivía en una casa en la esquina de una calle tranquila. Era una casa pequeña con un gran porche en la entrada. A lo largo del camino que llevaba a la vivienda había un arriate de flores otoñales, blancas y amarillas. Joshua tiró de la campanilla. Hilary y Tony esperaron detrás de él.

Una anciana se acercó a la puerta. El pelo canoso se hallaba peinado en un moño. Su cara estaba arrugada y sus ojos azules eran vivos y brillantes. Tenía una sonrisa simpática. Llevaba una bata azul y un delantal blanco; calzaba zapatos cómodos, de vieja. Venía secándose las manos en un trapo.

—¿Qué desean?

—¿Mrs. Yancy? —preguntó Joshua.

—Soy yo.

—Me llamo Joshua Rhinehart.

—Ya me figuré que aparecería.

—Vengo decidido a hablar con usted.

—Me da la impresión de que es un hombre que no se rinde nunca.

—Acamparé en su porche hasta conseguir lo que he venido a buscar.

La anciana suspiró.

—No será necesario. He pensado mucho en la situación desde que me llamó ayer. He decidido que... no puede hacerme nada. Nada en absoluto. Tengo setenta y cinco años, y no meten en la cárcel a mujeres de mi edad. Así que me dije que lo mejor sería decírselo todo, porque, de lo contrario, no dejará de importunarme.

Dio un paso hacia atrás, abrió la puerta de par en par, y entraron.

En el ático de la casa del acantilado, en la enorme cama, Bruno despertó chillando.

La estancia se encontraba a oscuras. Las pilas de la linterna se habían agotado mientras dormía.

Susurros.

Le rodeaban.

Suaves, sibilantes, diabólicos.

Bruno se golpeó la cara, el cuello, el pecho y los brazos, esforzándose para apartar las cosas asquerosas que se arrastraban por encima de él. Hasta que se cayó de la cama. En el suelo parecía haber una cantidad mayor de aquellas *cosas* resbaladizas. Eran millares, y todas susurraban sin cesar. Gimió y lloriqueó. Luego se tapó la boca y la nariz con la mano para evitar que penetraran en su interior.

Luz.

Hilos de luz.

Finas líneas de luz como luminosas hebras sueltas, colgando de la tenebrosa composición del cuarto. No había muchas. La luz era poca; pero resultaba mucho mejor que nada.

Se dirigió de prisa hacia aquellos tenues filamentos de claridad sacudiéndose las *cosas* de encima y se encontró con una ventana. Tenía los postigos cerrados. La luz se filtraba por las estrechas rendijas.

Tambaleándose, Bruno tanteó en busca de la falleba. Cuando la encontró, no consiguió moverla; estaba muy oxidada.

Chillando, agitándose como un loco, volvió a la cama tropezando con todo, la encontró pese a la oscuridad, agarró la lámpara que había encima de la mesita, y, utilizándola como una maza, rompió el cristal. Tiró la lámpara al suelo, buscó el cerrojo en el interior de los postigos, tiró de él, se despellejó los nudillos al forzarlo, abrió de golpe las contraventanas y lloró aliviado cuando la luz inundó el ático.

Los susurros se apagaron.

El salón de Rita Yancy (ella le llamaba así, pues le parecía mejor que emplear la palabra más moderna y menos rimbombante) era casi una parodia del típico salón en que las dulces ancianas como ella se refugiaban para pasar sus últimos años. Cortina de zaraza. Tapices de pared bordados a mano, la mayor parte de ellos con refranes inspirados, bordados de flores y de graciosos pájaros. Los había en todas partes, en un incesante despliegue de buena voluntad, buen humor y mal gusto. Los cojines rematados con borlitas. Silloncitos de orejas. Ejemplares del *Reader's Digest* sobre una frágil mesita. Una cesta llena de ovillos de lana y agujas de hacer punto. Una alfombra floreada estaba protegida por pasillos estampados. Chales tejidos a mano se encontraban drapeados sobre el respaldo y el asiento del sofá.

Un reloj en la repisa de la chimenea tenía un tictac que sonaba a hueco.

Hilary y Tony se sentaron en el sofá, en el mismo borde, como si temieran recostarse y arrugar el chal. Hilary se fijó en que cada uno de los bibelots y cacharritos brillaban sin una mota de polvo. Tuvo la impresión de que Rita Yancy se levantaría de un salto y correría en busca de una gamuza en cuanto alguien fuera a tocar aquellas preciadas posesiones para admirarlas.

Joshua se acomodó en un sillón. La cabeza y los brazos descansaban sobre pañitos protectores.

Mrs. Yancy se instaló en lo que parecía ser su sillón favorito; pues daba la impresión de que había adquirido de él parte de su carácter y viceversa. Hilary imaginó a Mrs. Yancy y al sillón creciendo juntos hasta transformarse en una criatura orgánica-inorgánica con seis pies y una piel de terciopelo aplastado.

La anciana cogió un chal azul y verde doblado sobre un taburete; lo abrió y se cubrió las piernas con él.

Hubo un momento de absoluto silencio; e incluso el reloj pareció enmudecer, como si el tiempo se hubiera detenido, igual que si se hubieran quedado congelados y los hubiesen transportado mágicamente, junto con la habitación, a un planeta lejano para exhibirlos en el Departamento de Antropología Terráquea de un museo extraterrestre.

Y entonces Rita Yancy habló, y lo que dijo hizo añicos la imagen que Hilary se había formado de ella:

—Bueno, resulta evidente que es inútil andarse por las ramas. No pienso malgastar mi día en esta estupidez. Pongámoslo en claro de una vez. ¿Quieren saber por qué Bruno Frye me pasaba quinientos dólares mensuales? Era el salario del silencio. Me pagaba para que mantuviera la boca cerrada. Su madre me pagó la misma cantidad cada mes durante casi treinta y cinco años y, cuando murió, Bruno empezó a mandarme los cheques. Debo confesar que me dejó asombrada. No es corriente hoy en día que un hijo le dé a alguien ese dinero para proteger la reputación de su madre..., sobre todo después de haber estirado la pata. Pero lo hizo.

—¿Me está diciendo que hacía chantaje a Mr. Frye, y su madre antes que a él? —preguntó Tony sorprendido.

—Llámelo como quiera. Pago del silencio, chantaje o lo que le parezca.

—Por lo que nos ha dicho hasta ahora —prosiguió Tony—, creo que la ley le llamaría chantaje y nada más.

Rita Yancy le sonrió.

—¿Cree que la palabra me molesta? ¿Imagina que tengo miedo? ¿Que estoy como gelatina por dentro? Hijo, déjeme decirle que en mis buenos tiempos me han acusado de cosas mucho más graves. ¿Prefiere emplear la palabra chantaje? Pues me parece muy bien. Chantaje. Eso es lo que es. No vamos a embellecerlo. Pero, naturalmente, si es lo bastante estúpido para arrastrar a una vieja ante un juez, utilizaré otros términos. Me limitaré a decir que hice un gran favor a Katherine Frye, hace mucho tiempo, y que ella insistió en pagármelo con un cheque mensual. Ésta es la principal razón de haberlo establecido por meses. Además, no tienen ustedes ninguna prueba de lo contrario, ¿verdad? Quiero decir que los chantajistas suelen cobrar y echar a correr, se llevan la tajada de una vez, y por eso es fácil seguirles la pista. ¿Pero quién va a creer que un chantajista aceptaría un modesto ingreso todos los meses en su cuenta?

—No tenemos la menor intención de llevarla ante los tribunales —le aseguró Joshua—. Y no nos mueve ningún interés por tratar de recuperar el dinero que le ha sido pagado. Comprendemos que sería una idiotez.

—Muy bien —aceptó Mrs. Yancy—. Porque, si lo intentaran, libraría una batalla de mil demonios.

Se arregló el chal.

«Tengo que acordarme de esto, de todo lo que se refiere a ella —se dijo Hilary—. Algún día puede ser un delicioso personaje de una película. Una abuelita con una pizca de sal, otra de ácido y un poquito podrida.»

—Lo único que deseamos es cierta información —dijo Joshua—. Tenemos un problema con el patrimonio y nos retiene la entrega del dinero. Necesito respuestas a ciertas preguntas a fin de acelerar la distribución definitiva. Dice que no quiere malgastar todo su día con «esta estupidez». Bien, tampoco yo quiero malgastar meses en la testamentaría Frye. El único motivo de mi venida es conseguir la información que necesito para acabar con «mi estupidez».

Mrs. Yancy se quedó mirándolo fijamente; después contempló a Hilary y a Tony. Sus ojos eran calculadores, astutos. Al fin, hizo un gesto afirmativo con la cabeza que evidenciaba su satisfacción, como si hubiera estado leyendo en sus mentes y aprobara lo que había en ellas.

—Me parece que les creo. Está bien. Hagan sus preguntas.

—Está claro —dijo Joshua— que lo primero que deseamos conocer es qué sabía de Katherine Frye para que ella y su hijo le pagaran casi un cuarto de millón de dólares en los cuarenta años pasados.

—Para entenderlo —dijo Mrs. Yancy—, necesitarán saber algo más de mí. Verá, cuando yo era joven, en plena época de la Gran Depresión, miré a mi alrededor para ver qué podía hacer. Después de atar cabos, llegué a la conclusión de que todos los trabajos posibles no me ofrecían más que la mera supervivencia y una vida de agobio. Excepto uno. Me di cuenta de que la única profesión que me ofrecía la oportunidad de ganar verdadero dinero, era lo que llaman el oficio más antiguo del mundo. A los dieciocho años empecé a trabajar. En aquellos días, a una mujer como yo se la llamaba una «dama de virtud fácil». Ahora, ya no importa. Hoy en día, puede emplearse la palabra que mejor parezca...

De su moño se había escapado un mechón de pelo gris; se lo apartó de la cara y lo sujetó detrás de la oreja.

—Cuando se trata de sexo, de intercambio como decíamos en mi época, me asombra cómo han cambiado los tiempos.

—¿Quiere decir que era... una prostituta? —preguntó Tony expresando la misma sorpresa que Hilary.

—Era una joven guapísima —respondió Mrs. Yancy con orgullo—. Nunca hice las calles, ni los bares, ni los hoteles, ni nada parecido. Yo formaba parte del personal de una de las mejores y más elegantes casas de San Francisco. Trabajábamos exclusivamente con señores de postín. Sólo los mejores hombres. Nunca había menos de diez chicas, y a veces hasta quince; pero cada una de nosotras era refinada y hermosa. Ganaba mucho dinero, como había esperado. Pero, cuando cumplí veinticuatro años, me di cuenta de que podía ganar mucho más abriendo mi propia casa que trabajando en el establecimiento de otra persona. Así que encontré una casa con mucho encanto y gasté casi todos mis ahorros decorándola. Luego, reuní una cuadra de jóvenes bellas y refinadas. En los treinta y seis años siguientes trabajé como *madame* y dirigí un lugar de gran clase. Me retiré hace quince años, cuando cumplí los sesenta, porque quería venirme a Hollister, donde vivían mi hija y su marido; deseaba estar cerca de mis nietos, saben. Los nietos hacen llevadera la edad y la enriquecen más de lo que creí.

Hilary se recostó en el sofá, sin preocuparse ya por si arrugaba los chales que había en el respaldo.

Joshua preguntó:

—Todo esto es fascinante. ¿Pero qué tiene que ver con Katherine Frye?

—Su padre visitaba con regularidad mi casa de San Francisco —respondió Rita Yancy.

—¿Leo Frye?

—Sí. Un hombre muy extraño. Yo, personalmente, nunca estuve con él. Nunca le serví. Después de ser *madame*, hacía poco trabajo de cama; me ocupaba de los detalles de la administración. Pero estaba enterada de todas las historias que mis chicas contaban de él. Por lo visto era un canalla de primera clase. Quería mujeres dóciles, sumisas. Le gustaba insultarlas y llamarles nombres espantosos mientras las usaba. Le encantaba la disciplina fuerte, no sé si me entienden. Era aficionado a ciertas cosas horribles y pagaba un alto precio por el derecho a hacerlas con mis chicas. En abril de 1940, la hija de Leo, Katherine, apareció en el umbral de mi puerta. Nunca la había visto. Ni siquiera sabía que Frye tuviera hijos. Pero él le había hablado de mí. Me la había enviado para que pudiera tener su hijo en secreto.

Joshua parpadeó.

—¿Su hijo?

—Estaba embarazada.

—¿Bruno era su hijo?

—¿Y qué hay de Mary Gunther? —preguntó Hilary.

—Nunca existió nadie llamada Mary Gunther —explicó la anciana—. Fue sólo una historia de cobertura que Katherine y Leo se inventaron.

—Lo sabía —exclamó Tony—. Demasiado bueno. Era demasiado amañado.

—Nadie en Santa Helena supo que estaba embarazada. Llevaba varias fajas. No creerán cómo iba de fajada la pobre muchacha. Era horrible. Desde el momento que le faltó la primera regla, mucho antes de que empezara a engordar, empezó a ponerse fajas cada vez más apretadas, y luego una encima de otra. Y se mató de hambre, evitando aumentar de peso. Es un milagro que no tuviera un aborto o se muriera.

—¿Y la acogió? —preguntó Tony.

—No voy a presumir que lo hiciera por pura bondad. No puedo soportar a las viejas que presumen de buenas y virtuosas, como muchas de las que me encuentro cuando voy a jugar al bridge en la parroquia. Katherine no me ablandó el corazón o cosa parecida. Tampoco la acogí por sentirme obligada con su padre. No le debía nada. Y, por lo que me contaban mis chicas, no me gustaba nada.

»Llevaba seis semanas muerto cuando apareció Katherine. La acogí por una sola razón, y no voy a pretender lo contrario. Llevaba tres mil dólares para cubrir los gastos de habitación, comida y la factura del doctor. Entonces era mucho más dinero de lo que es hoy.

Joshua meneó la cabeza.

—No puedo entenderlo. Tenía la reputación de ser más fría que un témpano. Que no le importaban los hombres. Nadie supo que tuviera un amante. ¿Quién era el padre?

—Leo.

—¡Oh Dios mío! —musitó Hilary.

—¿Está segura? —preguntó Joshua a Rita Yancy.

—Del todo —respondió la vieja—. Había estado jugando con su propia hija desde que ésta tenía catorce años. La obligaba a practicar sexo oral desde que era una niña. Más tarde, cuando creció, se lo hizo todo. Todo.

Bruno había esperado que una noche de sueño aclarara su mente confusa y llegara a disipar la confusión y la desorientación que le embargaban desde la noche anterior. Pero ahora, frente a la ventana rota del ático, bañándose en la luz gris de octubre, se encontraba tan inseguro de sí como lo estaba seis horas antes. Su mente era un revoltijo de pensamientos caóticos, dudas, preguntas y temores; recuerdos, unos agradables y otros feos, se retorcían como gusanos; imágenes mentales se movían y se agitaban semejantes a charcos de mercurio.

Sabía bien lo que le ocurría. Estaba solo. Completamente solo. Era nada más que medio hombre. Ahí estaba el problema. Desde que su otra mitad había sido muerta, cada vez se sentía más nervioso e inseguro. Ya no disponía de los recursos que tenía cuando sus dos mitades vivían. Y ahora, tratando de moverse con dificultad como sólo media persona, era incapaz de conseguirlo; incluso el más insignificante problema empezaba a parecerle por completo insoluble.

Se apartó de la ventana y caminó con pesadez hasta la cama. Se arrodilló en el suelo, junto a ella, y apoyó la cabeza en el cadáver, sobre su pecho.

—Di algo. Dime algo. Ayúdame a pensar en lo que debo hacer. Por favor. Por favor, ayúdame.

Pero el Bruno muerto no tenía nada que decir al que estaba todavía vivo.

El salón de Mrs. Yancy.

El reloj.

Un gato blanco apareció procedente del comedor y saltó sobre el regazo de la vieja.

—¿Cómo sabe que Leo abusó de Katherine? —preguntó Joshua—. Seguro que no se lo dijo.

—No, él no. Pero Katherine sí. Se encontraba en un estado terrible. Medio fuera de sí. Había contado con que su padre me la trajera cuando llegara su hora; pero él murió entonces. Se encontraba sola y aterrorizada. Por lo que había hecho consigo misma, lo de las fajas y la dieta, su parto fue dificilísimo. Mandé venir al médico que se ocupaba de mis chicas, de sus exámenes semanales sanitarios, porque sabía que sería discreto y estaría dispuesto a hacerse cargo del caso. Estaba seguro de que el niño nacería muerto. Pensó que incluso existía la posibilidad de que Katherine perdiera la vida. Su parto fue terrible y duró catorce horas. Jamás he visto a nadie soportar como ella semejante dolor. La mayor parte del tiempo deliraba; y, cuando recobraba la razón, estaba desesperada por contarme lo que su padre había hecho con ella. Yo pensé que intentaba hacer las paces con su alma. No podía resistir guardar aquel secreto, y por eso yo fui como un sacerdote que escuchaba su confesión. Su padre la había obligado a proporcionarle sexo oral, poco después de que su madre muriera. Cuando se trasladaron a la casa del acantilado, que supongo que debe de estar muy solitaria, él se dedicó a prepararla para que fuera su esclava sexual. Cuando tuvo suficiente edad para copular, tomó precauciones; pero, después de años y años de hacerlo, cometieron un error y quedó embarazada.

Hilary sentía la necesidad acuciante de coger el chal que había extendido sobre el respaldo y envolverse en él para defenderse de los escalofríos que la sacudían. Pese a las continuas palizas, a la intimidación emocional y a la tortura mental que sufrió mientras vivía con Earl y Emma, sabía que había tenido suerte al librarse del abuso sexual. Creía que Earl debió de ser impotente; sólo su incapacidad por manifestarse la salvó de aquella degradación. Por lo menos le había sido evitada la pesadilla. Pero no así a Katherine Frye. De repente se sintió solidaria con aquella pobre mujer.

Tony pareció intuir lo que pasaba por su mente. Le cogió la mano y se la estrechó con dulzura para tranquilizarla.

Mrs. Yancy acarició el gato, el cual empezó a ronronear por lo bajo.

—Hay algo que no comprendo —dijo Joshua—. ¿Por qué Leo no le mandó a Katherine tan pronto supo que iba a tener un niño? ¿Por qué no le pidió que le gestionara un aborto? Seguro que usted tenía contactos para ello.

—Ya lo creo. En mi trabajo, había que conocer médicos que se prestaran a ello. Leo pudo haberlo arreglado conmigo. Y no sé por qué no lo hizo. Sospecho que porque tenía la esperanza de que Katherine tuviera una niña preciosa.

—No lo entiendo —observó Joshua.

—¿No le parece obvio? —preguntó Mrs. Yancy rascando debajo de la barbilla al gato blanco—. Si hubiera tenido una nieta, entonces, pasados unos pocos años, podría empezar a prepararla, tal como hizo con Katherine. Así tendría dos. Un pequeño harén familiar.

Incapaz de obtener respuesta de su otro yo, Bruno se levantó y caminó sin rumbo por la enorme estancia, levantando polvo del suelo; centenares de motas giraban en el lechoso haz de luz de la ventana.

Por casualidad descubrió un par de pesas, de veinte kilos cada una. Formaban parte de un juego de pesas que había utilizado seis días a la semana, sin dejar una, entre los doce y los treinta y cinco años. La mayor parte de su equipo, barras, pesas de todo tipo y banqueta, se encontraban en el sótano. Pero siempre había reservado un par de pesas en su alcoba para usar en los momentos de ocio, cuando unos cuantos ejercicios de bíceps o flexiones de muñeca eran lo indicado para alejar el aburrimiento.

Ahora levantó las pesas y empezó a trabajar con ellas. Sus anchas espaldas y fuertes brazos recobraron el ritmo familiar, y fue cogiendo ritmo hasta cubrirse de sudor.

Veintiocho años atrás, cuando expuso por primera vez el deseo de levantar pesos y cultivar el cuerpo, su madre pensó que era una idea excelente. Unas sesiones largas y brutales de trabajo con las pesas ayudarían a quemar la energía sexual que empezaba entoces a generar, abrumado por las angustias de la pubertad. Como no se atrevía a exponer su pene diabólico ante una muchacha, el vigoroso entrenamiento con las pesas le interesó, se adueñó de su imaginación y de sus emociones como de otro modo lo hubiera hecho el sexo. Katherine lo había aprobado.

Más tarde, a medida que fue adquiriendo músculos y se transformó en un ser formidable, su madre abrigó dudas acerca de si había sido una idea prudente dejarle que se hiciera tan fuerte. Temiendo que pudiera desarrollar su cuerpo a fin de revolverse contra ella, había intentado esconderle las pesas. Pero cuando se echó a llorar y le suplicó que lo reconsiderara, se dio cuenta de que nunca tendría nada que temer de él.

¿Cómo podía pensar de otro modo?, se preguntó Bruno mientras alzaba las pesas a la altura de los hombros y volvía a bajarlas despacio... ¿No había comprendido que ella sería siempre más fuerte que él? Después de todo, era ella la que guardaba la llave del agujero en el suelo. Tenía la fuerza de abrir aquella puerta y hacerle entrar allí. Por fuertes que fueran sus bíceps y tríceps, mientras ella tuviera la llave, siempre podría más que él.

Fue más o menos por entonces, en la época en que su cuerpo empezó a desarrollarse, cuando le dijo por primera vez que sabía cómo volver de entre los muertos. Ella quería que él supiera que, después de su muerte, le vigilaría desde el otro mundo; y le había jurado que volvería para castigarle si le veía portarse mal, o si se mostraba descuidado y dejaba que otra gente viera su demoníaca herencia. Le había advertido mil veces o más, que si era malo y la obligaba a regresar de la tumba, lo metería otra vez en el agujero del suelo, cerraría la puerta con llave y le dejaría allí para siempre.

Pero ahora, mientras trabajaba en el polvoriento desván, Bruno se preguntó de pronto si la amenaza de Katherine había sido en serio. ¿Tenía en verdad poderes sobrenaturales? ¿Era capaz de volver de entre los muertos? ¿O le estaba mintiendo? ¿Le mentía porque tenía miedo de él? ¿Temía que se hiciera grande, fuerte... y le partiera el cuello? ¿Acaso su historia de volver de la tumba no era sino un débil seguro contra la idea de que él podía matarla y así librarse de ella para siempre?

Estas preguntas venían a él, pero no era capaz de retenerlas lo suficiente para analizarlas una tras otra y tratar de hallar respuestas. Surgían como ideas inconexas, como chispazos de una corriente eléctrica a través del cortocircuito de su cerebro. Cada duda quedaba olvidada un instante después de planteársela.

Por el contrario, cada miedo que aparecía permanecía en él chisporroteando en los oscuros rincones de su mente. Pensó en Hilary-Katherine, su última resurrección, y recordó que tenía que buscarla.

Antes de que ella le encontrara.

Empezó a temblar.

Primero soltó una pesa con gran ruido. Luego, la otra. Las tablas del suelo temblaron.

—¡Perra! —exclamó asustado y furioso.

El gato blanco lamió la mano de Mrs. Yancy mientras ésta iba diciendo:

—Leo y Katherine se inventaron una complicada historia para explicar la presencia del niño. No querían que se supiera que era de ella. Si lo hacían, tendrían que señalar al hombre responsable, algún joven pretendiente. Pero ella no tenía pretendientes. El viejo no quería que nadie más la tocara. Sólo él. Me pone la carne de gallina. ¿Qué clase de hombre hay que ser para forzar... a su propia hijita? ¡Y el canalla empezó a trabajarla cuando sólo tenía cuatro años! Ni siquiera era lo bastante mayor para comprender lo que ocurría... —Mrs. Yancy, escandalizada y entristecida, meneó la cabeza—. ¿Cómo podía un hombre mayor excitarse con un bebé? Si yo dictara las leyes, el hombre que hiciera semejante cosa sería castrado... o peor. Creo que le haría algo peor. Le juro que me da asco.

—¿Por qué no se les ocurrió decir que Katherine había sido violada por un trabajador emigrante o por un forastero de paso? —sugirió Joshua—. No habría tenido que enviar a ningún inocente a la cárcel para reforzar una historia así. Podía haber dado una descripción falsa a la Policía. Incluso, si por una loca casualidad encontraban a un individuo que encajara con la descripción, algún pobre desgraciado sin coartada..., bueno, siempre podía decir que aquél no era el hombre en cuestión. De este modo no tenía que implicar a nadie.

—Tiene razón —asintió Tony—. Muchos casos de violaciones de este tipo jamás son resueltos. La Policía se habría sorprendido si Katherine hubiera identificado a cualquiera que detuviesen.

—Comprendo que no quisiera alegar violación —observó Hilary—. Habría tenido que soportar mucha agresividad y humillación. Es frecuente creer que cada mujer violada lo estaba deseando.

—Lo sé —dijo Joshua—. Soy el único que sigue diciendo que mis congéneres son idiotas, burros y bufones. ¿Recuerdan? Pero Santa Helena ha sido siempre una ciudad de gente de mentalidad abierta. No habrían censurado a Katherine por ser violada. Al menos muchas personas. Naturalmente, habría tenido que tratar con brutos y que soportar situaciones embarazosas; pero, a la larga, hubiera tenido la simpatía de todos. Y me parece que habría sido mucho mejor y más fácil tomar aquel camino que intentar que todos creyeran la complicada mentira sobre Mary Gunther... y verse obligada a mantenerla durante toda la vida.

El gato se puso panza arriba sobre el regazo de Mrs. Yancy, y ella le rascó la barriga.

—Leo no quería achacar el embarazo a un violador porque eso habría atraído a la Policía —cortó Mrs. Yancy—. Leo sentía un gran respeto por la Policía. Era un tipo autoritario. Creía que los polis eran mejores de lo que realmente eran, y tenía miedo de que olieran algo raro en la historia de la violación que él y Katherine podían inventarse. No le apetecía llamar la atención, y menos de aquel modo. Tenía mucho miedo de que la Policía oliera la verdad. No estaba dispuesto a ir a la cárcel por violación infantil e incesto.

—¿Se lo contó Katherine? —preguntó Hilary.

—Así es. Como ya les he dicho, había estado viviendo siempre con la vergüenza de los abusos de Leo y, cuando pensó que a lo mejor se moría de parto, deseó contar a alguien, a cualquiera, lo que había tenido que pasar. Leo estaba más seguro de no hallarse en peligro si Katherine podía esconder su embarazo, ocultarlo por completo, y engañar a todo Santa Helena. Entonces pensaron en hacer pasar el niño como hijo ilegítimo de una desgraciada amiga de colegio de Katherine.

—Así que su padre la obligó a llevar fajas —comentó Hilary, compadeciendo más a Katherine Frye de lo que creía posible cuando pisó por primera vez el salón de Mrs. Yancy—. Le hizo soportar aquel martirio para protegerse. Gran idea.

—Sí. Nunca había podido enfrentarse con él. Siempre hizo lo que él mandaba. Tampoco fue diferente esta vez. Aceptó lo de las fajas y la dieta, aunque le producía grandes dolores. Y lo hizo porque no se atrevía a desobedecerle. Lo que no debe sorprender, puesto que se pasó más de veinte años destrozándole el espíritu.

—Cuando se marchó al colegio —observó Tony—, ¿se trató acaso de un intento de independizarse?

—No —contestó Mrs. Yancy—. La historia del colegio fue idea de Leo. En 1937 hizo un viaje a Europa, donde estuvo seis o siete meses, para vender lo último de sus propiedades en el viejo mundo. Veía venir la Segunda Guerra Mundial y no quería que se le quedaran cosas bloqueadas allí. No consideró oportuno llevarse a Katherine con él. Deduzco que se proponía combinar negocios con placer. Era un hombre dominado por el sexo. He oído decir que, en algunos burdeles europeos, se ofrecen todo tipo de raras emociones, lo que a él atraía. Viejo cerdo. Katherine le hubiera entorpecido. Decidió que la mandaría al colegio mientras estuviera fuera del país, y organizó que viviera con una familia que conocía en San Francisco. Eran dueños de una compañía distribuidora de vino, cerveza y licores en Bay Area, y uno de los productos que distribuían eran los de «Shade Tree».

—Se arriesgaba mucho —comentó Joshua— dejándola suelta tanto tiempo.

—Por lo visto no lo creía así. Y demostró tener razón. En todos aquellos meses lejos de él nunca dejó de estar bajo su hechizo. Jamás contó a nadie todo lo que él le había hecho. Ni lo pensó siquiera. Ya le he dicho que era un espíritu destrozado. Esclavizada. Ésta es la palabra. Estaba esclavizada. No como una obrera en una plantación, ni nada parecido. Estaba mental y emocionalmente esclavizada. Y cuando volvió de Europa, la hizo dejar el colegio. Se la volvió a llevar a Santa Helena y no se resistió. No podía resistirse. No sabía hacerlo.

El reloj de la chimenea dio la hora. Dos tonos medidos. Las notas resonaron blandamente en el techo del salón.

Joshua, que había estado hasta entonces sentado al borde de un sillón, se echó hacia atrás y su cabeza rozó el pañito. Estaba pálido y se le veían marcadas ojeras. Su cabello blanco ya no estaba hueco; ahora caía lacio, sin vida. En el poco tiempo que Hilary llevaba cerca de él, parecía haber envejecido. Su aspecto era de agotamiento.

Sabía lo que sentía. La historia de la familia Frye era, sin paliativos, una historia sombría de la falta de sentimiento de los seres humanos. Cuanto más revolvían aquella basura, más deprimidos se hallaban. El corazón no podía evitar responder, y el espíritu se iba desmoronando a medida que una cosa espantosa seguía a otra.

Como si hablara consigo mismo, como si quisiera poner orden en su mente, Joshua fue diciendo:

—Así que regresaron a Santa Helena y reanudaron su miserable relación donde la habían dejado; en cierto momento, cometieron un error y ella quedó embarazada... Pero nadie de Santa Helena sospechó jamás nada.

—Increíble —murmuró Tony—. Por lo general, lo mejor es una mentira sencilla, porque es la única que no te compromete. ¡La historia de Mary Gunther era tan retorcida! Puro malabarismo. Hay que mantener doce pelotas en el aire, a la vez. No obstante, lo llevaron todo a término sin tropiezos.

—Oh, no sin tropiezos —advirtió Mrs. Yancy—. La verdad es que hubo uno o dos.

—¿Cuáles?

—Pues... el día que salió de Santa Helena para venir a casa a tener el niño, dijo a la gente de allá que la imaginaria Mary Gunther había avisado que el niño había llegado. Eso fue una estupidez. Vaya si lo fue. Katherine contó que se iba a San Francisco a recoger a la criatura. Les dijo que, en el mensaje de su amiga, se decía que era un bebé precioso; pero se olvidó de aclarar si era niño o niña. Éste era el modo patético que tenía Katherine de protegerse, ya que no podía saber el sexo de la criatura hasta que hubiera nacido. Tonta. Hubiera debido hacerlo mejor. Éste fue su error..., decir que el niño había nacido antes de marcharse de Santa Helena. Oh, claro, estaba hecha un manojo de nervios. Me consta que no era capaz de pensar. No podía ser una mujer equilibrada después de todo lo que Leo le había hecho a lo largo de los años. Y, además, estaba embarazada, y tenía que ocultarlo bajo todas aquéllas... Eso bastaba para desmoronarla del todo. Había perdido la cabeza, y no podía pensar de modo coherente.

—Lo que no comprendo —dijo Joshua— es por qué se equivocó al decir que el niño de Mary había nacido ya. ¿Dónde está el error?

Acariciando al gato, Mrs. Yancy explicó:

—Lo que debió haber dicho a la gente de su ciudad era que el niño Gunther estaba a punto de llegar, que no había nacido aún, pero que se iba a San Francisco para estar junto a Mary. Así no se hubiera visto obligada a mantener la historia de que había *un* niño. Pero no lo pensó. No previó lo que podía ocurrir. Contó a todo el mundo que había *un* niño, que ya lo tenían. Luego, vino a casa y dio a luz a gemelos.

—¿Gemelos? —repitió Hilary.

—¡Maldita sea! —exclamó Tony.

La sorpresa hizo levantarse a Joshua.

El gato blanco percibió la tensión. Levantó la cabeza del regazo de Rita Yancy, miró con curiosidad a cada uno de los que estaban en el salón, uno tras otro. Sus ojos amarillos parecieron brillar con una luz interior.

El dormitorio del ático era muy grande, pero no lo bastante para que Bruno dejara de sentir que iba cerrándose poco a poco sobre él. Buscó cosas que hacer porque el ocio aumentaba su claustrofobia.

Se aburrió con las pesas incluso antes de que sus poderosos brazos empezaran a dolerle a causa del ejercicio.

Cogió un libro de una de las estanterías y trató de leer; pero le resultaba imposible concentrarse.

Su mente no se había serenado aún; saltaba de un pensamiento a otro, como un joyero desesperado que buscara en silencio un perdido saquito de diamantes.

Habló a su parte muerta.

Buscó arañas por los rincones polvorientos y las aplastó.

Cantó para sí mismo.

Reía a veces, sin saber qué era lo que le había parecido divertido.

También lloró.

Maldijo a Katherine.

Hizo planes.

Y anduvo, anduvo y anduvo.

Anhelaba abandonar la casa y empezar a buscar a Hilary-Katherine; pero sabía que haría una locura de salir a pleno día. Estaba seguro de que los cómplices de Katherine estaban por todas partes de Santa Helena. Sus amigos de la tumba. Otros muertos vivientes, hombres y mujeres del Otro Lado, ocultos en cuerpos nuevos. Todos ellos al acecho para cogerle. Sí. Sí. Tal vez docenas de ellos. Se le vería demasiado durante el día. Tendría que esperar a la puesta del sol antes de salir en busca de la perra. Aunque la noche era el momento preferido para los muertos vivientes, cuando vagaban en gran cantidad, y aunque correría un peligro terrible mientras persiguiera a Hilary-Katherine en la noche, también se beneficiaría de la oscuridad. Una planta le ocultaría a los muertos vivientes, al igual que ellos se ocultaban de él. Puesta así la balanza, el éxito de la caza dependería de quién fuera más listo, él o Katherine y, en este sentido, podía tener una mejor oportunidad de ganar; porque Katherine era infinitamente malvada y astuta, pero no era tan inteligente como él.

Estaba convencido de que estaría a salvo si permanecía en la casa durante el día, y no dejaba de ser una ironía, puesto que no se había sentido seguro en ella a lo largo de los treinta y cinco años que vivió junto a Katherine. Ahora, la casa constituía un buen refugio porque era el último lugar donde Katherine o sus cómplices lo buscarían. Lo que ella quería era apoderarse de él para llevarlo precisamente a la casa. Lo sabía. ¡Lo sabía! Había salido de la tumba por una sola razón: quería llevarlo a lo alto del risco, al otro lado de la casa, a las puertas que había en el suelo al final de la explanada de atrás. Quería meterlo en aquel agujero del suelo, y dejarlo allí, bajo llave, para siempre. Eso es lo que le había dicho que haría si se veía obligada a volver para castigarlo. No lo había olvidado. Y ahora ella contaba con que él evitaría la cima del risco y la vieja casa a toda costa. Jamás se le ocurriría buscarle en su vieja y abandonada habitación del ático, ni en un millón de años.

Estaba tan satisfecho de su excelente estrategia que se rió en voz alta.

Pero de pronto tuvo una idea terrible. ¿Y si pensara en buscarle aquí? Si aparecía acompañada de algunos de sus amigos, otros muertos vivientes, los suficientes para apoderarse de él y dominarle, no tendrían que arrastrarle hasta muy lejos. Las puertas del suelo estaban detrás de la casa. Si Katherine y sus infernales compañeros le encontraban aquí, podrían llevarle hasta las puertas y precipitarle al cuarto oscuro, en medio de los susurros, en poco más de un minuto.

Aterrorizado, corrió hacia la cama y se sentó junto a sí mismo, y trató de que sí mismo le tranquilizara y le hiciera confiar en que todo saldría bien.

Joshua no podía estarse quieto. Caminaba de un lado a otro por encima de los pasillos floreados del salón de Mrs. Yancy.

La anciana continuó:

—Cuando Katherine dio a luz a los gemelos, comprendió que la complicada mentira sobre Mary Gunther ya no valía. La gente de Santa Helena estaba preparada para *un* niño. Por más que explicara, el segundo despertaría sospechas. La idea de que todos sus conocidos descubrieran lo que había estado haciendo con su padre... Bueno, me figuro que aquello era demasiado, encima de todo lo que le había ocurrido en la vida. Se derrumbó. Durante tres días se comportó como en pleno delirio de fiebre, parloteando igual que una loca. El médico le administró sedantes; pero no siempre le hacían efecto. Deliró, habló, protestó. Llegué a pensar que tendría que llamar a la Policía para que se la llevaran y la encerraran en un cuartito acolchado. Pero no quería hacerlo. Les juro que no quería.

—Pero necesitaba ayuda psiquiátrica —observó Hilary—. Dejarla que gritara y se debatiera durante tres días... era malo. Muy malo.

—Quizá sí —dijo Mrs. Yancy—. Pero no podía hacer otra cosa. Quiero decir que, cuando se dirige un burdel de lujo, una no desea ver a la Policía, excepto cuando vienen a cobrar su dinerito. Generalmente no se interfieren en un negocio de gran clase, como el que yo regentaba. Después de todo, algunos de mis clientes eran políticos influyentes y ricos hombres de negocios; y la Policía no estaba dispuesta a molestar a gente importante con una redada. Pero si enviaba a Katherine a un hospital, sabía de sobra que los periódicos se enterarían de la historia y entonces la Policía no tendría más remedio que cerrar mi establecimiento. No podrían dejar que siguiera trabajando después de aquella publicidad. Era imposible. Lo habría perdido todo. Y a mi médico le preocupaba que su carrera se arruinara si sus pacientes habituales descubrían que trataba en secreto a las prostitutas. Hoy en día, la clientela de un médico no se dispersaría aunque todos supieran que hacía vasectomías a caimanes con los mismos instrumentos que utilizaba en su despacho. Pero, en 1940, la gente era más... remilgada. Así que ya comprenderán que tenía que pensar en mí, y que debía proteger a mi médico y a mis chicas...

Joshua se acercó al sillón de la anciana. Se quedó mirando el sencillo traje y el delantal; las medias descanso de color oscuro, los recios zapatos negros y el sedoso gato blanco, tratando de ver a través de aquella imagen de abuelita a la verdadera mujer.

—Cuando aceptó usted los tres mil dólares de Katherine, ¿no aceptó también ciertas responsabilidades para con ella?

—Yo no le pedí que viniera a tener el niño en mi casa. Mi negocio valía mucho más que esa cantidad. No iba a arruinarme sólo por unos principios. ¿Cree que era eso lo que debí hacer? —Agitó la cabeza con incredulidad—. Si de verdad lo cree, mi querido señor, es que vive en un mundo de ensueño.

Joshua la contempló fijamente, incapaz de hablar por temor a gritarle e increparle. No quería ser echado de su casa hasta tener la seguridad de que le había contado todo lo que sabía sobre Katherine Anne Frye, su embarazo y sus gemelos. ¡Gemelos!

—Escuche, Mrs. Yancy —dijo Tony—. Poco después de aceptar a Katherine en su casa, cuando descubrió que iba envuelta en fajas, supo que era posible que perdiera al niño. ¿Admite que el médico la advirtió de que podía ocurrir?

—Sí.

—También le dijo que Katherine podía morir.

—Sí. ¿Y qué?

—La muerte de un niño o la muerte de una parturienta era algo que pudo haber cerrado su establecimiento con más celeridad que llamar a la Policía para llevarse a una mujer que sufría un colapso nervioso. No se deshizo de Katherine cuando todavía era tiempo de hacerlo. Incluso después de enterarse de que era una situación peligrosa, se guardó sus tres mil dólares y le permitió quedarse. Ahora bien, sin duda se dio cuenta de que si alguien moría tendría que dar parte a la Policía y se arriesgaba a que cerraran el local.

—Ningún problema —explicó Mrs. Yancy—. Si los niños hubieran muerto, los habríamos sacado en una maleta y los habríamos llevado a enterrar en las colinas, más arriba de Marin County. O quizás hubiéramos puesto un peso en la maleta para dejarla caer del Golden Gate Bridge.

Joshua sintió una casi irresistible necesidad de agarrar a la vieja por el moño y sacarla de su sillón para arrancarle de un tirón de su satisfecha complacencia. En lugar de ello, dio la vuelta, se alejó, respiró hondo y reanudó sus paseos por el floreado pasillo, mirando furioso al suelo.

—¿Y con Katherine qué? —preguntó Hilary—. ¿Qué habría hecho si ella hubiera muerto?

—Lo mismo que habría hecho si los gemelos hubieran nacido muertos. Sólo que, naturalmente, Katherine no hubiera cabido en una maleta.

Joshua se detuvo en seco al extremo del pasillo y miró a la mujer estupefacto. No hablaba en broma. Era incapaz del humor. No había nada de humor negro en su horrendo comentario; se limitaba a exponer un hecho.

—Si algo hubiera salido mal, habríamos tirado el cuerpo —prosiguió Mrs. Yancy, respondiendo aún a la pregunta de Hilary—. Y lo habríamos llevado a cabo de tal modo que nadie hubiera sabido jamás que

Katherine había estado en casa. No, joven, no se muestre tan indignada y reprobadora. No soy una asesina. Estamos hablando de lo que yo, o cualquier persona sensata, habría hecho, si ella o la criatura hubieran fallecido de muerte natural. Muerte *natural*. Por el amor de Dios. De haber sido una asesina, me habría desembarazado de la pobre Katherine cuando perdió la cabeza, cuando ni siquiera podía yo imaginar si se recuperaría. Entonces era una amenaza para mí. Ignoraba si me iba a costar mi casa, mi negocio, todo. Pero no la estrangulé, ¿sabe? ¡Santo cielo, semejante idea jamás cruzó por mi mente! Cuidé a la pobre chica durante sus ataques. La cuidé hasta sacarla de su histeria. Y, a partir de entonces, todo fue bien.

—Nos ha dicho que Katherine deliró y habló. Esto parece como si...

—Sólo por tres días —contestó Mrs. Yancy a la observación de Tony—. Incluso tuvimos que atarla a la cama para evitar que se lastimara. Pero sólo estuvo mal tres días. Así que a lo mejor no fue un colapso nervioso, sino un trastorno temporal... Porque, a los tres días, estaba como nueva...

—Los gemelos —interrumpió Joshua—. Volvamos a los gemelos. Esto es lo que realmente queremos saber.

—Creo que ya se lo he dicho todo.

—¿Eran gemelos idénticos?

—¿Cómo puede saberse acabados de nacer? Están arrugados y rojos. Es imposible decir tan pronto si son idénticos o no.

—¿No pudo el médico hacer alguna prueba?

—Estábamos en un burdel de primera clase, Mr. Rhinehart, no en un hospital.

Acarició la barbilla del gato y éste, juguetón, agitó las patas.

—El médico no disponía de tiempo ni de medios para lo que usted sugiere. Además, ¿por qué íbamos a preocuparnos tanto de si los gemelos eran idénticos o no?

—¿Katherine llamó Bruno a uno de ellos? —preguntó Hilary.

—Sí. Pero lo descubrí cuando él empezó a mandarme cheques después de la muerte de su madre.

—¿Cómo llamó al otro?

—No tengo la menor idea. Cuando se marchó de mi casa, no les había puesto ningún nombre.

—¿Pero no estaba el nombre en los certificados de nacimiento? —preguntó Tony.

—No hubo certificados —contestó Mrs. Yancy.

—¿Cómo pudo ser?

—Los nacimientos no fueron inscritos.

—Pero la ley...

—Katherine insistió en que no se inscribieran. Pagaba buen dinero para conseguir lo que quería, y nos preocupábamos de que así fuera.

—¿Y el médico lo aceptó? —preguntó Tony.

—Cobró mil dólares por el parto de los gemelos y por mantener la boca cerrada —aclaró la vieja— Mil dólares valían muchas veces más en aquellos días que ahora. Estaba bien pagado por saltarse algunas reglas.

—¿Eran sanos ambos niños? —quiso saber Joshua.

—Estaban muy delgados. Piel y huesos. Dos cositas patéticas. Probablemente porque Katherine había hecho régimen durante meses. Y por las fajas. Pero berreaban tan bien y con la misma fuerza que cualquier otro niño. Y su apetito era excelente. Parecían bastante sanos, sólo que eran pequeños.

—¿Cuánto tiempo se quedó Katherine en su casa? —preguntó Hilary.

—Casi dos semanas. Necesitaba ese tiempo para recuperar sus fuerzas después de un parto tan difícil. Y a los niños les hacía falta también algo de tiempo para cubrir sus huesos con un poco de carne.

—Cuando se fue, ¿llevó consigo a ambos niños?

—Naturalmente. Mi casa no era una guardería. Me encantó verla marcharse.

—¿Sabía usted que sólo iba a llevarse uno de los gemelos a Santa Helena? —volvió a preguntar Hilary.

—Me dio a entender que ésa era su intención, sí.

—¿Dijo lo que iba a hacer con el otro niño?

Esta vez fue Joshua el que continuó el interrogatorio iniciado por Hilary.

—Creo que pensaba ofrecerlo para adopción —contestó Mrs. Yancy.

—¿*Cree*? —repitió Joshua exasperado—. ¿Le tenía sin cuidado lo que pudiera ocurrir a aquellas dos criaturas desvalidas en manos de una mujer que era evidente que sufría un gran desequilibrio mental?

—Se había recuperado.

—Tonterías.

—Le aseguro que, si la hubiera encontrado por la calle, no habría pensado que tuviera problemas.

—Pero, por el amor de Dios, debajo de aquella fachada...

—Era su madre. No iba a hacerles ningún daño.

—¿Cómo podía estar segura de ello? —insistió Joshua.

—Lo estaba —declaró Mrs. Yancy—. He sentido siempre el mayor respeto por la maternidad y el amor maternal. El amor de una madre puede hacer milagros.

Por segunda vez Joshua tuvo que hacer un esfuerzo para no arrancarle el moño a la vieja.

—Katherine no podía ofrecer el niño para adopción —observó Tony— sin un certicado de nacimiento que demostrara que era suyo.

—Lo que nos deja con un montón de posibilidades desagradables que considerar —concluyó Joshua.

—Sinceramente, me sorprenden ustedes —dijo Mrs. Yancy moviendo la cabeza y sin dejar de rascar al gato—. Siempre piensan en lo peor. Jamás he visto tres pesimistas mayores. ¿Se les ha ocurrido que pudo haber dejado al niño en el quicio de una puerta? Probablemente lo abandonó en un orfanato, en una iglesia, o en algún lugar donde no tardaran en encontrarle y lo cuidaran debidamente. Me imagino que fue adoptado por una pareja joven y rica, y fue criado en un hogar excelente, donde recibió una buena educación, mucho amor y toda clase de ventajas.

En el ático, esperando la caída de la noche, aburrido, nervioso, solitario, aprensivo, a veces pasmado, pero con más frecuencia frenético, Bruno Frye pasó gran parte de la tarde del jueves hablando con su parte muerta. Tenía la esperanza de calmar su mente confusa y recobrar la capacidad de decisión; aunque no logró mejorar casi nada. Decidió que se sentiría más calmado, más feliz y menos solitario si por lo menos podía mirarse en los ojos de su otro yo, como en tiempos pasados cuando solían sentarse y mirarse afectuosamente durante una hora o más, comunicándose tantas cosas sin necesidad de hablar, compartiendo..., siendo uno, solamente uno juntos. Recordó aquel momento en el cuarto de baño de Sally. Sólo fue ayer, cuando al pararse ante el espejo había confundido su imagen con su otro yo. Mirando a los ojos que había creído eran los de sí mismo, se había sentido maravilloso, feliz, en paz. Ahora necesitaba desesperadamente recobrar aquel estado de su mente. ¡Y cuánto mejor sería mirar a los verdaderos ojos de su otra parte aunque ahora estuvieran sin vida! Pero sí mismo yacía en la cama, con los ojos firmemente cerrados. Bruno tocó los ojos del otro Bruno, del muerto, y sus órbitas estaban frías; los párpados no querían levantarse bajo la suave presión de sus dedos. Exploró las curvas de aquellos ojos cerrados y notó las ocultas suturas en sus comisuras, minúsculos nudos de hilo que sujetaban los párpados hacia abajo. Excitado por la idea de volver a ver de nuevo los ojos del otro, Bruno se levantó, bajó corriendo al piso bajo en busca de hojas de afeitar o delicadas tijeras de manicura, así como alfileres, un ganchillo y otros instrumentos quirúrgicos de urgencia que pudieran serle útiles para poder abrir los ojos del otro Bruno.

Si Rita Yancy poseía más información sobre los gemelos Frye, ni Hilary ni Joshua se la sacarían. Tony lo veía con más claridad que ellos. En cualquier momento, uno de los dos iba a decir algo tan duro, tan airado, tan mordiente y amargo, que la anciana se ofendería y los echaría a todos de la casa.

Tony se daba cuenta de que Hilary estaba muy impresionada por la similitud entre su propia infancia y las pruebas y agonías de Katherine. La crispaban las tres actitudes de Rita Yancy: los estallidos de falsa moralidad, los momentos de sentimentalismo dulzón e igualmente falso, y la más genuina, constante y asombrosa insensibilidad.

Joshua experimentaba una pérdida de amor propio por el hecho de haber trabajado durante veinticinco años para Katherine sin descubrir la tranquila locura que había estado dormitando bajo su bien controlada placidez superficial. Se hallaba asqueado de sí mismo, por lo cual estaba más irritable que de costumbre. Y porque Mrs. Yancy era, incluso en circunstancias ordinarias, el tipo de persona que Joshua despreciaba. La paciencia del abogado para con ella cabía en un dedal, y sobraba muchísimo sitio.

Tony dejó el sofá y fue hacia el taburete que había frente a la butaca de Rita Yancy. Se sentó, explicando su cambio por el deseo de acariciar al gato; pero, al ocupar ese sitio, se colocaba entre la anciana e Hilary y bloqueaba también a Joshua, el cual parecía dispuesto a agarrar a Mrs. Yancy y sacudirla. El taburete estaba perfectamente situado para continuar el interrogatorio como de forma casual. Mientras iba acariciando al gato, mantenía una charla constante con la mujer, haciéndose simpático, ganándosela, utilizando el viejo encanto Clemenza que siempre le había servido en su vida policial.

Sin darle importancia, le preguntó si hubo algo fuera de lo común en el nacimiento de los gemelos.

—¿Fuera de lo común? —repitió la anciana perpleja—. ¿No cree que lo fue todo el maldito alumbramiento?

—Tiene razón. Es que no lo he planteado bien. Lo que quería preguntarle es si hubo algo peculiar en el nacimiento en sí, algo raro en sus dolores o contracciones, en el estado inicial de los niños cuando salieron de la madre, cualquier anormalidad, cualquier peculiaridad o rareza.

Vio la sorpresa reflejarse en sus ojos al provocar con su pregunta un chispazo en la memoria.

—En efecto —asintió—. Hubo algo fuera de lo corriente.

—Déjeme que lo adivine. Ambos niños nacieron con la cabeza cubierta por una membrana.

—¡Pues sí! ¿Cómo se enteró?

—Lo he adivinado.

—Al diablo con la adivinanza —agitó un dedo ante él—. Es más listo de lo que pretende hacer creer.

Forzó una sonrisa para corresponder a la de ella. Tuvo que forzarla porque no había en Rita Yancy nada que pudiera hacerle sonreír con sinceridad.

—Ambos nacieron con membranas —explicó—. Sus cabecitas estaban casi completamente cubiertas. El médico había visto semejante cosa en otras ocasiones, claro. Pero pensó que la casualidad de que ambos llevaran la cabeza cubierta era una entre un millón.

—¿Se dio cuenta Katherine?

—¿De las membranas? De momento no. El dolor la hacía delirar. Y después, durante tres días, estuvo completamente ida.

—¿Y más tarde?

—Estoy segura de que se lo dijo alguien. No es algo que uno se olvide de contar a una madre. En realidad..., ahora recuerdo que se lo dije yo misma. Sí. Sí, acabo de acordarme con toda claridad. Estaba fascinada. ¿Sabe? Hay gente que cree que un niño nacido con esta cubierta tiene el don de adivinar.

—¿Fue eso lo que creyó Katherine?

Rita Yancy arrugó la frente.

—No. Dijo que era una mala señal, no una buena. Leo se había interesado por lo sobrenatural y Katherine había leído alguno de los libros de su colección de ocultismo. En uno de ellos se decía que cuando unos gemelos nacían con la cabeza cubierta, era que... No recuerdo exactamente lo que dijo que significaba; pero era malo. Un mal presagio o algo así.

—¿La marca del demonio? —preguntó Tony.

—¡Sí! ¡Eso mismo!

—¿De modo que ella creía que, si sus niños se hallaban marcados por el demonio, sus almas estaban ya condenadas?

—Casi se me había olvidado.

Miró más allá de Tony, sin ver nada del salón, contemplando el pasado, esforzándose por recordar...

Hilary y Joshua se mantuvieron al margen, sin intervenir, silenciosos; y Tony agradeció que reconocieran su autoridad.

Al fin, Mrs. Yancy dijo:

—Katherine, después de explicarme que se trataba de la marca del demonio, no dijo más. No quiso seguir hablando. Durante un par de días estuvo tan muda como un mueble. Permaneció en la cama, contemplando el techo, sin apenas moverse. Parecía ensimismada en algún pensamiento. Y, de pronto, empezó a comportarse de una manera tan extraña que volvía a plantearme si tendría que pensar en enviarla al manicomio.

—¿Estaba hablando, delirando y mostrándose violenta como antes? —inquirió Tony.

—No. No. Esta vez eran sólo palabras. Una forma de hablar excitada, tensa, loca. Me dijo que los gemelos eran hijos de un demonio. Afirmó que había sido violada por una cosa del infierno, una cosa verde con escamas, ojos enormes, lengua ahorquillada y largas garras. Manifestó que había salido del infierno para forzarla a gestar sus hijos. ¿Loca, eh? Juró y volvió a jurar que era verdad. Incluso me describió a ese demonio. Y una buena descripción, además. Con todos los detalles, muy bien hecha. Y cuando me contó cómo la había violado, consiguió ponerme la carne de gallina, aunque sabía que era una mentira. La historia estaba llena de color, de imaginación. Al principio creí que todo era una broma. Pero vaya si lo decía en serio. Y no veía yo nada gracioso en todo aquello. Le recordé cuanto me había contado sobre Leo, y me chilló. ¡Y cómo chillaba! Pensé que iban a saltar los cristales de la ventana. Negó haber dicho jamás semejante cosa. Pretendió sentirse insultada. Estaba tan furiosa conmigo por insinuar incesto, se mostró tan comedida, tan decidida a hacer que le pidiera perdón que..., bueno, no pude evitar echarme a reír. Y eso la enfureció aún más. Siguió asegurando que no había sido Leo, aunque ambas sabíamos que sí. Hizo cuanto pudo para convencerme de que había sido un demonio el que engendró a los gemelos. ¡Y le juro que su actuación era muy buena! Naturalmente, no me lo creí ni por un momento. ¡Todas aquellas estupideces sobre una criatura infernal metiéndosela hasta el fondo! ¡Qué montón de bazofia! Pero empecé a preguntarme si no se habría convencido a sí misma. Parecía estar segurísima. Se mostraba fanática al respecto. Dijo que temía que ella y sus niños pudieran ser quemados vivos si gente religiosa descubría que había tenido relación con un demonio. Me suplicó que la ayudara a guardar el secreto. No quería que contara a nadie lo de las dos capuchas de membrana. Después me dijo que sabía que ambos gemelos llevaban la marca del diablo entre las piernas. También me suplicó que guardara el secreto.

—¿Que tenían la marca entre sus piernas? —dijo Tony.

—Oh, desvariaba como una loca. Insistía en que ambos niños tenían los órganos genitales como su padre. Aseguró que no eran humanos entre las piernas, y dijo que sabía que yo lo había observado. Me suplicó que no se lo contara a nadie. Aquello era una pura ridiculez. Ambos niños tenían unas colitas perfectas. Pero Katherine estuvo casi dos días hablándome de los demonios. A veces parecía realmente histérica. Quería saber cuánto dinero le cobraría por mantener el secreto acerca del diablo. Le dije que por eso no le cobraría ni un céntimo; pero que aceptaría quinientos dólares mensuales para callarme sobre Leo y todo lo demás, la verdadera historia. Eso la tranquilizó un poco, pero aún seguía con ese cuento del demonio metido en la cabeza. Yo estaba ya convencida de que creía lo que me decía y me disponía a llamar a mi médico y hacer que la examinara... De pronto no habló más. Parecía haber recobrado la sensatez. O se cansó de su broma, digo yo. En cualquier caso, no volvió a hablar de demonios. A partir de entonces se comportó de una manera normal hasta que, una semana o dos más tarde, cogió a los niños y se largó.

Tony reflexionó sobre lo que Mrs. Yancy acababa de contarle.

Como una bruja acariciando al felino familiar, la vieja siguió tocando al gato blanco.

—¿Y si...? —empezó Tony—. ¿Y si... y si...?

—¿Y si qué? —preguntó Hilary.

—No lo sé. Hay piezas que parece que empiezan a encajar... Aunque es todo... tan descabellado. Quizás estoy montando el rompecabezas al revés. Tengo que pensar un poco más. Aún no me hallo seguro.

—Bueno, ¿tiene más preguntas que hacerme? —preguntó Mrs. Yancy.

—No —contestó Tony, levantándose del taburete—. No se me ocurre nada más.

—Creo que tenemos cuanto vinimos a buscar —declaró Joshua.

—Más de lo que esperábamos —murmuró Hilary.

Mrs. Yancy levantó el gato de su regazo, lo dejó en el suelo y se puso en pie.

—He perdido mucho tiempo con esta estupidez y debería estar en la cocina. Tengo trabajo. Esta mañana he hecho la masa para cuatro empanadas. Ahora he de preparar el relleno y meterlo todo en el horno. Mis nietos vienen a cenar y cada uno de ellos quiere una empanada diferente. A veces, pobrecitos míos, son una verdadera tribulación. Sin embargo, estaría perdida sin ellos.

El gato saltó de pronto por encima del taburete, corrió por el pasillo floreado más allá de Joshua y se escondió bajo una mesa rinconera.

En el preciso instante en que el animal dejaba de moverse, la casa se sacudió. Dos cisnes de vidrio en miniatura se cayeron de una repisa y rebotaron, sin romperse, sobre la alfombra. Dos paños bordados se cayeron de la pared. Las ventanas se estremecieron.

—Temblor —informó Mrs. Yancy.

El suelo se movió como la cubierta de un barco en un mar tranquilo.

—No hay que preocuparse —dijo Mrs. Yancy.

El movimiento fue cediendo.

La tierra gruñona y descontenta se tranquilizó.

La casa volvió a quedarse quieta.

—¿Lo ven? —exclamó Mrs. Yancy—. Ya ha terminado.

Pero Tony presintió que se acercaban otras ondas..., aunque ninguna de ellas tenía que ver con los terremotos.

Bruno pudo al fin abrir los ojos muertos de su otro yo. En un principio le disgustó lo que encontró. No eran los ojos claros, electrizantes, de un color azul gris que había conocido y amado. Éstos eran los ojos de un monstruo. Parecían hinchados, como podridos y saltones. El blanco estaba manchado de color pardo por la sangre medio seca de los vasos reventados. Las pupilas eran turbias, sucias, menos azules de lo que habían sido en vida, ahora se parecían más al color de un moretón, oscuro y maltratado.

Sin embargo, cuanto más los miraba, menos horribles parecían aquellos ojos estropeados. Después de todo, seguían siendo los ojos de su otro yo, aún parte de sí mismo, los ojos que conocía mejor que ningunos, los ojos que aún amaba y en los que confiaba, ojos que le amaban y confiaban en él. Se esforzó por no mirar *a* ellos, sino *dentro* de ellos, hasta lo más profundo de aquella superficie arruinada, más y más hondo, donde tantas veces había conseguido la deslumbrante y excitante conexión con la otra mitad de su alma. Ahora no sentía nada de la vieja magia, porque los ojos del otro Bruno no le devolvían la mirada. No obstante, el mero hecho de mirar a lo más hondo de los ojos

426

muertos del otro revitalizaba en cierto modo sus recuerdos de cómo había sido aquella unidad total; recordaba el goce puro y dulce y la realización de estar con sí mismo, sólo él y sí mismo contra el mundo, sin temor a encontrarse solo.

Se aferró a este recuerdo, porque el recuerdo era, ahora, lo único que le quedaba.

Estuvo un buen rato sentado en la cama, mirando a los ojos del cadáver.

El turbo «Skylane Cessna RC» de Joshua Rhinehart rugió en dirección norte, cortando el frente ventoso procedente del Este, en dirección a Napa.

Hilary miró a las pocas nubes esparcidas por debajo y a las secas colinas otoñales que asomaban entre ellas. Por encima de sus cabezas no había más que un cielo de un azul cristalino y el vapor distante y estratosférico que escapaba de un «jet» militar.

Lejos, al Oeste, un grueso banco de nubes oscuras se extendía hasta perderse de vista, hacia el Norte y hacia el Sur. Las macizas nubes de tormenta venían del mar como barcos gigantescos. Cuando cayera la noche, el Valle de Napa, a decir verdad todo el tercio norte del Estado, desde la península de Monterrey hasta la frontera de Oregón, estaría cubierto de nuevo por un cielo amenazador.

Durante los primeros diez minutos después del despegue, Hilary, Tony y Joshua guardaron silencio. Cada uno de ellos estaba abrumado por sus propios pensamientos sombríos... y por sus temores. Joshua habló entonces:

—El gemelo tiene que ser el doble que andamos buscando.

—Eso es obvio —asintió Tony.

—Así que Katherine no trató de solucionar su problema liquidando al niño extra —murmuró Joshua.

—Evidentemente no —afirmó Tony.

—¿Pero a cuál de ellos maté? —preguntó Hilary—. ¿A Bruno o a su hermano?

—Exhumaremos el cuerpo y veremos lo que podemos deducir —dijo Joshua.

El avión tropezó con una bolsa de aire, cayó más de sesenta metros en un rizo controlado; después, regresó a su altitud habitual. Cuando Hilary notó que su estómago volvía a encontrarse en su sitio, declaró:

—Está bien, hablemos de todo esto y veamos si podemos conseguir alguna respuesta. Estamos aquí sentados, dándole vueltas a lo mismo. Si Katherine no mató al gemelo de Bruno a fin de mantener a flote la historia de Mary Gunther... ¿qué hizo con él? ¿Dónde diablos ha estado todos estos años?

—Bien, tenemos la teoría de Mrs. Yancy —expuso Joshua consiguiendo pronunciar su nombre de tal modo que dejaba bien claro que, incluso cuando por necesidad se refería a ella, le repugnaba y le dejaba un mal sabor de boca—. Quizá Katherine dejó a uno de los gemelos a la puerta de una iglesia o de un orfanato.

—No sé, no sé... —murmuró Hilary dudosa—. No me gusta, aunque ignoro por qué. Es demasiado... de cliché..., vulgar; demasiado folletinesco. Maldita sea. Ninguna de estas palabras es la que necesito. No encuentro el modo de decirlo. Lo único que siento es la intuición de que Katherine no lo hizo así. Es demasiado...

—Demasiado bonito —cortó Tony—. Como la historia de Mary Gunther, demasiado bonita para gustarme. Abandonar así a uno de los gemelos hubiera sido el modo más rápido, fácil, simple y seguro... aunque no el más moral... para solucionar su problema. Pero la gente casi nunca hace nada rápido, fácil, simple y seguro. Especialmente cuando sufre un estrés como el de Katherine el día que abandonó el burdel de Mrs. Yancy.

—Así y todo, no podemos pasarlo por alto —insistió Joshua.

—Creo que podemos —afirmó Tony—; porque, si acepta que el hermano fue abandonado y luego adoptado por desconocidos, hay que explicar cómo él y Bruno volvieron a reunirse. Dado que el hermano fue un nacimiento no inscrito, no había modo de que pudiese descubrir el parentesco de sangre. El único modo de conectar con Bruno tendría que haber sido por coincidencia. E incluso estando dispuesto a aceptar dicha coincidencia, hay que explicar cómo el hermano se crió en otro hogar, en un entorno distinto del de Bruno, sin conocer jamás a Katherine... y no obstante sentir igual odio hacia ella y tenerle un miedo tan espantoso.

—No es fácil —concedió Joshua.

—Hay que explicar cómo y por qué el hermano generó una personalidad psicopática y unas fantasías paranoicas que encajan con las de Bruno hasta el más mínimo detalle.

El «Cessna» continuó hacia el Norte.

El viento sacudió el pequeño aparato.

Por un minuto, los tres guardaron silencio en el interior de aquel caro nido aéreo, de un solo motor, de ala superior, blanco, rojo y mostaza, avanzando a trescientos kilómetros por hora, con un gasto de cinco litros a los veinticuatro kilómetros.

—Tú ganas —confesó Joshua—. No puedo explicarlo. No veo cómo el hermano pudo haber sido criado lejos de Bruno y acabar con la misma psicosis. Lo que es seguro es que la genética no lo explica.

—¿Y qué dices tú? —preguntó Hilary a Tony—. ¿Que Bruno y su hermano jamás estuvieron separados?

—Se los llevó a ambos a Santa Helena.

—¿Pero dónde estuvo el otro gemelo durante todos estos años? —preguntó Joshua—. ¿Encerrado en un armario o alguna cosa de ese estilo?

—No. Quizá lo vio usted muchas veces.

—¿Cómo? ¿Yo? No. Nunca. Sólo a Bruno.

—¿Y si... los dos vivían como Bruno? ¿Y si... salían por turno?

Joshua apartó los ojos del cielo abierto ante él, miró a Tony, parpadeó y preguntó escéptico:

—¿Estás intentando decirme que jugaron a esta charada infantil durante cuarenta años?

—No fue un juego. Por lo menos no debió de ser un juego para ellos. Tuvieron que considerarlo una necesidad desesperada y peligrosa.

—Ya no entiendo nada... —confesó Joshua.

Hilary habló entonces a Tony:

—Sabía que le dabas vueltas a una idea cuando te sentaste y empezaste a preguntar a Mrs. Yancy sobre niños con membranas y acerca de cómo reaccionó Katherine al enterarse.

—Sí —admitió Tony—. Katherine desvariando en torno a un demonio... Este pequeño dato me proporcionó la gran pieza del rompecabezas.

—Por el amor de Dios —exclamó Joshua impaciente—, deja de ser tan misterioso. Reconstrúyelo para Hilary y para mí de modo que podamos entenderlo.

—Perdón, estaba más o menos pensando en voz alta. Está bien. Es largo de explicar. Tengo que remontarme al principio. Para entender lo que voy a decir de Bruno hay que comprender a Katherine, o por lo menos verla como yo la veo. La teoría en la que me apoyo es... una familia en la que ha habido un brote de locura..., algo que se ha ido transmitiendo como herencia durante tres generaciones al menos. La locura va creciendo, igual que un depósito bancario acumulando intereses. —Tony se revolvió en su asiento—. Empecemos con Leo. Un tipo extremadamente autoritario. Para ser feliz, necesitaba ejercer un control total sobre los demás. Ésta fue una de las razones por las que tuvo tanto éxito en los negocios; pero también la causa de que contara con tan pocos amigos. Sabía salirse siempre con la suya, y jamás cedió un centímetro. Muchos hombres agresivos como Leo enfocan el sexo en el sentido opuesto a como enfocan todo lo demás; cuando están en la cama, les gusta que les releven de toda responsabilidad; para cambiar, les encanta que los manejen y dominen... Pero sólo en la cama. Leo no. Ni siquiera en la cama. Insistió en ser él quien dominase incluso en su vida sexual. Disfrutaba lastimando y humillando a las mujeres, llamándoles nombres feos, forzándolas a hacer cosas desagradables, algo brutal, un poco sádico. Lo sabemos por Mrs. Yancy.

—Existe una enorme diferencia entre pagar a prostitutas para satisfacer deseos perversos... y vejar a la propia hija —observó Joshua.

—Pero sabemos que estuvo haciendo daño a Katherine a lo largo de los años, así que no debía representar una gran diferencia para él. Probablemente habría dicho que su abuso de las chicas de Mrs. Yancy estaba bien porque para eso las pagaba y por tanto le pertenecían, por lo menos por un rato. Sin duda fue un hombre con un fuerte sentido de los derechos de propiedad... y con una definición muy personal de esta palabra. Habría alegado el mismo argumento, igual punto de vista, para justificar lo que hizo con Katherine. Un hombre de ese tipo piensa que una hija es otra de sus posesiones... Al decir «mi hija», para él tenía más valor el posesivo «mi» que el concepto «hija». Consideraba a Katherine una cosa, un objeto, una mala inversión si no se usaba.

—Me alegro de no haber conocido a ese hijo de puta —masculló Joshua—. Si le hubiera estrechado la mano, creo que todavía me sentiría sucio.

—Mi opinión —prosiguió Tony— es que Katherine, de niña, se vio atrapada en una casa, a una relación brutal, con un hombre capaz de cualquier cosa, y no tuvo ninguna oportunidad de poder mantenerse cuerda en aquellas condiciones espantosas. Leo era frío como un pez, un solitario de lo más solitario, un poco gran egoísta, con un hambre sexual fuerte y torcida. Es posible, incluso probable, que fuera algo más que emocionalmente trastornado. Pudo estar totalmente ido, loco, psicótico, despegado de la realidad; pero fue capaz de ocultar esta desviación. Hay un tipo de psicopatía que permite un control férreo de las fantasías, y otorgar la capacidad de dirigir parte de la energía lunática a empeños socialmente aceptables, la habilidad de pasar por normal. Este tipo de psicópata centra su locura a un área estrecha, por lo general íntima. En el caso de Leo, se desfogaba con prostitutas... y mucho también con Katherine. Tenemos que pensar que no se limitó a abusar de ella físicamente. Su deseo iba más allá del sexo. Aspiraba al control absoluto. Una vez dominada en el terreno físico, no estaría satisfecho hasta rendirla en el emocional, y luego en el mental. Cuando Katherine llegó a casa de Mrs. Yancy para dar a luz al niño de su padre estaba tan loca como había estado Leo. Pero, al parecer, también había adquirido su control, su habilidad de pasar como persona normal. Durante tres días perdió ese control, cuando llegaron los gemelos; pero volvió a recuperarlo, después de aquel período.

—Se descontroló una segunda vez —dijo Hilary en el preciso momento en que el avión cruzó un bache de aire turbulento.

—Sí —asintió Joshua—. Cuando dijo a Mrs. Yancy que había sido violada por un demonio.

—Si mi teoría es correcta —insistió Tony—, Katherine sufrió cambios increíbles después del nacimiento de los gemelos. Pasó de un grave estado psicótico a otro gravísimo. La nueva fantasía echaba fuera a la antigua. Había sido capaz de mantener una calma superficial pese a los abusos sexuales de su padre, pese a la tortura emocional y física por la que la hizo pasar, pese a dejarla embarazada e incluso pese al tormento de estar fajada día y noche en aquellos meses en que la naturaleza insistía en que aumentara. Se las arregló para mantener su aire de normalidad. Pero cuando nacieron los gemelos, cuando se dio cuenta de que su historia sobre el niño de Mary Gunther se había hecho añicos, ya no pudo soportar más. Se quedó hundida... hasta que concibió la manía de que había sido violada por un demonio. Sabemos por Mrs. Yancy que Leo se interesaba por el ocultismo. Katherine había leído algunos de los libros de Leo. En cualquiera de ellos encontró la mención de que hay personas que creen que los gemelos nacidos con un capuchón de membrana están marcados por el demonio. Como sus hijos habían nacido con la cabeza cubierta..., bueno, dio rienda suelta a la fantasía. Y se aferró a la idea de que había sido la víctima inocente de una criatura demoníaca que la había forzado... Esto era muy digno de compasión. La liberaba de la vergüenza y culpa de dar a luz a los hijos de su propio padre. También era algo que debía ocultar al mundo; pero la tranquilizaba ante sí misma. No era nada vergonzoso por lo que tuviera que andar autojustificándose siempre. Nadie podía esperar que una mujer normal resistiera a un demonio dotado de fuerza sobrenatural. Si conseguía llegar a creerse que había sido violada por un monstruo, entonces podría considerarse una simple y desgraciada víctima inocente.

—En realidad era eso —comentó Hilary—. Fue la víctima de su padre. Él la forzó, no ella a él.

—Cierto —continuó Tony—. Pero él pasó sin duda mucho tiempo y gastó mucha energía lavándole el cerebro, haciendo que creyera que ella era la única culpable, la única responsable de su perversa relación. Transfiriendo la culpa a la hija... Es la forma corriente que tiene un enfermo de eludir su propio sentido de culpabilidad. Y este tipo de comportamiento encajaba a la perfección con la personalidad autoritaria de Leo.

—De acuerdo —dijo Joshua mientras volaban en dirección norte a través de un cielo calmo—. De acuerdo con lo que has dicho hasta ahora. Puede que te equivoques; pero tiene sentido, y representa un cambio en la situación. Así que Katherine dio a luz gemelos, perdió la cabeza durante tres días, y luego recobró el control creando una nueva fantasía, un nuevo engaño. Al creer que un demonio la había violado, pudo olvidar que fue su padre quien lo hizo, no se acordó del incesto y logró recuperar algo de dignidad. A decir verdad, es probable que jamás se hubiera sentido tan satisfecha de sí misma en toda su vida.

—Exactamente —asintió Tony.

—Mrs. Yancy fue la única persona a la que le habló del incesto —comentó Hilary—; así que, cuando se decidió por su nueva fantasía sobre un demonio, estaba ansiosa de que ella conociera la «verdad». Si tenía que cargar con la dura realidad, le sería más soportable sobrellevarla gracias al invento que su mente había fabricado. Su engaño le era más cómodo que la fea verdad. Así que dio a los dos niños un solo nombre. Permitió que sólo uno de ellos se dejara ver en público en todo momento. Les obligó a vivir una sola vida.

—Y, con el tiempo —concluyó Tony—, los dos muchachos llegaron a verse como una sola y única persona.

—Para, para —exclamó Joshua—. Tal vez pudieron doblarse uno con otro y vivir con el mismo nombre, ofreciendo en público una identidad singular. Hacer que crea esto es pedirme mucho; pero lo intentaré. Ahora bien, en privado, tuvieron que haber sido dos individuos distintos.

—Puede que no —cortó Tony—. Hemos encontrado pruebas de que se creían algo así como... una persona en dos cuerpos.

—¿Pruebas? ¿Qué pruebas? —preguntó Joshua.

—La carta que encontró en la caja de seguridad del Banco de San Francisco. En ella, Bruno escribió que *había sido* muerto en Los Ángeles. No dijo que fuera su hermano el muerto. Dijo que él, *sí mismo*, estaba muerto.

—No se puede probar nada con esa carta. No eran más que tonterías. No tenía sentido.

—En cierto modo, sí lo tiene. Desde el punto de vista de Bruno. Si no pensaba en su hermano como en otro ser humano, si creía que su gemelo era parte de él, algo así como su otra mitad, y no como una persona separada..., entonces la carta tiene mucho sentido.

Joshua meneó la cabeza.

—Pero yo sigo sin creer que fuera posible hacer que dos personas creyeran que eran una.

—Está acostumbrado a oír hablar de doble personalidad —explicó Tony—. El Dr. Jekyll y Mr. Hyde. La mujer cuya verdadera historia se contó en *La tres caras de Eva*. Y había un libro sobre una mujer así: *Sybil*. Sybil tenía dieciséis distintas personalidades. Bueno, si no me equivoco respecto de los gemelos Frye, desarrollaron una psicosis que es justo lo contrario de la doble personalidad. Esos dos individuos no se desdoblaron en cuatro, seis, ocho u ochenta; por el contrario, bajo una enorme presión por parte de su madre, se fundieron psicológicamente, se integraron en uno. Dos seres con una personalidad, una consciencia, una imagen. Todo compartido. Es probable que jamás haya ocurrido, y tal vez no vuelva a ocurrir; pero esto no quiere decir que no pudiera haberse dado en esta ocasión. Debió de ser esencial para ambos desarrollar personalidades idénticas a fin de poder vivir, por turno, en el mundo que había más allá de la casa de su madre —observó Hilary—. La más pequeña diferencia entre ellos malograría la representación.

—¿Pero *cómo*? —preguntó Joshua—. ¿Qué les hizo Katherine? ¿De qué modo consiguió que les ocurriera?

—Quizá nunca lo sabremos con seguridad —musitó Hilary—. Aunque tengo alguna idea de lo que pudo haberles hecho.

—También yo —corroboró Tony—. Pero dilo tú primero.

A media tarde, la cantidad de luz que penetraba por las ventanas orientadas al Este, era cada vez menor. La calidad de la luz también empezó a deteriorarse; ya no irradiaba de un chorro que entraba recostado por la forma de la ventana. La oscuridad fue adueñándose poco a poco de los rincones de la habitación.

Cuando las sombras comenzaron a cubrir el suelo, a Bruno le entró la preocupación de que iba a encontrarse a oscuras. No podía encender una lámpara, porque no funcionaban. Hacía cinco años que fue cortado el suministro de luz eléctrica a la casa, desde la primera muerte de su madre. Su linterna no servía, se habían agotado las pilas.

Por un momento, contemplando cómo la estancia se hundía en una oscuridad gris amoratada, Bruno luchó contra el pánico. No le importaba encontrarse a oscuras en la calle, porque siempre había luz que escapaba de las casas, faroles, faros de coches que pasaban, estrellas, luna... Pero, en una habitación en tinieblas, los susurros y las cosas que se arrastraban, volvían. Y eso había que evitarlo de cualquier modo.

Velas.

Su madre había tenido siempre un par de cajas de velas grandes en la despensa, junto a la cocina. Eran para un caso de avería eléctrica. Estaba seguro de que también habría fósforos en la despensa, centenares, en una caja redonda, de metal, herméticamente cerrada. No había tocado nada de aquello cuando se trasladó; pues no se llevó más que sus objetos personales y algunas de las colecciones de arte que se había ido comprando.

Se inclinó a mirar a la cara del otro Bruno y le dijo:

—Voy a bajar un momento.

Sí mismo no respondió.

—Voy a buscar unas velas para que no nos quedemos a oscuras. ¿Estaré bien solo, por unos minutos, mientras voy abajo?

Su otro yo guardó silencio.

Bruno fue hacia los peldaños que había en el otro extremo de la habitación. Conducían a un dormitorio de la segunda planta. El hueco de la escalera no estaba del todo oscuro porque le llegaba algo de luz de la ventana del ático. Pero cuando Bruno abrió de un empujón la puerta del fondo, le impresionó ver el dormitorio completamente negro.

Los postigos.

Había abierto los postigos del ático aquella mañana al despertarse; pero las ventanas estaban cerradas en toda la casa. No se había atrevido a abrirlas. No era probable que los espías de Hilary-Katherine miraran hacia arriba y se fijaran en un par de ventanas abiertas en el ático; pero si dejaba que entrara la luz en toda la vivienda, descubrirían el cambio y vendrían corriendo. Ahora el lugar era como una tumba, sumido en noche perpetua.

Se detuvo en la escalera y miró a la alcoba sin luz, con miedo a avanzar, aguardando los susurros.

Ni un sonido.

Ningún movimiento.

Pensó en volver al ático. Pero tampoco era una solución a su problema. Pronto llegaría la noche y se encontraría sin ninguna luz que le protegiera. Debía apresurarse a ir a la despensa y encontrar esas velas.

Esperó.

Escuchó.

No hubo susurros.

Angustiado, entró en el dormitorio de la segunda planta, manteniendo abierta la puerta de la escalera para aprovechar la turbia luz que brillaba tras él y por encima de él. Dos pasos. Luego se detuvo.

Esperó y escuchó.

Soltó la puerta y cruzó apresurado la habitación, tanteando el camino entre muebles.

Ningún susurro.

Alcanzó la otra puerta y se detuvo en el rellano de la segunda planta.

Tampoco percibió susurros.

Por un momento, envuelto en una oscuridad de terciopelo, no pudo recordar si debía torcer a derecha o a izquierda para alcanzar la escalera que llevaba al piso bajo. De pronto, se orientó y fue a la derecha, con los brazos extendidos ante él y las manos abiertas con los dedos separados, al estilo de los ciegos.

Ni un susurro.

Cuando llegó a la escalera estuvo a punto de caerse. El suelo se abrió a sus pies, y se libró echándose a la izquierda para agarrar el invisible pasamanos.

Susurros.

Agarrado al pasamanos, incapaz de ver nada, contuvo el aliento, inclinó la cabeza.

Susurros.

A su espalda.

Siguiéndole.

Lanzó un grito y corrió escalera abajo como un borracho; no halló la barandilla; luego perdió el equilibrio, agitó los brazos, tropezó y cayó de bruces en el rellano sobre la polvorienta alfombra, sintiendo una punzada de dolor en la pierna izquierda, sólo una punzada; pero, al levantar la cabeza, oyó los susurros acercándose... Se aproximaban cada vez más... Se levantó lloriqueando de miedo; cojeando, corrió hasta el próximo rellano, dio un traspié al llegar al suelo y, al mirar hacia atrás, vio la oscuridad, sintió los susurros que se acercaban a él, aumentando de volumen. Gritó:

—¡No! ¡No!

Y se precipitó hacia la parte trasera de la casa, a lo largo del corredor de la planta baja, en dirección a la cocina, y de pronto los susurros le rodearon, le envolvieron; venían de arriba, de abajo, de todos los lados, y las cosas también estaban allí, aquellas cosas horribles, deslizantes... o una *cosa*; una o muchas; no lo sabía bien... Al correr hacia la cocina, dando bandazos contra las paredes debido a su terror, se raspó y se golpeó, tratando desesperadamente de quitarse aquellas cosas de encima, y se estrelló contra la puerta de la cocina, que era de muelles y que se abrió para dejarle entrar; tanteó a lo largo del perímetro de la estancia, palpó la cocina, la nevera, los armarios y el fregadero, hasta llegar a la puerta de la despensa. Las cosas resbalaban sobre él sin cesar, los susurros continuaron... y chilló, chilló con todas las fuerzas de su voz raposa. Abrió la puerta de la despensa; le asaltó un hedor nauseabundo, pero entró pese al terrible olor que emanaba de allí. De pronto, se dio cuenta de que era incapaz de encontrar las velas o los fósforos entre tantos botes y tarros. Giró en redondo. Otra vez en la cocina, gritando, golpeándose, sacudiendo las *cosas* que cubrían su rostro e intentaban meterse en su boca y nariz, encontró la puerta exterior que daba al porche trasero, luchó con los pasadores oxidados, los soltó por fin y abrió.

Luz.

Una luz gris de atardecer, procedente de las montañas Mayacamas al Oeste, se filtró por la puerta abierta e iluminó la cocina.

Luz.

Por un minuto permaneció en el umbral dejando que aquella luz maravillosa le bañara. Estaba empapado en sudor. Su respiración era ronca y entrecortada.

Cuando al fin se calmó, volvió a la despensa. El olor a podrido procedía de viejos envases de conservas que habían estallado, proyectando alimentos estropeados y dando lugar a hongos y humedad de un negro amarillento. Esforzándose por evitar la suciedad lo mejor que pudo, localizó las velas y el recipiente metálico en el que se hallaban las cajas de fósforos. Éstos se conservaban secos y en buen uso. Frotó uno para estar seguro. La llama fue una visión que le levantó los ánimos.

Al oeste del «Cessna» en movimiento, setecientos metros debajo de la nave, a un nivel de dos o tres mil metros, las nubes de tormenta se acercaban implacables desde el Pacífico.

—¿Cómo? —preguntó Joshua otra vez—. ¿Cómo hizo Katherine para que los gemelos pensaran, obraran... y *fueran* una sola persona?

—Como ya he dicho —insistió Hilary—, no es probable que lo sepamos nunca con seguridad. Pero me parece que debió haber compartido sus fantasías con los gemelos desde el día en que se los llevó a casa, mucho antes de que fueran lo bastante mayores para comprender lo que estaba diciéndoles. Centenares de veces, quizá millares, a lo largo de los años, les contó que eran hijos de un demonio. Les dijo que habían nacido con las cabezas cubiertas y les explicó lo que significaba. Les hizo creer que sus órganos genitales no eran como los de los otros chicos. Probablemente les advirtió que les matarían si alguien descubría lo que eran. Cuando tuvieron edad suficiente para cuestionar sus afirmaciones, habían sufrido tal lavado de cerebro que ya no podían ponerlas en duda. Habían compartido su psicosis y sus divagaciones. Debieron de ser dos chiquillos que vivían en continua tensión, temerosos de ser descubiertos, con miedo a que los mataran. El miedo es estrés. Y un estrés así los haría muy maleables en el aspecto psíquico. En mi opinión ese estrés extraordinario, incesante, tremendo, durante un largo período, creó la disposición adecuada para soldar sus personalidades de la forma que Tony ha sugerido. Un estrés fuerte y prolongado no sería, de por sí, causa de la fusión; pero prepararía el camino para conseguirlo.

Tony comentó:

—Por las cintas que hemos oído esta mañana en el despacho del doctor Rudge, conocemos que Bruno y su hermano sabían que habían nacido con la cabeza cubierta, y que estaban familiarizados con la superstición relacionada a este curioso fenómeno. Por su tono en la cinta creo que podemos dar por seguro que creía, lo mismo que su madre, que se hallaba marcado por un demonio. Y hay más evidencia que lleva a la misma conclusión. Por ejemplo, la carta encontrada en la caja del Banco. Bruno escribió que no podía pedir protección policial contra su madre porque la Policía descubriría lo que era y lo que había estado ocultando todos aquellos años. En la carta afirmaba que, si la gente descubría lo que era, lo lincharían. Creyó que era el hijo de un demonio. Estoy seguro. Había absorbido las elucubraciones psicóticas de Katherine.

—Muy bien —admitió Joshua—. Quizás ambos gemelos creían en el cuento del demonio porque nunca habían tenido la menor oportunidad de *no* creerlo. Pero eso sigue sin explicar cómo y por qué Katherine formó a los dos como una sola persona, de qué modo consiguió que ellos... se soldaran psicológicamente, como tú dices.

—La parte del *porqué* de su pregunta es la más fácil de contestar —adelantó Hilary—. Mientras los gemelos se consideraran como individuos, habría diferencias entre ellos, aunque fuesen mínimas. Y cuantas más diferencias, más probable era que uno de ellos, sin querer, pusiera al descubierto la comedia, en cualquier momento. Cuanto más les forzaran a actuar, pensar, hablar, moverse y reaccionar del mismo modo, más segura se sentía.

—En cuanto al *cómo* —continuó Tony—, no hay que olvidar que Katherine sabía de modos y medios para doblegarlos y formar una mente. Después de todo, ella misma había sido doblegada y formada por un maestro, Leo. Se había servido de muchísimos trucos para conseguir que fuera e hiciera lo que él quería. La chica tuvo que haber aprendido algo de todo aquello. Técnicas de tortura física y psicológica. Probablemente pudo haber escrito un libro sobre el tema.

—Y para lograr que los gemelos pensaran como una persona —siguió Hilary—, tendría que tratarlos como a una sola persona. En otras palabras, tendría que prepararlos. Tendría que ofrecerles el mismo grado de cariño, si se lo daba. Tendría que castigar a ambos por la falta de uno, tratar a los dos cuerpos como si poseyeran la misma mente. Tendría que hablar con ellos como si estuviera ante uno, y no ante dos.

—Y cada vez que descubría un asomo de individualismo, o bien obligaba a los dos a lo mismo, o tendría que borrar la expresión individualista del que la había mostrado. Y el uso de los pronombres iba a ser muy importante —concluyó Tony.

—¿El uso de los pronombres? —repitió Joshua perplejo.

—Sí —dijo Tony—. Esto os va a parecer cogido por los pelos. Tal vez insensato. Pero lo que nos forma, más que nada, es nuestro uso y comprensión del lenguaje. El lenguaje es la forma en que expresamos todas las ideas, todos los pensamientos. Pensar de un modo desordenado lleva a un uso desordenado del lenguaje. Pero lo contrario es también cierto: un lenguaje confuso induce a pensamientos confusos. Éste es un principio básico de la semántica. Así que parece lógico suponer que el uso de pronombres mal seleccionados ayudaría a establecer el tipo de imagen distorsionada que Katherine quería que los gemelos adoptaran. Por ejemplo, cuando ellos hablaran entre sí, jamás se les iba a permitir utilizar el pronombre «tú». Porque «tú» representa el concepto de otra persona y no de uno mismo. Si se forzó a los gemelos a creerse una sola criatura, no había razón para emplear el pronombre «tú». Un Bruno nunca podría decir al otro: Ahora tú y yo podemos jugar al «Monopoly». Por el contrario tendrían que hablar así: Ahora yo puedo jugar al «Monopoly» conmigo mismo. También les estaría vedado decir «nosotros» cuando hablaran de él y el hermano, porque este pronombre indica dos personas por lo menos. Por el contrario tendrían que decir «yo» y «mí mismo» cuando se refiriera a ambos. Además, cuando uno de los gemelos hablara con Katherine sobre su hermano, no se le permitía utilizar el pronombre «él», que también refleja el concepto de otro individuo además del que habla. ¿Complicado, no?

—Loco —declaró Joshua.

—Ahí sería —confirmó Tony.

—Pero es excesivo. Es demencial.

—Claro que lo es —reconoció Clemenza—. Era el plan de Katherine, y Katherine estaba loca.

—¿Pero cómo pudo obligarles a cumplir todas esas reglas extrañas sobre costumbres, conceptos, actitudes, y no sé qué demonios más?

—Del mismo modo que se establecen una serie de reglas normales con niños normales —observó Hilary—. Si lo hacen bien, los premias. Pero si no lo hacen bien, los castigas.

—Para hacer que unos niños se comportaran de un modo tan poco natural como Katherine pretendía de los gemelos, para despojarlos por completo de su individualidad, el castigo tenía que ser algo monstruoso —protestó Joshua.

—Y sabemos que era monstruoso —prosiguió Tony—. Todos oímos en casa del doctor Rudge la cinta de la última sesión que tuvo con Bruno, cuando recurrió a la hipnosis. Recordarán que Bruno dijo que lo había metido en un agujero oscuro en el suelo, como castigo «por no pensar y obrar como uno». Creo que quiso decir que los metía a los dos, a él y a su hermano, en aquel lugar oscuro cuando se negaban a pensar y actuar como una sola persona. Los encerraba en un sitio oscuro durante largo tiempo, y allí había algo vivo, algo que se les subía encima. Fuera lo que fuera lo que les ocurría en aquel cuarto o agujero..., era tan terrible que todas las noches de su vida tuvieron pesadillas. Si pudo dejar tan tremenda impresión en ellos, pasados tantos años, yo creo que se trataba de un castigo parecido a un buen lavado de cerebro. Estoy convencido de que Katherine hizo con los gemelos exactamente lo que se había propuesto: fundirlos en uno solo.

Joshua contempló el cielo que tenía delante. Al fin dijo:

—Cuando se marchó del burdel de Mrs. Yancy, su problema consistía en hacer pasar a los gemelos como un solo niño, el niño del que había hablado, manteniendo así la mentira de Mary Gunther. Pero no pudo haberlo logrado encerrando a uno de los hermanos, transformándolo en prisionero, mientras al otro gemelo se le permitía salir de la casa. Esto habría sido más rápido, fácil, simple y seguro.

—Pero todos conocemos la Ley Clemenza —hizo notar Hilary.

—En efecto —asintió Joshua—. La Ley Clemenza: Muy poca gente hace las cosas del modo más rápido, fácil, simple y seguro.

—Además —añadió Hilary—, quizá Katherine no tuvo valor suficiente para condenar a uno de los niños a permanecer siempre encerrado, en tanto que el otro podía disfrutar de una vida un poco normal. Después de todo el sufrimiento por el que había pasado, puede que estableciera un límite en el que imponía a los niños.

—¡A mí me parece que los obligó a soportar un infierno! —exclamó Joshua—. Les hizo enloquecer.

—Pero no se daba cuenta —afirmó Hilary—. Lo que ella se proponía no era que se volvieran locos, sino hacer lo que consideraba mejor para ellos; pero su estado mental le hacía imposible saber qué era lo mejor.

Joshua suspiró agotado.

—Tu teoría es descabellada.

—No tan descabellada —objetó Tony—. Encaja con los hechos conocidos.

Joshua asintió.

—Y me parece que yo también lo creo así. Por lo menos en una gran parte. Aunque preferiría que todos los villanos de esta historia fueran viles y despreciables por completo. Me disgusta, en cierto modo, sentir tanta comprensión hacia ellos.

Después de aterrizar en Napa, bajo un cielo cada vez más oscuro, fueron derechos al despacho del sheriff del condado y contaron a Peter Laurenski absolutamente todo. Al principio los miró boquiabierto, como si hubieran perdido la cabeza, pero, poco a poco, su incredulidad se volvió aceptación asombrada, aunque con esfuerzo. Hilary sabía que aquel abanico de reacciones, aquella transformación de sentimientos, iban a presenciarla centenares de veces en los días venideros.

Laurenski telefoneó al Departamento de Policía de Los Ángeles. Descubrió que el FBI ya se había puesto en contacto con ellos con relación al fraude del Banco de San Francisco en el que estaba implicado un doble de Bruno Frye, ahora admitido por todos los de aquella jurisdicción. Las noticias que recibió Laurenski eran que el sospechoso no era un vulgar doble, sino otro Bruno Frye auténtico, pues sabían que había uno muerto y enterrado en el Memorial Park de Napa County. Informó al Departamento de Policía de Los Ángeles que tenía razones para creer que dos Brunos se habían turnado para matar y que eran los autores de una serie de asesinatos, en la mitad norte del Estado, durante los últimos cinco años, aunque aún no podía ofrecer pruebas firmes o mencionar homicidios específicos. Las pruebas eran hasta ahora circunstanciales: una interpretación lógica de la carta en la caja fuerte del Banco en vista a los recientes descubrimientos sobre Leo, Katherine y los gemelos; el hecho de que ambos hermanos habían atentado contra la vida de Hilary; el hecho de que uno de ellos había servido de coartada la semana pasada cuando Hilary fue atacada por primera vez, lo que indicaba complicidad, por lo menos, en un intento de asesinato; y por fin, la convicción, compartida por Hilary, Tony y Joshua, de que el odio de Bruno hacia su madre era tan fuerte y demencial que no vacilaba en asesinar a cualquier mujer que él imaginara ser Katherine vuelta a la vida en un cuerpo nuevo.

Mientras Hilary y Joshua compartían el banco que servía de sofá en la oficina, y se tomaban el café que les había llevado la secretaria de Laurenski, Tony, a petición de éste, se puso al teléfono y habló con dos superiores suyos en Los Ángeles. Su defensa de Laurenski y la corroboración de los hechos que el sheriff había explicado, fue, al parecer, efectiva, porque la llamada terminó con una promesa de las autoridades de Los Ángeles de que entrarían en seguida en acción. Partiendo de la suposición de que un psicópata estaría vigilando la casa de Hilary, accedieron a establecer allí una vigilancia ininterrumpida.

Con la cooperación asegurada de la Policía de Los Ángeles, el sheriff se apresuró a redactar un comunicado, exponiendo los hechos básicos del caso, para su distribución a todas las agencias de defensores de la ley en el norte de California. La circular servía también como petición oficial de información sobre cualquier asesinato no resuelto de jóvenes atractivas, de ojos oscuros y cabello castaño, en jurisdicciones alejadas de la de Laurenski, en los últimos cinco años..., en especial asesinatos en los que hubiera decapitación, mutilación o evidencia de fetichismo de sangre.

Mientras Hilary observaba al sheriff dando órdenes a empleados y subordinados, pensó en los acontecimientos de las últimas veinticuatro horas, y tuvo la impresión de que todo se movía demasiado de prisa, como un torbellino, y que aquel viento, lleno de sorpresas y feos secretos, al igual que un tornado se llena de remolinos de tierra y cosas arrancadas, la estaba arrastrando a un precipicio que aún no podía ver; pero al que sería lanzada. Deseaba poder tener ambas manos y agarrar el control del tiempo a fin de disminuir su velocidad y poder tomarse unos días de descanso que le permitiera reflexionar acerca de todo lo que había sabido, para poder seguir las últimas revueltas del misterio Frye con la cabeza clara. Estaba segura de que la prisa persistente era una locura, que podía incluso ser mortal. Pero las ruedas de la ley, ahora puestas ya en marcha, no podían bloquearse, ni era posible frenar el tiempo como si fuera un caballo desbocado.

Confió en que no se abriera un precipicio ante ella.

A las cinco y media, después de que Laurenski hubo puesto en marcha la máquina policial, Joshua y él cogieron el teléfono para buscar a un juez. Encontraron uno, el juez Julian Harwey, que se mostró fascinado por la historia de Frye. Harwey comprendió la necesidad de recobrar el cadáver y someterlo a una larga serie de pruebas a fin de establecer su perfecta identificación. Si el segundo Bruno Frye era detenido, y si conseguía superar un examen psiquiátrico, lo que era muy poco probable, aunque no del todo imposible, el fiscal necesitaría entonces una prueba física de que había habido gemelos idénticos. Harwey estaba dispuesto a firmar una orden de exhumación y, a eso de las seis y media, el sheriff tenía el papel en las manos.

—Los trabajadores del cementerio no podrán abrir la tumba a oscuras; pero los tendré cavando allí al apuntar el alba —dijo Laurenski.

Hizo varias llamadas más, una al director del Memorial Park de Napa County, donde estaba enterrado Frye; otra, al funcionario judicial que dirigía la exhumación y se haría cargo del cadáver tan pronto le fuera entregado, y una tercera a Avril Tannerton, el embalsamador, para que organizara el traslado del cadáver al laboratorio de patología.

Cuando Laurenski dejó por fin el teléfono, Joshua dijo:

—Me figuro que querrá registrar la casa de Frye.

—Por supuesto. Queremos encontrar pruebas de que más de un hombre ha vivido en ella. Y si Frye ha asesinado a otras mujeres, tal vez encontremos también alguna prueba. Creo que, además, debemos hacer un registro en la casa del acantilado.

—Podemos registrar la casa nueva en cuanto quiera —ofreció Joshua—. Pero en la vieja no hay electricidad. Habrá que esperar hasta mañana.

—Muy bien; pero me gustaría echar un vistazo a la casa de los viñedos esta misma noche.

—¿Ahora? —preguntó Joshua, levantándose del banco.

—Ninguno de nosotros ha cenado —dijo Laurenski, quien mucho antes de que le hubieran contado siquiera la mitad de lo que llegaron a saber por el doctor Rudge y Rita Yancy, había llamado a su mujer para decirle que llegaría tarde—. Vamos a comer algo en la cafetería de la esquina. Luego iremos a casa de Frye.

Antes de salir, Laurenski dijo a la recepcionista de noche dónde iba a estar y le pidió que le avisara inmediatamente si la Policía de Los Ángeles les comunicaba de que había detenido al segundo Bruno Frye.

—No va a ser tan fácil —murmuró Hilary.

—Sospecho que tiene razón —observó Tony—. Bruno ha ocultado un secreto increíble durante cuarenta años. Puede estar loco, pero también es inteligente. La Policía no le echará el guante con tanta facilidad. Tendrá que jugar mucho al escondite hasta cazarlo.

Cuando empezaba a caer la noche, Bruno ya había vuelto a cerrar los postigos del ático.

Ahora había velas en cada mesilla. Dos velas en el tocador. Las fluctuantes llamas amarillentas hacían que las sombras danzaran sobre paredes y techo.

Sabía que ya debería estar fuera buscando a Hilary-Katherine; pero no lograba reunir la energía suficiente para levantarse y salir. Seguía retrasándolo.

Tenía hambre. De pronto se dio cuenta de que no había comido nada desde el día anterior. Su estómago protestaba.

Por un instante, sentado en la cama junto al cadáver de ojos abiertos, trató de decidir a dónde podría ir para conseguir alimentos. Algunos de los botes de la despensa no se habían hinchado, no habían reventado, pero estaba seguro de que todo lo de aquellas estanterías se hallaba en mal estado y era dañino. Durante casi una hora luchó con el problema, intentando pensar en qué sitio conseguir algo de comida sin arriesgarse a ser descubierto por los cómplices y espías de Katherine. Estaban por todas partes. La perra y sus espías. Por todas partes. Su estado mental era tan confuso que, pese a que tenía hambre, hallaba dificultad en centrar sus pensamientos en la comida. Por fin recordó que la había en la casa de los viñedos. La leche se habría cortado en la última semana y el pan estaría duro; pero su propia despensa estaba llena de conservas, la nevera contenía queso y fruta y en el congelador había helado. La idea del helado le hizo sonreír como un chiquillo.

Seducido por la perspectiva de saborearlo y confiando en que una buena cena le proporcionaría la energía que necesitaba para empezar la búsqueda de Hilary-Katherine, abandonó el ático y bajó a través de la casa ayudado por una vela. Una vez fuera, la apagó y se la guardó en el bolsillo de la chaqueta. Descendió por la destartalada escalera del risco y cruzó los oscuros viñedos.

Diez minutos después, ya en su propia casa, volvió a encender la vela, porque temía que las luces eléctricas llamaran la atención. De un cajón junto al fregadero sacó una cuchara, cogió un cartón de litro de helado de chocolate y se sentó a la mesa. Durante un cuarto de hora estuvo sonriente, comiendo grandes cucharadas de helado directamente del cartón, hasta sentirse tan lleno que no pudo tragar más.

Dejó la cuchara en la caja medio vacía, guardó el resto del helado en el congelador, y cayó en la cuenta de que tenía que llevarse unas cuantas conservas a la casa del acantilado. Podría tardar días en encontrar y matar a Hilary-Katherine, y durante este tiempo no quería tener que bajar para cada comida. Más tarde o más temprano, la perra pensaría en poner a sus espías de vigilancia en la casa, y entonces le cogerían. Pero jamás pensaría en buscarle en la casa del acantilado. Ni en un millón de años. Así que allí era donde debía tener su reserva de comida.

Entró en su dormitorio y sacó una maleta del armario, la llevó a la cocina y la llenó de latas de melocotones, peras, rodajas de mandarina, jarras de mantequilla de cacahuete y de aceitunas y dos clases de gelatina... Envolvió cada jarrita en dos o tres servilletas de papel para que no se rompieran... y los tarros pequeños de salchichas de Viena. Cuando terminó, la maleta era pesadísima; pero él tenía músculos para manejarla.

No se había duchado desde la noche antes, en casa de Sally, y se sentía pegajoso. Le molestaba estar sucio, porque la suciedad le había recordado siempre los susurros, las horrendas cosas deslizantes y el agujero oscuro del suelo. Decidió que podía arriesgarse a una ducha rápida antes de llevarse la comida a la casa del risco, incluso si esto implicaba estar desnudo e indefenso por unos minutos. Pero, al cruzar el cuarto de estar para dirigirse a la alcoba y el baño, oyó coches acercándose por el camino de los viñedos. Los motores sonaban muy fuerte en la quietud de los campos.

Bruno corrió hacia una ventana delantera y separó un poco la cortina para mirar.

Cuatro faros. Dos coches. Venían por la cuesta en dirección al claro.

Katherine.

¡La bruja!

La bruja y sus amigos. Sus amigos muertos.

Aterrorizado corrió a la cocina, agarró la maleta, apagó la vela que aún sostenía y se la guardó. Salió por la puerta trasera y cruzó corriendo el césped metiéndose en las viñas protectoras en el momento en que los coches se detenían delante.

Agachado, arrastrando la maleta, angustiosamente preocupado por el más ligero ruido que pudiera hacer, Bruno se movió entre las cepas. Dio la vuelta a la casa hasta que pudo ver los coches. Dejó la maleta en el suelo y se tendió junto a ella, abrazado a la tierra húmeda y a la más oscura de las sombras. Contempló a la gente saliendo de los automóviles y el corazón le latió con fuerza a cada rostro que reconocía.

El sheriff Laurenski y un subordinado. ¡Así que la Policía estaba con los muertos vivientes! Nunca lo hubiera imaginado.

Joshua Rhinehart. El viejo abogado. ¡También era un conspirador, uno de los infernales amigos de Katherine!

¡Y allí estaba *ella*! La perra. La perra en su lustroso cuerpo nuevo. Y aquel hombre de Los Ángeles.

Entraron todos en la casa.

Las luces se fueron encendiendo una tras otra.

Bruno trató de recordar si había dejado alguna huella de su visita. Quizás algún goterón de la vela. Pero las gotas de cera ya estarían duras y frías. No podrían adivinar si eran recientes o antiguas. Había dejado la cuchara en la caja del helado; pero eso pudo haberlo hecho mucho tiempo atrás. ¡Gracias a Dios que no se había duchado! El agua en el suelo de la ducha y las toallas húmedas le habrían delatado; el hecho de encontrar una toalla recién usada les habría revelado que había vuelto a Santa Helena, y ello les animaría a intensificar su búsqueda.

Se levantó, alzó la maleta y anduvo lo más de prisa que pudo a través de los viñedos. Fue hacia el Norte, hacia las bodegas, y de allí al risco.

Jamás irían a la casa del acantilado. No se les ocurriría suponer que estaba allí. Ni en un millón de años. Se hallaría a salvo en ella, porque pensarían que tenía miedo de pisar aquel lugar.

Si se escondía en el ático, tendría tiempo de pensar, de hacer planes, de organizarse. Debía tomárselo con calma. No había pensado con demasiada claridad últimamente, desde que su otro yo había muerto, y no se atrevía a arremeter contra la perra hasta haber planificado cada posible contingencia.

Ahora ya sabía cómo encontrarla. A través de Joshua Rhinehart.

Le pondría la mano encima en cuanto quisiera.

Pero antes necesitaba tiempo para trazar un plan que nadie pudiera desbaratar. Estaba impaciente por llegar al ático y discutirlo con sí mismo.

Laurenski, el agente Tim Larson, Joshua, Tony e Hilary se repartieron por la casa. Registraron los cajones y armarios, alacenas y muebles.

En un principio no pudieron encontrar nada que demostrara que dos hombres, y no uno, habían estado viviendo en la casa. Sólo parecía que había más ropa de la que necesitaba un hombre. Y la casa estaba aprovisionada con más comida de la que una persona suele almacenar. Pero eso no demostraba nada.

Entonces, mientras Hilary revisaba el contenido de los cajones de la mesa del estudio, tropezó con un montón de facturas recién recibidas y que aún no habían sido pagadas. Dos de ellas eran de dentistas, uno cercano a Napa y el otro establecido en San Francisco.

—¡Naturalmente! —exclamó Tony mientras todos se acercaban para ver las facturas—. Los gemelos tenían que ir a diferentes médicos, sobre todo a diferentes odontólogos. Bruno número dos no podía ir a un dentista a que le empastaran una muela cuando el mismo doctor había empastado la misma muela a Bruno número uno la semana anterior.

—Esto nos ayuda —observó Laurenski—. Incluso los gemelos idénticos no tienen las mismas cavidades en el mismo lugar de la misma muela. Dos fichas dentales nos demostrarán que había dos Bruno Frye.

Un poco más tarde, mientras rebuscaba en el armario de una alcoba, el agente Larson hizo un desconcertante descubrimiento. Una de las cajas de zapatos no contenía zapatos. Lo que contenía era una docena de fotografías tamaño carnet de doce muchachas, seis permisos de conducir para seis de ellas, y otros once pertenecientes a otras tantas mujeres más. En cada fotografía, tanto las que estaban sueltas como adheridas a las licencias de conducir, la mujer retratada tenía rasgos en común con las otras mujeres de la colección: un rostro bonito, ojos oscuros, cabello oscuro y un algo indefinible en las líneas y ángulos de su estructura facial.

—Veintitrés mujeres que recuerdan vagamente a Katherine —murmuró Joshua—. ¡Dios mío! ¡Veintitrés!

—Una exposición de muerte —dijo Hilary estremeciéndose.

—Por lo menos, no todas son fotografías sin identificar —observó Tony—. Con los permisos de conducir tenemos nombres y direcciones.

—Los comunicaremos inmediatamente —anunció Laurenski enviando a Larson al coche para que comunicara por radio la información a jefatura—. Pero supongo que todos sabemos lo que vamos a encontrar.

—Veintitrés asesinatos sin resolver en los últimos cinco años.

—O veintitrés desapariciones —sugirió Laurenski.

Pasaron dos horas más en la casa, pero no encontraron ninguna otra cosa tan importante como las fotos y los permisos de conducir. Hilary tenía los nervios a flor de piel y su imaginación estaba estimulada por la turbadora idea de que su propio permiso de conducir estuvo a punto de encontrarse en aquella caja. Cada vez que abría un cajón o la puerta de un armario, esperaba encontrar un corazón seco con una estaca clavada, o la cabeza descompuesta de alguna mujer. Respiró aliviada cuando al fin se dio por concluida la búsqueda.

Fuera, bajo el aire helado de la noche, Laurenski preguntó:

—¿Vendrán los tres al despacho del forense mañana por la mañana?

—No cuente conmigo —respondió Hilary.

—No, gracias —dijo Tony.

—En realidad no hay nada que podamos hacer allí —observó Joshua.

—¿A qué hora quieren que nos encontremos en la casa del acantilado? —preguntó Laurenski.

—Hilary, Tony y yo subiremos a primera hora de la mañana —contestó Joshua— y abriremos todas las ventanas. El lugar lleva cerrado cinco años y habrá que airearlo bien antes de que pasemos horas registrándolo. ¿Por qué no sube a reunirse con nosotros tan pronto termine con el forense?

—De acuerdo. Nos veremos mañana. A lo mejor la Policía de Los Ángeles detiene al canalla durante la noche.

—A lo mejor —murmuró Hilary esperanzada.

Arriba, en las montañas Mayacamas retumbaron los truenos.

Bruno Frye pasó la mitad de la noche hablando con sí mismo, preparando cuidadosamente la muerte de Hilary-Katherine.

La otra mitad la pasó durmiendo mientras las velas iban apagándose. Delgados hilos de humo surgían de los pabilos ardientes. Las llamas danzarinas proyectaban sombras temblorosas y macabras sobre las paredes y se reflejaban en los ojos sin luz del cadáver.

A Joshua Rhinehart le costó dormirse. Se revolvió en la cama enredándose cada vez más entre las sábanas. A las tres de la mañana se fue al bar y se sirvió un *bourbon* doble que se bebió de golpe. Pero tampoco esto le tranquilizó mucho.

Nunca había añorado tanto a Cora como aquella noche.

Hilary despertó de repetidas pesadillas; pero la noche no se le hizo lenta. Pasó como un cohete. Seguía con la sensación de rodar hacia un precipicio, y no podía hacer nada para frenar su caída.

Cerca del alba, cuando Tony estaba ya despierto, Hilary se volvió a él, se apretó junto a su cuerpo y suplicó:

—Hazme el amor.

Por espacio de media hora se fundieron en sí mismos y, aunque no fue mejor que antes, tampoco fue peor. Una unión dulce, sedosa, silenciosa.

Después le dijo:

—Te quiero.

—Yo también te quiero.

—Pase lo que pase, hemos tenido estos pocos días juntos.

—No te pongas fatalista.

—Bueno..., nunca se sabe.

—Tenemos montones de años por delante. Años y años juntos. Nadie va a robárnoslos.

—Estás tan seguro, eres tan optimista... Ojalá te hubiera encontrado antes.

—Ya hemos pasado lo peor. Y ya conocemos la verdad.

—Pero aún no han cogido a Frye.

—Lo harán —la tranquilizó Tony—. Él cree que eres Katherine y no va a alejarse mucho de Westwood. Seguirá vigilando tu casa para ver si has aparecido. Tarde o temprano, la patrulla de vigilancia lo descubrirá y habrá terminado todo.

—Abrázame.

—Claro.

—Mmmm. ¡Qué agradable!

—Sí.

—Sólo con que me abraces, me siento mejor.

—Todo irá bien.

—Siempre y cuando te tenga.

—Entonces nunca cesará de ir bien.

El cielo estaba oscuro, cargado y amenazador. Los picos de las Mayacamas aparecían envueltos en niebla.

Peter Laurenski se hallaba en el cementerio, con las manos en los bolsillos del pantalón y los hombros alzados para defenderse del frío de la mañana.

Utilizando azadas casi todo el tiempo, y sacando luego con palas el resto de la tierra, los obreros del Memorial Park de Napa County se afanaron para abrir la tumba de Bruno Frye. Mientras trabajaban, se quejaron al sheriff de que no se les pagaba ningún extra por levantarse al alba y acudir sin desayunar, a fin de llegar temprano; pero no lograron conmoverlo; se limitó a insistir en que se dieran prisa.

A las siete cuarenta y cinco, Avril Tannerton y Gary Olmstead llegaron en el coche fúnebre de «Forever View». Al cruzar la verde colina en dirección a Laurenski, Olmstead parecía sombrío; pero Tannerton sonreía respirando bocanadas de aquel aire límpido, como si hubieran salido sólo para hacer ejercicio.

—Buenos días, Peter.

—Buenos días, Avril, Gary.

—¿Cuánto tardarán en terminar? —preguntó Tannerton.

—Dicen que quince minutos.

A las ocho y cinco uno de los obreros salió de la fosa y dijo:

—¿Listos para subirlo?

—Vamos allá —decidió Laurenski.

Se pasaron unas cadenas por el ataúd y lo sacaron del hoyo por el mismo sistema empleado para bajarlo. El féretro con adornos de bronce estaba sucio de tierra por las asas y los ornamentos, pero en conjunto seguía brillando.

A las ocho cuarenta, Tannerton y Olmstead habían cargado la caja en el coche mortuorio.

—Les seguiré hasta el despacho del forense —anunció el sheriff.

Tannerton le sonrió.

—Le aseguro, Peter, que no nos vamos a escapar con los restos de Mr. Frye.

A las ocho y veinte, en la oficina de Joshua Rhinehart, mientras en el cementerio, a pocos kilómetros, el ataúd era exhumado, Tony y Hilary dejaban los platos del desayuno en el fregadero.

—Los lavaré más tarde —dijo Joshua—. Vayamos al acantilado y abramos la casa. Debe de apestar como el infierno después de tantos años. Sólo deseo que la humedad y el moho no hayan destrozado demasiado las colecciones de arte de Katherine. Se lo advertí a Bruno miles de veces; pero no parecía importarle... —Joshua dejó de hablar y parpadeó—. ¿Van a dejarme que siga hablando? Claro que no le importaba que se pudriera todo. Eran las colecciones de Katherine, y nada de lo que ella atesorara le preocupaba lo más mínimo.

Fueron hasta la «Bodega Shade Tree» en el coche de Joshua. El día era sombrío; la luz, de un color grisáceo. Joshua aparcó en el espacio destinado a los empleados.

Gilbert Ulman aún no había llegado al trabajo. Era el mecánico que cuidaba del funicular aéreo, además de ocuparse de todos los camiones y el equipo de la granja.

La llave que ponía en marcha el funicular colgaba de una tablilla en el garaje, y el jefe nocturno de la bodega, un hombre de buena presencia llamado Iannucci, se mostró encantado de ir a buscársela.

Con la llave en la mano, Joshua condujo a Hilary y Tony hasta la segunda planta de la gran bodega, a través de un área de oficinas de la administración, un laboratorio de vinicultura y de allí a una amplia pasarela. La mitad del edificio estaba abierto desde la primera planta hasta el tejado, y en esta inmensa cámara había enormes tanques de fermentación de tres pisos de altura. Un aire frío, helado, emanaba de ellos, y todo el lugar olía a levadura. Al extremo de la larga pasarela, en la esquina sudoeste del edificio, abrieron una pesada puerta de pino con bisagras negras y entraron en una habitación abierta por el extremo opuesto. Un tejado saliente sobresalía unos cuatro metros de la pared inexistente, para evitar que la lluvia cayera en el cuarto abierto. La cabina de cuatro plazas, de color rojo como el de los bomberos y con mucho cristal, se cobijaba bajo el saliente, al borde del cuarto.

El laboratorio de patología estaba lleno de un vago olor químico, desagradable. También el forense, el doctor Garnet, se hallaba impregnado de él. Chupaba vigorosamente una pastilla mentolada.

Había cinco personas en la estancia: Laurenski, Larson, Garnet, Tannerton y Olmstead. Nadie, con la posible excepción del eternamente bonachón Tannerton, parecía sentirse feliz de encontrarse allí.

—Procedan a abrirlo —ordenó Laurenski—. Tengo una cita con Joshua Rhinehart.

Tannerton y Olmstead descorrieron los cerrojos del ataúd. Unos restos de tierra cayeron al suelo sobre el plástico que Garnet había tendido en el suelo. Alzaron la tapa y la empujaron hacia atrás.

El cuerpo había desaparecido.

En la caja, forrada de seda y terciopelo, no había más que tres sacos de cemento seco, que fueron robados del sótano de Avril Tannerton el pasado fin de semana.

Hilary y Tony se sentaron en un lado de la cabina, y Joshua en el otro. Las rodillas del abogado rozaban las de Clemenza.

Hilary se agarraba a la mano de Tony mientras la cabina roja se balanceaba y avanzaba despacio, muy despacio, hacia la cima del risco. No le daba miedo la altura, pero la cabina parecía tan frágil que no podía evitar apretar los dientes.

Joshua vio la tensión en su rostro y le sonrió:

—No tema. La cabina es pequeña, pero fuerte. Y Gilbert es un artista del mantenimiento.

A medida que subía, la cabina era sacudida ligeramente por el aire de la mañana.

La vista del valle se hizo cada vez más espectacular. Hilary trató de concentrarse en ella a fin de apartar su atención de los crujidos y protestas de la maquinaria.

La cabina llegó al fin al extremo del cable. Se encajó en su lugar y Joshua abrió la puerta.

Cuando bajaron en la estación superior del sistema, el arco rabiosamente blanco de un relámpago y el violento estruendo del trueno desgarraron el cielo, y empezó a llover. Era una lluvia helada, fina y oblicua.

Joshua, Tony e Hilary corrieron a resguardarse. Subieron precipitadamente los escalones del porche y se acercaron a la puerta.

—¿Y no hay calefacción aquí? —preguntó Hilary.

—La caldera lleva cinco años apagada. Por eso os advertí que os pusierais un buen jersey debajo de los abrigos. En realidad, hoy no es un día frío. Pero cuando llevéis un rato aquí arriba, con esta humedad, el aire os llegará hasta los huesos.

Joshua abrió la puerta y entraron. Encendieron las tres linternas que habían traído.

—Esto huele que apesta —protestó Hilary.

—Moho —aclaró Joshua—. Es lo que me temía.

Pasaron de la entrada al vestíbulo; luego, a un gran salón. Los rayos de luz de sus linternas cayeron en lo que parecía ser un almacén lleno de muebles antiguos.

—¡Santo Dios! —exclamó Tony—. Es peor que la casa de Bruno. Casi no hay sitio para andar.

—Estaba obsesionada por coleccionar piezas hermosas —explicó Joshua—. No como inversión. Ni tampoco por el mero placer de contemplarlas. Infinidad de objetos abarrotan las alacenas, muchas de ellas están ocultas. Montones y montones de pinturas. Y, como podéis ver, incluso en las habitaciones de recibo hay un exceso de cosas; está demasiado abarrotado para que agrade a la vista.

—Si cada habitación tiene antigüedades de este tipo, aquí hay encerrada una fortuna —observó Hilary.

—En efecto —asintió Joshua—. Si no se las han comido las polillas, las termitas y qué sé yo.

Dejó que su linterna iluminara de un extremo a otro de la estancia y prosiguió:

—Esta manía por coleccionar fue algo que nunca comprendí en ella. Hasta hoy. Ahora me pregunto si... Al mirar todo esto y recordar lo que oímos en casa de Mrs. Yancy...

—¿Piensa que coleccionar belleza era una reacción contra la infinita fealdad de su vida antes de que su padre muriera? —comentó Hilary.

—Sí —asintió Joshua—. Leo la destruyó. Hizo añicos su alma, aplastó su espíritu y la dejó con una propia imagen desastrosa. Debió de haberse odiado por todos los años que le dejó abusar de ella... aunque no podía evitarlo. Así que, quizá..., sintiéndose rebajada e indigna, pensó que podía embellecer su personalidad viviendo rodeada de cosas hermosas.

Guardaron silencio por unos instantes, contemplando el recargado salón.

—¡Qué triste! —murmuró Tony.

Joshua se sacudió la melancolía.

—Abramos de una vez los postigos y dejemos que entren la luz y el aire.

—No puedo soportar este hedor —dijo Hilary tapándose la nariz—. Pero si abrimos las ventanas entrará también la lluvia y lo mojará todo.

—No si levantamos el cristal sólo un poco. Y unas gotas de agua no van a hacer más daño que todo este moho.

—Lo que me sorprende es que no crezcan hongos en la alfombra —observó Tony.

Recorrieron toda la planta baja, alzando ventanas, abriendo postigos, dejando que la luz gris de la tormenta entrara junto con el aire fresco perfumado de lluvia.

Cuando casi todas las habitaciones de los bajos fueron abiertas, Joshua dijo:

—Hilary, lo que queda por hacer aquí abajo es abrir el comedor y la cocina. ¿Por qué no te ocupas de estas ventanas mientras Tony y yo empezamos a ventilar la segunda planta?

—Bien. Dentro de un minuto subiré a ayudarles.

Siguió tras el haz de su linterna hasta el negro comedor, en tanto que los hombres cruzaban el vestíbulo en dirección a la escalera.

Cuando llegaron al distribuidor de arriba, Tony exclamó:

—¡Uf! Aquí huele todavía peor.

La descarga de un trueno sacudió la vieja casona. Las ventanas retemblaron y las puertas se estremecieron en sus marcos.

—Ocúpate de las habitaciones de la derecha —sugirió Joshua—. Yo revisaré las de la izquierda.

Tony cruzó la primera puerta a su derecha y se encontró en un cuarto de costura. Una antigua máquina de coser de pedal estaba en un rincón, y otra eléctrica, más moderna, descansaba sobre una mesa en otro de los rincones; ambas estaban envueltas en telarañas. Había también una mesa de trabajo y un par de maniquíes.

Fue a la ventana, dejó la linterna en el suelo y trató de mover la falleba. El óxido la había soldado. Forcejeó con ella mientras la lluvia golpeaba ruidosamente en los postigos exteriores, más allá de los cristales.

Joshua enfocó su linterna en la primera habitación de la izquierda y vio una cama, un tocador y una cómoda. En la pared opuesta había dos ventanas.

Cruzó el umbral, dio otros pasos, percibió movimiento tras él y empezó a volverse; sintió algo frío atravesar su espalda; luego, un calor ardiente, una lanzada de fuego, una línea de dolor recorriendo su carne, y comprendió que había sido apuñalado. Sintió cómo le arrancaban el cuchillo. Se volvió. Su linterna iluminó a Bruno Frye. Su cara de loco era salvaje, demoníaca. El cuchillo subió, bajó, y el estremecimiento de frío volvió a sacudir a Joshua, y esta vez la hoja rasgó su hombro derecho, de delante atrás, hasta la empuñadura del arma y Bruno tuvo que tirar de ella con rabia, varias veces, hasta poder sacarla. Joshua alzó el brazo izquierdo para protegerse, y la hoja se clavó en su antebrazo. Se le doblaron las piernas. Se desplomó. Cayó sobre la cama, resbaló hacia el suelo, mojado de su propia sangre, y Bruno se alejó de él y salió al distribuidor de la segunda planta, fuera del alcance de la luz de la linterna, hacia la oscuridad. Joshua se dio cuenta de que ni siquiera había gritado, no había advertido a Tony. Trató de hacerlo, lo intentó de verdad; pero la primera herida parecía ser seria, porque cuando fue a alzar la voz estalló el dolor en su pecho y no pudo hacer otra cosa que proferir un sordo graznido semejante al de una maldita oca.

Jadeando, Tony aplicó toda su fuerza a la testaruda falleba; y de pronto el metal oxidado cedió... y se abrió. Alzó las ventanas y el ruido del agua creció. Una lluvia fina se filtró por las rendijas de los postigos y le mojó la cara.

El cierre interior de las contraventanas también estaba oxidado; pero Tony consiguió moverlo. Abrió las maderas de par en par, se inclinó, de lleno bajo la lluvia, y las sujetó de forma que el viento no las hiciera golpear.

Estaba mojado y tenía frío. Se hallaba ansioso de terminar con la casa, esperando que la actividad le hiciera entrar en calor.

Otra salva de truenos bajó de las Mayacamas al valle, por encima del edificio, y cuando Tony salió del cuarto de coser, se encontró ante el cuchillo de Bruno Frye.

En la cocina, Hilary abrió los postigos de la ventana que daba al porche trasero. Los sujetó y se detuvo un momento para contemplar la hierba barrida por la lluvia y los árboles sacudidos por el viento. Al final de la explanada, a unos veinte metros, había puertas en el suelo.

Le sorprendió de tal modo ver aquellas puertas que, por un momento, creyó que las imaginaba. Forzó la vista a través de la espesa lluvia, pero las puertas no se disolvieron como un espejismo, cosa que temía.

Al extremo de la explanada, la tierra se elevaba en un último esfuerzo para alcanzar las paredes verticales de las montañas. Las puertas estaban colocadas en aquella elevación. Tenían marcos de madera y piedras soldadas con cemento.

Hilary se apartó de la ventana y cruzó corriendo la sucia cocina, ansiosa de participar su descubrimiento a Tony y Joshua.

Tony sabía cómo defenderse contra un hombre armado de un cuchillo. Estaba entrenado en autodefensa y se había encontrado por dos veces en una situación semejante. Pero, en esta ocasión, no se hallaba preparado para la inesperada rapidez del ataque.

Con mirada torva, con su ancho rostro partido por una odiosa mueca de alegría, Frye movió el cuchillo en dirección al rostro de Tony, el cual logró apartarse en parte de la trayectoria del arma; pero la hoja le rasgó un lado de la cabeza, cortando el cuero cabelludo y haciéndole sangrar.

El dolor fue como la quemadura por ácido.

Tony dejó caer la linterna, que rodó haciendo que las sombras bailaran.

Frye era rápido, condenadamente rápido. Atacó de nuevo cuando Tony iba a adoptar una postura defensiva. Esta vez el cuchillo le alcanzó de lleno aunque de una forma peculiar, bajando sobre su hombro izquierdo, atravesando chaqueta y jersey, músculos y carne, entre huesos, arrancándole instantáneamente toda la fuerza de aquel brazo y haciendo que se cayera de rodillas.

De algún modo, Tony encontró la energía necesaria para alzar el puño derecho, con toda su fuerza, desde el suelo a los testículos de Frye. El hombretón gimió, retrocedió extrayendo el cuchillo.

Ignorante de lo que estaba ocurriendo encima de ella, Hilary llamó desde el pie de la escalera:

—¡Tony! ¡Joshua! Bajad y veréis lo que he encontrado.

Frye se volvió en redondo al oír la voz de Hilary. Corrió hacia la escalera olvidando, al parecer, que dejaba tras de sí un hombre herido, pero vivo.

Tony se levantó. Una explosión de dolor puso fuego en su brazo y se tambaleó, sin fuerzas. Se le revolvió el estómago. Tuvo que apoyarse en la pared. Lo único que pudo hacer fue advertirla.

—¡Hilary, corre! ¡Corre! ¡Frye te busca!

Hilary se disponía a volver a llamarlos cuando oyó la advertencia de Tony. Por un instante, no pudo creer lo que le estaba diciendo; pero en seguida sintió fuertes pisadas en el primer tramo, bajando hacia ella. Todavía estaba fuera de su vista, en el rellano, pero sabía que no podía ser nadie más que Bruno.

Y de pronto la voz de Frye resonó:

—¡Perra! ¡Perra, perra, perra!

Estupefacta, pero no helada por la impresión, Hilary se fue del pie de la escalera y echó a correr tan pronto vio asomar a Bruno en el rellano. Se dio cuenta demasiado tarde de que tenía que haber ido a la parte delantera de la casa, hacia la cabina del funicular; pero en cambio corría hacia la cocina, y ya no podía volverse atrás.

Empujó la puerta de muelles y entró en la cocina en el momento en que Frye saltaba los últimos peldaños y corría tras ella por el vestíbulo.

Pensó en buscar un cuchillo en los cajones.

Imposible. No había tiempo.

Corrió a la puerta trasera, la abrió, salió de la cocina en el momento en que Frye penetraba en ella.

Lo único que tenía era la linterna que llevaba en la mano. Y no era ningún arma.

Pasó el porche, bajó los escalones; la lluvia y el viento la azotaron.

La seguía, no estaba muy lejos, continuaba con la cantilena: ¡Perra, perra, perra!

Nunca podría dar toda la vuelta a la casa hasta la cabina antes de que la alcanzara. Estaba demasiado cerca, y ganaba terreno.

La hierba húmeda estaba resbaladiza.

Tenía miedo a caerse.

Miedo a morir.

¿Tony?

Corrió hacia el único lugar que podía ofrecer protección: las puertas del suelo.

Un rayo la deslumbró. Se oyó el trueno.

Frye ya no gritaba tras ella. Percibió un gruñido animal de placer. Muy cerca.

Ahora era ella la que gritaba.

Llegó a las puertas de la ladera y vio que estaban sujetas por arriba y por abajo. Tiró del primer pasador, luego se agachó y soltó el de abajo, esperando sentir una hoja clavándose entre sus hombros. El golpe jamás llegó. Abrió las puertas y ante ella todo era densa oscuridad.

Se volvió.

La lluvia le mojó la cara.

Frye se había detenido. Esperaba, a unos dos metros de allí.

Esperó ella también ante las puertas, con la oscuridad a su espalda y se preguntó qué otra cosa habría detrás de ella además de una escalera.

—Perra —dijo Frye.

Pero ahora había más miedo que furia en su rostro.

—Suelta el cuchillo —le dijo sin saber si obedecería; y aunque lo dudaba mucho, sabía que nada le quedaba por perder—. Obedece a tu madre, Bruno. Deja el cuchillo.

Dio un paso hacia ella.

Hilary no se movió. Le estallaba el corazón.

Frye se acercó más.

Temblando, retrocedió hasta el primer peldaño que había detrás de las puertas.

En el momento en que Tony llegaba a la escalera, apoyándose con una mano en la pared, oyó ruido detrás de él. Se volvió.

Joshua se había arrastrado fuera del dormitorio. Estaba cubierto de sangre y tenía el rostro tan blanco como el cabello. Sus ojos parecían desenfocados.

—¿Muy mal? —preguntó Tony.

Joshua pasó la lengua sobre sus labios descoloridos; con una voz extraña, sibilante, enronquecida, dijo:

—Viviré... ¡Hilary! Por el amor de Dios... ¡Hilary!

Tony se apartó de la pared y bajó como un loco la escalera. Tambaleándose, cruzó el vestíbulo hacia la cocina, porque podía oír la voz de Frye gritando en la explanada trasera.

En la cocina abrió un cajón tras otro en busca de un arma.

—Venga, maldita sea. ¡Mierda!

El tercer cajón contenía cuchillos. Eligió el mayor. Estaba un poco oxidado pero conservaba la hoja afiladísima.

Su brazo izquierdo le atormentaba. Quería sujetárselo con el derecho, pero lo necesitaba para luchar con Frye.

Rechinando los dientes, endureciéndose contra el dolor de sus heridas, tambaleándose como un borracho, salió al porche. Vio a Frye en seguida. El hombre estaba de pie frente a una puerta abierta. Una puerta en el suelo.

A Hilary no se la veía por ninguna parte.

Hilary bajó de espaldas el sexto peldaño. Era el último.

Bruno Frye estaba en lo alto de la escalera, mirando hacia abajo, temeroso de avanzar un paso más. Unas veces la llamaba perra y otras lloriqueaba como si fuera un niño. Era obvio que se encontraba desgarrado entre dos necesidades: la de matarla y la de alejarse de aquel lugar maldito.

Susurros.

De pronto oyó los susurros y la carne se le volvió hielo en un instante. Era un ruido sibilante sin palabras, suave, pero aumentando de volumen por segundos.

Y entonces sintió que una cosa trepaba por su pierna.

Lanzó un grito y subió un escalón, acercándose a Frye. Se agachó, se dio un manotazo, y desplazó algo.

Estremecida, encendió la linterna, se volvió y la enfocó a la habitación subterránea que había detrás de ella.

Cucarachas. Cientos y cientos de enormes cucarachas llenaban la habitación... En el suelo, en las paredes, en el techo bajo. No eran cucarachas corrientes, sino ejemplares enormes, de cinco o seis centímetros, con patas inquietas y antenas larguísimas que vibraban ansiosamente. Sus caparazones, de un marrón verdoso, parecían ser pegajosos y húmedos, como manchas de mucosidad oscura.

Los susurros eran el ruido de su movimiento incesante: largas patas y temblorosas antenas tropezando con otras patas y antenas, arrastrándose sin cesar y yendo de un lugar a otro.

Hilary gritó. Quería subir los peldaños y huir de allí; pero Frye estaba arriba, esperando.

Las cucarachas huían de la luz de su linterna. Evidentemente, eran insectos subterráneos que sólo sobrevivían en la oscuridad, y rezó para que sus baterías no se agotaran.

Los susurros se hicieron más fuertes.

Más cucarachas iban entrando en el cuarto. Llegaban por una grieta del suelo. Venían por decenas. Por centenares. Ya habría unas dos mil en el cuarto, que no tendría más de unos cinco metros por lado. Se amontonaban en dos o tres capas en la otra mitad del cuarto, huyendo de la luz, pero volviéndose cada vez más atrevidas.

Sabía que un entomólogo no las llamaría cucarachas. Eran bichos, bichos subterráneos que vivían en las entrañas de la tierra. Un científico tendría para ellas un nombre latino, seco y limpio. No obstante, para ella eran cucarachas.

Hilary miró a Bruno.

—Perra —le dijo.

Leo Frye había construido una bodega muy fresca, algo corriente en 1918. Pero la había construido por error en una falla del suelo. Hilary podía ver que se había intentado reparar el suelo varias veces, sin embargo seguía abriéndose cada vez que la tierra temblaba. En tierra de terremotos, el suelo se movía con suma frecuencia.

Y las cucarachas subían del infierno.

Seguían saliendo de la grieta, una masa que se arrastraba, pateaba, se retorcía.

Iban formándose nuevas capas: cinco, seis, siete, cubriendo las paredes, el techo, moviéndose, numerosos enjambres en continua agitación. El frío susurro de su movimiento era ahora un suave rugido.

Para castigarle, Katherine metía a Bruno en este lugar. A oscuras. Varias horas cada vez.

Súbitamente, las cucarachas avanzaron hacia Hilary. La presión de tantas capas hacía que fueran lanzadas contra ella, en una masa deslizante de color marrón verdoso. A despecho de la linterna, se acercaban sibilantes.

Gritó, y empezó a subir la escalera prefiriendo el cuchillo de Bruno a la repugnante horda de insectos que la seguía.

Riéndose, Frye le dijo:

—¡A ver si te gusta, perra!

Y cerró la puerta.

La explanada trasera no tendría más de veinte metros de longitud; pero a Tony le pareció que había más de un kilómetro entre el porche y el lugar donde estaba Frye. Resbaló y cayó sobre el césped mojado, golpeándose en el hombro herido. Una luz cegadora surgió detrás de sus ojos por un instante, seguida de una iridiscente oscuridad; pero resistió al impulso de quedarse en el suelo. Se levantó.

Vio cómo Frye cerraba las puertas con los cerrojos. Hilary tenía que estar dentro, encerrada.

Tony salvó los últimos tres metros de césped con la terrible certeza de que Bruno se volvería y lo vería. Pero el hombretón siguió contemplando la puerta. Estaba escuchando a Hilary, y ella gritaba. Tony se deslizó hasta él y le clavó el cuchillo entre los omoplatos.

Frye lanzó un grito de dolor y se volvió.

Tony dio un traspié hacia atrás. Sólo deseaba que la herida fuera mortal. Sabía que no podía ganar en un combate cuerpo a cuerpo con Frye... y muchísimo menos ahora que sólo podía servirse de un brazo.

Bruno se revolvió frenético tratando de arrancarse el cuchillo que Tony le había clavado. Intentaba sacárselo de la espalda pero no llegaba a alcanzarlo.

Un hilo de sangre escapó de una comisura de su boca.

Tony retrocedió un paso. Luego otro.

Frye fue hacia él a trompicones.

Hilary estaba en el escalón superior golpeando la puerta cerrada. Gritaba pidiendo ayuda.

Detrás de ella, los susurros en la oscura bodega se hicieron más fuertes con cada latido de su corazón.

Se arriesgó a mirar hacia atrás, enfocando la luz a la escalera. Pero la sola visión de aquella hirviente masa de insectos casi le hizo vomitar. Abajo en el cuarto, las cucarachas habían alcanzado una altura que le llegaría hasta el pecho. Todo el montón avanzaba, se balanceaba y susurraba como si hubiera un solo organismo allá abajo, una criatura monstruosa con incontables patas, antenas y bocas hambrientas.

Hilary seguía gritando. Una y otra vez. Su voz estaba enronqueciendo. No podía parar.

Algunos de los insectos se aventuraban por la escalera a pesar de la linterna. Dos de ellos llegaron hasta sus pies y los mató a pisotones. Otros siguieron.

Se volvió otra vez hacia la puerta, chillando. Golpeó la madera con todas sus fuerzas.

Entonces se le apagó la linterna. Sin querer, había golpeado la puerta con ella en su esfuerzo histérico por conseguir ayuda. El cristal se rompió. La luz murió.

Por un momento los susurros parecieron disminuir... pero en seguida alcanzaron mayor volumen que antes.

Hilary apoyó la espalda contra la puerta.

Recordó la cinta que había oído en el despacho del doctor Rudge, el día anterior por la mañana. Pensó en los gemelos, de niños, encerrados allí, con las manitas sobre sus bocas y sus narices, tratando de evitar que las cucarachas se les metieran dentro. Tanto gritar les había dado aquellas voces roncas, rasposas; horas y horas, días y días gritando.

Horrorizada, contempló la oscuridad, aguardando a que la marea de bichos se cerrara sobre ella.

Notó unos cuantos sobre sus tobillos y rápidamente se inclinó y los sacudió.

Uno le subió por el brazo izquierdo. Lo aplastó de un manotazo.

El terrible susurrar de las cucarachas en movimiento era ahora casi ensordecedor.

Se cubrió los oídos con las manos.

Un insecto cayó del techo, sobre su cabeza. Chillando, se lo arrancó del pelo y lo tiró.

Súbitamente, las puertas se abrieron tras ella y la luz inundó la bodega. Vio una oleada de cucarachas a un peldaño de distancia; pero de pronto la horda retrocedió ante la claridad. Tony la sacó bajo la lluvia a la maravillosa luz grisácea y sucia.

Unas cuantas cucarachas estaban aún pegadas a sus ropas y él se las apartó.

–¡Dios mío! –exclamó–. ¡Dios mío, Dios mío!

Hilary se apoyó en él.

Ya no quedaba ninguna cucaracha prendida en su ropa, pero ella las sentía aún arrastrándose, encaramándose.

Por fin pudo dejar de gritar.

—Estás herido.

—Pero viviré y pintaré.

Vio a Frye. Se hallaba tendido sobre el césped, de espaldas, muerto. Un cuchillo asomaba en su espalda y su camisa estaba empapada de sangre.

—No pude evitarlo —explicó Tony—. La verdad es que no quería matarlo. Me daba lástima... sabiendo lo que le había hecho pasar Katherine. Pero tuve que hacerlo.

Se alejaron del cadáver, cruzando el césped.

Hilary sentía que se le doblaban las piernas.

—Metía a los gemelos allí dentro cuando quería castigarlos —explicó Hilary—. ¿Cuántas veces lo hizo? ¿Cien? ¿Doscientas? ¿Mil veces?

—No pienses en ello —le aconsejó Tony—. Piensa sólo en que estás viva, en que nos encontramos juntos. Piensa en si te gustaría casarte con un ex policía maltrecho, luchando por ganarse la vida como pintor.

—Creo que me gustaría mucho.

A lo lejos, vieron al sheriff Laurenski salir de la cocina al porche, gritándoles:

—¿Qué ha ocurrido? ¿Están bien?

Tony no se molestó en contestarle, pero dijo a Hilary:

—Tenemos muchos años para estar juntos. Y, de ahora en adelante, todo saldrá bien. Por primera vez en nuestras vidas, ambos sabemos quiénes somos, lo que queremos y a dónde vamos. Hemos superado el pasado. El futuro será fácil.

Mientras iban andando al encuentro de Laurenski, el aire otoñal les acarició suavemente y susurró en la hierba.

ÍNDICE